新金融実務手引選書

保証の手引

古澤陽介・佐々木宏之［著］

一般社団法人 **金融財政事情研究会**

はじめに

　本書は、金融機関の融資や債権管理回収にたずさわる実務担当者向けに企画・執筆された書籍です。第1編「保証全般」、第2編「経営者保証ガイドライン」から構成され、第1編は古澤陽介（弁護士）、第2編は佐々木宏之（現役銀行員）が執筆を担当しました。

　現在の金融実務では、経営者以外の第三者保証はもちろん経営者保証に依存しない融資慣行の確立に向けた取組みが、国をあげて強力に進められています。

　経営者保証に依存しない融資慣行の確立に向けて経営者保証ガイドラインの活用が求められていますが、この経営者保証ガイドラインにどのようにして向き合っていけばよいか、日常業務のなかで苦労されている担当者の方も多いことでしょう。そのような方々は、まずは第2編「経営者保証ガイドライン」の箇所を読んでみていただくことをお勧めします。経営者保証ガイドラインの記載内容（字面）からは必ずしも明らかではない実務上の諸問題について、経営者保証ガイドラインが策定された趣旨・目的をふまえて、具体的かつ実践的に解説されています。そして、この第2編を読み終えた後には、経営者保証ガイドラインでは、経営者保証をできるだけ徴求しないようにする等といった目先の対応が単に求められているのではなく、経営者保証ガイドラインを活用することで、関係者（主債務者、保証人、金融機関）間において、継続的かつ良好な信頼関係の構築・強化といったWin-Winの関係がもたらされるとともに、中小企業の取組意欲の増進、地域経済の活性化、金融機関の経営基盤の充実・強化、ひいては日本経済の活性化に資するというきわめて動的でダイナミックな取組みであることがよく理解できることでしょう。そのような意味では、金融機関の実務担当者だけではなく、経営層の方々におかれてもぜひお手にとっていただければと存じます。

　他方、現状においては、経営者保証ガイドラインをふまえても、残念ながら経営者保証を徴求・維持せざるをえない場面や保証人に対して保証債務の

履行を請求せざるをえない場面が残ってしまいます。また、経営者保証ガイドラインの内容が一通り理解できたとしても、経営者保証ガイドラインは、金融機関において遵守が求められるルールではあるものの、中小企業団体および金融機関団体共通の自主的自律的な準則であり、民法をはじめとする保証をめぐる法令上のルールとはまったく性質を異にするものですから、保証に関する法的知識を備えておかなければ、実務での対応はおぼつかないものとなってしまいます。保証に関する法的知識と経営者保証ガイドラインの理解は、いわばヨコ糸とタテ糸のような関係にあり、いずれも欠かすことはできません。そこで、第1編「保証全般」では、保証に関する基礎的な法的知識から保証をめぐる諸問題に至るまで、できる限り幅広い事項を取り上げました。保証に関する法的問題についてすべてを網羅しているわけではありませんが、金融実務のフィールド上で日常的によく遭遇する問題を取り上げるとともに、他の書籍等ではあまり言及されていないような実務上の知見についてもできるだけ記載するよう努めました。また、保証は個人保証だけではありません。信用保証協会保証や保証会社保証といった法人保証は、中小企業者や個人（消費者、住宅購入者等）に対する金融の円滑化にきわめて重要な役割を果たしており、個人保証に依存しない融資慣行の確立が求められている現代では、むしろ存在感が増しているともいえます。それら法人保証に関しても、できる限り各箇所で触れています。金融機関が保証徴求する場合と比較して、その立場や約定書等の内容の違いがみてとれることでしょう。

　本書が金融実務にたずさわる関係者の方々に幅広く参照され、保証実務の理解の促進の一助となれば幸いです。

　最後になりましたが、一般社団法人金融財政事情研究会の平野正樹氏には、本書の企画・編集作業全般にわたり大変お世話になりました。ここにあらためて御礼を申し上げます。

2025年1月

古澤　　陽介

佐々木　宏之

【著者略歴】

古澤　陽介（ふるさわ　ようすけ）

河野・川村・曽我法律事務所　弁護士

2002年3月、東京大学法学部卒業。2003年10月、弁護士登録（東京弁護士会）。2009年4月〜2023年5月、筑波大学法科大学院非常勤講師。2010年8月〜、一般社団法人全国地方銀行協会地方銀行研修所講師（債権管理保全指導者講座を担当）。2023年6月〜、筑波大学ビジネスサイエンス系客員教授（倒産法・倒産法演習を担当）。

主要取扱分野は、金融法務（地方銀行を中心とする地域金融機関、信用保証・信用保険、保証会社保証等）、債権管理・回収、倒産事件（破産・民事再生・会社更生等）、企業法務全般、民事・商事訴訟、各種研修業務等。著作等についてはホームページ（http://www.kono-law.jp/）を参照されたい。

佐々木　宏之（ささき　ひろゆき）

北海道銀行融資部　上席融資役

1985年、学習院大学法学部法学科卒業、北海道銀行入行。2002年、同行審査管理グループ（現：融資部事業性管理回収担当）審査役。2005年、審査管理グループ上席融資役（現：融資部上席融資役）。2022年から現在にかけて融資業務全般に関する助言業務、特殊な融資案件、再生案件、管理回収案件のサポートを担当。2010〜2019年、一般社団法人全国地方銀行協会地方銀行研修所「債権管理保全指導者講座（回収専門コース）」実務家アドバイザー、「金融法務講座」講師。2016〜2023年、北海道金融法務実務研究会幹事。

著作として『金融機関の法務対策6000講』（共著、金融財政事情研究会）、『弁護士と銀行員による経営者保証ガイドラインの基本と実務─融資・事業承継・債務整理のすべて』（共著、日本加除出版）、『債権回収の手引』（金融財政事情研究会）、「金融機関から見た「経営者保証ガイドライン」出口対応のポイント（全4回）」事業再生と債権管理163号〜166号、「事例から学ぶ債権管理回収のポイント（全13回）」銀行法務21・867号〜881号、「「銀行員から見た」経営者保証に関する新規融資先、既存融資先への対応法」銀行法務21・895号ほか多数。

目　次

第 1 編
保 証 全 般

第 1 章　　保証をめぐる基礎知識

第1節　保証契約の当事者……………………………………………………4

第2節　保証債務の法的性質…………………………………………………6

　　1　付従性、補充性、随伴性……………………………………………6

　　⑴　付　従　性………………………………………………………6

　　⑵　補　充　性………………………………………………………7

　　⑶　随　伴　性………………………………………………………8

　　2　共同保証と分別の利益………………………………………………9

第3節　連帯保証と単純保証（普通保証）………………………………10

第4節　特定保証と根保証…………………………………………………12

第5節　委託保証と無委託保証……………………………………………14

第6節　連帯債務・併存的債務引受との異同……………………………15

　　1　連帯債務との異同…………………………………………………15

　　2　併存的債務引受との異同…………………………………………16

第7節　物上保証との異同、物上保証と連帯保証の併用………………18

第8節　手形保証、電子記録保証…………………………………………20

　　1　手形保証……………………………………………………………20

　　2　電子記録保証………………………………………………………21

第9節　保証類似の制度……………………………………………………23

　　1　損害担保契約………………………………………………………23

2 保証保険··24

3 経営指導念書··25

4 保証予約··25

5 表明保証··26

第2章 金融実務における保証

第1節 個人保証··30

1 保証人の能力··30

2 利益相反取引··31

第2節 法人保証··32

1 保証能力（株式会社、その他の法人）··········32

2 代 表 権··32

3 多額の借財··33

  (1) 取締役会決議を経ずに行われた「多額の借財」の有効性··········33

  (2) 「多額の借財」該当性の判断基準··········33

  (3) 取締役会決議を経ているかどうかの確認方法··········34

  (4) 融資・保証が無効と判断された場合の対応··········34

4 利益相反取引··34

第3節 経営者保証、経営者以外の第三者保証··············36

1 経営者以外の第三者の個人連帯保証を求めないことを原則とする融資慣行の確立等··········36

2 「経営者保証に関するガイドライン」の融資慣行としての浸透・定着等··········38

3 民法上の規律··40

4 経営者保証、経営者以外の第三者保証の目的と安易な個人保証に依存した融資の抑制··········41

第4節 保証意思の確認（与信取引等に関する顧客への説明態勢）··············43

目　次　5

1 金融庁監督指針をふまえた保証意思確認（与信取引等に関する顧客への説明態勢)……………………………………………43

2 保証契約の特質をふまえた保証意思確認の重要性……………………47

第3章　保証契約の締結

第1節　保証契約の要式性……………………………………………52

第2節　保証意思宣明公正証書の作成…………………………………53

1 保証意思宣明公正証書の作成を要する場合とその例外……………53

2 主債務者が法人である場合の留意点…………………………………53

(1) 主債務者の理事、取締役、執行役またはこれらに準ずる者………53

(2) 総株主の議決権の過半数を直接・間接に有する者………………54

3 主債務者が個人である場合の留意点…………………………………55

(1) 主債務者と共同して事業を行う者…………………………………55

(2) 主債務者が行う事業に現に従事している配偶者…………………55

4 「事業のために負担した貸金等債務」………………………………56

5 保証契約締結時の実務上の留意点……………………………………58

(1) 経営者保証を徴求する場合…………………………………………58

(2) 経営者以外の第三者保証を徴求する場合…………………………58

第3節　根保証（個人根保証契約、個人貸金等根保証契約)…………62

1 根保証契約に関する規律………………………………………………62

2 主債務の範囲……………………………………………………………62

3 極度額の定め……………………………………………………………63

4 元本確定期日の定め……………………………………………………64

5 法定の元本確定事由……………………………………………………65

(1) 個人貸金等根保証契約における元本確定事由……………………65

(2) 個人貸金等根保証契約と個人根保証契約一般の元本確定事由の相違点………………………………………………………………67

6 元本確定期日の変更 ……………………………………………68

7 法人根保証と求償権保証（保証人が法人である根保証契約の求償
権に関する特則）………………………………………………69

(1) 極度額の定め …………………………………………………69

(2) 元本確定期日の定め …………………………………………70

第4節 契約締結時の情報提供義務（民法465条の10）………………72

第4章　保証の管理

第1節　主債務者の変動 ………………………………………………76

1 主債務者の死亡 ………………………………………………76

(1) 主債務の承継 …………………………………………………76

(2) 主債務の一本化（免責的債務引受）…………………………76

(3) 個人根保証契約における元本の確定 ………………………77

(4) 主債務者の相続人による相続放棄等 ………………………77

2 主債務者の行方不明 …………………………………………78

(1) 主債務者の行方不明と保証責任、期限の利益の喪失 ………78

(2) 主債務者が行方不明の場合における時効管理 ………………79

3 主債務者の意思能力の喪失 …………………………………80

(1) 主債務者の意思能力の喪失と保証責任、期限の利益の喪失 ……80

(2) 主債務者が意思能力を喪失した場合における時効管理 …………81

4 主債務者が制限行為能力者となった場合 …………………82

5 主債務者（会社）の組織変更 ………………………………83

6 主債務者の合併、会社分割等 ………………………………84

(1) 主債務者の合併 ………………………………………………84

(2) 主債務者の会社分割 …………………………………………84

(3) 主債務者の株式交換・株式移転・株式交付 ………………86

7 主債務者の法人成り、事業譲渡 ……………………………86

⑴　主債務者の法人成り…………………………………………86

　⑵　主債務者の事業譲渡…………………………………………87

　8　主債務者の倒産（破産、民事再生、会社更生、特別清算、私的整理）……89

　⑴　主債務についての権利変更と保証債務への影響………………89

　⑵　手続開始時現存額主義………………………………………91

　⑶　弁済による代位と財団債権・共益債権の行使………………94

　⑷　無委託保証人の求償権による相殺と相殺禁止………………95

第2節　保証人の変動…………………………………………………98

　1　保証人の氏名・商号・住所等の変更……………………………98

　2　保証人の死亡……………………………………………………98

　⑴　保証債務の承継………………………………………………98

　⑵　保証債務の一本化（免責的債務引受）………………………99

　⑶　個人根保証契約における元本の確定………………………99

　⑷　保証人の相続人による相続放棄等…………………………100

　3　保証人の行方不明、意思能力の喪失、制限行為能力者となった

　　場合………………………………………………………………100

　⑴　保証人の行方不明……………………………………………100

　⑵　保証人の意思能力の喪失……………………………………102

　⑶　保証人が制限行為能力者となった場合……………………103

　4　保証人の合併、会社分割、組織変更、事業譲渡、法人成り………104

　⑴　保証人の合併…………………………………………………104

　⑵　保証人の会社分割……………………………………………105

　⑶　保証人の組織変更……………………………………………106

　⑷　保証人の事業譲渡、法人成り………………………………107

　5　保証人の追加・脱退・交替……………………………………108

　⑴　保証人の追加…………………………………………………108

　⑵　保証人の脱退…………………………………………………108

　⑶　保証人の交替…………………………………………………110

　6　保証人の倒産（破産、民事再生、会社更生、特別清算、私的整理）……110

(1) 保証人の倒産手続における保証債務履行請求権の取扱い（手続開始時現存額主義）‥‥‥‥‥‥‥‥‥‥‥‥‥‥‥‥‥‥‥110

(2) 無償行為否認リスク‥‥‥‥‥‥‥‥‥‥‥‥‥‥‥‥‥‥‥‥‥111

第3節 主債務の内容の変動‥‥‥‥‥‥‥‥‥‥‥‥‥‥‥‥‥‥‥113

1 主債務の弁済期の変更‥‥‥‥‥‥‥‥‥‥‥‥‥‥‥‥‥‥‥113

2 主債務の利息の変更‥‥‥‥‥‥‥‥‥‥‥‥‥‥‥‥‥‥‥‥114

3 主債務の内容の変更と保証意思宣明公正証書の作成の要否‥‥‥115

4 主債務の準消費貸借‥‥‥‥‥‥‥‥‥‥‥‥‥‥‥‥‥‥‥‥117

5 主債務の更改‥‥‥‥‥‥‥‥‥‥‥‥‥‥‥‥‥‥‥‥‥‥‥118

6 主債務の債権譲渡‥‥‥‥‥‥‥‥‥‥‥‥‥‥‥‥‥‥‥‥‥119

7 主債務の債務引受‥‥‥‥‥‥‥‥‥‥‥‥‥‥‥‥‥‥‥‥‥120

8 主債務の免除‥‥‥‥‥‥‥‥‥‥‥‥‥‥‥‥‥‥‥‥‥‥‥121

9 主債務の履行状況に関する情報提供義務（民法458条の2）‥‥‥‥121

10 主債務者が期限の利益を喪失した場合の情報提供義務（民法458条の3）‥‥‥‥‥‥‥‥‥‥‥‥‥‥‥‥‥‥‥‥‥‥‥‥‥123

第4節 保証契約の内容の変更‥‥‥‥‥‥‥‥‥‥‥‥‥‥‥‥‥125

1 保証契約の内容（主債務・主債務の範囲）の変更‥‥‥‥‥‥‥125

(1) 保証契約の内容（主債務・主債務の範囲）の変更と保証契約の要式性‥‥‥‥‥‥‥‥‥‥‥‥‥‥‥‥‥‥‥‥‥‥‥‥‥125

(2) 保証契約の内容（主債務・主債務の範囲）の変更と保証意思宣明公正証書の作成の要否‥‥‥‥‥‥‥‥‥‥‥‥‥‥‥126

(3) 保証契約の内容（主債務・主債務の範囲）の変更と主債務者の情報提供義務‥‥‥‥‥‥‥‥‥‥‥‥‥‥‥‥‥‥‥‥‥127

2 極度額の変更‥‥‥‥‥‥‥‥‥‥‥‥‥‥‥‥‥‥‥‥‥‥‥128

(1) 極度額の変更と要式性‥‥‥‥‥‥‥‥‥‥‥‥‥‥‥‥‥‥128

(2) 保証契約の内容（極度額）の変更と保証意思宣明公正証書の作成の要否‥‥‥‥‥‥‥‥‥‥‥‥‥‥‥‥‥‥‥‥‥‥‥128

(3) 保証契約の内容（極度額）の変更と主債務者の情報提供義務‥‥‥128

3 元本確定期日の変更‥‥‥‥‥‥‥‥‥‥‥‥‥‥‥‥‥‥‥‥129

(1) 保証契約の内容（元本確定期日）の変更と保証意思宣明公正証書の作成の要否……………………………………………129

(2) 保証契約の内容（元本確定期日）の変更と主債務者の情報提供義務…………………………………………………………129

4 保証契約の内容の変更と民法債権法改正の経過措置との関係………130

(1) 元本確定期日の変更（延長・更新）……………………………………130

(2) 主債務・主債務の範囲の変更（拡張）、極度額の増額変更………130

第5章　保証債務と時効管理

第1節　消滅時効に関する基礎知識………………………………………134

1 債権の消滅時効の起算点および時効期間……………………………134

2 時効の完成猶予および更新……………………………………………135

第2節　保証債務と消滅時効………………………………………………138

1 保証債務の消滅時効期間………………………………………………138

2 主債務について生じた時効の完成猶予・更新事由の効力…………138

3 保証人について生じた時効の完成猶予・更新事由の効力…………139

4 一部弁済の充当と債務承認による時効の更新………………………141

5 時効の利益の放棄………………………………………………………142

6 時効完成後の債務承認（時効援用権の喪失）………………………142

7 複数の連帯保証人のうちの1人のために時効が完成した場合の留意点…………………………………………………………………143

(1) 令和2年4月1日（改正民法債権法施行日）前に締結された保証契約…………………………………………………………………143

(2) 令和2年4月1日（改正民法債権法施行日）以後に締結された保証契約…………………………………………………………………144

8 主債務者の破産終結・免責と保証人等に対する時効管理…………144

(1) 保証人等による主債務の消滅時効の援用……………………………144

（2） 保証債務の消滅時効の起算点・時効期間‥‥‥‥‥‥‥‥‥‥‥146

9　主債務者の民事再生と保証人等に対する時効管理‥‥‥‥‥‥‥‥147

第6章　保証契約の終了と保証債務の履行

第1節　保証契約の終了‥‥‥‥‥‥‥‥‥‥‥‥‥‥‥‥‥‥‥‥‥‥‥‥150

1　主債務の消滅‥‥‥‥‥‥‥‥‥‥‥‥‥‥‥‥‥‥‥‥‥‥‥‥‥150

2　保証解除（保証免除）‥‥‥‥‥‥‥‥‥‥‥‥‥‥‥‥‥‥‥‥‥151

第2節　保証債務の履行（代位弁済）‥‥‥‥‥‥‥‥‥‥‥‥‥‥‥‥‥152

1　保証債務の履行（代位弁済）の概要‥‥‥‥‥‥‥‥‥‥‥‥‥‥152

2　保証人の事前・事後通知義務‥‥‥‥‥‥‥‥‥‥‥‥‥‥‥‥‥154

3　求償権の範囲‥‥‥‥‥‥‥‥‥‥‥‥‥‥‥‥‥‥‥‥‥‥‥‥‥154

4　共同保証人間の求償・代位、保証人と物上保証人との間の代位‥‥155

5　担保保存義務（担保保存義務免除特約）‥‥‥‥‥‥‥‥‥‥‥‥156

6　一部代位と代位権不行使特約‥‥‥‥‥‥‥‥‥‥‥‥‥‥‥‥‥157

7　事前求償権と事後求償権‥‥‥‥‥‥‥‥‥‥‥‥‥‥‥‥‥‥‥158

第3節　保証人・その他関係者からの債権回収‥‥‥‥‥‥‥‥‥‥‥‥160

1　保証人預金との相殺‥‥‥‥‥‥‥‥‥‥‥‥‥‥‥‥‥‥‥‥‥‥160

2　連帯保証人に対する仮差押えを行う場合の留意点‥‥‥‥‥‥‥‥160

3　親族への譲渡と詐害行為取消請求‥‥‥‥‥‥‥‥‥‥‥‥‥‥‥161

4　住宅資金特別条項と保証会社保証‥‥‥‥‥‥‥‥‥‥‥‥‥‥‥163

第7章　信用保証協会保証

第1節　信用保証制度の特徴‥‥‥‥‥‥‥‥‥‥‥‥‥‥‥‥‥‥‥‥168

1　信用保証制度の目的‥‥‥‥‥‥‥‥‥‥‥‥‥‥‥‥‥‥‥‥‥168

2　中小企業者等の資格、資金使途‥‥‥‥‥‥‥‥‥‥‥‥‥‥‥‥168

3　保証協会による信用保証の法的性格……………………………………168
第2節　約定書の主な内容………………………………………………………170
　　1　信用保証契約の成立・効力発生時期（約定書1条、2条）……………170
　　2　旧債振替の制限（約定書3条）……………………………………………170
　　3　保証債務の履行請求の時期・範囲（約定書6条）………………………170
　　4　保証債務履行請求権の存続期間（約定書7条）…………………………171
　　5　債権の保全・取立て（約定書9条）………………………………………171
　　6　債権証書および担保物の交付（約定書10条）……………………………171
　　7　保証免責（約定書11条）……………………………………………………172
　　　⑴　旧債振替制限条項違反（1号免責）…………………………………173
　　　⑵　保証契約違反（2号免責）……………………………………………174
　　　⑶　故意・重過失による取立不能（3号免責）…………………………177
　　8　免責の範囲…………………………………………………………………178
　　9　免責の効果が生じる時期…………………………………………………179
　　10　保証免責をめぐる実務上の留意点………………………………………179
第3節　信用補完制度……………………………………………………………181
第4節　保証協会と金融機関の連携とリスク分担……………………………182
第5節　保証協会による連帯保証人の徴求……………………………………183
　　1　経営者以外の第三者保証徴求の原則禁止…………………………………183
　　2　経営者保証に依存しない融資慣行の確立加速に向けた信用保証
　　　制度……………………………………………………………………………184

第2編

経営者保証ガイドライン

第1章 総　論

第1節　経営者保証ガイドラインとは……………………………………190

　1　経営者保証ガイドラインの概要………………………………………190

　　(1)　経営者保証ガイドラインとはどのようなものか………………190

　　(2)　経営者保証ガイドライン策定の背景………………………………194

　　(3)　経営者保証ガイドラインの構成……………………………………196

　　(4)　ガイドライン制定時の監督指針改正………………………………199

　2　経営者保証改革プログラム……………………………………………201

　　(1)　経営者保証改革プログラムとは何か………………………………201

　　(2)　保証手続の厳格化と金融機関の意識改革…………………………202

　　(3)　求められる中小企業のガバナンス…………………………………208

第2節　経営者保証ガイドラインの基礎知識……………………………210

　1　ガイドラインの対象となりうる保証契約……………………………210

　　(1)　主たる債務者および保証人が利用要件を充足していること……210

　　(2)　弁済について誠実・適時適切な情報開示をすること……………211

　　(3)　反社会的勢力ではなく、そのおそれもないこと…………………211

　2　ガイドラインのプレーヤー……………………………………………211

　　(1)　主たる債務者…………………………………………………………212

　　(2)　保　証　人……………………………………………………………212

　　(3)　対象債権者……………………………………………………………213

　　(4)　外部専門家……………………………………………………………214

　　(5)　支援専門家……………………………………………………………214

目　次　13

第2章　融資取引時の対応

第1節　経営者保証に依存しない融資慣行 ………………………216

1　経営者保証に依存しない融資慣行の趣旨 ………………216

  ⑴　経営者保証が必要とされる中小企業の現状 ………………216

  ⑵　経営者保証に依存しない融資慣行の必要性 ………………217

  ⑶　主たる債務者および保証人に求められる対応 ……………218

  ⑷　対象債権者に求められる対応 ………………………………218

2　経営者保証改革プログラムをふまえた改正監督指針に基づく金融機関の態勢整備 ………………………………219

  ⑴　「経営者保証ガイドラインの定着に向けた金融機関の態勢整備」が求められた背景 …………………………………219

  ⑵　改正監督指針の趣旨・内容 …………………………………220

  ⑶　改正監督指針に基づく態勢整備 ……………………………220

3　経営者保証を不要とするための3要件 ………………………223

  ⑴　経営者保証を不要とするための3要件とは何か …………223

  ⑵　法人・個人の一体性解消 ……………………………………224

  ⑶　財務基盤の強化 ………………………………………………226

  ⑷　財務状況の正確な把握、適時適切な情報開示等による経営の透明性確保 …………………………………………………226

4　代替的融資手法 ………………………………………………227

  ⑴　「代替的融資手法」とは何か ………………………………228

  ⑵　停止条件または解除条件付保証契約 ………………………229

  ⑶　ABL（Asset Based Lending） ……………………………231

  ⑷　金利の一定の上乗せ …………………………………………232

  ⑸　有事対応型解除条件付保証契約 ……………………………232

  ⑹　代替的手法の活用に際しての顧客説明 ……………………235

第2節　融資取引時の手続 …………………………………………237

14　目　　次

1 融資取引時における保証手続の流れ……………………………237

　(1)　基本的な考え方…………………………………………………237

　(2)　融資取引時の保証手続フロー…………………………………238

2 各段階における作業内容………………………………………………241

　(1)　「金融機関への申込み」【第1段階】…………………………241

　(2)　「金融機関による審査」【第2段階】…………………………242

　(3)　「金融機関の審査の結果の通知」【第3段階】………………243

　(4)　「主たる債務者および保証人に対する改正監督指針にのっ

　　　とった十分な説明＋記録の作成」【第4段階】………………244

　(5)　「保証解除の実現に向けた経営改善の支援」【第5段階】………245

3 保証契約締結時の対応…………………………………………………246

　(1)　丁寧かつ具体的な説明…………………………………………246

　(2)　適切な保証金額の設定…………………………………………247

　(3)　保証債務整理時に関する条項…………………………………248

　(4)　主債務者・保証人と債権者とのリレーション………………248

第3節　経営者保証徴求時の説明とその記録………………………250

1 経営者保証徴求時の説明方法…………………………………………250

　(1)　説明の趣旨………………………………………………………250

　(2)　説明にあたっての留意点………………………………………251

　(3)　説明すべき内容…………………………………………………252

2 保証債務を履行せざるをえない事態を想定した説明………………252

　(1)　説明のポイント…………………………………………………252

　(2)　甲銀行担当者Aによる、甲銀行融資先B社のC社長への説明

　　　話法の例…………………………………………………………254

　(3)　経営者保証ガイドラインについて質問された場合の回答例………255

3 「保証契約の必要性」の説明…………………………………………256

　(1)　「保証契約の必要性」に係る説明のポイント………………256

　(2)　法人と経営者との関係の明確な区分・分離…………………257

　(3)　財務基盤の強化…………………………………………………258

目　次　15

(4)　財務状況の正確な把握、適時適切な情報開示等による経営の
　　　透明性確保……………………………………………………………260
　4　説明の結果の記録等………………………………………………………261
　(1)　説明結果の記録……………………………………………………………261
　(2)　記録についての報告………………………………………………………262

第3章　期中管理における保証実務の論点

第1節　既存の保証契約の見直し………………………………………………264
　1　既存の保証契約の解除要請・見直し要請等への対応…………………264
　(1)　保証解除の要請がなされた場合の対応…………………………………264
　(2)　既存の保証契約の見直し要請がなされた場合の対応…………………265
　(3)　金融機関からの働きかけ…………………………………………………265
　2　無保証先からの保証徴求………………………………………………………266
第2節　事業承継時の対応………………………………………………………268
　1　経営者保証ガイドライン本則が定める事業承継時の対応……………268
　(1)　主たる債務者および後継者における対応………………………………269
　(2)　対象債権者における対応…………………………………………………270
　2　事業承継特則……………………………………………………………………271
　(1)　事業承継特則とは何か……………………………………………………271
　(2)　事業承継特則策定の背景…………………………………………………271
　(3)　事業承継特則の目的・趣旨………………………………………………272
　(4)　事業承継特則の構成と位置付け…………………………………………272
　(5)　対象債権者における事業承継時の対応…………………………………273
　(6)　二重徴求の原則禁止………………………………………………………273
　(7)　後継者との保証契約………………………………………………………275
　(8)　前経営者との保証契約……………………………………………………279
　(9)　事業承継時の経営者保証解除に向けた専門家支援スキーム………281

⑽　事業承継特則運用上の留意点……………………………………287

第4章　保証債務の整理

第1節　ガイドラインに基づく保証債務整理手続の基礎知識……………292

1　ガイドラインに基づく保証債務整理手続の基礎知識………………292

⑴　ガイドラインに基づく保証債務整理手続の要件・特色等………292

⑵　法的整理手続との相違点…………………………………………296

⑶　「主たる債務との一体整理型」と「保証債務単独整理型」………297

⑷　支援専門家のガイドライン上の位置付けと営業店における対

応方法……………………………………………………………299

⑸　対象債権者（金融機関）のメリット……………………………302

⑹　保証人のメリット…………………………………………………305

⑺　ガイドラインに基づく保証債務整理手続の流れ………………309

2　廃業時における基本的考え方………………………………………316

⑴　策定経緯とその意義………………………………………………316

⑵　基本的考え方の構成………………………………………………320

⑶　対象債権者の範囲の明確化（基本的考え方4項）………………320

⑷　対象債権者における対応の明確化（基本的考え方5項）…………322

⑸　主たる債務者および保証人における対応（基本的考え方6項）……325

⑹　支援専門家における対応（基本的考え方7項）…………………326

3　経営改善・事業再生支援等の本格化に向けた監督指針改正………326

⑴　経営改善・事業再生フェーズへの転換…………………………326

⑵　基本的考え方等の改定……………………………………………327

⑶　改正監督指針の要点………………………………………………327

第2節　一時停止等要請への対応…………………………………………329

1　一時停止等要請の意義と効果………………………………………329

⑴　一時停止等要請とは何か…………………………………………329

目　次　17

⑵　一時停止の効果 ·· 330

　2　一時停止等要請の要件と金融機関としての対応 ················· 332

　　⑴　一時停止等要請の要件 ·· 332

　　⑵　一時停止等要請への対応 ··· 333

　　⑶　一時停止等の要請に関する実務上の留意点 ······················ 335

　3　保証人預金の取扱い ··· 336

　　⑴　問題の所在 ··· 336

　　⑵　財産評定基準時後における預金の取扱い ························· 337

　　⑶　財産評定基準時に存在する預金の取扱い ························· 337

第3節　弁済計画の策定 ··· 339

　1　弁済計画策定の準備 ··· 339

　　⑴　弁済計画策定にあたっての基本的考え方 ························· 339

　　⑵　弁済計画策定の準備作業と留意すべき事項 ······················ 339

　2　財産開示 ·· 342

　　⑴　財産開示の対象 ·· 343

　　⑵　財産開示の手法 ·· 345

　　⑶　一時停止等要請の前後における保証人所有資産の処分や新た

　　　　な債務負担への対応 ··· 354

　3　財産評定 ·· 355

　　⑴　財産評定のあり方 ··· 356

　　⑵　財産評定の手法 ·· 360

　4　保証債務の履行基準 ·· 373

　　⑴　残存資産 ··· 374

　　⑵　ガイドラインの手続外で認められる資産（オーバーローン物

　　　　件）·· 375

　　⑶　ガイドラインにより当然に認められる資産 ······················ 377

　　⑷　経済合理性を上限に認められる資産 ······························ 379

　5　ガイドラインにおける経営責任の考え方 ······························ 386

　　⑴　経営者の経営責任のあり方 ··· 386

(2) 主たる債務者の実質的な事業継続に最低限必要な資産の取
扱い‥‥‥‥‥‥‥‥‥‥‥‥‥‥‥‥‥‥‥‥‥‥‥‥‥‥388
6 弁済計画案‥‥‥‥‥‥‥‥‥‥‥‥‥‥‥‥‥‥‥‥‥‥‥‥388
(1) 弁済計画策定に向けた支援専門家との協議‥‥‥‥‥‥‥388
(2) 弁済計画案の必要的記載事項‥‥‥‥‥‥‥‥‥‥‥‥‥397
(3) 保証債務の一部免除を伴う弁済計画の要件‥‥‥‥‥‥‥398
(4) 別除権協定‥‥‥‥‥‥‥‥‥‥‥‥‥‥‥‥‥‥‥‥‥399

第4節 弁済計画の合意‥‥‥‥‥‥‥‥‥‥‥‥‥‥‥‥‥‥404
1 特定調停手続の申立て‥‥‥‥‥‥‥‥‥‥‥‥‥‥‥‥‥404
(1) 特定調停の基礎知識‥‥‥‥‥‥‥‥‥‥‥‥‥‥‥‥‥405
(2) 事前合意書の取りまとめ‥‥‥‥‥‥‥‥‥‥‥‥‥‥‥410
(3) 弁済計画（調停条項）案の組織決定‥‥‥‥‥‥‥‥‥‥412
(4) 管轄合意‥‥‥‥‥‥‥‥‥‥‥‥‥‥‥‥‥‥‥‥‥‥413
(5) 調停期日に係るスケジュール調整‥‥‥‥‥‥‥‥‥‥‥413
2 特定調停手続における弁済計画（調停条項）案の合意‥‥‥‥414
(1) 調停条項作成時の留意点‥‥‥‥‥‥‥‥‥‥‥‥‥‥‥414
(2) 合意形成が困難な場合の対応‥‥‥‥‥‥‥‥‥‥‥‥‥425
3 主債務との一体整理スキームの留意点‥‥‥‥‥‥‥‥‥‥427
(1) 書面合意の意義‥‥‥‥‥‥‥‥‥‥‥‥‥‥‥‥‥‥‥427
(2) 契約の当事者‥‥‥‥‥‥‥‥‥‥‥‥‥‥‥‥‥‥‥‥428
(3) 弁済契約書の必要的記載事項‥‥‥‥‥‥‥‥‥‥‥‥‥429
(4) 一体型整理に特有の留意点‥‥‥‥‥‥‥‥‥‥‥‥‥‥430
4 手続終結後の留意点‥‥‥‥‥‥‥‥‥‥‥‥‥‥‥‥‥‥430
(1) 弁済計画に基づく保証債務の履行‥‥‥‥‥‥‥‥‥‥‥430
(2) 弁済計画に基づく保証債務の履行が滞った場合等の対応‥‥‥431

第5節 経営者保証ガイドラインに関するその他の論点‥‥‥‥433
1 事業承継支援・事業再生支援における経営者保証ガイドライン
の活用‥‥‥‥‥‥‥‥‥‥‥‥‥‥‥‥‥‥‥‥‥‥‥‥‥433
(1) ガイドラインの活用法‥‥‥‥‥‥‥‥‥‥‥‥‥‥‥‥433

目　次　19

⑵　事業承継支援における活用………………………………………435

　⑶　事業再生支援における活用………………………………………436

2　経営者保証ガイドラインを活用した廃業支援…………………………438

　⑴　廃業支援とは何か…………………………………………………438

　⑵　廃業支援による金融機関のメリット……………………………440

　⑶　廃業支援の課題への対応策………………………………………440

　⑷　経営者の説得………………………………………………………442

3　税の取扱い………………………………………………………………442

　⑴　保証債務免除と金銭債権の貸倒処理の可否……………………442

　⑵　準則型私的整理手続における課税関係…………………………444

　⑶　ガイドラインにおける課税関係の手当…………………………444

　⑷　「「経営者保証に関するガイドライン」に基づく保証債務の整

　　　理に係る課税関係の整理」………………………………………445

第1編
保証全般

第1章

保証をめぐる基礎知識

第1節　保証契約の当事者

　保証契約をめぐっては債権者、主債務者、保証人という3者が登場する。

　まず債権者と主債務者（保証人の保証を受ける債務者）との間で主債務（保証の対象となる債務）の発生原因となる契約が締結される。

　そのうえで債権者と保証人との間で、主債務が不履行となった場合に備え、主債務を担保する目的で保証契約が締結される。このように保証は保証人という人が担保の役割を果たすので、人的担保と呼ばれる（それに対し、ある特定の財産に担保設定がされる物的担保がある）。そして、保証契約は、このように主債務の存在を前提とするいわば従たる契約であるので、主債務との関係で「付従性」「補充性」「随伴性」といった法的性質を有する（詳細は後記のとおり）。なお、保証契約は書面または電磁的記録によってされなければ、その効力を生じない（民法446条2項・3項）。これを保証契約の要式性というが、保証人保護のためである。

　主債務者と保証人との間では主債務者が保証人に対して主債務者が債権者に対して負担する主債務の保証を依頼（委託）する契約（保証委託契約）が締結されることが多い（「委託を受けた保証」「委託保証」という）。保証委託契約それ自体は要式性が求められているわけではなく、口頭のやりとりでも契約は成立する。信用保証協会や保証会社といった債務の保証を業とする法人が保証人となる場合（いわゆる機関保証の場合）は、主債務者と保証人との間で書面等により保証委託契約が締結されるのが通例であるが、たとえば主債務者が融資を受けるに際し、経営者やそれ以外の第三者が保証人となる場合等には、必ずしも書面等により保証委託契約が締結されるわけではない。主債務者からの依頼に基づいて実際に保証人が保証を行っているという事実があれば、主債務者と保証人との間で保証委託契約が締結されていると

4　第1編　保証全般

みてさしつかえない（このように、金融実務では、保証委託契約が締結されているとみてさしつかえない場合が通例である）。

　もっとも、保証委託契約の締結は保証契約を有効ならしめるための要件ではないので、主債務者からの依頼（委託）を受けずに、いわば主債務者のあずかり知らぬところで、保証人が債権者との間で保証契約を締結することもできる（「委託を受けない保証」「無委託保証」という）。また、仮に保証契約の締結を主債務者が望んでおらず主債務者の意思に反していたとしても、保証契約の有効性にはなんらの影響はない。

　そして、主債務が不履行となった場合、債権者は保証人に対して保証債務の履行を請求することができる。また、保証人が債権者に対する保証債務の履行を行った場合には、保証人は主債務者に対する求償権を行使していくことができる。主債務者と保証人との関係では、保証人ではなく、主債務者が最終的にすべてを負担すべきであるからである。

第1章　保証をめぐる基礎知識　5

第 **2** 節 | 保証債務の法的性質

1 付従性、補充性、随伴性

　保証債務は主債務とは別個の独立した債務ではあるが、保証債務は主債務の存在を前提とし、主債務の担保として機能する。そのため、保証債務は主債務の従たる債務として、主債務との関係で「付従性」「補充性」「随伴性」といった法的性質を有する。

⑴ 付 従 性

　「保証債務は主債務に付従する」という法的性質を「付従性」という。本書や金融実務上では各所でこの保証債務の付従性が度々登場する。保証債務の法的性質のなかで最も基本的かつ重要な性質であるといっても過言ではない。

　保証債務は主債務の存在を前提とするので、主債務あっての保証債務ということになる。主債務が不存在、不成立、無効の場合、保証債務も存在しない。また、主債務が取り消された場合には保証債務も消滅する。もっとも、主債務は必ずしも保証契約の成立時において現実に発生している必要はなく、一定の範囲に属する将来の不特定の債務を主債務とする保証契約（根保証契約）も有効である（民法465条の2以下参照）。

　保証人の負担が債務の目的または態様において主債務より重くなることはなく、主債務の目的または態様が保証契約の成立後に加重されたとしても保証人の負担は加重されない（民法448条）。もっとも、保証債務自体についての違約金や損害賠償の額を約定することは可能である（民法447条2項）。逆に、主債務について生じた事由は保証債務の内容を加重するものでない限り、その効力はすべて保証債務にも当然に及ぶ。たとえば主債務の約定利率

6　第1編　保証全般

が下がれば、その効力は保証債務にも当然に及ぶ。

　また、主債務者に対する履行の請求その他の事由による時効の完成猶予および更新は、保証人に対してもその効力を生じる（民法457条1項）。たとえば主債務者に対する裁判上の請求等による時効の完成猶予および更新の効力（民法147条）や主債務者の債務承認による更新の効力（民法152条）は、保証人に対しても、その効力を生じる。

　さらに、保証人は主債務者が主張できる抗弁をもって債権者に対抗（主張）することができ、主債務者が債権者に対して相殺権、取消権、解除権を有する場合は、これらの権利行使によって主債務者が債務を免れるべき限度で、保証人は債権者に対して債務の履行を拒むことができる（民法457条2項・3項）。

　主債務が弁済や免除等により消滅すれば保証債務も消滅する。保証債務は主債務の担保として機能するので、主債務が消滅すればもはや保証債務を存続させておく意味はないからである。ただし、主債務者が破産し免責許可決定が確定したとしても、保証債務には影響を及ぼさない（破産法253条2項）。保証は主債務者が破産する等して債務の履行ができなくなるような場合に備えて徴求されるものであるので、付従性の原則の例外が認められている。同様に、主債務者が民事再生、会社更生、特別清算になった場合の再生計画、更生計画、協定も保証債務には影響を及ぼさない（民事再生法177条2項、会社更生法203条2項、会社法571条2項）。

(2)　補　充　性

　本来、保証債務は、主債務が履行されない場合にいわば補充的に（二次的に）履行すれば足りるという性質を有している。このような法的性質を「補充性」という。保証債務の補充性の具体的な表れとして、保証人には催告の抗弁権と検索の抗弁権が認められている。

　　○　催告の抗弁権（民法452条）：債権者が保証人に保証債務の履行請求をした場合、保証人は、まず主債務者に催告すべき旨を請求することができる。

　　○　検索の抗弁権（民法453条）：債権者が主債務者に催告をした後で

あっても、保証人が主債務者に弁済の資力があり、かつ、執行が容易であることを証明した場合には、債権者は、まず主債務者の財産に執行しなければならない。

　もっとも、金融実務上の保証は「連帯保証」であることが通例であり、連帯保証人にはこれらの抗弁権は認められておらず（民法454条）、保証債務の補充性が排除されている。すなわち、連帯保証の場合、主債務が履行されないとき、債権者は直ちに連帯保証人に保証債務の履行を求めることができ、連帯保証人は「まず主債務者に催告し、執行されたい」等といった抗弁を主張することはできない。

　この点、「中小・地域金融機関向けの総合的な監督指針」（Ⅱ－3－2－1－2(2)①ホ）でも、「連帯保証契約については、補充性や分別の利益がないことなど、通常の保証契約とは異なる性質を有することを、相手方の知識、経験等に応じて説明することとしているか」が金融監督上の主な着眼点とされているように、金融実務上、連帯保証の場合は補充性が排除されていること等についての理解と連帯保証人に対する説明が必要となる。

(3)　随　伴　性

　債権者の主債務者に対する債権が譲渡される場合、債権者の保証人に対する保証債権も一緒に譲受人のもとに移転する。債務者のために弁済をした者（以下「代位弁済者」という）についても同様であり、弁済による代位によりもともとの債権者が有していた債権に加えてその債権者の保証人に対する保証債権も一緒に代位弁済者のもとに移転する（民法499条、501条1項）。このような法的性質を保証債務の「随伴性」という。

　この点、根保証契約の主債務の範囲に含まれる債務に係る債権の一部が元本確定期日前に債権譲渡された場合に譲受人が保証人に保証債務の履行を求めることができるかどうかについて判例（最判平24.12.14民集66巻12号3559頁）では、譲受人は、当該根保証契約の当事者間において別段の合意がない限り、保証人に保証債務の履行を求めることができるとして、元本確定前の根保証契約についても随伴性が認められている（詳細は後記のとおり）。

8　第1編　保証全般

2 共同保証と分別の利益

　複数の保証人が存在する場合を「共同保証」という。複数の保証人が保証債務を負担した場合、保証債務の額は保証人の数に応じて分割されるのが原則である（民法456条）。これを「共同保証人の分別の利益」という。たとえば主債務1,000万円で保証人が2人いる場合、各保証人が負担する保証債務の額は500万円ずつとなる。

　もっとも、金融実務上の保証は「連帯保証」であることが通例であり、連帯保証人は分別の利益を有しない（大判大6.4.28民録23輯812頁）。この点「中小・地域金融機関向けの総合的な監督指針」（Ⅱ－3－2－1－2(2)①ホ）でも前記の補充性の場合と同様に「連帯保証契約については、補充性や分別の利益がないことなど、通常の保証契約とは異なる性質を有することを、相手方の知識、経験等に応じて説明することとしているか」が金融監督上の主な着眼点とされているように、金融実務上、連帯保証の場合は分別の利益が認められないこと等についての理解と連帯保証人に対する説明が必要となる。

　また、共同保証人間の特約によって共同保証人の全員が分別の利益を放棄してそれぞれの保証人が全額について保証債務を負担することも可能であり、このような特約がある場合を「保証連帯」という。

第1章　保証をめぐる基礎知識　9

第3節 | 連帯保証と単純保証（普通保証）

　連帯保証は保証人が主債務者と連帯して債務を負担する旨を保証契約において合意した保証であり、それに対し、保証人と主債務者がそのような連帯の関係にない保証は単純保証（普通保証）と呼ばれる。金融実務上で締結される保証は「連帯保証」であるのが通例である。また、仮に保証契約において連帯保証の合意がなかったとしても、主債務が主債務者の商行為によって生じたものであるとき、または保証が商行為であるときは、連帯保証となる（商法511条2項）。

　連帯保証が単純保証（普通保証）と異なる点は次のとおりである。

① 連帯保証には、催告・検索の抗弁権（民法452条、453条）が認められておらず（民法454条）、保証債務の補充性が排除されている（詳細は前記のとおり）。

② 複数の保証人が存在する共同保証の場合において、連帯保証の場合には、分別の利益が認められない（詳細は前記のとおり）。

③ 保証人について生じた事由の主債務者に対する効力について、連帯保証の場合には、連帯債務の規定が準用されている（民法458条、438条、439条1項、440条、441条）。

　この点、連帯保証人について生じた事由は、主債務者に対してその効力を生じないのが原則（相対的効力の原則）であるが、債権者および主債務者が別途の合意をした場合、その主債務者に対する効力は、その意思に従うこととなる（民法458条、441条）。令和2年4月1日（改正民法債権法施行日）以後に締結された保証契約については、連帯保証人に対する履行の請求は、主債務の時効の完成猶予や更新の効力を法律上当然に生じさせるものではないが（民法458条、441条本文の相対的効力の原則）、時効管理の観点から、

10　第1編　保証全般

金融実務上は、主債務者および連帯保証人との約定書等で「連帯保証人の1人に対する履行の請求は、主債務者に対しても、その効力を生ずる」旨の条項が設けられているのが通例であり、当該条項に基づいて、連帯保証人に対する履行の請求によって主債務の時効の完成猶予や更新の効力を生じさせることができる（民法458条、441条ただし書）。

また、令和2年4月1日（改正民法債権法施行日）以後に締結された保証契約については、複数の連帯保証人がいる場合において、連帯保証人の1人に対する免除を行った場合や連帯保証人の1人について時効が完成した場合であっても、相対的効力の原則どおり、他の連帯保証人に対してはその効力を生じない（民法458条、441条本文）。

第4節 特定保証と根保証

　すでに保証契約時に特定されている債務を主債務とする保証を特定保証という。それに対し、一定の範囲（たとえば銀行取引等）に属する不特定の債務を主債務とする保証を根保証という（民法465条の2第1項参照）。民法では、特定保証であるか根保証であるかを問わず、保証一般に個人保証人を中心とした保証人保護のための各種の規律が設けられているが、根保証については根保証人の責任がさらに過大となる可能性があるため、個人が根保証人となる場合について、その個人根保証人保護のための規律が上乗せで設けられている（主債務の範囲に貸金等債務が含まれる個人貸金等根保証契約については、個人根保証契約に関する規律をベースとしたうえで、さらに上乗せの規律が設けられている）。なお、個人ではなく法人が根保証契約を締結することも当然ながら可能である。

　極度額は根保証人の責任の限度額（上限額）を示すものである。個人根保証契約（個人貸金等根保証契約）では、書面ないし電磁的記録により極度額を定めなければその効力を生じない（民法465条の2第2項・3項、446条2項・3項）。また、個人根保証契約（個人貸金等根保証契約）の極度額は、主債務の元本のみならず、主債務に関する利息、違約金、損害賠償その他主債務に従たるすべてのものおよび保証債務について約定された違約金または損害賠償の額をも含めた、それら全部に関する極度額（債権極度額）を定める必要がある（民法465条の2第1項）。

　また、根保証は、不特定の債務を主債務とする保証であるので、主債務の元本の確定という概念も重要となる。根保証人は元本確定までに生じた主債務を保証することとなるが、逆に、元本確定後に生じた主債務は保証の対象とはならない。この点、個人根保証契約（個人貸金等根保証契約）では、主

債務の元本確定事由が法定されている（民法465条の４）。また、個人貸金等根保証契約では元本確定期日に関する規律が設けられている（民法465条の３）。金融実務上の個人貸金等根保証契約では元本確定期日が定められる場合が多いが、元本確定期日は個人貸金等根保証契約の締結日から５年を経過する日までの範囲内で定める必要があり、その日よりも後の日が定められている場合、元本確定期日の定めは効力を生じず（民法465条の３第１項）、元本確定期日の定めがない場合と同様、個人貸金等根保証契約の締結日から３年を経過する日が元本確定期日となる（同条２項）。

　他方で、個人貸金等根保証契約以外の個人根保証契約については元本確定期日に関する規律は設けられていない。

　この点、個別具体的な事案においては、すでに保証契約時に債務が特定されているといえるか不特定であるかの判断に迷う場合もある。極度額の定め等がなくとも保証人の責任の範囲が定まっているといえるかどうかが重要な判断要素となるが、実務上、最終的な判断に迷う場合は、安全をみて債務が不特定である根保証として取り扱うことも考えられる。

　なお、極度額を限度として保証する根保証ではない、特定保証の場合も、保証債務は主債務と同じ金額でなければならないということはない。主債務より重くなる保証債務は保証債務の付従性から認められないが（民法448条）、たとえば2,000万円の主債務に対して1,000万円の限度で保証するといった一部保証は可能である。この場合、主債務者が1,000万円弁済したとすれば、保証債務は消滅してしまうのか、あるいは主債務の残額1,000万円を引き続き保証することになるのかが問題となる。残額がある限り1,000万円の限度で保証するという趣旨で一部保証がされることが多いと考えられるが、結局は一部保証をした保証契約の趣旨や解釈に委ねられ、疑義が残る可能性も否定はできないので、保証契約のなかで保証人の責任の範囲を明確に規定しておくことが望ましい。

第 5 節 　委託保証と無委託保証

　主債務者が保証人に対して、主債務者が債権者に対して負担する主債務の保証を依頼（委託）したうえで、債権者と保証人との間で保証契約が締結される場合を委託保証（委託を受けた保証）という。その場合、主債務者と保証人との間では、保証委託契約が締結される。

　ただし、保証委託契約の締結は、保証契約を有効ならしめるための要件ではないので、主債務者からの依頼（委託）を受けずに、いわば主債務者のあずかり知らぬところで、債権者と保証人との間で保証契約を締結することもできる。そのような場合を無委託保証（委託を受けない保証）という。

　委託を受けた保証であるのか委託を受けない保証であるのかによって、保証人の主債務者に対する求償権の範囲（民法459条、462条）や事前求償権の有無（委託を受けた保証人に認められる。民法460条）のほか、主債務者の契約締結時の情報提供義務（民法465条の10）、主債務の履行状況に関する情報提供義務（民法458条の2）（これらも委託を受けた保証人との関係で主債務者や債権者に義務づけられている）の有無等に差異が生じる（詳細は後記のとおり）。

14　第1編　保証全般

第**6**節 連帯債務・併存的債務引受との異同

1 連帯債務との異同

　複数の債務者が同一内容の給付について、それぞれ独立して債権者に対して全部の給付をする義務を負担する場合が連帯債務である。連帯債務者も保証人も自ら独立して債務を負担する者であり、債権者からみると、一つの債務について複数の債務者がいて人的担保的な機能を果たしている点で共通するが、連帯債務は保証債務とは異なり、主債務に従たる債務ではなく付従性・補充性・随伴性はない（たとえば民法436条では「債権者は、その連帯債務者の1人に対し、又は同時に若しくは順次に全ての連帯債務者に対し、全部又は一部の履行を請求することができる」と規定されている）。

　また、保証の場合は主債務者が最終的にすべてを負担すべきであるので、保証人には主債務者との関係で自己の負担部分というものはないが、連帯債務の場合は、それぞれの連帯債務者が最終的に負担すべき自己の負担部分がある。

　さらに、保証の場合、保証債務の付従性により主債務者について生じた事由は保証人に対してもその効力を生じるが（民法457条）、連帯債務の場合は、民法438条（更改）、439条1項（相殺）、440条（混同）の場合（連帯債務者の1人について生じた事由が他の連帯債務者に対してもその効力を生じるとされるこれらの事由を絶対的効力事由という）を除き、連帯債務者の1人について生じた事由は他の連帯債務者に対してその効力を生じないのが原則である（民法441条の相対的効力の原則）。また、保証の場合、同じく保証債務の付従性により主債務が無効になった、または、取り消されたときは、保証債務も存在せず、消滅するのが原則であるが、連帯債務の場合は、連帯

第1章　保証をめぐる基礎知識　15

債務者の 1 人について法律行為の無効または取消しの原因があっても他の連帯債務者の債務はその効力を妨げられない（民法437条）。

　もっとも、保証のなかでも連帯保証の場合、連帯保証人について生じた事由の効力については、連帯債務の場合の民法441条（相対的効力の原則）のほか民法438条、439条 1 項、440条（絶対的効力事由）が準用されており（民法458条）、同様の規律が適用される。

2　併存的債務引受との異同

　債務引受とは債務者が負担する債務と同一内容の債務を契約によって引受人が負担することであり、そのうち併存的債務引受とは、引受人が債務を負担した後も元の債務者が引き続き債務を負担するものをいい（民法470条 1 項）、免責的債務引受とは、引受人が債務を負担した後は元の債務者がその債務を免れるものをいう（民法472条 1 項）。

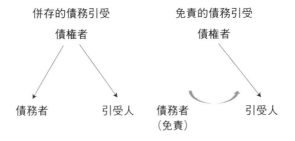

　併存的債務引受は、債権者と引受人との契約によるほか（民法470条 2 項）、債務者と引受人との契約によってもすることができる（民法470条 3 項）。債務者と引受人との契約による場合、併存的債務引受の効力は債権者が引受人に対して承諾をしたときに生じ、その他は第三者のためにする契約に関する規定（民法537条～539条）に従う（民法470条 4 項）。

　併存的債務引受の債務者と引受人とは連帯債務の関係となるので（民法470条 1 項）、前記の連帯債務との異同が基本的には当てはまる。ただし、引受人は、併存的債務引受により負担した自己の債務について、その効力が生じたときに債務者が主張できた抗弁をもって債権者に対抗（主張）すること

ができ（民法471条1項）、債務者が債権者に対して取消権または解除権を有するときは、引受人は、これらの権利行使によって債務者がその債務を免れるべき限度において、債権者に対して債務の履行を拒むことができる（同条2項）。これらの点は連帯債務ではなく保証と同様に取り扱われている（民法457条2項・3項）。なお、債務者が債権者に対して相殺可能な債権を有する場合、債務者の負担部分の限度で引受人は債権者に対する債務の履行を拒むことができる（併存的債務引受の場合にも、連帯債務に関する民法439条2項が適用される）。

　併存的債務引受も、債権者からみると、一つの債務について債務者が追加され、人的担保的な機能を果たす点で保証に類似する。民法では保証人（とりわけ個人保証人）保護のための各種の規律が設けられているが、これらの規律はあくまで保証の場合に適用されるものであり、法的構成の異なる併存的債務引受の場合に適用されるものではない。しかしながら、なんら合理的な理由もなく、ただ単に保証契約の規制（たとえば、保証意思宣明公正証書の作成等）を潜脱するためだけに併存的債務引受が利用されるような場合、実質は保証契約と異ならないとして、個別具体的な事案において、保証人保護のための各種規律が（類推）適用される可能性も否定できないので、注意を要する。

第1章　保証をめぐる基礎知識　17

第 **7** 節　物上保証との異同、物上保証と連帯保証の併用

　物上保証は、他人の債務を担保するために自らが所有する財産を債権者に担保提供することである。他人の債務（主債務）を担保する目的で利用される点において保証と同様に物上保証にも、主債務との関係での付従性、随伴性といった性質や物上保証履行後の主債務者に対する求償権の行使等が認められている。しかし、保証人は、自らも保証債務を負担し主債務者が履行しない場合に自らが所有する財産全般が引当とされることになるのに対し、物上保証人は自らは債務を負担しておらず、あくまで担保提供財産限りでの物的な有限責任しか負担しないという点が異なる。

　そこで、このような保証と物上保証との異同をふまえ、債権者として、物上保証人に対しても債務の履行を請求したり、担保提供財産以外の財産からの債権回収を可能とするために物上保証に加え保証人（連帯保証が通例）にもなってもらったりする場合もある。そのほか、たとえば物上保証人が他人の債務を担保するために自らが債権者に対して有する預金債権を債権質の方法で担保提供する場合がある。この場合、債権者からみれば物上保証人の自らに対する預金債権（自行預金）の担保提供を受けることになるが、物上保証人に対する債権を有しない場合、物上保証人との間では債権債務が対立しておらず、相殺の方法（民法505条1項）によって債権回収を図ることができない。そこで、債権者として、物上保証人から自行預金の担保提供を受けるに際して、相殺の方法による簡便な債権回収を目的として、担保提供される預金債権額を限度として連帯保証してもらうという場合もある。自行預金に対する質権設定の事実を第三者に主張するためには自行（第三債務者）の発行する承諾書に確定日付を付して第三者対抗要件（民法364条、467条）を備えておかなければならないが、相殺によって債権回収を図ることができる

18　第1編　保証全般

のであれば、それを省略することも可能となる。もっとも、物上保証のみならず保証を徴求する場合、保証人保護のための民法上の各種規律や経営者以外の第三者の個人連帯保証を求めないことを原則とする融資慣行の確立等をうたう金融庁監督指針との関係が問題となる。

第**8**節 手形保証、電子記録保証

1 手形保証

　手形保証も保証であるので主債務の存在が前提となり、主債務が弁済、相殺、免除、時効等により消滅すれば手形保証人の手形保証責任も消滅する。

　この点、通常の民法上の保証の場合、主債務が無効や不存在であれば保証債務も成立しない（保証債務の付従性）。しかし、手形行為については、手形取引の安全を確保するため、他の手形行為の影響を受けないという手形行為独立の原則（手形法7条）が適用され、手形保証の場合も、主債務に方式の瑕疵がある場合を除いて、主債務がいかなる事由によって無効となる場合であっても手形保証は有効である（手形法77条3項、32条2項）。

　また、手形保証人は、主債務者と同一の責任を負う（手形法77条3項、32条1項）。手形保証人には催告の抗弁権（民法452条）、検索の抗弁権（民法453条）、分別の利益（民法456条）、主債務者の有する抗弁権の主張（主債務の弁済、相殺、免除、時効等による消滅や主債務の方式の瑕疵に関する抗弁、主債務の原因関係上の債務の不発生が確定した場合やその債務が消滅した場合を除く）等は認められない。

　手形保証には、手形またはその補箋に手形保証文句と主債務者の名称（記載しない場合には振出人が主債務者とみなされる）を記載して手形保証人が署名する方式（正式保証）と、手形の表面に保証の趣旨で手形保証人が署名のみを行う方式（略式保証）とがある（手形法77条3項、31条）。そのほか、手形保証の目的で他の形式の手形行為をする場合（隠れた手形保証）もあり、その場合は、その手形行為の形式に従った責任を負担する。

　手形保証の時効期間は主債務者と同一であり、振出人の債務の保証は満期

20　第1編　保証全般

日から３年、裏書人の債務の保証の場合は満期日から１年で消滅時効にかかる（手形法77条１項８号、78条１項、70条１項・２項）。手形法77条１項８号、71条では、時効の完成猶予および更新の効力はその事由が生じた者に対してのみその効力が生じる旨が規定されているので、主債務者に対して時効の完成猶予・更新の措置を講じたとしても手形保証人にはその効力は及ばず（民法457条１項は適用されない）、手形保証人に対して時効の完成猶予・更新の措置を講じたとしても主債務者にその効力は及ばない。時効の完成猶予・更新の措置を講じる必要がある場合は必ず主債務者および手形保証人の双方に対して別個に措置を講じなければならない。

　なお、手形保証人が手形の支払いを行った場合は、主債務者等に対し手形上の権利を取得する（手形法77条３項、32条３項）。

2　電子記録保証

　電子記録保証とは、電子記録債権に係る債務を主債務とする保証であって、保証記録をしたものをいう（電子記録債権法２条９項）。電子記録保証は保証記録をすることによって生じる（同法31条）。

　電子記録保証についても手形保証と同様に電子記録保証の独立性が認められており、主債務者が主債務を負担しない場合（同法16条１項１号～６号または32条１項１号～３号に掲げる事項の記録が欠けている場合を除く）であっても、電子記録保証人は保証責任を負担する（同法33条１項）。また、電子記録保証については、民法452条（催告の抗弁）、民法453条（検索の抗弁）、民法456条（分別の利益）、民法457条（主債務者について生じた事由の効力）、民法458条（連帯保証人について生じた事由の効力）、商法511条２項（商事保証の連帯）は適用されない（電子記録債権法34条１項）。

　ただし、電子記録保証は手形保証とは異なり、電子記録保証人が個人事業者である旨の記録がされていない個人である場合、電子記録保証の独立性は認められておらず（電子記録債権法33条２項）、また、この場合、電子記録保証人は主債務者が主張することができる抗弁をもって債権者に対抗することができ（同法34条２項）、主債務者が債権者に対して相殺権・取消権・解

除権を有するときは、これらの権利行使によって主債務者がその債務を免れるべき限度で債務の履行を拒むことができる（同法34条3項）。

電子記録保証人が弁済その他の債務消滅行為を行ってその旨の支払等記録がされた場合、民法459条、459条の2、462条、463条、465条の規定にかかわらず、主債務者等に対する特別求償権を取得する（電子記録債権法35条）。

電子記録保証を含む電子記録債権は、これを行使することができる時から3年で消滅時効にかかる（同法23条）。

第9節 保証類似の制度

1 損害担保契約

　損害担保契約は債権者に損害が発生した場合に主債務から独立してその損害を填補することを目的とした契約である。債権者の損失を担保し、填補する経済的機能を有する点で保証契約と類似するが、損害担保契約は債権者が被った損害を対象としてそれを担保し、填補する契約であり、主債務が存在することを前提とするものではない。そのため、保証契約に認められる主債務との間の付従性（主債務の不存在、不成立、消滅等が保証債務の存否にも影響すること）、補充性（保証債務は、主債務が履行されない場合に、これを補充するものであること。具体的には、民法452条、453条の催告・検索の抗弁権）、随伴性（主債務の移転に伴い、保証債務も移転すること）は認められない。また、債権者の損害を填補しても主債務者に対する求償は原則として認められず、代位も生じない。

　以上のとおり、損害担保契約は保証契約とは異なり、主債務の存在を前提とはせず、主債務から独立して債権者の損害を填補するという点に大きな特徴がある。そのため、損害担保契約は、保証契約が利用できない場合に同様の経済的機能を果たさせる必要がある場合や主債務とは別個独立して第三者に責任を負担してもらう必要がある場合等に利用される。

　保証契約が利用できない場合に同様の経済的機能を果たさせる必要がある場合として、地方公共団体による損失補償契約（損害担保契約）がある。財政援助制限法（正式名称は「法人に対する政府の財政援助の制限に関する法律」）3条本文では、「政府又は地方公共団体は、会社その他の法人の債務については、保証契約をすることができない」と規定されているため、地方公

第1章　保証をめぐる基礎知識　23

共団体は、たとえば出資先の第三セクターが金融機関から融資を受けるに際して、金融機関との間で保証契約を締結することは原則として禁止されている。もっとも「損失補償については、財政援助制限法3条の規制するところでないものと解する」という行政解釈（昭和29年5月12日付自治庁行政課長から大分県総務部長宛て回答）が存在しており、実務上、地方公共団体が損失補償契約を締結する方法によって信用補完が図られている。この点、地方公共団体が債権者との間で締結した損失補償契約について、損失補償契約（保証契約とは異なる損害担保契約）としての法的性質が備えられていれば財政援助制限法3条の類推適用によって直ちに違法、無効と判断されるものではない（最判平23.10.27金融法務事情1937号100頁）。

　また、主債務とは別個独立して第三者に責任を負担してもらう必要がある場合として、主債務者の私的整理において主債務の減免や期限の猶予等の権利変更が行われるとき、保証債務の付従性の原則に従えば保証人にも影響が及ぶこととなるので、引き続き保証人には責任を負担してもらうことを目的として、主債務の権利変更に先立って保証人から主債務の権利変更にかかわらず引き続き責任を負担する旨の同意書を徴求しておく場合がある。これも損害担保契約の一つである。

　なお、民法では損害担保契約に関しての一般的な規定は設けられてはいないが、保証債務の付従性の例外として「行為能力の制限によって取り消すことができる債務を保証した者は、保証契約の時においてその取消しの原因を知っていたときは、主たる債務の不履行の場合又はその債務の取消しの場合において」独立の債務を負担したものと推定されるとの規定（民法449条）が設けられており、一種の損害担保契約を推定した規定であると理解されている。

2　保証保険

　保証保険は、借主を保険契約者、損害保険会社を保険者、金融機関を被保険者とし、借主の債務不履行を保険事故とする保険契約である。金融機関は保険会社から支払われる保険金を貸付金の弁済に充当することになるが、保

険会社が金融機関に保険金を支払った場合、保険会社は金融機関に当然に代位し（保険法25条）、金融機関が借主に対して有していた権利を行使することができる。このような意味において保険会社は保証会社と同じような立場に立つことになる。

3　経営指導念書

　金融機関が子会社に融資するに際し、親会社から「経営指導念書」が差し入れられる場合がある。子会社の債務不履行について、親会社がその念書に基づいて、保証や損害担保と同等の法的責任を負うこととなるかどうかは、その念書に記載されている具体的な文言や内容、差入れの経緯等にもよるが、保証や損害担保といった文言が記載されておらず、法的責任ではなく、単なる道義的な責任を負うにとどめる意味合いで差し入れられていることも多い。そのため、子会社の債務不履行について金融機関が親会社にも法的責任を負担してもらうことを企図するのであれば、そのような念書ではなく、親会社が法的責任を負うことが明記された保証書等の差入れを受けるようにすべきである。この点、経営指導念書の法的責任を否定した裁判例として東京地判平 9 . 4 .28金融法務事情1507号59頁、東京地判平11. 1 .22判例時報1703号150頁、東京地判平11. 6 .28判例時報1703号150頁、東京地判平11. 9 .30金融法務事情1584号85頁、東京地判平12. 4 .17金融法務事情1609号56頁、東京地判平12.12.20金融法務事情1115号50頁、東京地判平16. 3 .25判例タイムズ1149号120頁がある。

4　保証予約

　保証予約は、将来、保証契約を締結すべき義務を生じさせる契約である。保証予約の方式には、金融機関（債権者）が請求した場合に予約義務者が保証契約を締結する義務を負う方式（本契約締結義務方式）、金融機関が予約完結権を行使した場合に予約義務者が当然に保証債務を負う方式（予約完結権方式）、一定の条件の成就により保証契約の効力が当然に発生する方式（停止条件方式）の三つがある。

保証予約のうち予約完結権方式および停止条件方式の場合は、金融機関が予約完結権を行使したり停止条件が成就したりすれば、通常の保証契約が締結されたのと同様の効力が当然に発生することとなる。他方、本契約締結義務方式の場合、金融機関の請求にもかかわらず予約義務者が保証契約の締結に協力せず、保証契約の締結ができないとき、金融機関は予約義務者に対して保証債務の履行を直ちに請求することはできない（本契約締結義務の履行を求めて訴えを提起し、強制執行することは可能である）。

　また、保証予約のうち、とりわけ予約完結権方式および停止条件方式の場合は、金融機関が予約完結権を行使したり停止条件が成就したりすれば通常の保証契約が締結されたのと同様の効力が当然に発生することとなるため、予定保証債務額や会社の規模、財務状況等から当該保証予約が「多額の借財」（会社法362条4項2号）に該当するときや、主債務者の代表取締役が予約義務者の代表取締役として保証予約をするとき（最判昭45.4.23民集24巻4号364頁参照）、主債務者が予約義務者の取締役である場合等の利益相反取引（会社法356条1項3号、365条）に該当するときは、通常の保証契約を締結する場合と同様に取締役会等の承認決議が必要となるので、予約義務者の取締役会等議事録の写しを徴求して確認しておくべきである。

5　表明保証

　表明保証とは、契約の一方当事者が他方当事者に対し、主として契約の対象物等の内容に関して一定時点における一定の事項が真実かつ正確であることを表明し、その表明した内容を保証することである。表明保証の条項はM&A契約、ローン契約、不動産売買契約等で設けられることが多い。表明保証責任の法的性格について、保証債務履行責任の「保証」は他人の債務不履行や義務違反に対して責任を負うことを約束するものであるのに対し、表明保証責任の「保証」は一定時点における一定の事項が真実かつ正確であることを約束するものであり、両者の法的性格は異なる。また、表明保証責任は債務不履行責任や契約不適合責任ともその要件や効果を異にしている。そこで、表明保証責任の法的性格については、一定の事項について表明保証違

26　第1編　保証全般

反があった場合に契約上の特約に基づいて発生する一種の担保責任であると考えられている。表明保証違反があった場合の効果については個別具体的な契約の特約により定まることとなり、また、契約の種類によっても異なるが、クロージングの前提条件不充足、期限の利益の喪失、契約解除、損害補償等が規定される。

第 2 章

金融実務における保証

第1節 個人保証

1 保証人の能力

　自然人（個人）については、法人のように権利義務の主体となりうる能力（権利能力）は問題とならない（民法3条）。

　また、民法3条の2では「法律行為の当事者が意思表示をした時に意思能力を有しなかったときは、その法律行為は、無効とする」とされているように、保証契約時に保証人が意思能力（有効な意思表示をするために必要とされる判断能力）を有していなければならないのはもちろんである。

　さらに、制限行為能力者が保証する場合は次の手続が必要であり、それらの手続によらない場合は後日取り消される可能性がある。後見、保佐、補助が開始されている場合は法務局の後見登記等ファイルに記録されるので、その登記事項証明書により確認する（金融機関の立場では取得できないので、後見人・保佐人・補助人、本人、配偶者、四親等内の親族等に取得してもらうこととなる）。

　　① 未成年者（満18歳未満の者）：法定代理人（親権者、未成年後見人）の同意（民法5条）または法定代理人による代理（民法824条、859条）

　　② 成年被後見人（精神上の障害により事理を弁識する能力を欠く常況にある者。民法7条）：成年後見人の代理（民法8条、859条）

　　③ 被保佐人（精神上の障害により事理を弁識する能力が著しく不十分である者。民法11条）：保佐人の同意（民法12条、13条1項2号）または保佐人に代理権を付与する旨の審判がされていれば、保佐人の代理（民法876条の4）

30　第1編　保証全般

④　被補助人（精神上の障害により事理を弁識する能力が不十分である
者。民法15条）：補助人の同意を要する旨の審判がされていれば、補
助人の同意（民法16条、17条、13条１項２号）または補助人に代理権
を付与する旨の審判がされていれば、補助人の代理（民法876条の９）

もっとも、制限行為能力者が保証する等という場面は、実務上はあまり考
えられないので、むしろ保証人となる者が制限行為能力者ではないかどうか
の確認に重きが置かれよう。

2　利益相反取引

親権者が借入れを行うに際して、満18歳未満の未成年の子を代理して子を
保証人とするような場合、子と親権者との間で利益相反が生じるので（親権
者が自らの利益のために子の利益を不当に害するおそれがある）、そのよう
な行為を行うに際しては、親権者は子の代理権を行使することができず、そ
の子のために特別代理人の選任を家庭裁判所に請求しなければならない（民
法826条１項）。また、親権者が数人の子に対して親権を行う場合に、その１
人の子と他の子との利益が相反する行為についても、親権者は、その一方の
子のために特別代理人の選任を家庭裁判所に請求しなければならない（民法
826条２項）。

なお、親権者たる父母の一方に利益相反関係がある場合は、利益相反関係
のない親権者と民法826条１項の規定により選任された特別代理人とが共同
して子のための代理行為をなすことになる（最判昭35．2 .25民集14巻２号
279頁）。

以上は、被後見人と後見人との間で利益が相反する場合も同様である（民
法860条本文）。ただし、すでに後見監督人が選任されている場合は後見監督
人が被後見人を代理する（民法860条ただし書、851条４号）。また、被保佐
人と保佐人、被補助人と補助人との間で利益が相反する場合も、すでに保佐
監督人、補助監督人が選任されている場合を除き、臨時保佐人、臨時補助人
の選任を要する（民法876条の２第３項、876条の７第３項）。

第2節 法人保証

1　保証能力（株式会社、その他の法人）

　法人が保証する場合、その法人が法律上保証債務の主体となりうるかという保証能力（保証人の権利能力）が問題となる場合がある。

　法人が法律上権利義務の主体となりうるかという法人の権利能力について、民法34条は「法人は、法令の規定に従い、定款その他の基本約款で定められた目的の範囲内において、権利を有し、義務を負う」と規定され、目的の範囲外の行為は、相手方の善意・悪意を問わず無効となる（大判明36.1.29民録9輯102頁）。

　もっとも、株式会社等の営利法人については、定款に明示されていなくても定款所定の目的を遂行するうえで直接・間接に必要な行為であればよく、必要かどうかも客観的・抽象的に判断されるので（最判昭45.6.24民集24巻6号625頁）、目的の範囲外とされる可能性はほとんどないものと考えておいてさしつかえない。

　他方で、非営利法人については、営利法人に比べて目的の範囲が厳しく解釈される傾向にあり、また、その法人の設立根拠法等で特別の手続が求められている場合がある。たとえば宗教法人が保証する場合には、規則で定められた目的の範囲内といえるかを慎重に確認する必要があるほか（宗教法人法10条）、責任役員会による決議（同法19条）や公告（同法23条2号）等の手続が履践されているかを確認する必要がある。

2　代　表　権

　法人が保証する場合、保証行為を行う者がその法人の代表権を有していな

32　第1編　保証全般

ければならない。代表権を有していることは法人の登記事項証明書で確認する。

3 多額の借財

(1) 取締役会決議を経ずに行われた「多額の借財」の有効性

会社法では、取締役会設置会社における「多額の借財」の決定は取締役に委任することができず、取締役会決議によらなければならないとされている（会社法362条4項2号）。「借財」には、融資等の借入れのほか保証や保証予約等も含まれる。取締役会決議を経ずに行われた「多額の借財」の有効性について、相手方が取締役会決議を経ていないことを知りまたは知りうるときは無効となる（最判昭40.9.22金融法務事情425号11頁）。

そのため、債権者が取締役会設置会社に対し融資する場合や保証を徴求する場合、当該融資先等の会社の規模や財務状況等からみて当該融資先等にとって「多額の借財」に該当することが容易に認識できるようなときは、当該融資先等が取締役会決議を経ていることを確認しておかなければならない。

(2) 「多額の借財」該当性の判断基準

「多額の借財」に該当するか否かは、数値基準による画一的判断はできず、会社の規模や財務状況等によって総合的に判断するほかない。

この点、東京地判平9.3.17金融法務事情1479号57頁は「当該借財の額、その会社の総資産及び経常利益等に占める割合、当該借財の目的及び会社における従来の取扱い等の事情を総合的に考慮して判断されるべきである」と判示したうえで、資本金128億9,597万8,200円、総資産合計額1,936億7,900万円、負債合計額1,328億3,100万円、経常利益40億5,000万円の株式会社が関連会社の10億円の債務について保証予約を締結することは、融資額の占める割合がそれぞれ7.75％、0.51％、0.75％、24.6％に当たること、株式会社の取締役会規則において、取締役会の決議を要する事項として1件5億円以上の債務保証および担保権の設定が掲げられていること等のその他の事情を総合的に考慮すれば、多額の借財に当たるとした。

第2章　金融実務における保証　33

また、東京地判平24.2.21判例時報2161号120頁は、資本金11億1,800万円、総資産約35億円、売上高約6億8,233万円、経常利益約600万円の株式会社に対する2億円の貸付けについて、融資額の占める割合が資本金の約17.9％、資産の約5.7％、経常利益の約33.3倍にのぼり、返済元利金合計は年間売上げのほぼ10％に相当する金額になる等、株式会社の財務、経営への影響がきわめて大きいとして、「多額の借財」に当たるとした。

⑶　取締役会決議を経ているかどうかの確認方法

当該融資先等の会社の規模や財務状況等からみて「多額の借財」に該当する可能性が否定できないのであれば、将来における紛争予防の観点から、取締役会議事録の写しを徴求（および取締役会議事録の原本を確認）して、取締役会決議を経ていることを確認するのが望ましい。また、取締役会決議を経ている旨の念書（確認書）の徴求による方法も考えられる。

⑷　融資・保証が無効と判断された場合の対応

保証が無効と判断された場合、以後、保証の効力を主張できなくなる。

他方で融資の場合、仮に融資が無効と判断された場合であっても、融資先には融資金相当額の不当利得が存在することから、債権者としては融資先に対して不当利得返還請求（民法703条）を行っていくことができる。

しかしながら、融資が無効と判断された場合、融資に関して徴求した担保や保証は担保・保証の付従性により無効となる。もっとも、この点に関して、員外貸付けを理由として、貸付行為が無効とされたことに伴う不当利得返還債務を弁済せずに、当該貸付債権を被担保債権として設定された抵当権が無効であると主張することは信義則に反すると判断した判例（最判昭44.7.4民集23巻8号1347頁・金融法務事情559号29頁）もあり、抵当権の債務者が設定者でもある場合（物上保証でない場合）は、融資が無効と判断されるときであっても、抵当権の効力が認められる可能性もある。

4　利益相反取引

会社法では、取締役が自己または第三者のために株式会社と取引をしようとする場合（直接取引）のほか、株式会社が取締役の債務を保証する等、取

34　第1編　保証全般

締役以外の者との間で株式会社と取締役との利益が相反する取引をしようと
する場合（間接取引）には、その取引につき重要な事実を開示して、取締役
会設置会社においては、取締役会の承認（会社法356条1項3号、365条1
項）、取締役会設置会社以外の会社においては、株主総会の承認（会社法356
条1項3号）を受けなければならないとされている。このような利益相反取
引の規制は、取締役が会社（株主）の利益の犠牲において自己または第三者
の利益を図ることを防止する趣旨である。

　利益相反取引（間接取引）として取締役会・株主総会の承認を要する場
合、会社による取締役の債務の保証のほか、債務引受、物上保証を行うとき
がある。このときには、会社を代表する者が当該取締役であるか否かに関係
なく、取締役会・株主総会の承認を要する。また、乙社の債務を甲社が保証
する場合で、同一人が甲乙両社の取締役を兼任している場合において、同一
人が甲乙両社の代表取締役を兼任している場合（最判昭45.4.23民集24巻4
号364頁）や甲社の取締役で乙社の代表取締役を兼任している場合のほか、
甲社の代表取締役で乙社の取締役を兼任している場合についても、実務上
は、保証を行う甲社の株主総会・取締役会の承認を要するものとして取り扱
うべきである。もっとも、利益相反取引の規制は会社（株主）の利益保護の
ためであるから、その代表取締役が保証を行う会社の全株式を有している場
合、株主総会・取締役会の承認は要しない。

　そして、このような利益相反取引（間接取引）の有効性については、取引
安全の見地から、利益相反取引の相手方が取締役会・株主総会の承認を受け
ていないことについて知っていることを会社が主張・立証した場合、会社は
その無効を主張することができるとされている（最判昭43.12.25民集22巻13
号3511頁）。そのため、債権者としては、会社が取締役の債務を保証する場
合等、前記のような利益相反取引に該当する場合は、保証を行う会社におい
て、利益相反取引の取締役会・株主総会の承認を受けていることを、その議
事録の写しや念書（確認書）を徴求する等して確認しておかなければならな
い。

第3節 経営者保証、経営者以外の第三者保証

1 経営者以外の第三者の個人連帯保証を求めないことを原則とする融資慣行の確立等

信用保証協会では平成18年4月以降、経営者以外の第三者保証人を徴求することは、下記のような特別な事情がある場合を除き、原則禁止されている（中小企業庁金融課「信用保証協会における第三者保証人徴求の原則禁止について」(https://www.chusho.meti.go.jp/kinyu/2006/060331daisanshahoshou_kinshi.html)）。

① 実質的な経営権を有している者、営業許可名義人または経営者本人の配偶者（当該経営者本人とともに当該事業に従事する配偶者に限る）が連帯保証人となる場合

② 経営者本人の健康上の理由のため、事業承継予定者が連帯保証人となる場合

③ 財務内容その他の経営の状況を総合的に判断して、通常考えられる保証のリスク許容額を超える保証依頼がある場合であって、当該事業の協力者や支援者から積極的に連帯保証の申出があった場合（ただし、協力者等が自発的に連帯保証の申出を行ったことが客観的に認められる場合に限る）

そして、金融庁発出の「中小・地域金融機関向けの総合的な監督指針」でも、「経営者以外の第三者の個人連帯保証を求めないことを原則とする融資慣行の確立等」（Ⅱ－11）として、以下の点等が金融監督上の主な着眼点とされている。金融機関においては、経営者以外の第三者の個人連帯保証を求めないことを原則とする融資慣行を確立し、また、保証履行時における保証

36 第1編 保証全般

人の資産・収入をふまえた対応が求められている。

(1) 経営者以外の第三者の個人連帯保証を求めないことを原則とする融資慣行の確立

　個人連帯保証契約については、経営者以外の第三者の個人連帯保証を求めないことを原則とする方針を定めているか。また、方針を定める際や例外的に経営者以外の第三者との間で個人連帯保証契約を締結する際には、民法に定められた意思確認手続を経たうえで契約を締結することに加え、必要に応じ、「信用保証協会における第三者保証人徴求の原則禁止について」における考え方を踏まえているか。特に、経営者以外の第三者が、経営に実質的に関与していないにもかかわらず、例外的に個人連帯保証契約を締結する場合には、当該契約は契約者本人による自発的な意思に基づく申し出によるものであって、金融機関から要求されたものではないことが確保されているか。

(2) 第三者の保証人から保証解除の相談を受けた場合の態勢整備

　第三者の保証人から保証解除の相談を受けた場合には、Ⅱ－11－1の意義にある指摘に鑑み、保証債務を負うに至った経緯や保証人の保証能力、生活実態を十分に踏まえて、適切な対応を行う態勢となっているか。

(3) 保証履行時における保証人の履行能力等を踏まえた対応の促進

　保証人（個人事業主たる主債務者を含む。）に保証債務（当該主債務者の債務を含む。）の履行を求める場合には、Ⅱ－11－1の意義にある指摘に鑑み、保証債務弁済の履行状況及び保証債務を負うに至った経緯などその責任の度合いに留意し、保証人の生活実態を十分に踏まえて判断される各保証人の履行能力に応じた合理的な負担方法とするなど、きめ細かな対応を行う態勢となっているか。

　また、第三者の個人連帯保証の保証履行時等においても、「経営者保証に関するガイドライン」は適用され得るとの点に留意し、必要に応じ、ガイドラインの活用を検討し、ガイドラインに基づく対応を行

う態勢となっているか（Ⅱ-10-2参照）。

2 「経営者保証に関するガイドライン」の融資慣行としての浸透・定着等

　中小企業・小規模事業者等（以下「中小企業」という）の経営者による個人保証（以下「経営者保証」という）には、中小企業の経営への規律づけや信用補完として資金調達の円滑化に寄与する面がある一方、経営者による思い切った事業展開や創業を志す者の起業への取組み、保証後において経営が窮境に陥った場合における早期の事業再生を阻害する要因となっているなど、企業の活力を阻害する面もあり、経営者保証の契約時および履行時等においてさまざまな課題が存在する。こうした状況に鑑み、中小企業の経営者保証に関する中小企業、経営者および金融機関による対応についての自主的自律的な準則として、平成25年12月、「経営者保証に関するガイドライン」（以下「ガイドライン」という）が定められた。

　そして、金融庁発出の「中小・地域金融機関向けの総合的な監督指針」でも、「「経営者保証に関するガイドライン」の融資慣行としての浸透・定着等」（Ⅱ-10）として、以下の点等が金融監督上の主な着眼点とされている。金融機関においては、経営者保証に関し、ガイドラインの趣旨や内容を十分にふまえた適切な対応を行うことにより、ガイドラインを融資慣行として浸透・定着させていくことが求められている。

---

(1)　経営陣は、ガイドラインを尊重・遵守する重要性を認識し、主導性を十分に発揮して、経営者保証への取組方針等を明確に定めているか。また、ガイドラインに示された経営者保証の準則を始めとして、以下のような事項について職員への周知徹底を図っているか。

①　経営者保証に依存しない融資の一層の促進（法人と経営者との関係の明確な区分・分離が図られている等の場合における、経営者保証を求めない可能性等の検討を含む。）

38　第1編　保証全般

② 経営者保証の契約時や一部の既存の保証契約（注）がある場合の対応（適切な保証金額の設定や、保証契約を締結する場合には、どの部分が十分ではないために保証契約が必要なのか、どのような改善を図れば保証契約の変更・解除の可能性が高まるか、の客観的合理的理由について、顧客の知識、経験等に応じ、その理解と納得を得ることを目的とした説明を行うことを含む。）

（注） M&A・事業承継など主たる株主等が変更になることを金融機関が把握した保証契約及び令和5年3月以前に締結した根保証契約

③ 既存保証契約の適切な見直し（M&A・事業承継時の対応・経営者以外の第三者の個人連帯保証に関する適切な見直し（Ⅱ−11−2(2)参照）を含む。）

④ 保証債務の整理に関する対応（経営者の経営責任の在り方、残存資産の範囲及び保証債務の一部履行後に残存する保証債務の取扱いを含む。）

⑤ その他（ガイドラインにより債務整理を行った保証人に関する情報の取扱いを含む。）

(2) ガイドラインに基づく対応を適切に行うための社内規程やマニュアル（「経営者保証に関するガイドライン」第4項(2)に掲げられている要素を参照の上、可能な限り、資産・収益力については定量的、その他の要素については客観的・具体的な目線を示すことを含む。）、契約書の整備、本部による営業店支援態勢の整備等、必要な態勢の整備に努めているか。

(3) 主債務者、保証人からの経営者保証に関する相談に対して、適切に対応できる態勢が整備されているか。

(4) 停止条件又は解除条件付保証契約、ABL等の経営者保証の機能を代替する融資手法のメニューの充実及び顧客への周知に努めているか。

(5) 主債務者たる中小企業等から資金調達の要請を受けた場合には、当

該企業の経営状況等を分析した上で、法人個人の一体性の解消等が図られているか、あるいは、解消を図ろうとしているかを検証するとともに、検証の結果、一体性の解消が図られている等と認められる場合は、経営者保証を求めない可能性等を債務者の意向も踏まえた上で検討する態勢が整備されているか。

(6) 保証契約を締結する場合や一部の既存の保証契約（注）がある場合には、どの部分が十分ではないために保証契約が必要なのか、どのような改善を図れば保証契約の変更・解除の可能性が高まるか、の客観的合理的理由についても、顧客の知識、経験等に応じ、その理解と納得を得ることを目的とした説明を行う態勢が整備されているか。また、その結果等を書面又は電子的方法で記録する態勢が整備されているか。

(注) M&A・事業承継など主たる株主等が変更になることを金融機関が把握した保証契約及び令和5年3月以前に締結した根保証契約

(7) 保証債務の整理に当たっては、ガイドラインの趣旨を尊重し、関係する他の金融機関、外部専門家（公認会計士、税理士、弁護士等）及び外部機関（中小企業活性化協議会等）と十分連携・協力するよう努めているか。

(8) 定期的かつ必要に応じ、内部監査等を実施することにより、ガイドラインに基づく対応が適切に行われていることを確認しているか。また、当該監査等の結果を踏まえ、必要に応じて態勢の改善・充実を図るなど、監査等を有効に活用する態勢が整備されているか。

3 民法上の規律

民法上では、経営者保証、経営者以外の第三者保証という用語や概念が直接に用いられているわけではないが、個人保証のうち事業のために負担した貸金等債務の保証・根保証契約は、契約締結日前1カ月以内に作成された保

証意思宣明公正証書（以下「公正証書」という）で保証予定者が保証債務を履行する意思を表示していなければ、その効力を生じないのが原則（民法465条の６）であるところ、主債務者の事業の状況を把握することができる立場にあり、保証のリスクを十分に認識せずに保証契約を締結するおそれが類型的に低いと考えられる者が保証する場合は、例外的に公正証書の作成を要しない（民法465条の９）とされている。

　そして、公正証書の作成を要しない場合として、主債務者が法人である場合の「主債務者の理事、取締役、執行役又はこれらに準ずる者」（民法465条の９第１号）、「総株主の議決権の過半数を直接・間接に有する者」（同条２号イ〜ハ）、主債務者が個人である場合の「共同事業者又は主債務者が行う事業に現に従事している配偶者」（同条３号）等が規定されており、これら主債務者の事業への関与者が保証する場合がいわゆる経営者保証の場合に相当するものと考えられる。

　しかし、「実質的な経営権を有している者」「事業承継予定者」等の金融庁監督指針上の第三者保証の禁止の例外に該当したとしても、民法上の公正証書の作成の例外事由（民法465条の９）を満たしていなければ、公正証書が作成されていない限り、保証契約は実体法上無効となる。すなわち、金融庁監督指針上の第三者保証の禁止の例外と民法上の公正証書の作成の例外事由（民法465条の９）とは必ずしも一致するものではないので、この点は注意を要する。

4　経営者保証、経営者以外の第三者保証の目的と安易な個人保証に依存した融資の抑制

　経営者保証は中小企業の経営の規律づけや信用補完の目的で徴求される。また、経営者以外の第三者保証は、第三者保証人は経営には直接は関与していないので、経営の規律づけというよりは、信用補完の目的で徴求される。

　この点、第三者保証については、実際の保証債務履行請求の場面において、第三者保証人に何としても迷惑をかけまいとする主債務者からの任意の履行が促進されるという効果がある場合も否定はできないが、現在の金融実

務では、直接的な経営責任がない第三者に主債務者と同等の保証責任を負わせることは適当ではないとの考え方から、経営者以外の第三者の個人連帯保証を求めないことが原則とされている。

　また、経営者保証に関しても、創業や経営者による思い切った事業展開を躊躇させ、円滑な事業承継や早期の事業再生を阻害する等のさまざまな課題が存在することから、「経営者保証に関するガイドライン」（以下「ガイドライン」という）が定められている。

　そして、前記のとおり、経営者保証は、中小企業の経営の規律づけや信用補完の目的で徴求されるところ、①法人と経営者個人との資産・経理が明確に分離されている、②法人のみの資産・収益力で借入返済が可能と判断しうる、③法人から適時適切に財務情報等が提供されている等の場合は、経営者保証を徴求しなくともその目的を達成することができるので、金融機関においては経営者保証を徴求しない可能性等を検討しなければならない（ガイドライン第４項）。また、金融庁監督指針において、金融機関が経営者保証を徴求する際には、主債務者・保証人に対して個別具体的に、どの部分が十分ではないために保証契約が必要となるのか、どのような改善を図れば保証契約の変更・解除の可能性が高まるかを説明し、その結果等を記録すること等が求められているとおり、経営者保証徴求の要否の判断は金融機関において積極的に行っていかなければならず、とりあえず経営者保証を徴求しておく等といった対応は認められない。

　このように、金融機関においては、ガイドラインを融資慣行として浸透・定着させ、経営者保証に依存しない融資のいっそうの促進を図ることが求められている。

42　第１編　保証全般

第**4**節　保証意思の確認
（与信取引等に関する顧客への説明態勢）

1　金融庁監督指針をふまえた保証意思確認（与信取引等に関する顧客への説明態勢）

　保証契約の締結にあたって保証意思の確認が重要であることはいうまでもないが、一般的・抽象的に保証意思を確認すればそれで足りるというものではまったくない。

　この点、金融庁発出の「中小・地域金融機関向けの総合的な監督指針」（Ⅱ－3－2－1－2(2)）では、保証意思の確認を含め、契約時点等における説明として、以下の点等が金融監督上の主な着眼点とされている。

> ①　個人保証契約については、保証債務を負担するという意思を形成するだけでなく、その保証債務が実行されることによって自らが責任を負担することを受容する意思を形成するに足る説明を行うこととしているか。たとえば、保証契約の形式的な内容にとどまらず、保証の法的効果とリスクについて、最悪のシナリオすなわち実際に保証債務を履行せざるをえない事態を想定した説明を行うこととしているか。また、保証人に対し説明をした旨を確認し、その結果等を書面または電子的方法で記録することとしているか。
>
> ②　経営者等との間で保証契約を締結する場合や一部の既存の保証契約※がある場合には、「経営者保証に関するガイドライン」に基づき、以下の点について、主債務者と保証人に対して丁寧かつ具体的に説明を行うこととしているか。また、保証人に対し、下記に掲げる事項をふまえた説明をした旨を確認し、その結果等を書面または電子的方法で記録することとしているか。

第2章　金融実務における保証　43

※ M&A・事業承継など主たる株主等が変更になることを金融機関が把握した保証契約および令和5年3月以前に締結した根保証契約。

ⓐ どの部分が十分ではないために保証契約が必要となるのか、個別具体の内容※

ⓑ どのような改善を図れば保証契約の変更・解除の可能性が高まるか、個別具体の内容※

ⓒ 原則として、保証履行時の履行請求は、一律に保証金額全額に対して行うものではなく、保証履行時の保証人の資産状況等を勘案したうえで、履行の範囲が定められること

※ 「経営者保証に関するガイドライン」第4項(2)に掲げられている要素を参照のうえ、債務者の状況に応じた内容を説明。
　その際、可能な限り、資産・収益力については定量的、その他の要素については客観的・具体的な目線を示すことが望ましい。

③ 連帯保証契約については、補充性や分別の利益がないことなど、通常の保証契約とは異なる性質を有することを、相手方の知識、経験等に応じて説明することとしているか。

④ 経営者以外の第三者との間で個人連帯保証契約を締結する場合には、契約者本人の経営への関与の度合いに留意し、原則として、経営に実質的に関与していない場合であっても保証債務を履行せざるをえない事態に至る可能性があることについての特段の説明を行うこととしているか。あわせて、保証人から説明を受けた旨の確認を行うこととしているか※。

※ 契約者本人が経営に実質的に関与していないにもかかわらず、自発的に連帯保証契約の申出を行った場合には、金融機関から特段の説明を受けたうえで契約者本人が自発的な意思に基づき申出を行った旨を証した書面の提出を受けるなどにより、当該契約について金融機関から要求されたものではないことを確認しているかに留意する。

⑤ 経営者以外の第三者と根保証契約を締結する場合には、原則として、契約締結後、保証人の要請があれば定期的または必要に応じて随時、被保証債務の残高・返済状況について情報を提供することとしているか。

⑥　顧客から説明を求められたときは、事後の紛争等を未然に防止する
ため、契約締結の客観的合理的理由（保証人の立場および財産の状
況、主債務者や他の保証人との関係等をふまえ、当該保証人との間で
保証契約を締結する客観的合理的理由）についても、顧客の知識、経
験等に応じ、その理解と納得を得ることを目的とした説明を行う態勢
が整備されているか。

　ⓐ　根保証契約については、設定する極度額および元本確定期日につ
いて、主債務者との取引状況や今後の取引見通し、保証人の財産の
状況をふまえた契約締結の客観的合理的理由

　ⓑ　経営者以外の第三者との間で個人連帯保証契約を締結する場合に
は、「経営者以外の第三者の個人連帯保証を求めないことを原則と
する融資慣行を確立」するとの観点に照らし、必要に応じ、「信用
保証協会における第三者保証人徴求の原則禁止について」における
考え方にも留意しつつ、当該第三者と保証契約を締結する客観的合
理的理由

　ⓒ　経営者等に保証を求める場合には、「経営者保証に関するガイド
ライン」に基づき、当該経営者等と保証契約を締結する客観的合理
的理由※

　　※　客観的合理的理由の説明にあたっては、どの部分が十分ではないために保
証契約が必要なのか、どのような改善を図れば保証契約の変更・解除の可能
性が高まるかについて、債務者の状況に応じて、個別具体的に説明を行う。
　　　その際、可能な限り、資産・収益力については定量的、その他の要素につ
いては客観的・具体的な目線を示すことが望ましい。

⑦　契約の内容を説明し、保証意思があることを確認したうえで、契約
者本人から契約内容への同意の記録を求めることを原則としている
か。特に保証意思の確認にあたっては、契約者本人の経営への関与の
度合いについても確認することとしているか。

⑧　契約者本人に契約書等の契約内容を記載した書面を交付すること と
しているか。保証契約書については、その写しを交付すること等によ
り顧客が契約内容をいつでも確認できるようになっているか。

第 2 章　金融実務における保証　45

また、与信取引等に関する顧客への説明態勢として「中小・地域金融機関向けの総合的な監督指針」（Ⅱ－3－2－1－2⑶⑸）では、契約時点等における説明のほかにも、以下の点等が金融監督上の主な着眼点とされている。

⑨　健全な融資慣行はできる限り担保・保証に頼ることなく、貸付けは、借手の経営状況、資金使途、回収可能性等を総合的に判断して行うものであることを認識し、また、「事業からのキャッシュフローを重視し、担保・保証に過度に依存しない融資の促進を図る」「経営者保証に依存しない融資のいっそうの促進を図る」「経営者以外の第三者の個人連帯保証を求めないことを原則とする融資慣行を確立する」との観点から、経営の方針としてどのように対応しようとしており、当該方針が実際の説明態勢にどのように反映されているか。

⑩　保証契約の見直し等の場合について、これまでの取引関係や、顧客の知識、経験、財産の状況および取引を行う目的をふまえ、Ⅱ－3－2－1－2⑵（契約時点等における説明）と基本的に同様に、顧客の理解と納得を得ることを目的とした説明態勢が整備されているか。特に借手企業のM&A・事業承継時においては、「経営者保証に関するガイドライン」に基づき、前経営者が負担する保証債務について、後継者に当然に引き継がせるのではなく、必要な情報開示を得たうえで、保証契約の必要性等についてあらためて検討するとともに、その結果、保証契約を締結する場合には、保証契約の必要性等について主債務者および後継者に対して丁寧かつ具体的な説明を行う態勢が整備されているか。また、前経営者から保証契約の解除を求められた場合には、前経営者が引き続き実質的な経営権・支配権を有しているか否か、当該保証契約以外の手段による既存債権の保全の状況、法人の資産・収益力による借入返済能力等を勘案しつつ、保証契約の解除についての適切な判断を行う態勢が整備されているか。

⑪　個人保証の履行請求等の場合について、これまでの取引関係や、顧客の知識、経験、財産の状況および取引を行う目的に応じ、かつ、法

令にのっとり、一連の各種手続を段階的かつ適切に執行する態勢が整備されているか。たとえば経営者以外の第三者の保証人個人に保証債務の履行を求める場合は、基本的に保証人が主債務者の状況を当然には知りうる立場にないことに留意し、事後の紛争等を未然に防止するため、必要に応じ一連の各種手続について正確な情報を提供する等適切な対応を行う態勢となっているか。手続の各段階で、顧客から求められればその客観的合理的理由を説明することとしているか。特に経営者保証における保証債務の履行に際しては、「経営者保証に関するガイドライン」に基づき、保証人の手元に残すことのできる残存資産の範囲について、必要に応じ支援専門家とも連携しつつ、保証人の履行能力、経営者たる保証人の経営責任や信頼性、破産手続における自由財産の考え方との整合性等を総合的に勘案して決定する態勢となっているか。

2 保証契約の特質をふまえた保証意思確認の重要性

保証契約が締結される場合として、主債務者の不履行のおそれがうかがわれる段階で債権保全のために追加的に保証が徴求されるときもあるが、平常時において債権者の主債務者に対する融資に際して保証人による保証が行われるというときが圧倒的に多い。そして、保証が行われることにより主債務者には債権者から融資を受けられるというわかりやすいメリットがある一方で、とりわけ経営者以外の第三者保証の場合、保証人は、自らが保証を行うことによるメリット等といったものは見出しがたく、保証債務を一方的に負担するのみである。このように、主債務者と保証人とは互いの利益が相反する関係にあることから、保証意思確認等を決して主債務者任せにしてはならない。万が一主債務者任せにしてしまうと、保証人には、保証に関する説明も十分になされず、保証人は保証責任の重大性を認識せぬまま保証を行うこととなり、また、主債務者が債権者からの融資を何としても受けたいがために、保証人の意思に基づかずに勝手に保証人の署名押印を作出する等といった最悪の事態が生じる可能性もある。

第2章　金融実務における保証　47

そこで、債権者が保証人に対し、直接に保証に関する具体的な説明を十分かつ丁寧に行って、保証意思確認を行い、債権者の面前で保証人本人に保証約定書への署名押印を行ってもらうのが大原則である。

　また、前記のとおり、金融実務では連帯保証が通例であるが、連帯保証の場合は補充性や分別の利益がなく、主債務に不履行が生じた場合は保証人はその全額について直ちに保証債務の履行を求められ、任意の履行ができない場合は訴えの提起を受けて自らが所有する財産全般への強制執行が行われるおそれがある。保証人はこのような重大な保証責任を負うものであり、主債務に不履行が生じ、実際に保証債務の履行をせざるをえないいわば最悪の事態をも想定しておかなければならないのであるが、保証契約の多くは平常時に締結されることから、保証人においてそのようにして保証債務の履行を求められる最悪の事態がイメージできていないことがほとんどである。また、平常時にいったん保証契約が締結されれば、それ以降、有事が発生するまでは、とりわけ経営者以外の第三者保証の場合、債権者と保証人との間では特段のやりとりも発生しないことから、保証人が保証を行っている実感に乏しく、いざ有事発生後に債権者が保証人に保証債務の履行を請求する段になって、自らはそのような保証を行った覚えはない、そのような事態はまったく想定もしておらず、債権者からの説明もまったくなかった等といった主張を招くこともある。

　そのため、金融庁監督指針でも前記のとおり「個人保証契約については、保証債務を負担するという意思を形成するだけでなく、その保証債務が実行されることによって自らが責任を負担することを受容する意思を形成するに足る説明を行うこととしているか。例えば、保証契約の形式的な内容にとどまらず、保証の法的効果とリスクについて、最悪のシナリオ即ち実際に保証債務を履行せざるを得ない事態を想定した説明を行うこととしているか」「連帯保証契約については、補充性や分別の利益がないことなど、通常の保証契約とは異なる性質を有することを、相手方の知識、経験等に応じて説明することとしているか」「経営者以外の第三者との間で個人連帯保証契約を締結する場合には、契約者本人の経営への関与の度合いに留意し、原則とし

て、経営に実質的に関与していない場合であっても保証債務を履行せざるを得ない事態に至る可能性があることについての特段の説明を行うこととしているか」等が金融監督上の主な着眼点とされている。この点、たとえば「保証契約の形式的な内容にとどまらず、保証の法的効果とリスクについて、最悪のシナリオ即ち実際に保証債務を履行せざるを得ない事態を想定した説明を行うこととしているか」という点については、前記のとおり、連帯保証の場合は補充性や分別の利益がなく、主債務に不履行が生じた場合は保証人はその全額について直ちに保証債務の履行を求められることはもちろんのこと、任意の履行ができない場合は訴えの提起を受けて確定判決等の債務名義が取得され、自宅が強制執行の対象となって生活の本拠を失ったり、給与・報酬や預金が差し押さえられて生活の維持が困難となったり、生活に困窮したりするといった最悪の事態が生じうることを想定した個別具体的な説明を行う必要がある。

　この点、経営者以外の第三者保証の場合は保証契約の締結に先立って保証意思宣明公正証書の作成が行われ、公証人の面前で保証意思等の確認が行われることや（民法465条の6）、委託を受けた保証の場合は主債務者から保証人に対し、保証契約締結時に主債務者の財産状況等に関する情報が提供されることとなるので（民法465条の10）、そのような複数の場面を通じて保証意思確認がより十分かつ丁寧に行われる実務が形成されているものと考えられるが、以上のような保証契約の特質をもふまえて、債権者が保証人に対して直接に保証意思確認を行うことがいかに重要であるかをあらためて認識する必要がある。

第3章

保証契約の締結

第 1 節 | 保証契約の要式性

　保証契約は、書面でしなければ、その効力を生じない（民法446条2項）。また、書面に限られず、保証契約がその内容を記録した電磁的記録によってされた場合も、書面によってされたものとみなされる（同条3項）。特定保証であるか、根保証であるか、また、保証人が個人であるか、法人であるかを問わず、保証契約一般に要求される規律である。このように保証契約に要式性が求められているのは、保証契約が無償で情義に基づいて行われる場合があることや、保証契約段階では保証人が現実に履行を求められるかどうかが不確定であり保証人において自己の責任を十分に認識していない場合もあることから、保証を慎重ならしめるために、保証意思が外部にも明確となっている場合に限り法的拘束力を認めるのが相当であるからである。ここでいう書面とは、契約書のように保証契約の当事者（債権者および保証人）双方の意思が示されたものであることが原則であるが、上記趣旨に鑑みれば、保証人の保証意思がその書面上に示されている限り、双方の意思が示されていなくとも契約を無効とするまでの必要性はなく、いわゆる保証人から債権者に対する差入方式の保証書も有効であると考えられている（吉田徹ほか「保証制度の見直し等に関する民法改正の概要(中)」金融法務事情1729号48頁）。

52　第1編　保証全般

第2節 保証意思宣明公正証書の作成

1 保証意思宣明公正証書の作成を要する場合とその例外

　個人保証のうち事業のために負担した貸金等債務（金銭の貸渡しまたは手形の割引を受けることによって負担する債務。民法465条の3第1項参照）の保証契約・根保証契約は、契約締結日前1カ月以内に作成された保証意思宣明公正証書（以下「公正証書」という）で保証予定者が保証債務を履行する意思を表示していなければ、その効力を生じない（民法465条の6）。事業のために負担した貸金等債務の保証契約・根保証契約の保証人の主債務者に対する求償権に係る債務を主債務とする保証契約・根保証契約についても同様である（民法465条の8）。以上の規律は、個人がリスクを十分に自覚せず安易に保証人になることを防止するため、公的機関である公証人が保証予定者の保証意思を事前に確認することとされたものである。

　ただし、主債務者の取締役が保証する場合等、主債務者の事業の状況を把握することができる立場にあり、保証のリスクを十分に認識せずに保証契約を締結するおそれが類型的に低いと考えられる者が保証する場合（いわゆる「経営者保証」の場合）は例外的に、公正証書の作成は要しない（民法465条の9）。

　公正証書の作成を要しない場合は図表1-1のとおりである。

2 主債務者が法人である場合の留意点

(1) 主債務者の理事、取締役、執行役またはこれらに準ずる者

　主債務者が法人である場合の「理事、取締役、執行役またはこれらに準ずる者」は、法律上正式に法人の重要な業務執行を決定する機関またはその構

第3章　保証契約の締結　53

図表1-1　公正証書の作成を要しない場合

主債務者が法人である場合	主債務者の理事、取締役、執行役またはこれらに準ずる者（民法465条の9第1号）
	総株主の議決権の過半数を直接・間接に有する者（民法465条の9第2号イ〜ハ）等
主債務者が個人である場合	主債務者と共同して事業を行う者（民法465条の9第3号）
	主債務者が行う事業に現に従事している配偶者（同号）

（出所）　筆者作成

成員の地位にある者をいう（筒井健夫＝村松秀樹編著『一問一答　民法（債権関係）改正』153頁（商事法務））。監査役は業務執行機関ではないので該当しない。「執行役員」（指名委員会等設置会社に置かれる「執行役」とは異なる）は、法律上正式に取締役等の地位になく従業員にすぎないのであれば、該当しない。実質的な経営者や事業承継予定者であっても正式な取締役等の地位になければ該当しない。登記上は取締役であるが正式な選任手続がとられていない者は、法律上正式に取締役の地位にある者ではないので、その他の民法465条の9第1号・2号が規定する例外事由に該当しない限り公正証書の作成が必要となるが、取締役として登記された者がその登記につき故意または過失により承諾を与えていたときは、善意の債権者に対して自らが取締役でないことを主張できず、公正証書の作成なく締結された保証契約が無効であると主張することができないこともありうると解されている（筒井健夫ほか『Q&A改正債権法と保証実務』141〜142頁（金融財政事情研究会））。

⑵　総株主の議決権の過半数を直接・間接に有する者

「総株主の議決権の過半数を直接・間接に有する者」については、実際に保証予定者が主債務者を支配しているかではなく、議決権の過半数を有するか等の民法が規定する形式的な基準によって判断される。民法465条の9第2号イ〜ハは主債務者が株式会社である場合の形式的な基準を定めているが、これらに該当しないものは実際に保証人が主債務者を支配しているとい

う関係にあっても、公正証書の作成を要する（筒井ほか・前掲書145〜147頁）。

3　主債務者が個人である場合の留意点

⑴　主債務者と共同して事業を行う者

主債務者が個人である場合の「主債務者と共同して事業を行う」とは、組合契約など事業を共同で行う契約などが存在し、それぞれが事業の遂行に関与する権利を有するとともに、その事業によって生じた利益の分配がされるなど事業の成功・失敗に直接的な利害関係を有する場合を指す。具体例としては、友人や知人が共同で飲食店等を経営する場合や複数の弁護士、税理士等が共同で事務所等を経営する場合が想定されている。したがって、アパート経営を行っている者の法定相続人（事業承継予定者）は、具体的な事実関係にもよるが、通常はこのような共同事業者には当たらず、「主債務者と共同して事業を行う者」には該当しないと考えられている（筒井ほか・前掲書148頁）。

⑵　主債務者が行う事業に現に従事している配偶者

「主債務者が行う事業に現に従事している配偶者」については、保証契約締結時において主債務者であるその個人事業主が行う事業に実際に従事していることが必要であり、単に書類上事業に従事しているとか、保証契約締結に際して一時的に従事したとかでは足りない（筒井＝村松・前掲書155〜156頁）。保証予定者から自らが主債務者が行う事業に現に従事している配偶者に該当する者である旨の表明保証を受ける場合であっても、「事業に現に従事している」という事実が証明できるよう可能な限り客観的な証拠を集めておくのが望ましいが、どの程度の関与があれば実際に従事していると認められるのか定まった考え方があるわけではないので、保守的に公正証書を作成するという場合も考えられる。また、「主債務者が法人である場合に、その代表者等の配偶者が保証する場合」は民法465条の9第3号の「主債務者が個人である場合のその配偶者が保証する場合」ではないので、主債務者が法人である場合の例外事由（民法465条の9第1号・2号）のいずれかに該当

しない限り、公正証書の作成が必要となる。

4 「事業のために負担した貸金等債務」

　「事業のために負担した貸金等債務」の「事業」とは一定の目的をもって
される同種の行為の反復継続的遂行をいい、「事業のために負担した貸金等
債務」とは借主が自らの事業に用いるために負担した貸金等債務（民法465
条の3第1項参照）を意味する。主債務者が個人である場合に主として問題
となるが、賃貸目的不動産の購入・建築のために負担した借入債務（いわゆ
るアパートローン）は「事業のために負担した貸金等債務」に該当すると解
されている（筒井ほか・前掲書98頁）。そのため、推定相続人や事業承継予
定者を保証人とする場合、主債務者が個人である場合の例外事由（民法465
条の9第3号）のいずれかに該当しなければ公正証書の作成が必要となる。
また、事業用不動産と自己の居住用不動産を購入するために一個の消費貸借
契約を締結した場合や事業と居住の双方に用いる一個の不動産を購入するた
めに消費貸借契約を締結した場合、一部でも事業目的があると認定されれ
ば、事業用と居住用の価格や割合に関係なく、当該消費貸借契約に基づく債
務全体が「事業のために負担した貸金等債務」と評価される（筒井ほか・前
掲書98〜99頁）。

　さらに、「事業のために負担した貸金等債務」に該当するか否かは、借主
が貸金等債務を負担した時点を基準時として、貸主と借主との間でその貸付
け等の基礎とされた事情に基づいて客観的に定まる。したがって、たとえば
借主が事業資金であると説明して金銭の借入れを申し入れ、貸主もそのこと
を前提として金銭を貸し付けた場合は、消費貸借契約の締結後にその金銭が
事業に用いられたかどうかにかかわらず、その債務は「事業のために負担し
た貸金等債務」に該当する。他方で、借主が事業以外の目的がその使途であ
ると説明して金銭の借入れを申し入れ、貸主も事業資金ではないとの認識で
貸し付けた場合は、仮に借主が実際には事業に用いることを意図しており現
にその金銭が事業に使われたとしても、その債務は「事業のために負担した
貸金等債務」には該当しない（筒井ほか・前掲書100〜101頁）。

56　第1編　保証全般

もっとも、資金使途は自由であるとして貸付けがされた貸金等債務（いわゆるフリーローン）やそもそも使途が特段定められていない貸金等債務については、それらの貸付金を事業資金として使用することが排除されていないのであれば「事業のために負担した貸金等債務」に該当し、この債務を保証する保証契約については例外事由（民法465条の9）のいずれかに該当しない限り公正証書の作成が必要となる。以上に対し「事業用途を除き資金使途自由」「事業用途に用いることはできない」と使途が限定されている場合は貸付金を事業資金に使用する可能性が排除されているので「事業のために負担した貸金等債務」に該当せず、公正証書の作成は不要である（筒井ほか・前掲書109～110頁）。

　なお、準消費貸借契約に基づく貸金返還債務は「事業のために負担した貸金等債務」に含まれうるかといった点も問題となる（以下、筒井ほか・前掲書102～104頁）。「貸金等債務」には準消費貸借契約に基づく貸金返還債務は含まれないと解釈するのが一般的であるが、事業のために負担した貸金等債務を目的として準消費貸借契約が成立した場合、既存の債務と準消費貸借に基づく債務は実質的に同一であると解されており（最判昭50.7.17民集29巻6号1119頁）、事業のために負担した貸金等債務を目的として成立した準消費貸借契約に基づく貸金返還債務は公正証書が作成されていない限り保証が無効となるという法的性質も受け継ぎ、この準消費貸借契約に基づく貸金返還債務を保証する保証契約を新たに締結する際は公正証書の作成が必要となる。もっとも、公正証書が作成され事業のために負担した貸金等債務を保証する保証契約が有効に成立した後に当該貸金等債務を目的として準消費貸借契約が締結された場合は、新たに保証契約を締結することなく、また保証契約を締結する際に必要となる公正証書をあらためて作成することがなくても、いったん有効に成立した保証契約の保証は原則として当該貸金等債務を目的とする準消費貸借契約に基づく貸金返還債務も保証する。準消費貸借契約の成立によっても既存の債務の保証は消滅せず、引き続き準消費貸借契約に基づく債務を保証するという扱いが通常の当事者の合理的意思に合致するからである。

5　保証契約締結時の実務上の留意点

⑴　経営者保証を徴求する場合

　経営者保証を徴求する場合、保証人からは例外事由（民法465条の9）に該当する者であることを裏付ける客観的な証拠資料（登記事項証明書、株主名簿、戸籍、共同事業に係る契約書の写し等）を確実に徴求したうえで、自らが例外事由に該当する者である旨の表明保証を受ける必要がある。

　保証人から自らが例外事由に該当する者である旨の表明保証を受けていた場合であっても実際には保証人が例外事由に該当する者でなかったときは、公正証書が作成されていない限り保証契約自体は無効となる。ただし、表明保証において保証人が例外事由に該当する者でなかったときは一定の損害賠償金を支払う旨が特約されていれば、保証人になんらの帰責事由がない場合を除いて、債権者が実際に被った損害の範囲内での賠償請求が可能であると解されている（筒井ほか・前掲書155〜156頁）。

⑵　経営者以外の第三者保証を徴求する場合

　金融機関では、金融庁の監督指針により経営者以外の第三者保証は原則禁止とされているが、「実質的な経営権を有している者」「事業承継予定者」等の金融庁監督指針上の第三者保証の禁止の例外に該当したとしても民法上の例外事由（民法465条の9）を満たしていなければ、公正証書が作成されていない限り保証契約が実体法上無効となる。この点、金融庁監督指針上の第三者保証の禁止の例外事由と民法上の例外事由とは必ずしも一致しないので、注意が必要である。

　公正証書の作成に際しては、公証人が保証予定者本人の口授等を直接受けて作成しなければならない等、民法465条の6第2項に規定される法定の方式に従わなければならない。

　そのうち、事業のために負担した貸金等債務の保証契約（根保証契約以外のもの）を締結する場合について保証予定者が公証人に口授すべき事項は、次のとおりである（民法465条の6第2項1号イ）。

　　①　主債務の債権者および債務者

58　第1編　保証全般

② 主債務の元本、主債務に従たる債務（利息、違約金、損害賠償等）の定めの有無および内容

③ 主債務者が債務を履行しない場合には、その債務の全額について履行する意思を有していること。連帯保証の場合には、債権者が主債務者に対して催告をしたかどうか、主債務者がその債務を履行することができるかどうか、または他に保証人があるかどうかにかかわらず、その全額について履行する意思を有していること（すなわち、連帯保証の場合には、催告の抗弁および検索の抗弁を主張できないこと（民法454条、452条、453条）、分別の利益がないこと）

また、主債務の範囲に事業のために負担する貸金等債務が含まれる根保証契約を締結する場合について保証予定者が公証人に口授すべき事項は、次のとおりである（民法465条の6第2項1号ロ）。

① 主債務の債権者および債務者

② 主債務の範囲、根保証契約における極度額、元本確定期日の定めの有無および内容

③ 主債務者が債務を履行しない場合には、極度額の限度において元本確定期日または元本確定事由が生ずる時までに生ずべき主債務の元本および主債務に従たる債務の全額について履行する意思を有していること。連帯保証の場合には、債権者が主債務者に対して催告をしたかどうか、主債務者がその債務を履行することができるかどうか、または他に保証人があるかどうかにかかわらず、その全額について履行する意思を有していること

そして、公正証書は、保証契約締結日前1カ月以内に作成される必要があり（民法465条の6第1項）、公正証書作成のタイミング、スケジュール管理が重要となる。公正証書の作成に際しては、保証予定者本人が自ら公証人に直接口授しなければならず、代理人が口授することはできない（法務省民事局長発出の令和元年6月24日付「民法の一部を改正する法律の施行に伴う公証事務の取扱いについて（通達）」第4の2(2)）。また、保証予定者が口授する際に第三者が立ち会うと保証予定者が不当な干渉を受けるおそれがあるこ

第3章　保証契約の締結　59

とから、とりわけ債権者や主債務者（これらが法人その他の団体である場合の従業員等の関係者を含む）は立ち会わせないこととされている（法務省民事局長発出の令和元年6月24日付「民法の一部を改正する法律の施行に伴う公証事務の取扱いについて（通達）」第4の2(3)）。すなわち、債権者は保証予定者が公証人に口授する場面には直接立ち会うことができないので、それに先立って保証人に対し保証意思確認を含めた十分かつ丁寧な説明を行っておくことが重要となる。

　その他、公正証書の作成に関する公証事務の取扱いについては法務省民事局長発出の令和元年6月24日付「民法の一部を改正する法律の施行に伴う公証事務の取扱いについて（通達）」にその詳細が記載されており、保証予定者による公正証書作成の際は参照すべきである。

　この点、公正証書の口授事項の種別に関係なく、法定の口授事項（民法465条の6第2項1号イ・ロ）に関し、公正証書の記載と保証契約の内容とに不一致があれば保証契約全体が無効となる。公正証書の記載と保証契約の内容とが一致している範囲で保証契約が有効となるものではないので、注意が必要である。このことは、たとえば通常の保証契約において、公正証書には主債務の元本として1,000万円と記載されていたが実際の保証契約における主債務の元本の額が800万円であったといったような保証契約の内容のほうが保証人に有利である場合も同様に、保証契約全体が無効となる。もっとも、公正証書が作成される段階で主債務の金額がいまだ具体的に確定していない場合に、その上限を定めたうえで「甲が乙に金1,000万円以内で貸し付ける金員の貸金債務について保証する」等と口授することは許容されており、そのような記載がされた場合は、そもそも公正証書の記載と保証契約の内容とに不一致は生じていないことになる（筒井ほか・前掲書157〜160頁、122頁）。

　なお、法定の口授事項以外の事項の記載についてなんらかの誤りがあったとしても、その記載の誤りのみを理由として保証契約自体の効力が否定されるものではない（筒井ほか・前掲書161〜162頁）。

　また、契約締結時の情報提供義務（民法465条の10）の箇所でも触れると

60　第1編　保証全般

おり、主債務者は事業のために負担する債務の保証・根保証の委託をする場合、委託を受ける個人保証人に対して主債務者の財産状況等に関する情報を提供しなければならないが（民法465条の10第1項・3項）、公正証書の作成にあたり公証人が保証意思を確認する際は、主債務者の財産状況等についての情報提供義務に基づく保証予定者に対する情報提供の有無および提供された情報の内容を確認し、保証予定者がその情報もふまえて保証人になろうとしているかどうかを見極めること、主債務者の財産状況等の情報提供について公証人が確認した事項は記録に残すこととされている。たとえば保証予定者が主債務者から書面で情報提供を受けていた場合はその書面の写しが連綴される。また、保証予定者が主債務者から口頭で情報提供を受けた場合は公証人がその内容を保証予定者から確認したうえでその要領を録取した書面が作成され、連綴される（法務省民事局長発出の令和元年6月24日付「民法の一部を改正する法律の施行に伴う公証事務の取扱いについて（通達）」第4の4(1)）。

| 第 **3** 節 | 根保証
（個人根保証契約、個人貸金等根保証契約） |

1 根保証契約に関する規律

　根保証契約は一定の範囲に属する不特定の債務を主債務とする保証契約である（民法465条の2第1項参照）。法人が根保証人となる場合ももちろんあるが、根保証契約であって保証人が法人でないものを「個人根保証契約」という（同項）。さらに、個人根保証契約であってその主債務の範囲に金銭の貸渡しまたは手形の割引を受けることによって負担する債務（貸金等債務）が含まれるものを「個人貸金等根保証契約」という（民法465条の3第1項）。

　そして、個人が保証人となる個人根保証契約（個人貸金等根保証契約）については保証人が予想を超える過大な責任を負担するおそれがあるので、民法には個人根保証人保護のための規律が設けられている。また、個人根保証契約のうち主債務の範囲に貸金等債務が含まれる個人貸金等根保証契約については、個人根保証契約一般に関する規律に加えて個人貸金等根保証契約に関する規律が上乗せして適用される。金融実務において個人根保証契約が締結される場合は主債務の範囲に貸金等債務が含まれることにより個人貸金等根保証契約の取扱いを受けることが多いと考えられるので、以下、個人貸金等根保証契約に関する規律を中心にみていくこととする。

2 主債務の範囲

　根保証契約は一定の範囲に属する不特定の債務を主債務とする保証契約であるが（民法465条の2第1項参照）、主債務の一部に既発生の特定の債務が含まれていてもほかに将来発生する不特定の債務が含まれていれば根保証契約に該当する。

62　第1編　保証全般

個人根保証契約のうち主債務の範囲に「金銭の貸渡しまたは手形の割引を受けることによって負担する債務」（貸金等債務）が含まれるものは個人貸金等根保証契約に該当する（民法465条の3第1項）。「金銭の貸渡しを受けることによって負担する債務」とは消費貸借契約（民法587条）により交付を受けた金銭の返還義務をいい、金銭の交付を伴わない準消費貸借（民法588条）は含まれない。また、「手形の割引を受けることによって負担する債務」とは手形の割引を受けることによって割引依頼人が割引人（金融機関）に対して負担する債務を意味し、割引手形への裏書による手形上の債務に限らず、銀行取引約定書ひな型6条に基づく割引手形の買戻請求権も含まれる。

　「貸金等債務が含まれるもの」という要件に該当するか否かは、もっぱら根保証契約における主債務の範囲の定め方によって判断される。仮に保証債務の履行を求める時点で主債務者が貸金等債務を負担していなかったとしても、根保証契約の主債務の範囲の一部にでも貸金等債務が含まれうる定め方がされているのであれば、この要件に該当する。

3　極度額の定め

　個人貸金等根保証契約を含む個人根保証契約は極度額を定めなければ効力を生じない（民法465条の2第2項）。保証人の責任の範囲を金額面から制限することにより保証人の予測可能性を確保する趣旨である。極度額は債権者と保証人との合意により、保証契約締結時において具体的な確定金額をもって定められなければならない。また、極度額は保証人の予測可能性をより十全に確保させるため、主債務の元本のみならずその利息、違約金、損害賠償等をすべて含む（保証債務について約定された違約金または損害賠償の額がある場合はそれも含む）それら全部に関する極度額（債権極度額）を定めなければならない（民法465条の2第1項）。極度額として定める金額に法律上の制限はないが、主債務者の資金需要や保証人の資力等の個別具体的な事情を勘案して定めることとなる。さらに、極度額は保証人保護のために特に重要な事項であるので、書面または電磁的記録によって定められなければなら

第3章　保証契約の締結　63

ず（民法465条の２第３項、446条２項・３項）、書面等への記載がない場合は極度額の定めがないものとして個人根保証契約そのものが無効となる（民法465条の２第２項）。

4　元本確定期日の定め

　個人貸金等根保証契約については元本確定期日に関する規律が設けられている（民法465条の３）。個人貸金等根保証契約の保証人の責任の範囲を時間の経過（保証期間）という面から制限することにより保証人の予測可能性を確保する趣旨である。なお、個人貸金等根保証契約以外の個人根保証契約について、元本確定期日に関する規律は設けられていない。

　元本確定期日は「主たる債務の元本の確定すべき期日」のことであり（民法465条の３第１項）、元本確定期日の到来をもって主債務となるべき元本が確定し、その日以降、保証人は確定した元本とこれに対する利息・損害金等については引き続き極度額の範囲内で保証責任を負担するものの、その日以降に新たに発生した主債務の元本に関しては保証責任は負担しない。元本が確定する時期は元本確定期日が到来した時、すなわち元本確定期日の午前０時となるので、元本確定期日の当日に主債務の範囲に含まれる貸付けが行われたとしても、保証人はその貸付けについての保証責任は負担しない（保証期間の末日までに発生した主債務の元本について保証責任を負担するという意味で「保証期間」という用語が用いられる場合があるが、そのような場合は保証期間の末日の翌日が元本確定期日ということになる）。

　金融実務では元本確定期日が定められる場合が多いが、個人貸金等根保証契約において元本確定期日の定めがない場合、その期日は法律上当然に契約締結の日から３年を経過する日となる（民法465条の３第２項）。個人貸金等根保証契約において元本確定期日を定める場合、その期日は契約締結の日から５年以内でなければならず、５年を経過する日より後の日が定められている場合、元本確定期日の定めは無効となり（同条１項）、元本確定期日の定めがない場合と同様に契約締結の日から３年を経過する日が元本確定期日となる（同条２項カッコ書）。このように、個人貸金等根保証契約では契約締

64　第１編　保証全般

結時点において必ず元本確定期日が定まるので、この期日以降に新たに発生する主債務についても保証を継続する必要がある場合は債権者と保証人との合意でもって元本確定期日の変更をするか（元本確定期日の変更に関する規律は後記のとおり）、保証契約それ自体を締結し直す必要がある。

　元本確定期日は具体的な日付をもって定められる必要がある。前記の「契約の締結の日から5年を経過する日」とは、その日の経過をもって5年を経過することとなる当該その日という意味である。したがって、たとえば個人貸金等根保証契約が令和6年4月1日に締結されたとすれば「個人貸金等根保証契約の締結の日から5年を経過する日」は初日不算入（民法140条本文）により令和11年4月1日（その日の午前0時に元本が確定する）となる。

　なお、元本確定期日は極度額と同様に書面または電磁的記録によって定められなければならず（民法465条の3第4項、446条2項・3項）、書面等への記載がない場合は元本確定期日の定めがないものとして個人貸金等根保証契約の締結の日から3年を経過する日が元本確定期日となる（民法465条の3第2項）。ただし、個人貸金等根保証契約の締結の日から3年以内の日を元本確定期日とする定めは保証人にとって不利な定めではないので、書面等への記載がない場合であってもその効力が認められる（民法465条の3第4項カッコ書）。

5　法定の元本確定事由

(1)　個人貸金等根保証契約における元本確定事由

　個人貸金等根保証契約における元本確定事由は、次の①〜③のとおりである（民法465条の4）。

　　①　債権者が、主債務者または保証人の財産について、金銭の支払いを目的とする債権についての強制執行または担保権の実行を申し立てたとき（強制執行または担保権の実行の手続の開始があったときに限る。同条2項1号・1項1号）

　　　ここでいう「債権者」は根保証契約の当事者である債権者に限ら

れ、主債務者または保証人に対する他の債権者は含まれない（根抵当については、根抵当権者以外の申立てによる抵当不動産の競売手続の開始等があった場合に元本が確定するときもあるが（民法398条の20第1項3号）、根保証の場合、そのような規律はない）。「強制執行」の申立ては、主債務または保証債務の履行を求めるものだけでなく当該債権者が主債務者または保証人に対して有する他の債権に基づくものも含まれる。「担保権の実行」の申立てについても同様に、根保証契約の当事者である債権者の申立てであればその被担保債権のいかんを問わない。また、担保権の実行の方法についても、担保不動産競売の方法（民事執行法180条1号）に限られず、担保不動産収益執行（同条2号）や物上代位差押え（同法193条）等その方法のいかんを問わない。

② 主債務者または保証人が破産手続開始の決定を受けたとき（同条2項2号、1項2号）

　主債務者が破産した場合、主債務者に対する貸付けが行われることはもはや想定しがたいし、保証人が破産した場合は保証人としての適格性を欠くからである。

③ 主債務者または保証人が死亡したとき（同条1項3号）

　個人根保証契約（個人貸金等根保証契約）は主債務者と保証人との間の人的な信頼関係に基づいて締結されると考えられることから、保証人の死亡後に行われた貸付け等について相続人は保証責任を負担せず、また、主債務者の死亡後に相続人に対して行われた貸付け等について保証人は保証責任を負担しないものとするのが相当であるからである。この点、保証人（とりわけ経営者以外の第三者である保証人）の死亡は金融機関等の債権者にとって必ずしも当然に知りうる事情ではないので、主債務者に対する貸付け等に際し、そのつど保証人の現況を確認する等、注意を要する。

　これらの事由は、いずれも個人貸金等根保証契約の締結時に予想しえなかった著しい事情変更に定型的に該当すると考えられるので、その事由が生

じた後に行われた貸付け等については元本確定期日の到来前であったとして
も法律上一律に元本が確定し、保証人は責任を負担しないこととされてい
る。

　これらの法定の元本確定事由について、債権者と保証人との間で法定の元
本確定事由が生じたとしても元本は確定しないとの特約がなされたとしても
無効である。債権者が保証人の責任を追及できる範囲を広げ保証人に不利と
なってしまうからである（逆に、法定されていない事由について債権者と保
証人との合意により元本確定事由として定めることは保証人に有利となるの
で、それは可能である）。

　なお、根保証契約の締結後に主債務者の資産状態が急激に悪化する等、契
約締結時には予想しえなかった著しい事情変更が生じた場合、保証人は将来
に向かって契約を解消する特別解約権を有するというのが伝統的な判例・学
説の考え方であるので、法定の元本確定事由以外の著しい事情変更が生じた
場合において、その個別具体的な事案や事情次第では、保証人から特別解約
権が行使される可能性もある。

⑵　個人貸金等根保証契約と個人根保証契約一般の元本確定事由の
##　　相違点

　個人根保証契約一般の元本確定事由においては個人貸金等根保証契約の元
本確定事由とは異なり、債権者が主債務者の財産について強制執行等を申し
立てたこと、主債務者が破産手続開始の決定を受けたことの二つの事由が除
外されている（民法465条の4第2項）。これは個人貸金等根保証契約以外の
個人根保証契約の典型例である不動産の賃借人の債務を主債務の範囲に含む
個人根保証契約においてこれら二つの事由によって元本が確定してしまう
と、賃貸借契約は主債務者である賃借人の破産等によっても当然には終了す
るものではないため、賃貸人としては保証契約の存在を前提として賃貸借契
約を締結したにもかかわらず以後は保証がないまま賃貸し続けることを強い
られるという不都合が生じるからである（筒井健夫＝村松秀樹編著『一問一
答　民法（債権関係）改正』138頁（商事法務））。

第3章　保証契約の締結　67

6 元本確定期日の変更

　個人貸金等根保証契約の締結時に定められた元本確定期日について、その期日以降に新たに発生する主債務も保証を継続する必要がある等の場合、債権者と保証人との合意により変更することは可能である。ただし、個人貸金等根保証契約における元本確定期日を変更する場合、変更後の元本確定期日がその変更をした日から5年を経過する日より後の日となるときは、その元本確定期日の変更は効力を生じないので（民法465条の3第3項本文）、変更後の元本確定期日は「変更をした日」から5年以内の日でなければならない。

　この点、「変更をした日」は元本確定期日の変更という効果が生じる日ではなく元本確定期日の変更に係る法律行為をした日を指す。したがって、個人貸金等根保証契約の締結時から5年を超える保証期間を確保する趣旨で契約締結時にいわゆる自動更新の約定が付されたとしても、その約定は無効となる（吉田徹ほか「保証制度の見直し等に関する民法改正の概要（上）」金融法務事情1728号21頁）。変更後の元本確定期日が変更をした日（元本確定期日の変更に係る法律行為をした日＝自動更新約定を付した契約締結時）から5年を経過する日より後の日となるからである。

　もっとも、「元本確定期日の前2カ月以内」という近接した時期に元本確定期日の変更をする場合は変更をした日から5年以内という期間制限の原則に対する例外が認められており、変更前の当初の元本確定期日から5年後の応当日を変更後の元本確定期日とすることができる（民法465条の3第3項ただし書）。たとえば変更前の元本確定期日が令和6年4月1日である場合に令和6年3月1日に元本確定期日の変更をするときは、元本確定期日の前2カ月以内であるので変更後の元本確定期日を令和11年4月1日と定めることもできる。

　そして、個人貸金等根保証契約の締結時において契約締結日から5年を経過する日より後の日を元本確定期日として定めた場合、その定めは効力を生せず（民法465条の3第1項）、元本確定期日の定めがない場合と同様に契約

68　第1編　保証全般

締結日から3年を経過する日が元本確定期日となるが（同条2項）、元本確定期日の変更に関して民法465条の3第3項の期間制限に違反した場合、締結時のような補充的に適用される規律は存在しないことから、元本確定期日の変更がなされなかったものとして当初の元本確定期日の到来をもって主債務の元本が確定してしまうこととなるので、注意が必要である。

　なお、元本確定期日の変更は元本確定期日の定めと同様に書面または電磁的記録によって定められなければならず（民法465条の3第4項、446条2項・3項）、書面等への記載がない場合は元本確定期日の変更がなされなかったものとして当初の元本確定期日の到来をもって主債務の元本が確定してしまうこととなる。もっとも、元本確定期日より前の日を変更後の元本確定期日とする変更（すなわち、元本確定期日の前倒し）は保証人にとって不利な定めではないので、書面等への記載がない場合であってもその効力が認められる（民法465条の3第4項カッコ書）。

7　法人根保証と求償権保証（保証人が法人である根保証契約の求償権に関する特則）

(1)　極度額の定め

　保証人が個人である根保証契約は保証人が予想を超える過大な責任を負うおそれがあることから主債務の範囲に含まれる債務の種別を問わず極度額を定めなければ効力を生じないが（民法465条の2第2項）、保証人が法人である場合、極度額の定めがなくとも根保証契約は効力を生じる。

　もっとも、法人が根保証契約の保証人となった場合において、その法人が保証債務を履行することにより主債務者に対して取得する求償権について個人が保証人となる場合、その個人は自らが根保証契約の保証人となった場合と同様に予想を超える過大な責任を負うおそれがある。

　そこで、いわば根保証契約をした法人の背後にいる個人保証人の保護を図るため、保証人が法人である根保証契約において極度額の定めがないときは、その根保証契約に基づいて発生する求償債務を個人が保証する保証契約が締結されたとしても、その保証契約は効力を生じない（民法465条の5第

1項・3項)。

ただし、民法465条の5第1項の条文の文言からも明らかなとおり、同条項の規定は個人が求償債務を主債務とする通常の保証契約(根保証ではない特定保証)をする場合に限って適用され、個人が不特定の求償債務を主債務の範囲に含む「根」保証契約を締結する場合は適用されない。そもそも、個人根保証契約を締結する場合はその根保証契約において極度額を定めなければ効力を生じず(民法465条の2第2項)、不特定の求償債務を主債務の範囲に含む根保証契約自体に極度額が定められることとなるので、保証人が法人である根保証契約自体に極度額の定めを要求する必要がないからである。そのため、保証人が法人である根保証契約に極度額の定めがなくとも求償債務について個人が保証する根保証契約に極度額の定めがあれば有効である。逆に、求償債務について個人が保証する根保証契約に極度額の定めがなければ、仮に保証人が法人である根保証契約に極度額の定めがあったとしても当該個人を保証人とする根保証契約は有効とはならず、無効である(筒井健夫ほか『Q&A改正債権法と保証実務』93～95頁(金融財政事情研究会))。

(2) 元本確定期日の定め

また、保証人が法人である根保証契約であってその主債務の範囲に貸金等債務が含まれるものについては、その法人の根保証契約において元本確定期日を定める必要があり、元本確定期日の定めがない場合や元本確定期日の定めが効力を生じない場合(契約締結の日から5年を経過する日より後の日が定められている場合)は、その根保証契約に基づいて発生する求償債務を個人が保証する保証・根保証契約は効力を生じない(民法465条の5第2項・3項)。個人貸金等根保証契約では、元本確定期日の定めがない場合や元本確定期日の定めが効力を生じない場合であっても、その元本確定期日は法律上契約締結の日から3年を経過する日となるが(民法465条の3第2項)、保証人が法人である根保証契約であってその主債務の範囲に貸金等債務が含まれる場合の元本確定期日の定めについては同条項に相当する規律は設けられていないので、その法人の根保証契約において必ず契約締結の日から5年以内の元本確定期日を定める必要がある。また、保証人が法人である根保証契

約は個人根保証契約（個人貸金等根保証契約）とは異なり元本確定事由についての民法465条の4に相当する規律も設けられていない。

第4節 契約締結時の情報提供義務
（民法465条の10）

　主債務者は、事業のために負担する債務の保証・根保証の委託をする場合、委託を受ける個人保証人に対し主債務者の財産状況等に関する情報（財産および収支の状況、主債務以外に負担している債務の有無ならびにその額および履行状況、主債務の担保としてほかに提供し、または提供しようとするものがあるときは、その旨およびその内容）を提供しなければならない（民法465条の10第1項・3項）。

　事業のために負担する債務は「貸金等債務」に限られるものではない。

　契約締結時の情報提供義務それ自体は債権者ではなく主債務者が負担する義務である。しかし、主債務者が情報提供せず、または事実と異なる情報を提供したために委託を受けた保証人がその事項について誤認をし、それによって保証契約が締結された場合において、債権者が主債務者が情報提供せず、または事実と異なる情報を提供したことを知りまたは知ることができたときは保証契約が取り消される可能性がある（民法465条の10第2項）。そのため、債権者として、主債務者が情報提供義務を果たしていることを保証人や主債務者から確認する必要がある（とりわけ保証人からの確認が重要となる）。債権者に厳格な調査義務まで課すものではないが、債権者としては、主債務者の情報提供義務の不履行による保証契約の取消リスクを防止する観点から、主債務者が提供した情報の内容等を確認したうえで保証人から「主債務者から民法465条の10第1項各号所定の事項に関する情報提供を受けた」旨の表明保証を、主債務者からも「保証人に民法465条の10第1項各号所定の事項に関する情報提供を正確に行った」旨の表明保証を受けることが考えられる。

　また、事業のために負担した貸金等債務についての経営者以外の第三者保

72　第1編　保証全般

証の場合は保証契約の締結に先立って保証意思宣明公正証書（以下「公正証書」という）が作成されるが（民法465条の6、465条の9）、公正証書には主債務者が保証予定者に提供した情報が記録される（法務省民事局長発出の令和元年6月24日付「民法の一部を改正する法律の施行に伴う公証事務の取扱いについて（通達）」第4の4(1)）。債権者としては、公正証書の内容を確認し、主債務者が保証予定者に提供した情報が債権者が把握している情報と明らかに異なっている場合、主債務者による情報提供義務違反の可能性も否定はできないので、債権者において主債務者が保証予定者に提供した情報の内容をあらためて確認する必要がある。

　なお、契約締結時の情報提供義務は委託を受ける個人保証人全般を対象としており（民法465条の10第1項・3項)、経営者以外の第三者保証のみなら

図表1−2　個人保証の制限、各種情報提供義務の異同

	主債務の範囲	保証人の属性	主債務者の保証人に対する委託の有無
個人保証の制限（民法465条の6〜同条の9）	事業のために負担した貸金等債務	個人保証人（経営者保証ないしそれに準ずる保証の場合を除く）	特段の定めなし
契約締結時の情報提供義務（民法465条の10)	事業のために負担する債務	個人保証人（経営者保証も対象）	委託保証
主債務の履行状況に関する情報提供義務（民法458条の2）	特段の定めなし	個人保証人（経営者保証も対象）・法人保証人を問わない	委託保証
主債務者が期限の利益を喪失した場合の情報提供義務（民法458条の3）	特段の定めなし	個人保証人（経営者保証も対象）	特段の定めなし

（出所）　筆者作成

ず経営者保証も含まれる。経営者保証の場合も法律上は主債務者から保証人に対する情報提供が行われる必要があるが、経営者の持ち合わせている情報の質量や主債務者との一体性を考慮すれば特段の問題が生じることはそれほど多くはないと考えられ、問題はむしろ経営者以外の第三者保証の場合である（ただし、経営者保証においても主債務者の財産状況等に関する情報を保証人がすべて正確に把握しているとは限らないので、そのような場合には第三者保証の場合に準じた対応が必要となる）。

第 4 章

保証の管理

第 1 節 | 主債務者の変動

1 主債務者の死亡

⑴ 主債務の承継

主債務者が死亡した場合、主債務者の各相続人は相続開始と同時にそれぞれの法定相続分の割合に応じて主債務を当然に分割して承継することとなるが（相続人が複数の共同相続の場合）、保証人は各相続人がそれぞれ分割して承継した債務を引き続き保証する。したがって、主債務者が死亡し相続が開始したとしても、保証人の責任に直ちに影響を及ぼすものではない。

この点、仮に遺言や遺産分割協議によって法定相続分とは異なる割合での債務の承継が定められていても、債権者の承諾がない限り、法定相続分と異なる割合での債務の承継を債権者に主張することはできない。

⑵ 主債務の一本化（免責的債務引受）

もっとも、債権者としては、主債務が各相続人に分割承継されると債権管理が複雑化してしまうことや、各相続人に対してはそれぞれの法定相続分の割合に応じた限度でしか主債務の履行を求めることができないことから、相続人のうち主債務者の事業承継者や資力のある者に他の相続人が分割承継した債務を債務引受（免責的債務引受）してもらう等、主債務の一本化を図ることが考えられる。免責的債務引受を行うに際してまずは債権者の承諾が必要となるが、そのうえで保証を引受人が負担する債務に移転させる場合は、債権者があらかじめまたは同時に引受人に対して移転させる旨の意思表示を行うとともに、保証人から書面または電磁的記録により承諾を得る必要がある（民法472条の4）。保証の対象となる債務の債務者が変更されることに保証人は重大な利害関係を有するからである。

76　第 1 編　保証全般

なお、免責的債務引受は債権者と引受人との契約によってもすることができ、この場合は債権者が債務者に対してその契約をした旨を通知した時にその効力が生じる（民法472条2項）。債務者の意思に反していたとしても免責的債務引受を有効に行うことができる。

(3) 個人根保証契約における元本の確定

　個人根保証契約（個人貸金等根保証契約を含む）の場合、主債務者または保証人が死亡したときは主債務の元本が確定する（民法465条の4第1項3号）。そのため、主債務者が死亡した場合は、それまでに発生した主債務が主債務者の相続人に承継され、保証人はそのような主債務を対象とする保証責任を引き続き負担する。他方で、主債務者の死亡後に相続人との間で取引が行われ、債務が発生したとしてもその債務は保証の対象とはならず、保証の対象としたい場合は新たな保証契約を締結する必要がある。

(4) 主債務者の相続人による相続放棄等

　主債務者の相続人が相続放棄（民法938条以下）をしたとしても保証人は主債務全額の保証責任を引き続き負担する。相続人全員が相続放棄をして相続人不存在となった場合（民法951条以下）も同様である。また、主債務者の相続人全員が限定承認（民法922条以下）をしたとしても、主債務が相続財産の限度でしか満足を得られなくなるだけで主債務が消滅するわけではないので、保証人は主債務全額の保証責任を引き続き負担する。なお、主債務の時効が完成してしまうと、保証人が主債務の時効の完成を援用（民法145条）することにより保証債務も消滅するおそれがある。この点、相続財産（相続財産に関する権利のみならず第三者が相続財産に対して有する権利を含む）に関しては相続人が確定した時、管理人が選任された時または破産手続開始の決定があった時から6カ月を経過するまでの間、時効は完成しないが（民法160条）、相続人不存在の場合において、主債務の時効の完成猶予・更新の措置を含め主債務の権利行使を行っていくときは、利害関係人（債権者も含まれる）の請求により、家庭裁判所に相続財産清算人を選任してもらい（民法952条）、当該清算人を名宛人とすることや、訴えの提起を行い、その際にあわせて相続財産についての特別代理人の選任を求め（民事訴訟法35

条、大決昭5.6.28民集9巻640頁）、その特別代理人を名宛人として訴訟手続を進めることが考えられる。また、連帯保証人に対する履行の請求により主債務の時効の完成猶予や更新の効力を生じさせることも可能である（その場合、民法458条、441条ただし書により債権者および主債務者との約定書等で「連帯保証人に対する履行の請求は、主債務者に対しても、その効力を生ずる」旨の特約が締結されている必要があるが、そのような特約が締結されているのが金融実務では通例である）。

2　主債務者の行方不明

(1)　主債務者の行方不明と保証責任、期限の利益の喪失

　主債務者が行方不明になったとしてもそれによって主債務が消滅するわけでもなく、保証人の責任にもなんらの影響を及ぼすものではない。

　そして、主債務者が行方不明となった場合、銀行取引約定書ひな型5条1項4号の「住所変更の届出を怠るなど私の責めに帰すべき事由によって、貴行に私の所在が行方不明となったとき」（期限の利益の当然喪失事由）に該当し、期限の利益が当然に喪失しているとして、直ちに保証人に対する保証債務全額の請求が可能である。

　この点、期限の利益の当然喪失事由ではなく、請求喪失事由による場合は金融機関からの請求によって期限の利益を喪失させることになるので、請求喪失通知を主債務者に有効に到達させる必要がある。主債務者が行方不明の場合は、民法98条の公示の方法によるほか、銀行取引約定書に「届出事項の変更の届出を怠ったため、貴行からなされた通知または送付された書類等が延着しまたは到達しなかった場合には、通常到達すべき時に到達したものとします」とのみなし送達の特約があれば、その特約によることが考えられる。

　期限の利益喪失後、主債務者の預金相殺を行う場合も同様の問題が生じる。もっとも、銀行取引約定書のみなし送達の特約は、あくまで契約当事者である債権者と主債務者との間においてのみ効力を有するので、たとえば主債務者の預金について差押えがなされている場合に、債権者が預金相殺を行

う等といった場面では、その差押債権者に対してみなし送達の特約の効力は主張できないので、公示の方法（民法98条）により相殺の意思表示を行うしかない。

なお、行方不明の主債務者について家庭裁判所において不在者財産管理人が選任されていれば、当該管理人を相手方として権利行使を行っていくこととなる（民法25条〜29条）。また、不在者の生死が7年間明らかでないときは家庭裁判所において失踪宣告が行われる場合があり（民法30条1項）、失踪宣告が行われるとその7年間の期間満了時に死亡したものとみなされるので（民法31条）、以後の権利行使は不在者の相続人に対して行っていくこととなる。

(2) 主債務者が行方不明の場合における時効管理

主債務の時効が完成すると、保証人が主債務の時効の完成を援用（民法145条）することにより保証債務も消滅してしまうおそれがある。そのため、連帯保証人に対する履行の請求（裁判上の請求等）により主債務者との関係でも時効の完成猶予・更新の効力を生じさせることが考えられる（その場合、民法458条、441条ただし書により債権者および主債務者との約定書等で「連帯保証人に対する履行の請求は、主債務者に対しても、その効力を生ずる」旨の特約が締結されている必要があるが、そのような特約が締結されているのが金融実務では通例である）。また、主債務者に対して時効の完成猶予・更新の措置を講じればその効力は保証人に対しても及ぶので（民法457条1項）、主債務者に対して時効の完成猶予・更新の措置を講じることも考えられる。この点、主債務者が行方不明であるので、たとえば主債務者に対する訴訟を提起し訴状を公示送達（民事訴訟法110条〜113条）により送達する等して訴訟手続を進め、確定判決を取得して時効の更新を図ること（民法147条1項1号・2項）が考えられる。ただし、支払督促について公示送達は利用できないので（民事訴訟法382条ただし書）、主債務者が行方不明の場合の主債務の時効の完成猶予・更新の措置としては利用がむずかしい。

そして、主債務者が行方不明の場合において、主債務の期限の利益喪失後、保証人から分割弁済が継続されている等の場合は安心しがちなのである

が、時効管理には特に注意を要する。保証人からの分割弁済は保証債務自体の承認（民法152条）とはなるものの主債務の時効の完成猶予・更新の効力を生じさせるものではないので、主債務の時効が完成してしまった場合、保証人は主債務の時効の完成を援用し、主債務の消滅により保証債務も消滅したとして以後の保証債務の履行を拒むことができる。そのため、やはり主債務との関係でも時効の完成猶予・更新の措置を講じることを検討しなければならないが、保証人からの分割弁済が継続されている最中に連帯保証人に対する履行の請求（裁判上の請求等）を行っていくことは困難な場合も考えられる（連帯保証人に対する履行の請求を行うことで、せっかくの分割弁済が停止される可能性もある）。その場合はやはり主債務者に対する訴訟提起等を行って、主債務の時効の完成猶予・更新の措置を講じることを検討しなければならない。

3 主債務者の意思能力の喪失

⑴ 主債務者の意思能力の喪失と保証責任、期限の利益の喪失

　意思能力とは有効な意思表示をするために必要とされる判断能力のことである。法律行為の当事者が意思表示をした時に意思能力を有しなかったとき、その法律行為は無効となる（民法3条の2）。

　この点、主債務がいったん有効に発生した後に主債務者の意思能力が事後的に喪失した場合であっても、そのことによって主債務が無効となったり消滅したりするわけではないので保証人の責任にはなんらの影響はなく、引き続き債権者に対する保証責任を負担する。なお、主債務の発生原因となる契約時においてすでに主債務者の意思能力が喪失していたのであれば、主債務自体が無効ということになり、保証人はその主債務についての保証責任は負担しない（保証債務の付従性）。

　また、主債務者が意思能力を喪失したからといって、そのことが直ちに期限の利益の喪失事由に該当するわけではない。主債務者からの履行が遅滞した場合、期限の利益の請求喪失事由に該当するとして期限の利益を喪失させることが考えられるが、請求喪失事由による場合は金融機関からの請求に

よって期限の利益を喪失させることになるので請求喪失通知を主債務者に有効に到達させる必要があり、意思表示の相手方がその意思表示を受けた時に意思能力を有しなかったときはその意思表示をもってその相手方に対抗することができない（民法98条の2）。期限の利益喪失後、主債務者の預金相殺を行う場合も同様の問題が生じる。このように主債務者の意思能力の喪失の場合はそもそも主債務者が意思表示の受領能力を有しておらず、行方不明の場合とは異なり、民法98条の公示の方法（公示の方法を利用できるのは表意者が相手方を知ることができず、またはその所在を知ることができないときである）や銀行取引約定書上のみなし送達の特約を利用することができない。そのため、債権者としてまずは意思能力を喪失した主債務者の親族等に成年後見の申立てを促し、家庭裁判所で選任された成年後見人を相手方として今後の権利行使を行っていくことが考えられる。この点、成年後見の申立てが可能なのは本人、配偶者、四親等内の親族等に限られており債権者が成年後見の申立てを行うことはできないので（民法7条）、親族等の協力が必要となる。なお、債権者が主債務者が意思能力を喪失していることを知らずに権利行使した場合、当該権利行使（意思表示）は主債務者に対抗することができないが、その後、成年後見人が就任した後に成年後見人がその意思表示を知ったときは、主債務者に対する意思表示を対抗できるようになる（民法98条の2ただし書1号）。

(2) 主債務者が意思能力を喪失した場合における時効管理

　主債務の時効が完成すると、保証人が主債務の時効の完成を援用（民法145条）することにより保証債務も消滅してしまうおそれがある。主債務者に対して時効の完成猶予・更新の措置を講じればその効力は保証人に対しても及ぶので（民法457条1項）、主債務者の成年後見人が選任されていればその成年後見人による債務承認（民法152条）を得るのが最も簡便であるが、成年後見人が選任されていない場合は連帯保証人に対する履行の請求（裁判上の請求等）により、主債務者との関係でも時効の完成猶予・更新の効力を生じさせることが考えられる（その場合、民法458条、441条ただし書により、債権者および主債務者との約定書等で「連帯保証人に対する履行の請求

は、主債務者に対しても、その効力を生ずる」旨の特約が締結されている必要があるが、そのような特約が締結されているのが金融実務では通例である）。また、主債務者に対して主債務の時効の完成猶予・更新の措置を講じることも考えられるが、主債務者は意思能力を喪失している場合であり、たとえば主債務者に対する訴訟を提起したとしても主債務者には意思表示の受領能力がないので（民法98条の2）、訴状を有効に送達する等して訴訟手続を進めることができない。そこで、意思能力を喪失した主債務者に対する訴訟の提起を行う場合はあわせて特別代理人の選任を求め（民事訴訟法35条準用）、その特別代理人を名宛人として訴訟手続を進め、確定判決を取得して時効の更新を図ること（民法147条1項1号・2項）が考えられる。この点、心神喪失の常況にあるがまだ禁治産宣告を受けていない場合にも民事訴訟法56条（現在の民事訴訟法35条）の準用により特別代理人の選任を求めることができるとした裁判例がある（東京高決昭62.12.8判例時報1267号37頁）。ただし、主債務者の意思能力の喪失を理由として裁判所に特別代理人の選任申立てをするためには当該主債務者や親族との面談記録、医師の診断書等の資料提出が求められることから、親族等の協力がやはり必要となる。

4 主債務者が制限行為能力者となった場合

　主債務者が事後的に制限行為能力者となったとしてもそれによって主債務が消滅したり、取り消されたりするわけではないので保証人の責任にはなんらの影響はなく、引き続き債権者に対する保証責任を負担する。

　主債務者が制限行為能力者となり成年後見人が選任されている場合は、主債務者本人（成年被後見人）ではなく成年後見人を相手方として権利行使を行っていく必要がある。意思表示の相手方がその意思表示を受けた時に成年被後見人であったときはその意思表示をもってその相手方に対抗することができないからである（民法98条の2）。

　保佐・補助の場合、被保佐人・被補助人（本人）にも意思表示の受領能力はあるので（民法98条の2参照）、被保佐人・被補助人（本人）を相手方とすることも可能ではあるが、保佐人・補助人の同意を要する行為が法定・指

定されていたり（民法13条、17条）、特定の法律行為について保佐人・補助人に代理権が付与されていたりすることがあるので（民法876条の4、876条の9）、それらの事項を保佐・補助の登記事項証明書（後見登記等に関する法律4条1項5号・6号）等により確認したうえで必要に応じて保佐人・補助人の意向も確認しながら権利行使を進めていく必要がある。

なお、主債務者が実は保証時においてすでに制限行為能力者であった場合について、主債務者が制限行為能力者であることを理由として主債務が取り消された場合は保証債務の付従性により保証債務の効力も失われる。もっとも、例外的に、行為能力の制限によって取り消すことができる債務を保証した者で保証契約の時においてその取消しの原因を知っていた場合には、主債務の不履行の場合またはその債務の取消しの場合においてこれと同一の目的を有する独立の債務を負担したものと推定される（民法449条）。

5　主債務者（会社）の組織変更

会社の組織変更とは、株式会社が法人格の同一性を維持しながら組織を変更して持分会社（合名会社・合資会社・合同会社）に変わること、または持分会社が株式会社に変わることである。たとえば合同会社から株式会社への組織変更等が考えられる。

主債務者（会社）が組織変更を行ったとしても法人格の同一性は維持されたままであるので、主債務や保証にはなんら影響しない。したがって、従前の契約書はそのまま利用することができ差し替える必要はまったくないが（従前の主債務に関する契約書を差し替えてしまうと、主債務の同一性が失われ、保証債務も消滅してしまうことになるので、むしろ、そのような対応は行うべきではない）、組織変更届・登記事項証明書を徴求して組織変更の事実を書類上明確にしておくとともに、代表者が変更されている場合は代表者変更届も徴求しておくことになる。

第4章　保証の管理　83

6　主債務者の合併、会社分割等

(1)　主債務者の合併

　合併は二つ以上の会社が契約により一つの会社になる会社法上の行為である。合併には、一つの会社だけが存続して他の会社が解散・消滅し存続会社に吸収される吸収合併と、合併の当事会社の全部が解散・消滅するのと同時に新会社（設立会社）が設立される新設合併がある（会社法2条27号・28号）。

　主債務者が合併により解散すると（主債務者が消滅会社となる場合）清算手続を経ることなく法人格が消滅するが、主債務者（消滅会社）の権利義務の全部が包括的かつ当然に存続会社（吸収合併）または設立会社（新設合併）に承継（一般承継）される。したがって、債権者の主債務者に対する債権も債権者の承諾がなくとも包括的かつ当然に存続会社または設立会社に承継される。また、既存の保証債務も保証債務の随伴性により存続会社または設立会社に承継された主債務を引き続き保証する。

　主債務者が存続会社となる場合は主債務者（存続会社）には他の会社（消滅会社）の権利義務の全部が包括的かつ当然に承継されるが、合併前後で主債務者（存続会社）の法人格は同一であり既存の保証債務には影響しない。

　このように主債務者の合併によって既存の保証債務が影響を受けることはなく主債務者の合併は個人根保証契約（個人貸金等根保証契約）の元本の確定事由ともされていないが（民法465条の4参照）、実務上は、確認的な意味合いで主債務者の合併後も引き続き保証人が保証債務を負担する旨の確認書を提出してもらうことが望ましい。とりわけ根保証契約の場合、主債務者の合併により根保証契約締結当時に比べて主債務者の信用状態が著しく悪化した等の事情変更を理由とする将来に向かっての根保証契約の解約（特別解約権）が主張される可能性も否定はできないからである。

(2)　主債務者の会社分割

　会社分割は、株式会社または合同会社（分割会社）がその事業に関して有する権利義務の全部または一部を分割後他の会社（承継会社）または分割に

84　第1編　保証全般

より設立する会社（設立会社）に承継（一般承継）させる会社法上の行為である（会社法2条29号・30号）。会社分割には、分割会社の権利義務を既存の他の会社（承継会社）に承継させる吸収分割と、手続のなかで新たに設立する会社（設立会社）に承継させる新設分割がある。

　主債務が会社分割によって分割会社から承継会社・設立会社に承継される場合、保証債務の随伴性により保証人は承継会社・設立会社に承継された主債務を引き続き保証する。また、主債務が分割会社に残る場合や存続会社が会社分割前から主債務を負担している場合、分割の前後で主債務者（分割会社、存続会社）の法人格は同一であり既存の保証債務に影響はない。

　もっとも、分割会社の事業に関して有する権利義務のどの部分が承継されるかは吸収分割契約（吸収分割の場合）や新設分割計画（新設分割の場合）の定めによって定まるので、分割契約書等を確認しない限り権利義務の帰属は明確とはならない。

　この点、合併の場合は消滅会社の権利義務の全部が存続会社・設立会社に承継され消滅会社は解散・消滅するので権利義務の帰属は明確であるが、会社分割の場合、分割会社は分割後もなお存続するので、分割契約書等を確認しない限り権利義務の帰属は明確とはならないという点が大きく異なる。

　そのため、主債務者が会社分割を行った場合、債権者としてはまず主債務者から分割契約書等を徴求して、自らの債権の帰属（分割会社に残るのか承継会社・設立会社に承継されるのか）を確認することとなる。

　ただし、分割契約書等の記載内容を確認しても、当事会社の経営上の問題や守秘義務等の観点から個別の債権債務に関する詳細な記載までは行われず、抽象的な記載にとどめられていることも多く、主債務が分割会社に残るのか承継会社・設立会社に承継されるのかは必ずしも明らかではない。また、とりわけ根保証契約の場合、主債務者の会社分割により、根保証契約締結当時に比べて主債務者の信用状態が著しく悪化した等の事情変更を理由とする将来に向かっての根保証契約の解約（特別解約権）が主張される可能性も否定はできない。

　そこで、実務上は分割会社、承継会社・設立会社、保証人等の関係者連名

で確認書を徴求して、債権の帰属や主債務者の会社分割後も保証人が引き続き保証債務を負担する旨を明確にしておくことが望ましい。

(3) 主債務者の株式交換・株式移転・株式交付

株式交換・株式移転・株式交付も合併や会社分割と並ぶ会社組織再編行為ではあるが、主債務者が株式交換・株式移転・株式交付を行ったとしても主債務者の法人格に変動を生じさせるものではなく（会社法2条31号・32号・32号の2）、既存の保証債務に影響はない。

7 主債務者の法人成り、事業譲渡

(1) 主債務者の法人成り

法人成りは個人で営んでいた事業を株式会社等の法人組織に切り替えることをいう。法人成りは、個人事業主が株式会社を設立しその個人が代表取締役となり、会社設立後に個人事業の事業譲渡を受けて会社組織で事業を継続するという方法で行われる場合が多い。

主債務者（個人）が法人成りをしても個人が負担していた債務が当然に法人に承継されるわけではなく、個人から法人への承継には個別の移転行為が必要となる。個人の事業用資産や取引先関係は法人成りにより法人に移転されるので、個人がその事業のために負担していた債務も法人に承継されるのが望ましい。

法人成りによる債務の承継方法として①併存的債務引受（民法470条1項）の方法（法人が引受人として債務を負担し、元の債務者である個人も引き続き債務を負担する）、②免責的債務引受（民法472条1項）の方法（法人が引受人として債務を負担し、元の債務者である個人はその債務を免れる）、③個人に対する貸付けは回収したうえで法人に対する新規の貸付けを行う方法が考えられる。①②は、元の債務者である個人が債務者として残るかどうかの違いがあるが、②免責的債務引受の方法を用いたうえで、個人（法人の経営者）から新たな保証を徴求することも考えられる。

そして、①併存的債務引受の方法を用いた場合、個人を主債務者とする既存の保証はなんらの影響を受けずそのまま存続する（この点、法人を主債務

86　第1編　保証全般

者とする保証として存続するわけではない）。

　②免責的債務引受の方法を用いた場合、主債務者は個人から法人に変更されるが既存の保証は当然に移転するものではない。債務者の変更は債務の実質的な価値を変更するものであるので保証人の承諾なく保証が移転することはない。そのため、保証を移転させる場合はあらかじめまたは同時に引受人（法人）に対する意思表示を行うとともに、書面または電磁的記録により保証人の承諾を得なければならない（民法472条の4）。

　なお、①②の債務引受を行う場合は従前の個人事業主が法人の取締役になることが通例であるので、当該取締役の個人債務を会社が引き受ける利益相反取引に該当し、取締役会または株主総会の承認（会社法365条、356条1項3号）が必要となる場合も考えられる。もっとも、取締役の利益相反取引の規制は株主保護のためであるので、当該取締役が会社の全株式を所有している場合は取締役会等の承認を要しない。法人成りの場合は当該取締役が会社の全株式を所有していることも多くあると考えられるが、当該取締役が会社の全株式を所有している事実を株主名簿等の提出を受ける等、客観的な資料によって確認しておくべきである。

　③個人に対する貸付けは回収したうえで法人に対する新規の貸付けを行う方法を用いた場合、個人に対する貸付金は消滅するので付従性により既存の保証も消滅する。したがって、法人に対する新規の貸付けを行う場合は必要に応じて新たな担保・保証を徴求する等の対応を検討することになる。

(2)　主債務者の事業譲渡

　事業譲渡は、一定の営業目的のため組織化され、有機的一体として機能する財産（得意先関係等の経済的価値のある事実関係を含む）の全部または重要な一部を譲受人に譲渡する行為である（最判昭40.9.22民集19巻6号1600頁）。事業譲渡は譲渡人と譲受人との間の契約（事業譲渡契約）によって行われる取引行為であり、事業譲渡により移転される権利義務の内容はその契約によって定められる。そして、事業譲渡において事業を構成する債務や契約上の地位を移転しようとすれば、個別にその相手方の承諾を要する（特定承継）。相手方の承諾を要することなく包括的かつ当然に承継（一般承継）

される合併や会社分割とはその点が大きく異なる。

そのため、主債務が譲受人に承継される場合は債権者の承諾が必要となり、債権者の承諾なくして一方的に債務が譲受人に承継される等ということはない。この場合、債権者の譲渡人に対する主債務を譲受人に債務引受してもらうことが考えられる。

債務引受には、①併存的債務引受（民法470条1項）の方法と、②免責的債務引受（民法472条1項）の方法が考えられる。

①併存的債務引受がなされた場合、譲渡人に加えて譲受人が譲渡人が負担する債務と同一の内容の債務を負担することとなるが、譲渡人を主債務者とする既存の保証はなんらの影響を受けず、そのまま存続する（主債務者は譲渡人のままであり主債務者が譲受人に変更されるわけではない）。

②免責的債務引受がなされた場合、債権者の承諾があれば譲渡人から譲受人に債務者が変更されることとなるが（譲渡人は債務を免れる）、保証人からみて主債務者の変更は保証の対象となる主債務の実質的な価値を変更させるものであるので、譲渡人が負担していた債務を主債務とする既存の保証は譲受人が負担する債務について当然に移転するものではない。そのため、既存の保証を譲受人が負担する債務に移転させる場合はあらかじめまたは同時に引受人（譲受人）に対する意思表示を行うとともに、書面または電磁的記録により保証人の承諾を得る必要がある（民法472条の4）。この点、事業譲渡後も譲受人が譲渡人や保証人となんらかの関係性を有する場合には、保証人の承諾が得られる場合もあろうが、そのような関係性がない場合は保証人の承諾が得られるとは限らないので、新たな担保・保証を徴求する等の対応を検討することが考えられる。

他方で、事業譲渡後も主債務が譲渡人に残る場合、主債務者に変動はなく既存の保証にも影響しないが、主債務が譲渡人に残る（残される）場合のなかには、譲受人に優良事業が譲渡され、譲渡人の元にはめぼしい資産や事業は残らない等、債務免脱目的の事業譲渡もある。そのような場合には、債権者としては、保証人に対する保証債務履行請求のほか、譲受人に対し、併存的債務引受や連帯保証を行うことを強く求めていくとともに、それらの要求

88　第1編　保証全般

に応じない場合には、詐害事業譲渡に係る譲受会社に対する債務の履行の請求（会社法23条の2）、事業譲渡を対象とする詐害行為取消請求（民法424条）、譲受会社に対する商号続用責任の追及（会社法22条）、法人格否認の法理による譲受人に対する債務の履行請求、または譲渡人に対する債権者破産の申立てを行い、破産管財人に事業譲渡を対象とする否認権（破産法160条1項）を行使してもらう等といった措置も検討することになる。

8　主債務者の倒産（破産、民事再生、会社更生、特別清算、私的整理）

⑴　主債務についての権利変更と保証債務への影響

　主債務者について倒産手続が開始された場合、主債務については原則として当該倒産手続において債権届出を行い、配当や再建計画に基づく弁済といったかたちでしか満足を受けられなくなってしまうが、主債務者について倒産手続が開始されたからといって直ちに保証債務に影響が及ぶものではなく、保証人に対する権利行使は引き続き可能である。

　主債務について減免や期限の猶予等の権利変更が行われる場合、保証債務の付従性により保証債務も主債務の限度に減縮されるのが民法の原則である（民法448条1項）。

　しかし、主債務者において破産、民事再生、会社更生、特別清算といった法的倒産手続が開始された場合、破産免責・再生計画認可・更生計画認可・特別清算の協定の効力は保証・物上保証に影響を及ぼさない旨の明文の規定が設けられているように（破産法253条2項、民事再生法177条2項、会社更生法203条2項、会社法571条2項）、付従性の原則の例外として債権者は引き続き保証人等に対する権利行使が可能である。保証や物上保証はまさに主債務者が破綻した場合に備えて徴求されるものであるので、付従性の原則の例外が認められているのである。

　ただし、実務上、特別清算手続において債権者全員の同意が容易に得られる場合は協定にかわり裁判所の許可を得て、債権者全員との個別和解により清算が行われることも少なくないが（和解型）、そのような場合は注意を要

する。この点、特別清算手続中の個別和解においてされた主債務者に対する債務免除が、債権者の保証人に対する権利に影響を及ぼさないとされた裁判例もあるが（東京地判平18．6．27金融法務事情1796号59頁は個別和解が協定にかわる機能を有すること等の理由から会社法571条2項の準用を認めているが、同裁判例の事案は、保証人は念書により保証債務の存続を確認しており仮に個別和解により会社の債務が減免された場合は、保証人等との間で別段の定めがなければ保証人等の責任が減免されるとの立場に立ったとしても保証人の責任は減免されないと解される事案であった）、個別和解による場合は協定による場合（会社法571条2項）とは異なり付従性の原則の例外を定める明文の規定は設けられておらず、付従性の原則どおり保証人・物上保証人にも影響が及ぶとされる可能性も否定はできないので、実務上は個別和解に先立って保証人・物上保証人から主債務の個別和解にかかわらず引き続き責任を負担する旨の同意書を徴求しておくのが安全である。

　また、主債務者において私的整理（任意整理）が行われる場合も付従性の原則の例外を定める明文の規定が設けられているわけではないので、このような場合も注意を要する。そのため、私的整理において主債務の減免や期限の猶予等の権利変更が行われる場合は付従性により保証人・物上保証人にも影響が及ぶのが原則となるので、私的整理における権利変更に先立って保証人・物上保証人から主債務の権利変更にかかわらず引き続き責任を負担する旨の同意書を徴求しておく必要がある。もっとも、実務上は、主債務の整理にあたって準則型私的整理手続（中小企業活性化協議会による再生支援スキーム、事業再生ADR、私的整理に関するガイドライン、中小企業の事業再生等に関するガイドライン、特定調停等）が利用される場合は保証債務の整理についても「経営者保証に関するガイドライン」に基づいて主債務との一体整理が図られることも多くあろう。

　以上のほか、主債務者の破産終結・免責・民事再生と保証人等に対する時効管理については本編第5章第2節8、9を参照されたい。

90　第1編　保証全般

(2) 手続開始時現存額主義

a 手続開始時現存額主義

主債務者の破産手続開始後に保証人から一部弁済がされた場合、債権者は主債務者に対する破産債権の届出について保証人からの一部弁済をふまえて一部減額（一部取下げ）する必要があるのだろうか。

この点、保証人からの一部弁済の時期が破産手続「開始前」ではなく破産手続「開始後」であるということがポイントである。保証人からの一部弁済の時期が破産手続「開始前」であれば、当然ながら、債権者はその一部弁済後の破産債権額を届け出ることになる。しかし、保証人から破産手続「開始後」に一部弁済されたとしても全部弁済されない限り債権者は一部減額（一部取下げ）する必要はまったくなく、引き続き破産手続開始時の破産債権全額での権利行使が可能である（破産法104条2項）。実体法上は主債務者に対する破産債権は弁済分だけ消滅するはずであるが、破産手続上は複数の全部義務者を設けることが責任財産を集積して債権の目的である給付の実現をより確実にするという機能が重視され、その弁済により破産債権の全額が消滅しない限りは、破産手続開始時の債権額を基準として破産債権者に対する配当額が算定される（「手続開始時現存額主義」と呼ばれる）。なお、物上保証人は自らは債務を負担しておらずあくまで担保提供財産限りでの物的な有限責任しか負担しないという点で保証人とは異なるが、手続開始時現存額主義の場面では同様の取扱いを受ける（同法104条5項）。

他方、保証人から全部弁済された場合、その後はその保証人が主債務者に対する求償権の範囲内でもともとの債権者が有していた権利を破産債権者として権利行使することができるようになるので（同法104条4項）、もともとの債権者が届け出ていた破産債権の保証人への名義変更（同法113条）を行うことになる。

また、主債務者の破産手続開始決定後に保証人が複数債権のうちの一部の債権の全額の弁済を行った場合、保証人は、複数債権の全部が消滅していなくても全額弁済を行った当該債権については債権者にかわって権利行使することができるのかが問題となる。この点、保証人は、複数債権の全部が消滅

していなくても全額弁済を行った当該債権については債権者にかわって権利行使することができるので（最判平22．3．16民集64巻2号523頁）、全額弁済を行った当該破産債権については保証人への名義変更（同法113条）を行うことになる。保証人は弁済の対象となった「その債権の全額が消滅した場合」は債権者にかわって権利行使することができるようになるが（同法104条2項・4項）、それは「その債権の全額」も特に「破産債権者の有する総債権」等とは規定されておらず弁済に係る当該破産債権の全額を意味すると解されるからである。

　以上の手続開始時現存額主義の規律は民事再生法86条2項、会社更生法135条2項でそれぞれ破産法104条が準用されており、再生手続・会社更生手続でも同様である。

b　手続開始時現存額主義と実体法上の残債権額を超過する部分の破産配当の取扱い

　たとえば債権者Aが主債務者Bに対する1,000万円の債権を有していたところBの破産手続開始後に保証人Cが800万円を弁済し、その後Bの破産手続において30％の配当が可能となったとする。AはBの破産手続において1,000万円の債権届出を行いCの800万円の一部弁済後も1,000万円の債権届出を手続開始時現存額主義により維持している場合、Aに対する配当額300万円（1,000万円×30％）のうちAの実体法上の残債権額である200万円（1,000万円－800万円）がAに配当されるのは当然であるが、残り100万円をだれに配当すべきかが問題となる。この点、手続開始時現存額主義の趣旨に鑑み、配当額の計算の基礎となる債権額と実体法上の債権額とのかい離を認める結果として債権者が実体法上の債権額を超過する額の配当を受ける事態が生じうることも許容しているとして、実体法上の残債権額を超過する部分も含めて債権者に配当され（最決平29．9．12民集71巻7号1073頁）、その後の処理は求償権者（保証人や物上保証人）の債権者に対する不当利得返還請求に委ねられることとなる。すなわち、前記事例では、実体法上の残債権額を超過する部分（100万円）を含めて300万円が債権者Aに配当され、100万円部分については、保証人CのAに対する不当利得返還請求に委ねられる。

92　第1編　保証全般

そして、上記判例の事後処理の問題として、大阪高判令元.8.29金融法務事情2129号66頁は、手続開始時現存額主義に基づく実体法上の残債権額を超過する部分の破産配当について債権者による劣後的破産債権への充当は許されず、債権者は求償権者に対して超過部分の全額について不当利得返還義務を負うとの判断を行っている。一般破産債権に対してなされた配当について劣後的破産債権に充当することは一般破産債権と劣後的破産債権とを峻別し、配当において前者を後者に優先させた破産法の趣旨等に照らして許されないからである。ただし、大阪高判の事例は求償権者が「物上保証人」の事案であるところ、求償権者が「保証人」である場合、求償権者（保証人）の債権者に対する不当利得返還請求に対し債権者は主債務者の破産手続開始後の遅延損害金等（主債務者の破産手続においては劣後的破産債権として取り扱われる）についての保証債務履行請求権との相殺を主張することができると考えられる（『最高裁判所判例解説民事篇平成29年度（上）』402〜403頁）。

c　手続開始時現存額主義と相殺の遡及効

　債権者（金融機関）が主債務者の破産手続開始後に保証人（全部義務者）に対する保証債務履行請求権と保証人預金（普通預金）との相殺を行った場合、相殺の遡及効（民法506条2項）により当該相殺の効力は破産手続開始前の時点（債務者の破産手続開始申立ては期限の利益の当然喪失事由とされているので、遅くともその時点）で生じているはずであり、債権者は主債務者に対する破産手続開始時の破産債権としては相殺後の減額された債権額で届出を行うべきであるとの考え方がある。

　この点、銀行取引約定書ひな型7条3項の「差引計算（相殺）をする場合、債権債務の利息、割引料、損害金等の計算については、その期間を計算実行の日までとする」旨の規定について、相殺の効力自体は遡及的に発生していることを前提として銀行が預金相殺を行う場合の利息・遅延損害金等の計算基準日を定めた規定であると解するのか、または、相殺の遡及効まで制限した合意であると解するのかにより、結論が異なってくることとなる（前者と解する裁判例として岡山地判平30.1.18金融法務事情2088号82頁、後者と解する裁判例として神戸地尼崎支判平28.7.20金融法務事情2056号85頁が

第4章　保証の管理　93

ある）。相殺の遡及効まで制限した合意であると解すれば、債権者は主債務者に対する破産手続開始時の破産債権として相殺後の減額された債権額で届出を行う必要はないということになる。

⑶ 弁済による代位と財団債権・共益債権の行使

金融機関（保証人）が、注文者との間で請負契約を締結した受注者の委託を受けて、注文者の受注者に対する前払金返還請求権について注文者との間で保証契約を締結していたとする。その後、受注者が再生手続開始決定を受け再生債務者等が民事再生法49条1項に基づいて請負契約を解除した場合、注文者の受注者に対する前払金返還請求権は共益債権となり（同法49条5項、破産法54条2項、最判昭62.11.26民集41巻8号1585頁）、受注者の再生手続外で自由に権利行使することができるが（民事再生法121条1項・2項）、注文者に対する保証債務を履行した金融機関において弁済による代位（民法499条、501条1項・2項）により当該共益債権（前払金返還請求権）を取得したとして受注者の再生手続外で自由に権利行使することができるかが問題となる（金融機関が保証債務を履行して取得した受注者に対する求償権は再生債権であり、再生手続外での権利行使は認められない）。

この点、弁済による代位の原債権を求償権を確保するための一種の担保として機能させるという制度趣旨に鑑みて、求償権の行使が倒産手続における制約を受けるとしても当該手続における原債権の行使自体が制約されていない以上、原債権の行使が求償権と同様の制約を受けるものではなく、弁済による代位により民事再生法上の共益債権を取得した者は再生債務者に対して、取得した求償権が再生債権にすぎない場合であっても再生手続によらないで共益債権を行使することができる（最判平23.11.24民集65巻8号3213頁）。他の再生債権者としても、もともと原債権者による共益債権の行使を甘受せざるをえない立場にあり不当に不利益を被ることにはならないからである。また、破産手続において財団債権となる給料債権を立替払いにより代位取得した者が、同様に破産者に対して取得した求償権が破産債権にすぎない場合であっても破産手続によらないで財団債権を行使することができるとした判例（最判平23.11.22民集65巻8号3165頁）がある。

他方、租税債権についての保証債務の履行や第三者納付が行われた場合に関していまだ最高裁の判断はなされていないが、私人が保証債務の履行や第三者納付を行ったとしても、最判平23.11.22民集65巻 8 号3165頁の田原睦夫裁判官の補足意見にもあるとおり、租税債権の場合には、弁済による代位自体がその債権の性質上生じないとされている等、財団債権等の行使が認められない可能性が高いと考えられる（財団債権等の行使を否定した裁判例として東京高判平17. 6 .30金融法務事情1752号54頁、東京地判平17. 4 .15金融法務事情1754号85頁、東京地判平27.11.26金融法務事情2046号86頁等がある）。国税通則法41条 1 項では国税の第三者納付が認められ、同条 2 項では、国税の納付について正当な利益を有する第三者または国税を納付すべき者の同意を得た第三者が国税を納付すべき者にかわってこれを納付した場合において、その国税を担保するために抵当権が設定されているときは、これらの者はその納付によりその抵当権につき国に代位することができるとされているが、その反対解釈により、抵当権が設定されている以外の場合、そもそも第三者は国に代位することができないというのが国税通則法の実務上の解釈である（志場喜徳郎ほか共編『国税通則法精解［第17版］』524頁（大蔵財務協会）では、国税の効力として国が有していた権利（たとえば優先権や滞納処分の執行権）につき一般私人が代位することを認めるわけにはいかないことや、人的担保についてもその執行方法が滞納処分による等の特異な内容を含むことから同様に代位が認められないが、そのような障害のない抵当権に限り代位を認めることとしたとされている）。

⑷　無委託保証人の求償権による相殺と相殺禁止

　金融機関（保証人）が主債務者の委託を受けずに、主債務者が債権者に対して負担する取引債務について債権者との間で保証契約を締結していたとする（支払承諾）。その後、主債務者の破産手続開始決定を受けて金融機関が保証債務を履行して主債務者に対する求償権を取得した場合、金融機関はその求償権（自働債権）をもって主債務者の金融機関に対する預金債権（受働債権）と相殺することができるかが問題となる。

　この点、委託を受けない保証人（無委託保証人）が主債務者の破産手続開

始前に締結した保証契約に基づき同手続開始後に弁済をした場合において、保証人が取得する求償権を自働債権とし主債務者である破産者が保証人に対して有する債権を受働債権とする相殺は、破産法72条1項1号の類推適用により許されない（最判平24.5.28民集66巻7号3123頁）。このような無委託保証人の求償権を自働債権とする相殺を認めることは、破産者の意思や法定の原因とは無関係に破産手続において優先的に取り扱われる債権が作出されることを認めるに等しく、破産手続開始後に破産者の意思に基づくことなく破産手続上破産債権を行使する者が入れ替わった結果相殺適状が生ずる点で、破産法72条1項1号が禁止する相殺（破産者に対して債務を負担する者が破産手続開始後に他人の破産債権を取得して相殺適状を作出したうえで同債権を自働債権としてする相殺）に類似するからである。

　他方、委託を受けた保証人が破産手続開始後に弁済をして取得した求償権を自働債権とする相殺は、破産債権についての債権者の公平・平等な扱いを基本原則とする破産手続のもとにおいても他の破産債権者が容認すべきもので、その相殺に対する期待は合理的で、破産法67条によって保護される（上記判例）。

　以上の倒産手続における相殺禁止の規律は民事再生・会社更生手続でも異なるところはなく（民事再生法93条の2第1項1号、会社更生法49条の2第1項1号）、上記判例が同様に妥当する。

　なお、民法511条は、差押えを受けた債権の第三債務者は差押え後に取得した債権による相殺をもって差押債権者に対抗することはできないが（同条1項）、差押え後に取得した債権であってもそれが差押え前の原因に基づいて生じたものであるときは、第三債務者が差押え後に他人の債権を取得したときでない限り、その第三債務者はその債権による相殺をもって差押債権者に対抗することができる旨を規定している（同条2項）。この点、主債務者の金融機関に対する預金債権が主債務者の債権者によって差し押さえられた場合において、その後に金融機関が債権者に対する保証債務を履行して取得した主債務者に対する求償権をもってその預金債権と相殺することができるかが問題となるが、上記判例の考え方に従えば、金融機関が主債務者から委

託を受けて保証を行ったのであれば、差押え後に取得した求償権であっても
その求償権は差押え前の原因（保証委託契約および保証契約）に基づいて生
じたものであるので、金融機関はその求償権による相殺をもって差押債権者
に対抗することができ（民法511条2項本文）、他方で、金融機関が主債務者
からの委託を受けずに保証を行ったのであれば第三債務者が差押え後に他人
の債権を取得したときと異なるところはなく、金融機関はその求償権による
相殺をもって差押債権者に対抗することはできないということになる（民法
511条2項ただし書の類推適用）。

　以上のとおり、金融機関が保証する支払承諾の場合において、主債務者か
らの委託を受けずに保証を行った場合には、求償権による相殺が禁止される
場合があるので、主債務者からの委託を受けたうえで保証を行うのが原則と
なる。

第4章　保証の管理　97

第 **2** 節	保証人の変動

---

1 保証人の氏名・商号・住所等の変更

　個人保証人が氏名を変更したとき、法人保証人が名称、商号、代表者を変更したときは、金融機関への届出を要する（銀行取引約定書ひな型11条1項。この点、保証約定書では、連帯保証債務の履行については保証約定書のほか、債務者が別に締結した銀行取引約定書の各条項に従う旨規定されていることから、保証人についても銀行取引約定書の条項が適用されると考えられる）。保証人が住所変更を行ったときも同様である。住所変更の届出を怠ったため金融機関からなされた通知または送付された書類等が延着しまたは到達しなかった場合は通常到達すべき時に到達したものとみなされるとのみなし送達の特約も設けられている（同条2項）。保証人の氏名・商号・住所等の変更は保証人の権利義務になんらの変動を生じさせるものではないので、既存の契約書を作成し直す等といった必要はまったくない（既存の契約書は依然として有効である）。

2 保証人の死亡

(1) 保証債務の承継

　保証人が死亡した場合、保証人の各相続人は相続開始と同時にそれぞれの法定相続分の割合に応じて保証債務を当然に分割して承継することとなる（相続人が複数の共同相続の場合）。

　この点、仮に遺言や遺産分割協議によって法定相続分とは異なる割合での債務の承継が定められていても、債権者の承諾がない限り、法定相続分と異なる割合での債務の承継を債権者に主張することはできない。

なお、事業のために負担した貸金等債務を主債務とする保証契約がある場合、保証人が死亡し相続人（経営者以外の第三者）が相続によって保証債務を承継するときは、当該相続人について保証意思宣明公正証書（以下「公正証書」という）を作成しなくとも当該相続人は当該保証債務を承継する。公正証書は保証契約を締結する前提として作成するものであり、一度締結された保証契約に基づいて発生した保証債務が相続等によって承継される際は作成を要しないからである（筒井健夫ほか『Q&A改正債権法と保証実務』115頁（金融財政事情研究会））。

(2)　保証債務の一本化（免責的債務引受）

　もっとも、債権者としては、保証債務が各相続人に分割承継されると債権管理が複雑化してしまうことや、各相続人に対してはそれぞれの法定相続分の割合に応じた限度でしか保証債務の履行を求めることができないことから、主債務者の経営者（代表者・後継者）や資力のある者との間で新たな保証契約を締結するか、各相続人に分割承継された保証債務を特定の相続人に債務引受（免責的債務引受）してもらう等、保証債務の一本化を図ることが考えられる。

　ただし、各相続人に分割承継された保証債務を特定の相続人が債務引受する場合、債務引受を行う部分については実質的には新たな保証契約が締結されたものと認定されるおそれも否定はできないので、むしろ、保証債務の債務引受ではなく当該特定の相続人との間で新たな保証契約を締結することとして公正証書を作成し（民法465条の6）、主債務者からは財産状況等に関する情報を提供してもらうようにする（民法465条の10）ほうが適切な場合も考えられる。

　なお、保証人の死亡に伴って事業承継が行われる場合は、実務上、別途「経営者保証に関するガイドライン」第6項(2)の「事業承継時の対応」や「事業承継時に焦点を当てた「経営者保証に関するガイドライン」の特則」をふまえた対応が求められる。

(3)　個人根保証契約における元本の確定

　個人根保証契約（個人貸金等根保証契約を含む）の場合、主債務者または

保証人が死亡したときは主債務の元本が確定する（民法465条の4第1項3号）。したがって、保証人が死亡した場合、保証人の相続人は保証人死亡時までに発生した主債務についての保証債務は承継するものの、保証人死亡後に発生した主債務についての保証責任は負わない。そのため、保証人死亡後に発生した主債務についても保証の対象としたい場合は新たな保証契約を締結する必要がある。

(4) 保証人の相続人による相続放棄等

保証人の相続人が相続放棄（民法938条以下）をした場合、当該相続人は、その相続に関しては初めから相続人とならなかったものとみなされるので（民法939条）、保証債務の負担を免れる。相続人全員が相続放棄をして、相続人不存在となった場合（民法951条以下）、債権者の保証債務履行請求権は消滅しないが、相続財産のみがその引当となる。債権者が保証債務履行請求権を行使する必要がある場合、そのままでは請求の名宛人がいないということになるので、利害関係人として家庭裁判所に相続財産清算人の選任を申し立てるか（民法952条1項）、その選任を待ったうえで相続財産清算人を名宛人として同条以下の手続に従って弁済を受けることになる。また、訴えの提起を行い、その際にあわせて相続財産についての特別代理人の選任を求め（民事訴訟法35条、大決昭5．6．28民集9巻640頁）、その特別代理人を名宛人として訴訟手続を進めることも考えられよう。さらに、保証人の相続人全員が限定承認（民法922条以下）をした場合も債権者の保証債務履行請求権は消滅しないが、この場合も相続財産のみがその引当となり、限定承認者を名宛人として同条以下の手続に従って弁済を受けることになる。

3 保証人の行方不明、意思能力の喪失、制限行為能力者となった場合

(1) 保証人の行方不明

保証人が行方不明となっても主債務や保証契約の効力に直ちには影響しないが、当該保証人に対する保証債務履行請求に困難が想定される等、主債務に対する債権保全に懸念が生じる場合がある。そのような場合には銀行取引

約定書ひな型4条1項に基づき、債権保全を必要とする相当の事由が生じたとして主債務者に対し担保（増担保）の差入れや保証人の追加を請求することが考えられる（主債務者がこれらの請求に応じない場合は銀行取引約定書ひな型5条2項3号の期限の利益請求喪失事由（取引約定違反）に該当する。また、保証人の所在が不明となった場合、銀行取引約定書ひな型5条2項4号、同条1項4号の期限の利益請求喪失事由に該当することも考えられる）。

　保証人が行方不明となっても、主債務が不履行となれば当該保証人に対する裁判上の請求を行って債務名義を取得したり当該保証人が有する財産に対して仮差押え・差押えを行ったりすることは可能である。具体的には保証人に対する保証債務履行請求訴訟を提起し、訴状を公示送達（民事訴訟法110条～113条）により送達する等して訴訟手続を進め、確定判決（民事執行法22条1号）を取得することができる。また、仮差押え・差押えの場合も民事訴訟法の規定が準用されるので、公示送達によりそれらの手続を進めることができる（民事執行法20条、民事保全法7条）。ただし、支払督促については公示送達は利用できないので（民事訴訟法382条ただし書）、行方不明の保証人に対する債務名義取得の方法としては利用できない。

　なお、保証債務に対する時効管理については主債務に対する時効の完成猶予・更新の措置を講じておけば保証債務の付従性によりその効力は保証債務にも及ぶので（民法457条1項）、あえて保証債務について直接的に時効の完成猶予・更新の措置を講じる必要はない。

　この点、金融機関（債権者）が保証人に対する保証債務履行請求権（自働債権）をもって保証人の金融機関に対する預金（受働債権）を相殺するとした場合、その相殺の意思表示を有効に保証人に到達させる必要がある（民法506条1項、97条1項）。この点、保証人との関係でも「届け出事項の変更の届け出を怠ったため、貴行からなされた通知または送付された書類等が延着しまたは到達しなかった場合には、通常到達すべき時に到達したものとします」（銀行取引約定書ひな型11条2項）とのみなし送達の特約が適用される場合はその特約に基づくことも考えられるが、第三者（たとえば保証人の預

第4章　保証の管理　101

金の差押債権者等）が関与している場合、特約の効力は契約当事者以外の第三者には及ばないことから、公示の方法（民法98条）により相殺の意思表示を行うしかない。保証人が行方不明の場合における主債務者が期限の利益を喪失した場合の情報提供義務（民法458条の３）についても同様である（本章第３節10参照）。

　なお、行方不明の保証人について家庭裁判所において不在者財産管理人が選任されていれば、当該管理人を相手方として権利行使を行っていくこととなる（民法25条～29条）。また、不在者の生死が７年間明らかでないときは家庭裁判所において失踪宣告が行われる場合があり（民法30条１項）、失踪宣告が行われるとその７年間の期間満了時に死亡したものとみなされるので（民法31条）、以後の権利行使は不在者の相続人に対して行っていくこととなる。

(2)　保証人の意思能力の喪失

　保証契約時に保証人が意思能力（有効な意思表示をするために必要とされる判断能力）を有し保証契約が有効に締結されていれば、その後保証人の意思能力が喪失したとしても保証契約は依然として有効であり、保証人が保証債務を負担することに変わりはない。また、保証人が意思能力を喪失したからといってそれが直ちに保証人の資力の悪化等を意味するわけではない。

　もっとも、主債務が不履行となり保証債務の履行請求が必要となった場合はその権利行使に支障が生じる可能性がある。たとえば保証債務履行請求権をもって保証人の預金と相殺するとした場合、その相殺の意思表示を有効に保証人に到達させる必要があるが（民法506条１項、97条１項）、それができないことになる。意思表示の相手方がその意思表示を受けた時に意思能力を有しなかったときは、その意思表示をもってその相手方に対抗することができない（民法98条の２）からである。そのため、債権者としてはまず意思能力を喪失した保証人の親族等に成年後見の申立てを促し、家庭裁判所で選任された成年後見人を相手方として今後の権利行使を行っていくことが考えられる。この点、成年後見の申立てが可能なのは本人、配偶者、四親等内の親族等に限られており債権者が成年後見の申立てを行うことはできないので

102　第１編　保証全般

（民法7条）、親族等の協力が必要となる。なお、債権者が保証人が意思能力を喪失していることを知らずに権利行使した場合、当該権利行使（意思表示）は保証人に対抗できないが、その後、成年後見人が就任した後に成年後見人がその意思表示を知ったときは、保証人に対する意思表示を対抗できるようになる（民法98条の2ただし書1号）。

　また、成年後見人が選任されていない場合に保証債務履行請求訴訟の提起を行う（保証人の預金との相殺もあわせてその訴訟手続内で行う）としたとき、意思能力を喪失した保証人には意思表示の受領能力がなく（民法98条の2）、訴状を有効に送達する等して訴訟手続を進めることができないので、訴え提起時にあわせて特別代理人の選任を求め、その選任された特別代理人を名宛人として訴訟手続を進めることが考えられる（民事訴訟法35条準用、東京高決昭62.12.8判例時報1267号37頁）。また、仮差押え・差押えといった裁判上の手続の場合であれば民事訴訟法の規定が準用されるので（民事執行法20条、民事保全法7条）、特別代理人の選任を求め、その選任された特別代理人を名宛人とすることができる。ただし、保証人の意思能力の喪失を理由として裁判所に特別代理人の選任申立てをするためには当該保証人や親族との面談記録、医師の診断書等の資料提出が求められ、やはり親族等の協力が必要となることから、結局のところ保証人の親族等に成年後見の申立てを促し、家庭裁判所で選任された成年後見人を相手方として今後の権利行使を行っていくというのが抜本的な解決策となろう（成年後見人が選任されれば、裁判上の手続に限られず権利行使の相手方とすることが可能となる）。

　なお、保証債務に対する時効管理については、主債務に対する時効の完成猶予・更新の措置を講じておけば保証債務の付従性によりその効力は保証債務にも及ぶので（民法457条1項）、あえて保証債務について直接的に時効の完成猶予・更新の措置を講じる必要はない。

⑶　保証人が制限行為能力者となった場合

　保証人が事後的に制限行為能力者となったとしてもそれによって保証債務が消滅したり取り消されたりするわけではなく、保証人の責任に直ちに影響が及ぶものではない。

第4章　保証の管理　103

保証人が制限行為能力者となり成年後見人が選任されている場合、保証人本人（成年被後見人）には意思表示の受領能力がないので（民法98条の２）、成年後見人を相手方として権利行使を行っていく必要がある。

　成年後見制度のうち保佐・補助の場合は保証人本人（被保佐人・被補助人）にも意思表示の受領能力はあるので（民法98条の２）、保証人本人（被保佐人・被補助人）を相手方とすることも可能ではあるが、保佐人・補助人の同意を要する行為が法定・指定されていたり（民法13条、17条）、特定の法律行為について保佐人・補助人に代理権が付与されていたりすることがあるので（民法876条の４、876条の９）、それらの事項を保佐・補助の登記事項証明書（後見登記等に関する法律４条１項５号・６号）等により確認したうえで必要に応じて保佐人・補助人の意向も確認しながら権利行使を進めていく必要がある。

4　保証人の合併、会社分割、組織変更、事業譲渡、法人成り

⑴　保証人の合併

　合併は二つ以上の会社が契約により一つの会社になる会社法上の行為であり、吸収合併と新設合併がある（本章第１節６⑴参照）。保証人の合併には保証人が消滅会社となる場合と存続会社となる場合が考えられる。

　保証人が消滅会社となる場合、その消滅会社の権利義務の全部が包括的かつ当然に存続会社（吸収合併）または設立会社（新設合併）に承継（一般承継）されるので、債権者に対する保証債務も当然に存続会社等に承継され、以後は存続会社等が保証人としての責任を負うこととなる。このように合併により法律上当然に保証債務が存続会社等に承継されるので法的には特段の手続は要しないが、主債務者と存続会社等との関係によっては（たとえば主債務者と存続会社等との関係が合併後は希薄となる場合が考えられる）、確認的な意味合いで、存続会社等から合併後も引き続き保証債務を負担する旨の確認書の提出を受けることも考えられる。

　他方で、保証人が存続会社となる場合、合併前後で保証人（存続会社）の

104　第１編　保証全般

法人格は同一であるので既存の保証債務には影響しない。

　ただし、保証人が経営状態の悪化した他の会社と合併することによりその資力が悪化し、債権者を害するおそれが生じる場合もある。そのような場合、債権者は合併について一定期間内（1カ月を下らない）に異議を述べることができ、債権者が異議を述べたときは弁済や相当の担保提供等をしなければならないとされているので（会社法789条、799条、810条）、合併についての異議を述べることや債権保全を必要とする相当の事由が生じたとして主債務者に対して担保（増担保）の差入れや保証人の追加・変更を請求すること（銀行取引約定書ひな型4条1項）も考えられる。

(2)　保証人の会社分割

　会社分割は、株式会社または合同会社（分割会社）がその事業に関して有する権利義務の全部または一部を分割後他の会社（承継会社）または分割により設立する会社（設立会社）に承継（一般承継）させる会社法上の行為であり、吸収分割と新設分割がある（本章第1節6(2)参照）。

　保証債務が会社分割によって分割会社から承継会社・設立会社に承継される場合、以後は承継会社等が保証人としての責任を負うこととなる。また、保証債務が分割会社に残る場合や存続会社が会社分割前から保証債務を負担している場合、分割の前後で保証人（分割会社、存続会社）の法人格は同一であり既存の保証債務には影響しない。

　もっとも、分割会社の事業に関して有する権利義務のどの部分が承継されるかは吸収分割契約（吸収分割の場合）、新設分割計画（新設分割の場合）の定めによって定まるので、分割契約書等を確認しない限り権利義務の帰属は明確にならない（消滅会社の権利義務の全部が存続会社・設立会社に承継され、権利義務の帰属が明確である合併の場合とは大きく異なる）。

　そのため、保証人が会社分割を行った場合、債権者としてはまず保証人から分割契約書等を徴求して、保証債務の帰属（分割会社に残るのか承継会社・設立会社に承継されるのか）を確認することとなるが、その記載内容を確認しても個別の債権債務に関する詳細な記載までは行われず、抽象的な記載にとどめられていることも多い。そこで、実務上は分割会社、承継会社・

第4章　保証の管理　105

設立会社、保証人等の関係者連名で確認書を徴求して、会社分割後も引き続き分割会社または承継会社・設立会社が保証債務を負担する旨を明確にしておくことが望ましい。

ただし、会社分割により債権者を害するおそれが生じる場合もある。そのような場合、会社分割後に分割会社に対して債務の履行を請求できなくなる分割会社の債権者（分割会社の債務が承継会社・設立会社に承継され、かつ分割会社が併存的債務引受や保証も行わない場合）や承継会社の債権者は会社分割について一定期間内（1カ月を下らない）に異議を述べることができ、債権者が異議を述べたときは弁済や相当の担保提供等をしなければならないとされているので（会社法789条、799条、810条）、会社分割についての異議を述べることや債権保全を必要とする相当の事由が生じたとして主債務者に対して担保（増担保）の差入れや保証人の追加・変更を請求すること（銀行取引約定書ひな型4条1項）も考えられる。

他方で、会社分割後も分割会社に対して債務の履行を請求できる分割会社の債権者は会社分割について異議を述べることはできない（ただし、分割会社が承継会社・設立会社から交付を受けた株式を分割会社の株主に分配する場合を除く）。分割会社が承継会社・設立会社から移転した純資産の額に等しい対価（株式）を取得するはずであるというのがその理由である。

もっとも、分割会社が分割会社に対してのみ請求できる債務の債権者（残存債権者）を害することを知って会社分割をした場合、残存債権者は承継会社・設立会社に対し承継した財産の価額を限度として債務の履行を請求することができる（残存債権者の直接請求権。会社法759条4項～7項、764条4項～7項）。

(3) 保証人の組織変更

会社の組織変更については本章第1節5のとおりである。保証人が組織変更を行ったとしても法人格の同一性は維持されたままであるので従前の保証契約の効力もそのまま維持される。従前の契約書はそのまま利用することができ差し替える必要はまったくないが、組織変更届・登記事項証明書を徴求して組織変更の事実を書類上明確にしておく。なお、組織変更をする会社の

債権者は合併等の場合と同様に組織変更について異議を述べることができる（会社法779条、781条2項）。

(4) 保証人の事業譲渡、法人成り

事業譲渡は譲渡人と譲受人との間の契約（事業譲渡契約）によって行われる取引行為であり、事業譲渡により移転される権利義務の内容はその契約によって定められる。そして、事業譲渡においては、事業を構成する債務や契約上の地位等を移転しようとすれば個別にその相手方の承諾を要する（特定承継）。相手方の承諾を要せずに包括的かつ当然に承継（一般承継）される合併や会社分割とはその点が大きく異なる。

譲渡人が負担していた保証債務が事業譲渡の対象となるかどうかも事業譲渡契約によって定められるが、保証債務が事業譲渡の対象とされていたとしても債権者の承諾なく保証債務が譲受人に移転することはない。

事業譲渡に際し譲渡人から譲受人への保証人の交替を求められた場合、債権者としては、事業譲渡の内容や譲受人の資力等を調査・確認したうえで譲受人の資力等に特段の問題がないようであれば保証人の交替を認め、譲受人の資力等に不安が残るようであれば譲渡人の保証を維持したうえで譲受人の保証を追加する等の対応が必要となる。

また、保証債務が譲渡人に残る場合、保証人に変動はなく既存の保証債務それ自体には影響しないが、保証債務が譲渡人に残る（残される）場合で譲渡人が事業譲渡により資力等を失うに至ったときは、譲受人その他有力な保証人の追加を求める等の対応が必要となる（その他、譲受人に優良事業が譲渡され、譲渡人の元にはめぼしい資産や事業は残らない等、債務免脱目的の事業譲渡の場合の対応については、本章第1節7(2)を参照のこと）。

法人成りの場合、保証人（個人）が法人成りしても個人が負担していた債務が当然に法人に承継されるわけではなく、個人から法人への承継には債権者の承諾が必要となる。個人の事業用資産や取引先関係は法人成りにより法人に移転されるので個人に対する保証債権も法人に承継されるのが望ましいとも考えられるが、個人の保証を維持するのか法人に交替するのかは、保証人の意向、主債務者との関係、個人・法人の資力等を考慮したうえで個別事

案ごとに判断することになろう。

5　保証人の追加・脱退・交替

(1)　保証人の追加

　保証人の追加は、既存の保証人のほかに新たな保証人が加わることである。保証人を追加する場合、新たな保証人との間で保証契約を締結する。新たな保証契約を締結するに際しては、個人保証の場合は個人根保証契約（個人貸金等根保証契約）、事業に係る債務についての保証契約の特則（保証意思宣明公正証書の作成、保証契約締結時の情報提供義務）の規律に注意する必要がある。また、保証契約は債権者と新たな保証人との間で締結されることにより成立するが、主債務者の委託を受けた保証であることを明確にする意味合いで保証約定書には主債務者の連署も求め、その同意を得ておくのが通例である。なお、保証人を追加しても既存の保証人や物上保証人に不利益を及ぼすものではないので、それらの者の同意を得る必要はない（もっとも、信用保証協会保証の場合、信用保証協会の負担部分はゼロであることを特約する場合がある）。

(2)　保証人の脱退

　保証人の脱退は保証人の保証債務を免除することである。保証債務を免除する場合はその保証人との間で保証人脱退の契約書を締結する。その場合、金融実務上は、主債務者の委託を受けた保証であることが通例であることや主債務者のあずかり知らぬところで債権者が勝手に保証債務を免除した等といった無用の紛争を防止することを理由に主債務者の連署も求め、その同意を得ておくこととなる。

　また、ほかに保証人や物上保証人がいる場合はそれらの者の同意も得ておく必要がある。保証人や物上保証人は弁済により債権者に代位することができるが（民法499条、501条1項）、一部の保証人の保証債務が免除されると債権者に代位してもその保証人に対する権利行使ができなくなってしまう。そして、民法504条1項は、弁済をするについて正当な利益を有する者（代位権者）がある場合において債権者が故意または過失によってその担保を喪

108　第1編　保証全般

失しまたは減少させたとき、その代位権者は代位をするにあたって担保の喪失または減少によって償還を受けることができなくなる限度においてその責任を免れるとして、債権者の担保保存義務が規定されている。そこで、債権者が一部の保証人の保証債務を免除したとしても担保保存義務違反による免責を主張しないという趣旨で他の保証人等の同意を得ておくものである。この点、債権者が担保を喪失しまたは減少させたことについて取引上の社会通念に照らして合理的な理由があると認められる場合、担保保存義務違反とはならない（民法504条2項）ことに加えて、金融実務上は「保証人（担保提供者）は、貴行がその都合によって担保もしくは他の保証を変更、解除しても免責を主張しない」旨の担保保存義務の免除特約が規定されていることが通例であるが、実務上は、念のため他の保証人等の同意を得ておくこととなる。

さらに、令和2年4月1日施行の改正民法債権法との関係で、複数の連帯保証人がいる場合にそのうちの1人について保証債務の免除を行う場合に留意すべき点は次のとおりである。

a　令和2年4月1日（改正民法債権法施行日）前に締結した保証契約

令和2年4月1日前に締結された保証契約は改正前の規定が適用される（附則21条1項）。

連帯保証人間で保証連帯の特約（保証人が連帯して保証債務を負担する旨の特約）がある場合や商法511条2項の適用がある場合で連帯保証人の1人に対して保証債務の免除を行うときは、その連帯保証人の負担部分については他の連帯保証人の利益のためにもその効力が及び、他の連帯保証人もその義務を免れることになる（改正前民法458条、437条）。そのため、連帯保証人の1人に対する債務免除後も引き続き他の連帯保証人に全額の請求を行いたい場合は、他の連帯保証人から担保保存義務（民法504条）との関係での債務免除についての同意に加えて、引き続き全額の義務を負担することについての同意を取得する必要がある。

b　令和2年4月1日（改正民法債権法施行日）以後に締結した保証契約

令和2年4月1日以後に締結された保証契約は改正後の規定が適用され

第4章　保証の管理　109

る。

連帯保証人間で保証連帯の特約がある場合や商法511条 2 項の適用がある場合を含め、連帯保証人の 1 人に対する債務免除は他の連帯保証人にはその影響は及ばない（改正前民法437条の削除、民法458条、441条本文）。

ただし、連帯保証人の 1 人に対する債務免除について他の連帯保証人にはその影響は及ばないとしても担保保存義務（民法504条）の問題は残るので、実務上は他の連帯保証人から債務免除についての同意を取得する必要がある（その際は、確認的な意味合いとなるが、あわせて引き続き全額の義務を負担することについての同意も取得する）。

(3)　保証人の交替

保証人の交替は、既存の保証人が脱退して新たな保証人が加わることである。会社の経営者が交替する場合等が考えられる。保証人の交替の場合は保証人の加入、脱退が同時に行われることが多く、その場合の留意点は保証人の追加、脱退と同様である。

6　保証人の倒産（破産、民事再生、会社更生、特別清算、私的整理）

(1)　保証人の倒産手続における保証債務履行請求権の取扱い（手続開始時現存額主義）

保証人について破産手続開始決定がなされた場合、債権者は破産手続開始の時において有する債権の全額について破産手続に参加することができる（破産法104条 1 項、105条）。

この点、保証人の破産手続開始後に主債務者から一部弁済がされた場合であっても主債務者から全額の弁済がされない限り、債権者は破産手続開始時に有していた保証債務履行請求権の全額について権利を行使することができるので（破産法104条 2 項）、破産債権の届出の一部減額（一部取下げ）は不要である。このように保証人の破産手続開始後に主債務者が一部弁済をした場合についても手続開始時現存額主義が及ぶ。

以上の規律は民事再生法86条 2 項・会社更生法135条 2 項でそれぞれ破産

法104条および105条が準用されており、民事再生手続・会社更生手続でも同様である。特別清算、私的整理の場合、破産法104条および105条のような明文の規定は存しないので、主債務者からの一部弁済がされた場合は実体法上の原則どおりその分だけ債権額が減額されると考えることもできるが、とりわけ私的整理は、仮に法的整理になった場合と比較して、法的整理を上回る経済合理性があることを根拠として金融債権者全員の同意を得るという手続であるので、法的整理の手続開始時現存額主義が適用される場合との比較の視点が重要である。

なお、主債務者が遅滞なく支払いを継続している場合であっても保証人において倒産手続が開始されれば、倒産手続開始時に有していた保証債務履行請求権の全額についてそれぞれの倒産手続に参加することができ、破産配当や再生計画・更生計画に基づく弁済を受けることができる。もっとも、たとえば再生手続における再生計画では、主債務者が遅滞なく支払いを継続している限り再生計画に基づく弁済を留保し、主債務者からの支払いが遅滞して期限の利益を喪失する等の事実が生じた場合において再生手続開始時の保証債務履行請求権の金額を基準として権利変更した金額を弁済する旨の定めをする再生計画もみられる。

(2) 無償行為否認リスク

保証人に破産、民事再生、会社更生手続が開始された場合、保証人の管財人等からの否認権行使により、債権者との間で締結された保証契約の効力が否定される場合がある。物上保証人に破産等の手続が開始された場合も同様である。

詐害行為（財産減少行為）否認は破産者から逸出した責任財産の破産財団への回復を図る制度であるが、そのなかでも最たる財産減少行為である無償行為を是正する制度として無償行為否認がある（破産法160条3項）。具体的には、破産者が支払停止等（支払停止または破産手続開始の申立て）があった後またはその前6カ月以内にした無償行為は、無償行為否認の対象となる。この点、たとえば子会社への融資に際して親会社が連帯保証・物上保証を行ったが（あるいは法人への融資に際して代表者が連帯保証・物上保証を

第4章　保証の管理　111

行ったが）、その後 6 カ月のうちに親会社（あるいは代表者）が支払停止と
なったり破産手続開始の申立てを行ったりした場合は、その親会社・代表者
が保証料等の対価を受け取っているときを除き無償行為否認（破産法160条
3 項）が認められる（最判昭62.7.3民集41巻 5 号1068頁）。このような無
償行為否認の成否は破産者（保証人・物上保証人）や受益者（債権者）の主
観面いかんにかかわらず無償行為（保証料等の授受のない保証・物上保証）
が支払停止等があった後またはその前 6 カ月以内に行われたかどうかという
客観的事実のみによって判断されるので、債権者が保証・物上保証を徴求し
た後 6 カ月以内に保証人・物上保証人が支払停止等に至った場合はすべから
く破産管財人の否認権行使の対象となり、保証・物上保証の効力が否定され
ることとなる。なお、無償行為時に債務超過であること（または無償行為に
より債務超過になること）も無償行為否認の要件ではない（最判平29.11.16
民集71巻 9 号1745頁）ので、資産超過の状況でなされた保証・物上保証で
あっても無償行為否認の対象となりうる。債権者としてはリスクヘッジの手
立てに乏しく批判も多いところではあるが、実務上は判例に従うしかなく、
致し方ない。

　この点、破産のみならず民事再生、会社更生手続の場合も同様である（民
事再生法127条 3 項、会社更生法86条 3 項）。他方で、特別清算、私的整理の
場合、このような管財人等による否認権行使の制度は設けられていないの
で、否認対象行為がありそれが任意に是正されないときは、債権者の詐害行
為取消請求（民法424条以下）によるか破産、民事再生、会社更生手続によ
るしかない。

112　第 1 編　保証全般

| 第**3**節 | 主債務の内容の変動 |

1 主債務の弁済期の変更

　主債務の弁済期が変更されたとしても更改となる「従前の給付の内容について重要な変更をするもの」（民法513条1号）には当たらず債務の同一性は失われないので、従前の保証はそのまま存続する。

　主債務の弁済期の変更には弁済期の延長と短縮が考えられる。主債務の弁済期の延長は主債務者および保証人の責任を加重するものではないので（民法448条2項参照）、保証債務の付従性によりその効果は保証人の同意の有無にかかわらず保証人にも及ぶ。もっとも、実務上は無用なトラブルの発生を防止するため、主債務の弁済期の延長の場合も弁済期変更契約において債務の同一性を明確にしたうえで保証人にも連署してもらうのが望ましい。

　他方で、主債務の弁済期の短縮は主債務者および保証人の責任を加重するものであるので（民法448条2項）、その効果は保証人の同意がない限り保証人に及ばない。そのため、主債務の弁済期の短縮の効果を保証人にも及ぼしたいという場合は弁済期変更契約に保証人の同意の連署を求める必要がある。ただし、保証が根保証契約で元本確定前に弁済期を短縮する場合、保証人の同意は要しないと考えられる。根保証契約はそのような弁済期が短縮された債務も含め主債務の範囲に属する元本確定前に生じた債務について極度額を限度として保証責任を負担するものであり、根保証人の当初からの責任の範囲内にあると考えられるからである。

　なお、後記のとおり、事業のために負担した貸金等債務を主債務とする個人保証契約であって、その契約締結に先立って保証意思宣明公正証書（以下「公正証書」という）の作成を要する場合（民法465条の6）であっても、主

第4章　保証の管理　113

債務の弁済期は公正証書の法定の口授事項とはされていないので（同条2項1号参照）、弁済期の延長の場合はもちろん弁済期の短縮の場合であっても公正証書をあらためて作成する必要はない。

2　主債務の利息の変更

　金融情勢の変化その他相当の事由がある場合、金融機関は貸付金の利息を一般に行われる程度のものに変更することができる（銀行取引約定書ひな型3条1項）。この点、このような銀行取引約定書の規定に基づいて金融機関の一方的な意思表示により変更することができるという考え方もあるが、利息を引き下げる場合はともかく、利息を引き上げる場合は、実務上は債務者との間で合意したうえで行われるのが通例である。

　主債務の利息の変更についても債務の同一性が失われるものではなく、従前の保証はそのまま存続する。

　主債務の利息の引下げは、主債務者および保証人の責任を加重するものではないので（民法448条2項参照）、保証債務の付従性によりその効果は保証人の同意の有無にかかわらず保証人にも及ぶ。

　他方で、主債務の利息の引上げは主債務者および保証人の責任を加重するものであるので（民法448条2項）、その効果は保証人の同意がない限り保証人には及ばない。そのため、主債務の利息の引上げの効果を保証人にも及ぼしたいという場合は保証人の同意を求める必要がある。ただし、保証が根保証契約で元本確定前に主債務の利息を引き上げる場合は保証人の同意は要しないと考えられる。根保証人の当初からの責任の範囲内にあると考えられるからである。

　そして、後記のとおり、事業のために負担した貸金等債務を主債務とする個人保証契約であってその契約締結に先立って公正証書の作成を要する場合（民法465条の6）、主債務に関する利息の定めの有無およびその内容は公正証書の法定の口授事項（民法465条の6第2項1号イ）とされているので、主債務の利息を引き上げる場合は公正証書をあらためて作成しなければならない（主債務の利息を引き下げる場合はあらためて作成する必要はない）。

ただし、根保証契約の場合、個々の主債務の元本や利息は公正証書の法定の口授事項とはされていないので（民法465条の６第２項１号ロ参照）、これらについて変更があっても公正証書をあらためて作成する必要はない。前記と同様に、根保証人の当初からの責任の範囲内にあると考えられるからである。

　なお、そもそも利息が変動型である場合は金融機関の一方的な意思表示により利息を変更することが可能であり、その効果は利息が引き上げられる場合であっても保証人の同意の有無にかかわらず保証人にも及ぶ。保証人の当初からの責任の範囲内にあり保証契約締結後に責任が加重される場合ではないからである。

3　主債務の内容の変更と保証意思宣明公正証書の作成の要否

　事業のために負担した貸金等債務を主債務とする個人保証契約であって、その契約締結に先立って公正証書が作成されて（民法465条の６）保証契約が有効に成立した後に主債務の内容を変更しようとする際、公正証書をあらためて作成しなければならないのは具体的にどのような場合なのかが問題となる。

　債権者と債務者との間で目的または態様を加重するように主債務の内容を変更しその効力を保証人にも及ぼすには保証人の同意を得なければならないが（民法448条２項参照）、このような場合、その変更の対象が公正証書の法定の口授事項であれば公正証書をあらためて作成しなければならない（筒井健夫ほか『Q&A改正債権法と保証実務』163頁（金融財政事情研究会））。

　たとえば主債務の元本や主債務に関する利息の定めの有無およびその内容は公正証書の法定の口授事項（民法465条の６第２項１号イ）とされているので、主債務の元本が増額される場合や具体的な数値で利率が定められた利息を引き上げる場合において、その変更の効力を保証人にも及ぼすためには保証人の同意を得るほか公正証書をあらためて作成しなければならない。ただし、事業のために負担した貸金等債務を主債務の範囲に含む根保証契約に

第４章　保証の管理　115

おいては個々の主債務の元本や利息は公正証書の法定の口授事項とはされていないので（民法465条の6第2項1号ロ参照）、これらについて変更があっても公正証書をあらためて作成する必要はない（筒井ほか・前掲書164〜165頁）。

　なお、契約締結時の情報提供義務（民法465条の10）との関係では、保証人が新たな保証債務を負うに等しいと評価される場合、保証契約の締結と区別する理由はないので、主債務者は再度その時点の情報を適切に保証人に提供する義務を負うと考えられるが（筒井ほか・前掲書75〜76頁）、主債務の元本が増額される場合や具体的な数値で利率が定められた利息を引き上げる場合において、保証人の同意を得てその変更の効力を保証人にも及ぼすときは保証人が新たな保証債務を負うに等しいと評価されるので、主債務者は再度その時点の情報を保証人に提供しなければならないと考えられる。この点、主債務者が情報提供義務を負う場面と公正証書が作成されなければならない場面とは必ずしも一致するものではないが（主債務者の情報提供義務については公正証書の作成に関する民法465条の9のような適用除外規定はない）、公正証書があらためて作成される場合、その公正証書には主債務者の財産状況等の情報提供に関する事項も記録されることとなるので（法務省民事局長発出の令和元年6月24日付「民法の一部を改正する法律の施行に伴う公証事務の取扱いについて（通達）」第4の4(1)）、主債務者は再度の情報提供義務を果たさなければならないと考えるのが整合的である。

　他方で、債権者と債務者との間で主債務の内容を変更してもその変更の対象が公正証書の法定の口授事項でなければ、公正証書の作成は不要である（筒井ほか・前掲書164頁）。

　たとえば主債務の弁済期は公正証書の法定の口授事項とはされていないので（民法465条の6第2項1号参照）、弁済期の延長の場合はもちろん弁済期の短縮の場合であっても公正証書をあらためて作成する必要はない（もっとも、あらためての公正証書の作成は不要であるとしても、弁済期の短縮の効果を保証人にも及ぼすためには保証人の同意が必要である）。

　また、保証契約の締結後に主債務の目的または態様が軽減された場合は保

116　第1編　保証全般

証人の同意の有無にかかわらずその変更の効力が保証人に及ぶが、この場合も公正証書をあらためて作成する必要はない（筒井ほか・前掲書163頁）。

さらに、保証契約の締結後に主債務の内容が変更され主債務の目的または態様が加重された場合であっても、その変更の効力を保証人に及ぼさないというのであれば公正証書をあらためて作成する必要はない（筒井ほか・前掲書164頁）。

なお、事業のために負担した貸金等債務の保証契約が改正民法債権法施行日（令和2年4月1日）前に締結されていた場合において改正民法債権法施行日（令和2年4月1日）以後に主債務の内容を変更する際に公正証書を作成しなければならないかどうかについても以上と同様と考えられる（筒井ほか・前掲書173～174頁）。

4　主債務の準消費貸借

民法588条は「金銭その他の物を給付する義務を負う者がある場合において、当事者がその物を消費貸借の目的とすることを約したときは、消費貸借は、これによって成立したものとみなす」と規定している。これを準消費貸借という。準消費貸借は既存の債務を消費貸借の目的とするもので、金融実務では複数の既存の貸付金を一本化する場合や貸付金の元本と利息を一本化する場合等に用いられることがある。

準消費貸借は既存の債務を消費貸借の目的とするところ、準消費貸借契約によって成立した新債務と既存の債務との同一性が問題となる。準消費貸借契約の成立により既存の債務が消滅し新債務と既存の債務との同一性が失われるとすれば、既存の債務の保証は保証債務の付従性によって消滅することとなるが、準消費貸借契約の成立によっても既存の債務の保証は消滅せず、引き続き新債務を保証するというのが通常の当事者の合理的意思に合致する。したがって、準消費貸借契約の締結に際してあらためて保証契約を締結する必要はない。

もっとも、複数の既存の債務を一本化するために準消費貸借契約を締結した場合で、複数の既存の債務の利率がそれぞれ異なっており一本化にあたっ

第4章　保証の管理　117

て新利率が設定されたような場合は目的または態様を加重するような主債務の内容の変更となる可能性があり、利率が上がった既存の債務の保証人の責任は従前の利率の範囲内に限定されるとも考えられる。そこで、実務上は、そのような主債務の内容の変更の効力を保証人にも及ぼすべく（民法448条2項参照）、準消費貸借契約書上で保証が存続することを明確にしたうえで保証人の同意の連署を得ておくのが望ましい。また、このように準消費貸借契約の締結に際して主債務の内容を変更した場合に保証意思宣明公正証書をあらためて作成しなければならないかどうかは、前記の主債務の内容の変更と保証意思宣明公正証書の作成の要否と同様と考えられる。

5　主債務の更改

　当事者が従前の債務にかえて、新たな債務であって次に掲げるものを発生させる契約をしたときは、従前の債務は更改によって消滅する（民法513条）。
　　①　従前の給付の内容について重要な変更をするもの（債務の目的の変更）
　　②　従前の債務者が第三者と交替するもの（債務者の交替）
　　③　従前の債権者が第三者と交替するもの（債権者の交替）
　更改が行われると従前の債務は消滅するので従前の債務の保証も消滅してしまう（保証債務の付従性）。したがって、更改後の新たな債務について保証の必要があれば新たな保証契約を締結しなければならなくなる。

　このように、更改は従前の債務と新しい債務との同一性を失わせ従前の債務の保証を消滅させてしまうものであるので、金融実務では更改が用いられるということはあまりなく、むしろ更改とみられてしまわないよう（従前の債務と新しい債務の同一性を維持し、従前の債務の保証を消滅させてしまわないよう）慎重に配慮しながら手続を進めていくこととなる。

　従前の債務と新しい債務の同一性を維持するため、②債務者の交替については免責的債務引受の方法（民法472条以下）が、③債権者の交替については債権譲渡の方法（民法466条以下）が用いられる。①債務の目的の変更については、手形債務（手形法上の債務）の消費貸借契約上の債務（民法上の

債務）への変更は更改に当たるが、延滞利息の元本組入れ、弁済期の変更、利率の変更等は、更改には当たらないとされている。なお、根保証の場合、主債務について仮に更改がなされたとしても新しい債務が主債務の範囲内にある限り当該根保証により引き続き保証される。いずれにしても実務上は、従前の債務と新しい債務との同一性を維持するようにしたうえで、念のため変更契約書に保証人の連署を得ておくことになろう。

6　主債務の債権譲渡

　債権者の主債務者に対する債権が譲渡された場合、債権者の保証人に対する保証債権も随伴して譲受人に移転する（保証債務の随伴性）。金融実務では、金融機関の有する保証付きの貸付金債権がサービサーに譲渡される場合等が考えられる。この場合の対抗要件として、債権者の主債務者に対する債権の債権譲渡の対抗要件が備えられれば保証債権の移転についての対抗要件は不要である（大判明39．3．3民録12輯435頁）。債権譲渡の第三者対抗要件として、譲渡人の主債務者に対する確定日付のある証書（内容証明郵便）による通知、主債務者の確定日付のある証書による承諾（民法467条）、債権譲渡登記（動産債権譲渡特例法4条）が考えられる。もっとも、保証債権の移転についての対抗要件は不要であるとしても、実務上は、譲受人に債権譲渡されその後は譲受人が保証債権者となることを保証人にも知らしめる必要があることから、保証人に対しても債権譲渡の旨の通知を行うことが通例である。

　この点、根保証契約の主債務の範囲に含まれる債務に係る債権の一部が元本確定期日前に債権譲渡された場合に譲受人が保証人に保証債務の履行を求めることができるかどうかが問題となる。根抵当権の場合、元本確定前に根抵当権者から債権を取得した者や元本確定前に代位弁済をした者はその債権について根抵当権を行使することができない（民法398条の7第1項）とされる等、元本確定前の根抵当権には随伴性が認められない旨の明文の規定が設けられているが、根保証に関しては元本確定前における随伴性を否定する規定は設けられておらず、元本確定前の法律関係については契約自由の原則

を基礎とする解釈論に委ねられている。この点、判例（最判平24.12.14民集66巻12号3559頁）は「根保証契約を締結した当事者は、通常、主たる債務の範囲に含まれる個別の債務が発生すれば保証人がこれをその都度保証し、当該債務の弁済期が到来すれば、当該根保証契約に定める元本確定期日前であっても、保証人に対してその保証債務の履行を求めることができるものとして契約を締結し、被保証債権が譲渡された場合には保証債権もこれに随伴して移転することを前提としているものと解するのが合理的である。そうすると、被保証債権を譲り受けた者は、その譲渡が当該根保証契約に定める元本確定期日前にされた場合であっても、当該根保証契約の当事者間において被保証債権の譲受人の請求を妨げるような別段の合意がない限り、保証人に対し、保証債務の履行を求めることができる」として、元本確定前の根保証契約についても随伴性が認められている。

7　主債務の債務引受

　債務引受には併存的債務引受（民法470条1項）の方法と免責的債務引受（民法472条1項）の方法がある。

　主債務について併存的債務引受がなされた場合、主債務者に加えて引受人が主債務と同一の内容の債務を負担することとなるが、主債務についての既存の保証はなんらの影響を受けず、そのまま存続する。

　他方、主債務について免責的債務引受がなされた場合、債権者の承諾があれば引受人が元の債務者が負担していた債務と同一の内容の債務を負担することとなる一方で元の債務者は債務を免れるが、元の債務者が負担していた債務を主債務とする保証は引受人が負担する債務について当然に移転するものではない。保証人からみて主債務者の変更は保証の対象となる主債務の実質的な価値を変更するものであるので、保証人の承諾なく保証が移転することはないからである。そのため、引受人が負担する債務について保証を移転させるのであれば、あらかじめまたは同時に引受人に対する意思表示を行うとともに書面または電磁的記録により保証人の承諾を得る必要がある（民法472条の4）。

8　主債務の免除

主債務の全部または一部が免除された場合は、保証債務の付従性によりその分だけ保証債務も消滅する。主債務の免除にもかかわらず引き続き保証人には責任を負担してもらう必要がある場合は、主債務の免除に先立って、保証人から主債務の免除にかかわらず引き続き責任を負担する旨の同意書を徴求しておく必要がある。

9　主債務の履行状況に関する情報提供義務（民法458条の2）

主債務者から委託を受けて保証人となった者（法人を含む）の請求があった場合、債権者は保証人に対し遅滞なく主債務の履行状況に関する情報（主債務の元本および利息、損害金等の従たる債務の不履行の有無、残額、弁済期到来分の額に関する情報）を提供しなければならない（民法458条の2）。改正民法債権法施行日（令和2年4月1日）以後に締結された保証契約に適用される。

債権者が把握している主債務の履行状況に関する情報は保証債務の内容にかかわる重要な情報であるので、これらの情報を保証人に提供する義務が債権者に課されている。このような趣旨は個人保証人の保護に尽きるものではないので、法人が保証人である場合も適用される。

ただし、主債務の履行状況に関する情報は主債務者の財産的信用にかかわることから、情報提供義務が課されているのはあくまで「主債務者から委託を受けて保証人となった者」（以下「委託保証人」という）に対してであり、「主債務者から委託を受けないで保証人となった者」（以下「無委託保証人」という）に対する情報提供義務は課されていない。

そのため、債権者が無委託保証人に対して主債務者に関するこれらの情報を提供することについては法律上の根拠がなく、主債務者に対する守秘義務や個人情報保護法に違反するおそれも否定できないので、主債務者の同意を得て、あるいは主債務者同席のうえで主債務者から保証人に直接に情報提供してもらう必要がある（もっとも、「主債務の履行状況に関する情報（主債

務の元本および利息、損害金等の従たる債務の不履行の有無、残額、弁済期到来分の額に関する情報）」は債権者が客観的に把握している情報でありその正確性も担保されているので、主債務者からではなく、主債務者の同意を得たうえで債権者から保証人に情報提供することが考えられる）。

また、債権者が委託保証人に情報提供する場合であっても法律上の根拠があるのは「主債務の履行状況に関する情報（主債務の元本および利息、損害金等の従たる債務の不履行の有無、残額、弁済期到来分の額に関する情報）」の提供に限られている。それ以外の主債務者に関する情報を委託保証人に対して提供する場合はやはり主債務者に対する守秘義務や個人情報保護法に違反するおそれも否定できないので、主債務者の同意を得て、あるいは主債務者同席のうえで主債務者から保証人に直接に情報提供してもらう必要がある（「主債務の履行状況に関する情報（主債務の元本および利息、損害金等の従たる債務の不履行の有無、残額、弁済期到来分の額に関する情報）」は債権者が客観的に把握している情報でありその正確性も担保されているが、それ以外の主債務者に関する情報は必ずしも正確性が担保されているとは限らないことや債権者が主債務者から入手した時点から変動している可能性もあることから、主債務者同席のうえで主債務者から保証人に直接に情報提供してもらうほうがよい場合も考えられる）。

債権者が主債務の履行状況に関する情報提供義務（民法458条の2）を履行せず、その義務違反により保証人に損害（たとえば情報提供が遅滞したために不必要に負担することとなった遅延損害金等が考えられる）が生じた場合、債権者は損害賠償責任を負担しなければならない（民法415条）。主債務の履行状況に関する情報提供義務は委託保証人の債権者に対する請求がなされた場合に生じるので、委託保証人からの請求を受けたにもかかわらず債権者がまったく情報提供を行わない等といったことはあまり考えられないが、情報提供義務の不履行には債権者が提供した情報が誤っていた場合や情報提供が遅滞なく行われなかった場合も含まれるので、委託保証人からの請求を受けた場合、債権者としては、正確な情報提供はいうまでもなくすみやかな情報提供に努める必要がある（正確な情報提供のため書面等の記録が残る方

122　第1編　保証全般

法によるべきである）。

　なお、以上のような法定の主債務の履行状況に関する情報提供義務（民法458条の２）のほか「中小・地域金融機関向けの総合的な監督指針」Ⅱ－３－２－１－２(2)①トでは「経営者以外の第三者と根保証契約を締結する場合には、原則として、契約締結後、保証人の要請があれば、定期的又は必要に応じて随時、被保証債務の残高・返済状況について情報を提供することとしているか」が金融監督上の主な着眼点とされている。

10　主債務者が期限の利益を喪失した場合の情報提供義務（民法458条の３）

　主債務者が期限の利益を喪失した場合、債権者は個人保証人に対しその期限の利益の喪失を知った時から２カ月以内にその旨を通知しなければならず（民法458条の３第１項・３項）、期間内に通知をしなかったときは保証人に対し期限の利益の喪失時から通知を現にするまでに生じた遅延損害金（期限の利益を喪失しなかったとしても生ずべきものを除く）を請求することができなくなる（同条２項）。改正民法債権法施行日（令和２年４月１日）以後に締結された保証契約に適用される。

　主債務者が期限の利益を喪失し保証の対象となる主債務の全額について弁済期が到来した場合は発生する遅延損害金が多額となり、とりわけ個人保証人にとっては大きな負担となりうるところ、保証人が主債務者の期限の利益の喪失を知ることができれば早期に保証債務を履行することで多額の遅延損害金の発生を防ぐことも可能となることから、債権者に主債務者が期限の利益を喪失した場合の情報提供義務が課せられたものである。

　保証人に対する通知期限が「（債権者が）期限の利益の喪失を知った時から２カ月以内」と定められているとおり、主債務者の期限の利益喪失事由に該当する事実が客観的にはすでに発生しているものの債権者が期限の利益喪失事由に該当する事実の発生を知らなかったという場合（期限の利益喪失事由のうち、当然喪失事由の場合が考えられる）、債権者が上記の情報提供義務を負うのは期限の利益喪失事由に該当する事実の発生を知った時からとい

うことになる。また、債権者が上記の情報提供義務を負うのは「主債務者が期限の利益を喪失した場合」であるから、主債務の全額について支払期限が到来したとしてもそれが期限の利益の喪失によるものではなく約定の支払期限の徒過によるものである場合は上記の情報提供義務を負うものではない（もっとも、実務上は、このような場合にもすみやかに保証人に対する保証債務履行請求の通知を送付することになろう）。そして、債権者が保証人に対する遅延損害金の請求を行いたい場合は2カ月以内に保証人に対する通知を発信するだけでは足りず、2カ月以内に通知を保証人に確実に到達させる必要がある。この点、保証人の所在が不明である場合、債権者は公示の方法（民法98条）によって保証人への通知を行うことが考えられるほか、保証人との関係でも「届け出事項の変更の届け出を怠ったため、貴行からなされた通知または送付された書類等が延着しまたは到達しなかった場合には、通常到達すべき時に到達したものとします」（銀行取引約定書ひな型11条2項）とのみなし送達の特約が適用されるときはその特約に基づいて通知到達の効力を発生させることも考えられる。

第4節 保証契約の内容の変更

1 保証契約の内容（主債務・主債務の範囲）の変更

(1) 保証契約の内容（主債務・主債務の範囲）の変更と保証契約の要式性

　債権者と保証人との合意により当初の保証契約の内容を事後的に変更することは可能である。

　債権者と保証人との合意により当初の保証契約の内容を変更する場合において、その変更内容に鑑みて保証人が追加で新たな保証債務を負うに等しいと評価される場合、保証契約の締結と区別する理由はないので、書面または電磁的記録によって変更の合意がされる必要がある（民法446条2項・3項）。

　そして、債権者と保証人が合意により当初の保証・根保証契約で定められていた主債務・主債務の範囲を変更（拡張）する場合は保証人が追加で新たな保証債務を負うに等しいと評価されるので、書面または電磁的記録によって変更の合意がされる必要がある。もっとも、主債務・主債務の範囲をまったく別のものに変更する等の場合は変更の合意によらずあらためて保証契約を締結することも考えられる。

　他方で、主債務・主債務の範囲を変更する場合であっても単に主債務・主債務の範囲を縮小するにとどまるときは保証人が新たな保証債務を負うものではなく当初の保証契約の合意の範囲内にあるといえるので、債権者としては必ずしも書面または電磁的記録によって変更の合意を行う必要はないが、保証人の立場にも配慮して変更の合意を行い明確化しておくことが望ましい。

第4章　保証の管理　125

⑵　保証契約の内容（主債務・主債務の範囲）の変更と保証意思宣明
　　公正証書の作成の要否

　個人保証のうち事業のために負担した貸金等債務（金銭の貸渡しまたは手
形の割引を受けることによって負担する債務をいう。民法465条の3第1項
参照）を主債務とする保証・根保証契約は原則として契約締結日前1カ月以
内に作成された保証意思宣明公正証書（以下「公正証書」という）で保証予
定者が保証債務を履行する意思を表示していなければ、その効力を生じない
（民法465条の6第1項）。

　主債務者の取締役が保証する等の場合は例外的に公正証書の作成が不要と
なるが（民法465条の9）、この点、保証人が民法465条の9の適用除外規定
に該当せず（いわゆる経営者以外の第三者保証の場合）、公正証書が作成さ
れ保証契約が有効に成立した後に保証の内容を変更する場合に、公正証書を
あらためて作成しなければならないかどうかが問題となる。

　債権者と保証人との間で保証の内容を変更する場合、その変更の対象が公
正証書の法定の口授事項（民法465条の6第2項1号）であるときは公証人
によって保証人の保証意思をあらためて確認する必要があるので、原則とし
て公正証書をあらためて作成しなければならない。他方で、その変更の対象
が公正証書の法定の口授事項でないときは公正証書をあらためて作成する必
要はない（筒井健夫ほか『Q&A改正債権法と保証実務』166～167頁（金融
財政事情研究会））。

　したがって、公正証書が作成され保証契約が有効に成立した後に保証の対
象となる主債務・主債務の範囲を変更（拡張）する場合、保証契約に関する
「主たる債務の債権者及び債務者」「主たる債務の元本、主たる債務に関する
利息、違約金、損害賠償その他その債務に従たる全てのものの定めの有無及
びその内容」や根保証契約に関する「主たる債務の債権者及び債務者」「主
たる債務の範囲」は公正証書の法定の口授事項（民法465条の6第2項1号
イ・ロ）とされているので公正証書をあらためて作成しなければならない。

　もっとも、保証契約の変更が公正証書の法定の口授事項を変更するもので
あっても保証人にとって有利なものであり保証人の同意が実質的に問題とな

126　第1編　保証全般

らず債権者の意思表示があれば認められるものについては保証人の意思確認は問題とならず、公正証書の作成は不要である（筒井ほか・前掲書166〜167頁）。したがって、保証の対象となる主債務・主債務の範囲を変更する場合であっても単に主債務・主債務の範囲を縮小するにとどまるときは、公正証書の作成は不要である。

(3) 保証契約の内容（主債務・主債務の範囲）の変更と主債務者の情報提供義務

主債務者は、事業のために負担する債務を主債務とする保証・根保証の委託をする場合、委託を受ける個人保証人に対し主債務者の財産状況等に関する情報を提供しなければならないが（民法465条の10第1項・3項）、そのようにして主債務者から保証人に情報提供されたうえで締結された当初の保証契約の内容を変更する際も主債務者は再度保証人に情報提供しなければならないかどうかが問題となる。

債権者と保証人が合意により当初の保証契約の内容を変更し、その変更内容に鑑みて、結局、合意により保証人が新たな保証債務を負うに等しいと評価される場合は保証契約の締結と区別する理由はないので、主債務者は再度、変更合意時の情報を適切に保証人に提供する義務を負うこととなる（筒井ほか・前掲書75〜76頁参照）。

そして、債権者と保証人が合意により当初の保証・根保証契約で定められていた主債務・主債務の範囲を変更（拡張）する場合は合意により保証人が新たな保証債務を負うに等しいと評価されるので、主債務者は再度、変更合意時の情報を保証人に提供しなければならない。なお、主債務・主債務の範囲を変更する場合であっても単に主債務・主債務の範囲を縮小するにとどまるときは保証人が新たな保証債務を負うものではなく当初の保証契約の合意の範囲内にあるといえるので、主債務者は再度情報を提供する必要はない。

この点、主債務者が情報提供義務を負う場面と公正証書が作成されなければならない場面とは必ずしも一致するものではないが（主債務者の情報提供義務については、公正証書の作成に関する民法465条の9のような適用除外規定はない）、変更合意に際し公正証書があらためて作成される場合、その

公正証書には主債務者の財産状況等の情報提供に関する事項も記録されることとなるので（法務省民事局長発出の令和元年6月24日付「民法の一部を改正する法律の施行に伴う公証事務の取扱いについて（通達）」第4の4(1)）、主債務者は再度の情報提供義務を果たさなければならないと考えるのが整合的である。

2 極度額の変更

(1) 極度額の変更と要式性

債権者と保証人との合意により事後的に極度額を変更することは可能である。ただし、個人貸金等根保証契約を含む個人根保証契約は書面または電磁的記録によって極度額を定めなければその効力を生じないとされており（民法465条の2第2項・3項、446条2項・3項）、極度額の変更についても書面または電磁的記録によって定める必要がある。

(2) 保証契約の内容（極度額）の変更と保証意思宣明公正証書の作成の要否

経営者以外の第三者保証の場合、保証意思宣明公正証書（以下「公正証書」という）が作成され個人貸金等根保証契約が有効に成立した後に極度額を増額変更するときは、「根保証契約における極度額」は根保証契約に関する公正証書の法定の口授事項（民法465条の6第2項1号ロ）とされているので公正証書をあらためて作成しなければならない。他方で、極度額を減額変更する場合は保証人にとって有利な変更であるので、公正証書の作成は不要である。

(3) 保証契約の内容（極度額）の変更と主債務者の情報提供義務

主債務者は、事業のために負担する債務を主債務とする保証・根保証の委託をする場合、委託を受ける個人保証人に対し主債務者の財産状況等に関する情報を提供しなければならないが（民法465条の10第1項・3項）、極度額を増額変更する場合は合意により保証人が新たな保証債務を負うに等しいと評価されるので、主債務者は再度、極度額の増額変更時の情報を保証人に提供しなければならない。他方で、極度額を減額変更する場合は保証人が新た

128　第1編　保証全般

な保証債務を負うものではなく当初の保証契約の合意の範囲内にあるといえるので、主債務者は再度情報を提供する必要はない。

3　元本確定期日の変更

(1)　保証契約の内容（元本確定期日）の変更と保証意思宣明公正証書の作成の要否

　元本確定期日の変更に関する期間制限および要式性については本編第3章第3節6のとおりである。

　そして、経営者以外の第三者保証の場合、保証意思宣明公正証書（以下「公正証書」という）が作成され個人貸金等根保証契約が有効に成立した後に元本確定期日を変更して延長（更新）するときは、「元本確定期日の定めの有無及びその内容」は根保証契約に関する公正証書の法定の口授事項（民法465条の6第2項1号ロ）とされているので公正証書をあらためて作成しなければならない（筒井ほか・前掲書168頁）。他方で、元本確定期日を変更してその期日を前倒しする場合は保証人にとって有利な変更であるので、公正証書の作成は不要である。

(2)　保証契約の内容（元本確定期日）の変更と主債務者の情報提供義務

　主債務者は、事業のために負担する債務を主債務とする保証・根保証の委託をする場合、委託を受ける個人保証人に対し主債務者の財産状況等に関する情報を提供しなければならないが（民法465条の10第1項・3項）、元本確定期日を変更して延長（更新）する場合は合意により保証人が新たな保証債務を負うに等しいと評価されるので、主債務者は再度、変更合意時の情報を保証人に提供しなければならない（筒井ほか・前掲書75～76頁）。他方で、元本確定期日を変更してその期日を前倒しする場合は保証人が新たな保証債務を負うものではなく当初の保証契約の合意の範囲内にあるといえるので、主債務者は再度情報を提供する必要はない。

第4章　保証の管理　129

4 保証契約の内容の変更と民法債権法改正の経過措置との関係

(1) 元本確定期日の変更（延長・更新）

改正民法債権法施行日（令和2年4月1日）前に締結された保証契約は改正前の規定が適用されるが（附則21条1項）、改正民法債権法施行日前に締結された保証契約が改正民法債権法施行日以後の当事者間の合意によって「更新」された場合は改正民法債権法施行日以後に新たに保証契約を締結した場合と区別する理由はないので、改正民法債権法が適用される（筒井ほか・前掲書169～170頁）。

したがって、保証意思宣明公正証書（以下「公正証書」という）の作成を要する事業のために負担した貸金等債務を主債務の範囲に含む個人貸金等根保証契約が改正民法債権法施行日（令和2年4月1日）前に締結されていた場合において、改正民法債権法施行日以後に当該根保証契約の元本確定期日を変更して延長（更新）する場合は公正証書を作成しなければならない（筒井ほか・前掲書175頁）。

また、主債務者の契約締結時の情報提供義務（民法465条の10）との関係でも同様と考えられる。改正民法債権法施行日前に主債務者の委託に基づき事業のために負担する債務（貸金等債務）を保証する個人貸金等根保証契約が締結された場合、改正民法債権法施行日以後に元本確定期日を変更して延長（更新）するときは合意により保証人が新たな保証債務を負うに等しいと評価されるので、主債務者は変更合意時の情報を保証人に提供しなければならない。

(2) 主債務・主債務の範囲の変更（拡張）、極度額の増額変更

改正民法債権法施行日前に公正証書の作成を要する事業のために負担した貸金等債務を保証する保証契約が締結された場合において、改正民法債権法施行日以後に保証契約の内容を変更する際に公正証書を作成しなければならないかどうかは、公正証書が作成され保証契約が有効に成立した後に保証契約の内容を変更する際に、公正証書をあらためて作成しなければならないか

130　第1編　保証全般

どうかと同様と考えられる（筒井ほか・前掲書173〜174頁）。したがって、その変更の対象が公正証書の法定の口授事項であり保証人にとって有利な変更ではない場合（主債務・主債務の範囲の変更（拡張）や極度額の増額変更等）は、その変更合意に際して公正証書の作成を要する。

また、主債務者の契約締結時の情報提供義務（民法465条の10）との関係でも同様と考えられる。改正民法債権法施行日前に主債務者の委託に基づき事業のために負担する債務を保証する保証契約が締結された場合、改正民法債権法施行日以後に保証契約の内容である主債務・主債務の範囲を変更（拡張）する場合や極度額を増額変更するときは合意により保証人が新たな保証債務を負うに等しいと評価されるので、主債務者は変更合意時の情報を保証人に提供しなければならない。

第4章　保証の管理　131

第 **5** 章

保証債務と時効管理

第1節 消滅時効に関する基礎知識

1 債権の消滅時効の起算点および時効期間

　債権の消滅時効とは、権利行使が可能になった後に権利行使をしないまま一定の期間が経過すると当事者の援用により債権が消滅して、もはや権利行使ができなくなるという制度である。

　債権の消滅時効の起算点と時効期間について「債権者が権利を行使することができる時（約定や期限の利益の喪失等による弁済期到来時等）から10年間」という客観的な起算点からの時効期間（民法166条1項2号）と「債権者が権利を行使することができることを知った時から5年間」という主観的な起算点からの時効期間（民法166条1項1号）とを比較して、そのいずれか早いほうの期間が経過した場合は時効により消滅する。期限の利益の喪失事由のうち当然喪失事由は、金融機関が当然喪失事由の発生をいまだ認識していない段階であっても客観的な起算点からの時効期間（10年）のカウントが開始され、その後、金融機関が当然喪失事由の発生を認識した時点から主観的な起算点からの時効期間（5年）のカウントが開始されることにより、客観的な起算点と主観的な起算点が一致しないという場合も考えられる。他方で、請求喪失事由は、金融機関からの請求によって期限の利益が喪失されるので客観的な起算点と主観的な起算点とが一致し、請求喪失時から5年が時効期間となる。約定による弁済期の到来についても、客観的な起算点と主観的な起算点が一致することになる。

　なお、消滅時効期間が経過すれば、直ちに権利が消滅するというわけではなく、当事者（保証人、物上保証人、第三取得者その他権利の消滅について正当な利益を有する者を含む）の援用があってはじめて権利が消滅する（民

134　第1編　保証全般

法145条）。

　ただし、債権が生じた時点（その原因である法律行為がされた時点）が改正民法債権法施行日（令和2年4月1日）前である場合は改正前の規定が適用され（附則10条4項、10条1項カッコ書）、原則として、債権者が権利行使できる時から10年間行使しない場合は時効により消滅する（改正前民法167条1項）。もっとも、このような改正前民法の消滅時効期間については例外が設けられており、商行為によって生じた債権は5年間行使しない場合に時効により消滅する（商法522条の商事消滅時効の特例）。金融機関のうち、商法上の商人である銀行の通常の取引の場面では商事消滅時効の特例により5年となる。商法上の商人でない金融機関（信用金庫、信用協同組合、労働金庫、農業協同組合等）の貸付債権については、債務者が商人であれば5年となるが（商事消滅時効の適用あり）、債務者が商人でない場合は10年となる（商事消滅時効の適用なし）。

　なお、確定判決または確定判決と同一の効力を有するものによって確定した権利については、10年より短い時効期間の定めがあるものであってもその時効期間は10年となる（民法169条）。この点は、民法債権法改正の前後で変わりはない。

2　時効の完成猶予および更新

　民法債権法改正前は「時効の中断」と呼ばれていた、進行していた時効期間がリセットされる制度は、①時効の完成猶予（完成猶予事由が発生しても時効期間の進行自体は止まらないが、本来の時効期間の満了時期を過ぎても所定の時期を経過するまでは時効は完成しない）と、②時効の更新（更新事由の発生によって進行していた時効期間がリセットされ、新たにゼロから時効期間の進行が開始する）という二つの概念を組み合わせるかたちで再構成されている。

　時効の完成猶予事由と更新事由は次のとおりである。

時効の完成猶予事由（権利行使の意	①裁判上の請求、②支払督促、③訴え提起前の和解、民事調停法または家事事件手続法による調停、④破産手続参加、再

思を明らかにした と評価できる事実 が生じたもの)	生手続参加、更生手続参加（以上、民法147条 1 項 1 号～ 4 号）、⑤強制執行、⑥担保権の実行、⑦形式競売、⑧財産開示手続、第三者からの情報取得手続（以上、民法148条 1 項 1 号～ 4 号）、⑨仮差押え、⑩仮処分（以上、民法149条）、⑪催告（民法150条）、⑫協議を行う旨の合意（民法151条）
時効の更新事由 （権利の存在について確証が得られたと評価できる事実が生じたもの）	・完成猶予事由の①～④について、確定判決または確定判決と同一の効力を有するもの（裁判上の和解、調停等）によって権利が確定した時（民法147条 2 項） ・完成猶予事由の⑤～⑧について、その事由が終了した時（申立ての取下げ、法律の規定に従わないことによる取消しの場合を除く。民法148条 2 項） ・承認（民法152条）

　仮差押え・仮処分（民法149条）は「その事由が終了した時から 6 か月を経過するまでの間は、時効は、完成しない」とされる完成猶予事由にとどまり、更新の効力までは生じない。「仮」差押え・「仮」処分というその名のとおり、これらの手続はその後の裁判上の請求等によって権利関係が確定することが予定されており、権利の存在について確証が得られたと評価できる事実が生じたとはいえないからである。この点「その事由が終了した時」がいつの時点を指すのかは必ずしも明らかではなく、解釈に委ねられている。不動産の仮差押えについて仮差押えによる時効中断の効力は仮差押えの執行保全の効力が存続する間は継続すると判断した最判平10.11.24民集52巻 8 号1737頁との関係が問題となるが、民事保全手続の暫定性を重視して単なる完成猶予事由と規定されたにとどまることに鑑みれば、従前の判例とは異なり、不動産の仮差押えの登記が完了した段階が「その事由が終了した時」となるとして、その後 6 カ月以内に裁判上の請求等の別途の時効の完成猶予や更新の措置をとらなければ時効消滅したとされる可能性もあるので、注意を要する。

　また、「協議を行う旨の合意による時効の完成猶予」（民法151条）について、権利についての協議を行う旨の合意が書面（電磁的記録を含む）でされたときは同条所定の期間、時効が完成猶予される（民法151条 1 項・ 4 項）。通算で最長 5 年まで再度の合意も可能である（民法151条 2 項）。協議を行う

旨の合意によれば催告によるよりも時効の完成猶予の期間を延長することが可能である（民法150条により催告による時効の完成猶予は6カ月にとどまり、再度の催告による時効の完成猶予は認められない）。ただし、催告と協議を行う旨の合意による時効の完成猶予を組み合わせることはできないので(民法151条3項)、個別事案に応じた適切な方法を選択する必要がある。

第2節 | 保証債務と消滅時効

1 保証債務の消滅時効期間

　保証債務についても債権一般の消滅時効と同様に「債権者が権利を行使することができる時から10年間」（客観的な起算点からの消滅時効期間）と「債権者が権利を行使することができることを知った時から5年間」（主観的な起算点からの消滅時効期間）とのいずれか早いほうの期間が経過した場合は時効により消滅する（民法166条1項）。主債務が履行されなかった場合は保証債務の履行請求も可能となるので、保証債務の消滅時効の起算点は主債務の消滅時効の起算点と一致し、原則として債権者が保証債務の履行請求ができる時から5年間が消滅時効期間となる。

2 主債務について生じた時効の完成猶予・更新事由の効力

　いくら保証債務について時効の完成猶予・更新の措置を講じていたとしても主債務について消滅時効が完成すれば保証人はこれを援用（民法145条）して主債務の時効消滅に付従して保証債務も消滅したことを主張できる。

　そして、主債務についての時効の完成猶予・更新の効力は保証債務の付従性によりすべからく保証債務にも及ぶ（民法457条1項）。しかしながら、その半面、保証人について生じた時効の完成猶予・更新の効力は原則として主債務には及ばない（民法153条）。

　したがって、保証の時効管理は保証債務よりもむしろ主債務に着目し、まず主債務との関係で時効の完成猶予・更新の措置を講じていくことが大原則となる。主債務者ひいては保証人との関係で最も有効かつ簡便に時効の完成猶予・更新の効力を生じさせる方法として、たとえば主債務者から債務承認

138　第1編　保証全般

書を徴求したり、主債務者から一部弁済を受けたりする等、主債務者との関係で債務承認による時効の更新（民法152条）を図ることが考えられるが、主債務者が行方不明で連絡がつかない等といった場合は債務承認による時効の更新を図ることができないので、その他の時効の完成猶予・更新の措置を検討しなければならない。

3　保証人について生じた時効の完成猶予・更新事由の効力

　前記のとおり、主債務についての時効の完成猶予・更新の効力は保証債務の付従性によりすべからく保証債務にも及ぶ（民法457条1項）反面、保証人について生じた時効の完成猶予・更新の効力は原則として主債務には及ばない（民法153条）。たとえば保証人による債務承認（保証人から債務承認書を徴求する、保証人から一部弁済が行われる等。民法152条1項）は保証債務それ自体の債務承認とはなるものの主債務の時効の更新の効力をなんら生じさせるものではない（民法153条3項）。

　したがって、たとえば主債務者からの支払いがまったくなされなくなった一方で保証人からは分割での支払いが継続されている等といった場合は保証人からの支払いが継続されているからといって決して安心してはならない。万が一主債務について消滅時効が完成すれば保証人はこれを援用（民法145条）して主債務の時効消滅に付従して保証債務も消滅したことを主張できるので、ある日突然にそれまで支払いを継続していた保証人が主債務の時効消滅を援用し自らの保証債務の支払いを以後拒絶する等といった事態が生じるおそれがあるからである。したがって、このような場合であってもやはりまずは主債務との関係で時効の完成猶予・更新の措置を講ずるとの原則を忘れてはならない。なお、この点、保証人が主債務者の相続人でもあり保証人が主債務を相続したことを知りながら保証債務の弁済をしたという例外的な場合であれば、当該弁済は特段の事情のない限り主債務者による承認として当該主債務の時効の更新の効力を有する（最判平25.9.13民集67巻6号1356頁）。

　保証人について生じた時効の完成猶予・更新の効力が主債務にも及ぶ例外

第5章　保証債務と時効管理　139

的な場合として連帯保証人に対する履行の請求がある。この場合の保証人は単なる保証人ではなく「連帯保証人」である必要がある（金融実務上は、連帯保証人であることが通例である）。

　令和2年4月1日（改正民法債権法施行日）の前に締結された保証契約は改正前の民法が適用され（附則21条1項）、改正前の民法458条、434条により連帯保証人に対する「履行の請求」は主債務者に対してもその効力を生ずる。そのため、たとえば連帯保証人に対する裁判上の請求による時効の完成猶予および更新の効力（民法147条1項1号・2項）やそれに先立つ催告による時効の完成猶予の効力（民法150条1項）を主債務との関係でも生じさせることができる。この点、主債務者に対してもその効力を生ずるとされるのは連帯保証人に対する「履行の請求」（民法147条、150条）に限られており債務承認（民法152条）その他の時効の完成猶予・更新事由は含まれないので、注意を要する。

　令和2年4月1日（改正民法債権法施行日）以後に締結された保証契約は改正民法が適用される。改正法では改正前は絶対的効力事由（他の債務者にも影響する事由）とされていた「履行の請求」が削除されており、連帯保証人に対する履行の請求は主債務の時効の完成猶予や更新の効力を法律上当然に生じさせるものではない（民法458条が準用する441条本文の相対的効力の原則）。

　しかし、債権者および主債務者が別途の合意をした場合、その主債務者に対する効力はその意思に従うこととなる（民法458条、441条ただし書）。そこで、時効管理の観点から、改正前の民法と同様に「履行の請求」の絶対的効力を維持するために金融実務上は主債務者および連帯保証人との約定書等で「連帯保証人の1人に対する履行の請求は、主債務者に対しても、その効力を生ずる」旨の条項が設けられているのが通例であり、当該条項に基づく連帯保証人に対する履行の請求によって主債務の時効の完成猶予や更新の効力を生じさせることができる（民法458条、441条ただし書）。

4　一部弁済の充当と債務承認による時効の更新

　主債務者が主債務の承認（民法152条）を行った場合、その主債務の承認による時効の更新の効力は保証債務の付従性により保証債務にも及ぶ（民法457条1項）。

　そこで、主債務者が複数口の債務（期限の利益喪失ずみ）を負担し保証人もそれら複数口の債務を保証している場合において、主債務者から一部弁済がなされたが主債務者からの充当指定はなくその充当が1口の債務に集中しているとき、複数口債務全体の承認（時効の更新）となるのかが問題となる。

　この点に関し、最判令2．12.15金融法務事情2160号69頁は、同一の当事者間に数個の金銭消費貸借契約に基づく各元本債務が存在する場合において借主が弁済を充当すべき債務を指定することなく全債務を完済するのに足りない額の弁済をしたとき、当該弁済は特段の事情のない限り上記各元本債務の承認（民法152条）として消滅時効を中断（更新）する効力を有するとしている。この場合、借主は自らが契約当事者となっている数個の金銭消費貸借契約に基づく各元本債務が存在することを認識しているのが通常であり、弁済の際にその弁済を充当すべき債務を指定することができるのであって、借主が弁済を充当すべき債務を指定することなく弁済をすることは特段の事情のない限り上記各元本債務のすべてについてその存在を知っている旨を表示するものと解されるからである。

　したがって、債務者から一部弁済があった場合に当該弁済がどの債務に充当されるかということ（判例の事案では3本の債務のうちの1本に法定充当されている）と消滅時効の更新の効力がどの債務に及ぶかということとは別個の事柄であり、必ずしも各債務に分割して弁済が充当されていなければ各債務の債務承認とはならない等というものではない（あくまで債務者が各債務の存在を知っている旨を表示するものといえるか、債務者の態度をどのように評価するかが問題となる）。

　もっとも、上記判例の事案はあくまで債務者が弁済を充当すべき債務を指

定せずに一部弁済をした事案であることには注意を要する。上記判例の事案とは異なり債務者が複数口の債務のうち1口の債務のみに充当指定する場合は結論が異なってくる可能性もある。一部弁済の際の個別具体的な事情によっては1口の債務以外のその余の債務については債務承認（時効の更新）とならない可能性もあるので、その余の債務にも充当してもらうようにするか1口の債務のみに充当する場合であってもその余の債務についての債務承認書をあわせて徴求するようにしておくべきである。

5　時効の利益の放棄

　時効期間が経過したからといって時効の効力が当然に生じるものではなく、時効の利益を受ける当事者が援用することによってはじめてその効力が生じる（民法145条）。時効を援用するかどうかは当事者の自由であり時効の利益を放棄することもできる。時効完成前に時効の利益を放棄することはできないが（民法146条）、時効完成後であれば時効の利益を放棄することができる。ただし、時効の利益の放棄は時効完成の事実を知ってされたものであることを要する。

　主債務の時効完成後に主債務者が時効の利益を放棄した場合であっても保証人に対しては効力を生じないため（大判大5.12.25民録22輯2494頁）、保証人は主債務の時効消滅を援用（民法145条）して、主債務の時効消滅に付従して保証債務も消滅したことを主張できる。

6　時効完成後の債務承認（時効援用権の喪失）

　消滅時効が完成した後に債務者が債務の承認をする場合はその時効完成の事実を知らないのが通常であるので消滅時効完成後に債務の承認をした事実からその承認が時効完成の事実を知ってされたものであるとの推定は働かないが（すなわち、時効の利益の放棄とはならないが）、消滅時効完成後に債務者が債務承認をした以上時効完成の事実を知らなかったとしても以後その債務について完成した消滅時効の援用をすることは信義則上許されない（最判昭41.4.20民集20巻4号702頁）。

142　第1編　保証全般

そのため、主債務の消滅時効完成後に主債務者がその主債務を承認した場合、主債務者は時効援用権を喪失することになる。それでは、その後保証人は主債務の消滅時効を援用することはできるだろうか。この点、保証人は主債務が時効消滅したときは主債務者が時効援用権を喪失した場合であっても主債務者が時効の利益を放棄した場合と同様に主債務の時効消滅を援用（民法145条）して、主債務の時効消滅に付従して保証債務も消滅したことを主張できる。

また、主債務の時効完成後に保証人が保証債務を履行した場合で主債務が時効により消滅するか否かにかかわりなく保証債務を履行するという趣旨に出たものであるときでない限り、保証人は主債務の時効を援用する権利を失わない（最判平7.9.8金融法務事情1441号29頁）。

もっとも、主債務の消滅時効完成後に主債務者がその主債務を承認し保証人が主債務者の債務承認を知って保証債務を承認した場合、保証人がその後主債務の消滅時効を援用することは信義則上許されない（最判昭44.3.20判例時報557号237頁）。

保証人が保証債務を承認した場合は保証債務自体の時効援用権を喪失するが、保証人が主債務者の債務承認を知らないで保証債務を承認した場合であればあらためて主債務の消滅時効を援用することができる。

7　複数の連帯保証人のうちの1人のために時効が完成した場合の留意点

(1)　令和2年4月1日（改正民法債権法施行日）前に締結された保証契約

令和2年4月1日前に締結された保証契約は改正前の規定が適用される（附則21条1項）。

連帯保証人間で保証連帯の特約がある場合や商法511条2項の適用がある場合で複数の連帯保証人のうちの1人のために時効が完成したとき、その連帯保証人の負担部分については他の連帯保証人にもその効力が及び、他の連帯保証人もその義務を免れることになる（改正前民法458条、439条）。その

第5章　保証債務と時効管理　143

ため、連帯保証人のなかに1人でも時効が完成する者が出てくることがないよう適時適切な時効の完成猶予・更新の措置を講じる必要がある。この点、主債務との関係で時効の完成猶予・更新の措置を講じていれば保証債務の付従性により各連帯保証人にもその効力が及ぶので（民法457条1項）、やはり原則どおり主債務を中心とした時効管理を心がけるべきである。

⑵　令和2年4月1日（改正民法債権法施行日）以後に締結された保証契約

令和2年4月1日以後に締結された保証契約は改正後の規定が適用される。

連帯保証人間で保証連帯の特約がある場合や商法511条2項の適用がある場合を含めて、複数の連帯保証人のうちの1人のために時効が完成したとしても他の連帯保証人にはその影響は及ばない（改正前民法439条の削除、民法458条、441条本文）。

もちろん、他の連帯保証人にその影響は及ばないといえども漫然と時効を完成させてしまう等ということがあってはならない。この点、前記のとおり主債務との関係で時効の完成猶予・更新の措置を講じていれば各連帯保証人にもその効力が及ぶ（民法457条1項）ので、やはり原則どおり主債務を中心とした時効管理を心がけるべきである。なお、連帯保証人の1人に対する履行の請求により他の連帯保証人に対する時効の完成猶予・更新の効力を生じさせることも考えられるが、改正民法ではそのような効力が法律上当然に生じるものではなくなっているので主債務者および他の連帯保証人との約定書等で「連帯保証人の1人に対する履行の請求は、主債務者および他の連帯保証人に対しても、その効力を生ずる」旨の特約条項を設けておく必要がある（民法458条、441条ただし書）。

8　主債務者の破産終結・免責と保証人等に対する時効管理

⑴　保証人等による主債務の消滅時効の援用

主債務者（法人）の破産手続が終結した場合や主債務者（個人）が免責許可決定を受けた場合でも保証や物上保証には影響せず（免責の場合の破産法

144　第1編　保証全般

253条2項参照）、債権者は引き続き保証人等に対する権利行使が可能である。保証や物上保証は、まさに主債務者が破綻した場合に備えて徴求されるものであるので、付従性の原則の例外が認められている。そして、主債務者の破産終結や免責後において、保証人等が主債務の消滅時効を援用することができるかが問題となる。

　この点、主債務者（法人）の破産手続が終結して法人格が消滅した場合は主債務者が負担していた債務も消滅するので、もはや存在しない債務について時効による消滅を観念する余地はない。また、主債務者（個人）が免責許可決定を受けた場合も、免責決定の効力を受ける債権は債権者において訴えをもって履行を請求しその強制的実現を図ることができなくなるので「権利を行使することができる時」を起算点とする消滅時効の進行を観念することができない。したがって、主債務者の破産終結や免責後は、保証人等は主債務の消滅時効を援用することができなくなる（破産終結の場合について最判平15．3．14民集57巻3号286頁、免責の場合について最判平11.11．9民集53巻8号1403頁）。債権者としては主債務についての時効管理は必要なくなり保証債権や物上保証の担保権自体に対する時効管理を行っていけば足りることになる。

　ただし、破産手続終了後に清算すべき財産が存在する場合（破産管財人が換価困難な不動産を破産財団から放棄した場合等）は注意を要する。清算すべき財産が存在するため破産手続終了後も法人格は消滅しておらず「主債務者が負担していた債務も消滅し、もはや存在しない債務について時効による消滅を観念する余地はない」とはいえないので、保証人等は破産手続終了後に主債務の消滅時効が完成したことを主張して時効を援用することができると解される（最判平7．9．8金融法務事情1441号29頁参照）。

　なお、株式会社の清算結了登記がされている場合でも会社財産が残存するとき、実際清算は結了しておらず会社は消滅していないとされている（大判大5．3．17民録22輯364頁）。

　したがって、清算結了・閉鎖登記ずみであったとしても会社法所定の正式な手続を経たうえで清算結了がなされたのでなければ、この場合も実際には

法人格は消滅しておらず「主債務者が負担していた債務も消滅し、もはや存在しない債務について時効による消滅を観念する余地はない」とはいえず、保証人等から主債務の消滅時効が援用され保証債権等が消滅するおそれも否定はできない。みなし解散登記（会社法472条）がされた休眠会社についても同様である。そのため、解散・清算の経緯・経過に疑義が残るといった場合は主債務者（法人）の代表者（清算人）から主債務の債務承認書を徴求しておいたほうが安全である。

⑵　保証債務の消滅時効の起算点・時効期間

　続いて保証債務の消滅時効の起算点や時効期間が問題となる。

　主債務者について破産手続が開始されたとき、債権者が破産債権の届出をすれば主債務の時効の完成猶予の効力が生じ（民法147条1項4号）、保証債務についても主債務に付従して時効の完成猶予の効力が生じる（民法457条1項）。届出債権が確定し破産債権者表に記載された場合、破産手続終了時において破産債権者表の記載は確定判決と同一の効力を有する（破産法221条1項）ので、その時効期間は10年に延長され（民法169条）、それに応じて保証債務の時効期間も10年になる（民法457条1項、最判昭43.10.17金融法務事情533号30頁）とともに保証債務の時効も更新され、破産手続が終了した時から新たにその進行を開始する（民法147条2項）。

　ただし、破産債権の届出はなされたものの債権調査・確定手続を経ずに異時廃止により破産手続が終了する場合があるので注意を要する。その場合、確定判決と同一の効力を有する破産債権者表の記載は存在しないので保証債務の時効期間も10年とはならない。すなわち、債権者の破産債権の届出により主債務の時効の完成猶予の効力が生じ（民法147条1項4号）保証債務も主債務に付従して時効の完成猶予の効力が生じるところまでは同じであるが（民法457条1項）、「確定判決と同一の効力を有するものによって権利が確定したとき」ではない（民法147条2項参照）ので時効期間の延長や時効の更新の効力は生じず、異時廃止の時から6カ月を経過するまでの間の完成猶予の効力が認められるにすぎない（民法147条1項柱書カッコ書）。

　なお、抵当権の被担保債権が免責許可決定の効力を受ける場合に民法396

146　第1編　保証全般

条は適用されず、債務者および抵当権設定者に対する関係においても当該抵当権自体が20年（民法166条2項）の消滅時効にかかる（最判平30.2.23民集72巻1号1頁）。同判例では（根）抵当権自体の消滅時効の起算点については明言されておらず解釈に委ねられているが、被担保債権の弁済期とする見解、元本確定時とする見解、免責許可決定確定時とする見解等がある（詳細は「最高裁判所判例解説 民事篇 平成30年度」9頁、12頁（法曹会）参照）。

9　主債務者の民事再生と保証人等に対する時効管理

　破産の場合と同様に、主債務者について再生手続が開始され認可確定した再生計画の定めに従って主債務が減免された場合、保証人等はその減免された主債務の消滅時効を援用することはできなくなり、債権者としては保証債権や物上保証の担保権自体に対する時効管理を行っていけば足りることになる。

　保証債務の消滅時効の起算点や時効期間については、主債務者について再生手続が開始して主債務について再生債権の届出がされた場合、債権届出によって主債務について時効の完成猶予の効力が生じるので（民法147条1項4号）、保証人との関係でも時効の完成猶予の効力が生じる（民法457条1項）。その後、主債務が再生債権として異議なく確定し再生計画認可の決定が確定して再生債権者表に記載された場合、その再生債権者表の記載は確定判決と同一の効力を有する（民事再生法180条1項・2項）ので、その時効期間は10年に延長され（民法169条）、それに応じて保証債務の時効期間も10年になる（民法457条1項）とともに保証債務の時効も更新され、再生計画認可決定が確定した時から新たにその進行を開始する（民法147条2項、東京地判平26.7.28判例タイムズ1415号277頁参照）。

　また、主債務者である再生債務者が再生計画認可決定確定後に再生計画に従い再生債権の弁済をしたとき、再生債務者の保証人との関係では、再生計画により減免を受けた部分を含め保証債務全体についての債務承認（民法152条）として時効の更新の効力が生じると考えられる（東京高判平29.6.22判例時報2383号22頁参照）。

第5章　保証債務と時効管理　147

第**6**章

保証契約の終了と
保証債務の履行

第 1 節 保証契約の終了

1 主債務の消滅

　保証契約が終了する場合として、まず主債務が消滅する場合が考えられる。保証の対象である主債務が弁済等（弁済のほか相殺・更改・免除・混同等の債務消滅原因が考えられる）により消滅した場合、保証債務の付従性により保証債務も消滅し、保証契約が終了する。また、主債務の時効が完成し保証人がその主債務の時効の完成を援用した場合（民法145条）も同様である。さらに、主債務が取り消された場合（錯誤、詐欺・強迫、行為能力の制限による取消し等が考えられる）は保証債務も消滅する。もっとも、行為能力の制限によって取り消すことができる債務を保証した者が保証契約時においてその取消しの原因を知っていたときは、主債務の不履行の場合または主債務の取消しの場合において主債務と同一の目的を有する独立の債務を負担したものと推定される（民法449条）。

　なお、主債務が不成立・無効である場合は保証債務も不成立・無効となる（保証債務の付従性）。

　以上は、主債務が特定された特定保証の場合や根保証の場合であってもすでに元本が確定しており保証の対象となる主債務が特定されている場合に当てはまる。根保証の場合、主債務が消滅等したとしても元本が確定していなければ、その後に発生する主債務を保証することになり、直ちに保証契約が終了するわけではない。

　また、個人根保証契約（個人貸金等根保証契約）の元本の確定について、個人貸金等根保証契約の元本確定期日が到来し、または元本確定事由が発生することにより主債務の元本が確定すれば、その後に生じた主債務の元本に

150　第1編　保証全般

ついては保証人は保証債務を負わないこととなるが確定した元本とそれに対する利息・損害金等については引き続き保証債務を負うので、元本の確定は全面的に保証契約が終了する場合とは異なる。

2 保証解除（保証免除）

保証契約それ自体を解除（免除）する場合も保証人は保証債務の負担を免れ、保証契約が終了する（詳細は本編第4章第2節5(2)参照）。

第**2**節 保証債務の履行（代位弁済）

1　保証債務の履行（代位弁済）の概要

　主債務が履行されない場合、保証人は主債務者にかわって保証債務を履行しなければならない。金融実務では連帯保証が一般的であり連帯保証人は催告の抗弁権や検索の抗弁権を有しないので（民法454条）、主債務が履行されない場合は直ちに保証債務を履行しなければならない。

　なお、保証人は主債務者が債権者に対して相殺権を有するときは、その相殺権の行使によって主債務者がその債務を免れるべき限度において債権者に対して保証債務の履行を拒むことができるので（民法457条3項）、債権者において主債務者の預金等と相殺することができる場合はまず相殺を行ったうえでその残額について保証人に対する保証債務の履行を求めるのが通例である。

　保証人が保証債務を履行した場合、保証人は主債務者に対する求償権を取得するとともにもともとの債権者（原債権者）が有していた債権（原債権）および担保を取得し、求償権の範囲内でそれらを行使することができる（民法499条、501条1項・2項）。この点、保証人は自らの債務として保証債務を負担しており弁済しなければ強制執行を受ける立場にあるので「弁済をするについて正当な利益を有する者」にあたり、保証債務の履行により原債権者が有していた債権（原債権）および担保が保証人に法律上当然に移転する。保証人に移転する担保は抵当権等の物的担保のほか保証（人的担保）も含まれる。原債権者が有していた原債権および担保が代位者（保証人）に移転することを「弁済による代位」というが、そのなかでも「弁済をするについて正当な利益を有する者」の弁済による代位は、法律上当然にその効力が

152　第1編　保証全般

発生し第三者対抗要件も不要であるので「法定代位」という。また、保証人による保証債務の履行を「代位弁済」と呼ぶことがある（これに対し「弁済をするについて正当な利益を有する者」以外の者が弁済する場合は原則として債務者の意思に反して弁済をすることができず（民法474条2項）、代位する場合も原債権者からの通知または債務者の承諾といった対抗要件を備える必要がある（民法500条）。「法定代位」と対比して「任意代位」という）。

このように弁済による代位の制度は、代位弁済者が債務者に対して取得する求償権を確保するために法の規定により弁済によって消滅すべきはずの原債権およびその担保権を代位弁済者に移転させ、代位弁済者がその求償権の範囲内で原債権およびその担保権を行使することを認める制度であり（最判昭59．5．29民集38巻7号885頁、最判昭61．2．20民集40巻1号43頁参照）、原債権を求償権を確保するための一種の担保として機能させることをその趣旨としている。

そして、債権者が代位弁済によって全部の弁済を受けた場合は債権証書および自己の占有する担保物を代位者に交付しなければならない（民法503条1項）。債権者は保証人から全部弁済を受けた場合は証書貸付けの場合の金銭消費貸借契約書等の債権証書を交付するとともに、代位の対象となる抵当権がある場合は代位の付記登記に協力する義務を負い、ほかに保証人がいる場合はその保証人との間の保証約定書等を交付する必要がある（もっとも、債権者と債務者との取引継続中は後記の代位権不行使特約により異なる取扱いがされる場合がある）。

また、根抵当権の被担保債権について、その元本確定前に代位弁済がなされても元本確定前の根抵当権については随伴性が認められないので、根抵当権は移転しない（民法398条の7第1項）。そのため、代位弁済する保証人に根抵当権を移転させる必要がある場合は代位弁済に先立ってあらかじめ根抵当権の元本を確定させておく必要がある（実務上、金融機関において信用保証協会から代位弁済を受ける場合によく問題となる。詳細は本編第7章第2節6のとおり）。

なお、代位する権利（代位権）は弁済者の権利であって義務ではないか

ら、代位権者から代位権の放棄を受けることはもちろん可能である。その場合には代位権放棄の念書を徴求する等して、書面上も明らかにしておくようにする。

2　保証人の事前・事後通知義務

委託を受けた保証人には保証債務の履行をするに際して事前に主債務者に通知する事前通知義務が課されている（民法463条1項）。また、委託の有無を問わず保証人が保証債務の履行を行った後は主債務者に通知する事後通知義務が課されている（民法463条3項）。事前通知義務は主債務者が有している抗弁（相殺等）を知らずに保証人が保証債務の履行をするのを防止する趣旨であり、事後通知義務は保証人が保証債務を履行したことを知らずに主債務者が二重に弁済することを防止する趣旨である。金融実務では債権者である金融機関が保証人に対し保証債務の履行請求を行う場合は、それに先立ってあらかじめ主債務者の預金との相殺を行っているのが通例であることや、保証人による保証債務の履行がなされているにもかかわらず金融機関において二重に弁済を受領する等といったことはおよそ考えられないことから、あまり問題となることはない（なお、民法463条2項では、委託を受けた保証人との関係で主債務者にも事後通知義務が課されているが、同様に金融機関において二重に弁済を受領する等といったことはおよそ考えられない）。

もっとも、金融機関が保証人となる支払承諾の場合は保証委託契約において主債務者の金融機関（保証人）に対する事前・事後の通知義務を規定するとともに金融機関（保証人）が事前の通知を要せずに保証債務の履行ができる旨の特約が規定されている（信用保証協会の信用保証の場合は信用保証協会が事前の通知等を要せずに保証債務の履行ができる旨の特約が規定されている）。

3　求償権の範囲

委託を受けた保証人が保証債務の履行を行った場合、当該保証人は主債務者に対し保証債務の履行を行った金額のほか弁済日以後の法定利息および避

154　第1編　保証全般

けることができなかった費用その他の損害の賠償を求償することができる（民法459条、442条2項）。

それに対し、委託を受けない保証人が保証債務の履行を行った場合、当該保証人は主債務者に対し主債務者がその当時利益を受けた限度でしか求償することができない（民法462条1項、459条の2第1項）。

金融実務では主債務者からの委託を受けた保証人が保証する場合が通例であり、また、保証人の主債務者に対する求償権の行使については金融機関が直接に関知するところではないので、あまり問題となることはない。

もっとも、金融機関が保証人となる支払承諾や信用保証協会の信用保証の場合は保証委託契約において金融機関や信用保証協会の履行金額に対する損害金の割合を記載する等して、金融機関が主債務者に対して求償できる範囲が明確化されている。

4 共同保証人間の求償・代位、保証人と物上保証人との間の代位

複数の共同保証人（連帯保証人であり、委託を受けた保証人であることを前提とする）がいる場合でそのうちの1人が弁済したとき、主債務者との関係では弁済した全額について求償権を有するが（民法459条）、自己の負担部分を超える額を弁済したときは保証人相互間での求償が認められる（民法465条1項）。各保証人の負担部分は原則として頭数に応じた負担部分となる（すなわち、原則として平等となる）。そして、弁済したその保証人は他の保証人に対して求償することができる範囲内で他の保証人に対して原債権者の有していた権利を行使することができる（民法501条2項カッコ書）。

なお、保証人が主債務者に対して取得した求償権の消滅時効の中断（完成猶予・更新）事由がある場合であっても共同保証人間の求償権について消滅時効の中断（完成猶予・更新）の効力は生じない（最判平27.11.19民集69巻7号1988頁）。民法465条に規定する共同保証人間の求償権は、主債務者の資力が不十分な場合に弁済をした保証人のみが損失を負担しなければならないとすると共同保証人間の公平に反することから共同保証人間の負担を最終的

第6章　保証契約の終了と保証債務の履行　155

に調整するためのものであり、保証人が主債務者に対して取得した求償権を担保するためのものではないからである。共同保証人の1人が他の共同保証人に対する求償権を保全するためには、主債務者との関係とは別に時効の完成猶予・更新の措置を講じる必要がある。

　また、保証人と物上保証人との間においては、その頭数に応じて原債権者に代位し（民法501条3項4号本文）、物上保証人が複数いる場合は保証人の負担部分を除いた残額について各不動産の価格に応じて原債権者に代位する（同号ただし書）。なお、保証人が物上保証人を兼ねている場合について民法に明文の規定は設けられていないが、この場合も1人として取り扱われる（最判昭61.11.27民集40巻7号1205頁）。

　この点、たとえば信用保証協会の信用保証の場合、他の保証人や物上保証人との負担割合が頭数となっては求償権の回収に支障が生じるおそれがあるので、他の保証人や物上保証人との間で、信用保証協会の負担部分はゼロであるとして全額について債権者に代位できることや、それらの者が債権者に弁済等した場合においても信用保証協会に対してなんらの求償をしないことを旨とする特約が締結されている。

5　担保保存義務（担保保存義務免除特約）

　民法504条1項では、保証人等の「弁済をするについて正当な利益を有する者」（法定代位権者）がいる場合にそのような法定代位権者の代位の利益を保護するために「債権者が故意又は過失によってその担保を喪失し、又は減少させたときは、その代位権者は、代位をするに当たって担保の喪失又は減少によって償還を受けることができなくなる限度において、その責任を免れる」として、債権者の担保保存義務が定められている（ただし、同条2項では「債権者が担保を喪失し、又は減少させたことについて取引上の社会通念に照らして合理的な理由があると認められるとき」は担保保存義務の規定は適用されないとされている）。

　この点、金融実務では主債務者の経営状況の変化等に伴い担保・保証の変更・解除を機動的に行えるよう、保証約定書や担保権設定契約書において

「（保証人・担保提供者は）貴行がその都合によって他の担保もしくは保証を変更、解除しても免責を主張しません」との担保保存義務免除特約を設けて対応している。このような免除特約の有効性は判例（最判昭48．3．1金融法務事情679号34頁等）によっても承認されているが免除特約の効力がいかなる場合においても無制限に認められるとは限らないので、債権者としては担保・保証の変更・解除にあたっては合理的な理由が認められるかどうかを十分に検討したうえで変更・解除を行うようにし、また、可能な限り他の法定代位権者（保証人・物上保証人等）から同意書を徴求したうえで対応するのが望ましい。

6　一部代位と代位権不行使特約

　保証人からの弁済が保証債務の全部ではなく一部にとどまる場合もある。そのような一部弁済の場合、民法上も、代位者（保証人）は原債権者の同意を得てその弁済をした価額に応じて原債権者とともにその権利を行使することができること（民法502条1項）、その場合であっても原債権者は単独でその権利を行使することができること（同条2項）、原債権者が行使する権利はその債権の担保の目的となっている財産の売却代金その他の当該権利の行使によって得られる金銭について代位者（保証人）が行使する権利に優先すること（同条3項）が規定されている。

　この点、金融実務では保証約定書において「保証人が保証債務を履行した場合、代位によって貴行から取得した権利は、債務者と貴行との取引継続中は、貴行の同意がなければこれを行使しません。もし貴行の請求があれば、その権利または順位を貴行に無償で譲渡します」という内容の代位権不行使特約を規定して、原債権者の権利行使に支障が生じないようにしている。そして、前記の民法502条3項は、債権の一部につき代位弁済がされた場合、当該債権を被担保債権とする抵当権の実行による競落代金の配当については代位弁済者は債権者に劣後するとの判例（最判昭60．5．23民集39巻4号940頁）を明文化したものであるが、1個の根抵当権が数個の債権を担保しそのうちの1個の債権のみについての保証人が当該根抵当権の確定後に当該債権

第6章　保証契約の終了と保証債務の履行　157

に係る残債務全額につき代位弁済した場合は保証人は債権者に劣後すること
になり、他方で、1個の抵当権が数個の債権を担保しそのうちの1個の債権
のみについての保証人が当該債権に係る残債務全額につき代位弁済した場合
は特段の合意がない限り債権者が有する残債権額と保証人が代位によって取
得した債権額に応じて弁済を受けるというのが判例（最判昭62．4．23金融法
務事情1169号29頁、最判平17．1．27民集59巻1号200頁）であるので、実務
上は、民法502条は1個の債権の一部の代位弁済の場合にのみ適用されるも
のとみて、1個の債権の全部ではあるが（根）抵当権の被担保債権の一部の
代位弁済の場合については代位権不行使特約を活用するのが安全である。ま
た、保証人が代位弁済した債権以外に債権者が債務者に対して他の債権を有
する場合等、債権者と債務者との取引が継続中である場合には民法502条の
適用対象外であると考えられるが、代位権不行使特約を活用することにより
債権者の残債権の回収に支障を生じさせないようにすることができる。

7　事前求償権と事後求償権

　主債務が履行されない場合で保証人が保証債務を履行したとき、保証人は
主債務者に対する求償権を取得する。このような保証人が現実に保証債務を
履行した場合に取得する求償権を「事後求償権」という。それに対し、保証
人が主債務者の委託を受けて保証した場合で民法460条各号の事由が生じた
ときはいまだ現実に保証債務を履行していなくとも主債務者に対してあらか
じめ求償権を行使することができる。このような求償権を「事前求償権」と
いう。事前求償権は委託を受けた保証人の場合に認められ、受任者（保証
人）による委任事務処理費用の前払請求権の法的性格（民法649条）を有す
る。

　金融機関が債権者となる場合、事前求償権の行使は主債務者および委託を
受けた保証人間の法律関係であるので金融機関が関与することはあまりない
が、金融機関が保証人となる支払承諾の場合やグループの保証会社が保証人
となる場合、信用保証協会が信用保証を行う場合等は、主債務者に対する求
償権の保全・回収に万全を期すべく主債務者との間の保証委託契約において

民法460条各号の事由以外の事由が生じた場合についても事前求償権の行使を可能とするような特約や民法461条に基づく抗弁権の主張を排除する特約が設けられている。

　事前求償権の行使が認められる場合は事前求償権に基づき主債務者の財産に対して仮差押え等の保全処分を行うことも可能である。その後、保証人が代位弁済を行うと保証人は主債務者に対する事後求償権を取得することとなるが、事前求償権と事後求償権との関係が問題となる。この点、判例（最判平27．2．17民集69巻1号1頁）は「事前求償権は、事後求償権と別個の権利ではあるものの（最判昭和60年2月12日民集39巻1号89頁）、事後求償権を確保するために認められた権利であるという関係にあるから、委託を受けた保証人が事前求償権を被保全債権とする仮差押えをすれば、事後求償権についても権利を行使しているのと同等のものとして評価することができる」として、事前求償権を被保全債権とする仮差押えは事後求償権の消滅時効をも中断（完成猶予・更新）する効力を有するとしている。したがって、このような両者の関係から事前求償権に基づく仮差押え等の保全処分の効力は代位弁済後も存続する。また、委託を受けた保証人が事後求償権について債務名義を取得しすでに事前求償権に基づいて仮差押えしていた主債務者の財産に対して強制執行をする場合は事前求償権に基づく仮差押えの本執行移行として差押えの効力が認められる。さらに、事前求償権に基づく抵当権の実行も可能である。

第 **3** 節 | 保証人・その他関係者からの債権回収

1 保証人預金との相殺

　金融実務では保証債務の補充性のない連帯保証（民法454条）が通例であるので、主債務者が履行しない場合は主債務者の資力いかんにかかわらず直ちに連帯保証人に対する保証債務の履行請求が可能である。保証人からの債権回収手段としてまず連帯保証債務履行請求権によって保証人預金と相殺（民法505条）するのが基本である。そのほか、保証人からの債権回収は一般的な債務者からの回収と基本的には同じであるが、保証人（連帯保証人）・その他関係者からの債権回収に特有の問題について以下、いくつか取り上げる。

2 連帯保証人に対する仮差押えを行う場合の留意点

　前記のとおり、金融実務では保証債務の補充性のない連帯保証が通例であるので、民法上は主債務者が履行しない場合は主債務者の資力いかんにかかわらず直ちに連帯保証人に対する保証債務全額の履行請求が可能である。

　ただし、実務上、連帯保証人に対する仮差押えを行う場合は必ずしも民法上の考え方どおりとはならず、保全の必要性の要件（民事保全法13条）との関係からまず主債務者が無資力であることを疎明しなければならない。すなわち、連帯保証人に対する仮差押えを行う場合は連帯保証人本人の資産調査のみならず、まず主債務者の資産調査が必要となる（主債務者の住所地、本店所在地等の不動産の登記事項証明書や固定資産評価証明書等を取得し、主債務者が不動産を所有しているか、所有している場合は余力の有無を確認する）。また、主債務者と連帯保証人との両者を相手方として仮差押えを行う

160　第 1 編　保証全般

場合は主債務者の財産のみでは債権の満足を受けられないことを疎明しなければならないほか、主債務と連帯保証債務との経済的目的は共通するのでそれぞれの被保全債権の額を割り付ける必要まではないものの、仮差押えの各目的物の評価額の合計が主債務の額を原則として超えないようにしなければならない（江原健志＝品川英基編著『民事保全の実務［第4版］（上）』232～235頁（金融財政事情研究会））。

3 親族への譲渡と詐害行為取消請求

経済的に窮境にある主債務者の保証人がほかにみるべき資産もないのに唯一の資産である自宅不動産を親族に譲渡（贈与・廉価売買）し、その登記名義が親族に移転されるという場合がある。

民法424条1項は「債権者は、債務者が債権者を害することを知ってした行為の取消しを裁判所に請求することができる。ただし、その行為によって利益を受けた者（受益者）がその行為の時において債権者を害することを知らなかったときは、この限りでない」と規定している（詐害行為取消請求）。

債務者の無資力（債務超過）、行為の詐害性、債務者の詐害意思は、債権者が立証責任を負担する。他方で、受益者の主観面については受益者のほうで債権者を害することを知らなかった（善意）との立証責任を負担する。

詐害行為取消請求に際しては、代金支払いの有無、金額、態様、支払われた代金の使途、親族間の贈与・売買に伴う税務上の手続が適正に行われているか、贈与・売買のタイミング、買主（親族）による当該不動産取得の理由・必要性、当該不動産の現実の占有・使用状況の変化、債務者と当該親族との人的関係等の具体的な諸般の事情の確認・検討が必要である。

詐害行為取消請求は裁判上の請求（訴訟、仮処分等）によらなければならない。また、詐害行為取消請求は債務者の一般債権者の共同引当財産を保全するための制度であるので、債務者の手元に原状回復させることが原則となる。そのため、債権者としてはまず受益者（親族）を相手方として詐害行為取消請求に基づく処分禁止の仮処分（民事保全法53条1項）を行ったうえで債務者（保証人）を被告とする保証債務履行請求訴訟、受益者（親族）を被

告とする詐害行為取消請求訴訟をそれぞれ提起し、詐害行為取消請求訴訟の認容判決によって当該不動産を債務者（保証人）の手元に原状回復させるとともに保証債務履行請求訴訟の認容判決（債務名義）によって当該不動産の強制競売の申立てを行うことが考えられる。

なお、民法423条１項は「債権者は、自己の債権を保全するため必要があるときは、債務者に属する権利を行使することができる」と規定している（債権者代位権）。たとえば債務者（保証人）が執行逃れの目的で自宅不動産の登記名義を親族に移転したという場合、登記名義の移転の外形はあっても当事者間では現実には権利を移転させる意思はなく通謀虚偽表示として無効となる場合もある（民法94条１項）。そこで、債権者が債務者（保証人）の現名義人（親族）に対する抹消登記手続請求権を代位行使することも考えられるが、通謀虚偽表示による不実の移転か現実に権利が移転している詐害行為か不明の場合は、主位的請求として通謀虚偽表示および債権者代位権を主張し、予備的請求として詐害行為取消請求の主張を行う等のセット利用を検討する場合もある。

また、債務者（保証人）が自宅不動産の売却に際し受益者（親族）から相当の対価を取得している場合（相当対価の処分行為の場合）は民法424条の２各号の要件をいずれも満たす必要がある。とりわけ債務者が隠匿等の処分をする意思を有していたこと（同条２号）、受益者が債務者が隠匿等の処分をする意思を有していたことを知っていたこと（同条３号）といった債務者・受益者の主観面の立証に際し、債務者に支払われた対価のその後の行方（使途）が問題となる。この点、受益者が債務者の内部者（役員、支配株主、親族等）である場合、受益者が債務者が隠匿等の処分をする意思を有していたことを知っていたことを推定するとの破産法161条２項のような推定規定は民法上は設けられていないが、同項の類推適用や事実上の推定がなされるべきである（「民法（債権関係）の改正に関する中間試案」では、破産法161条２項の推定規定と同様の規律をも民法に置くこととされていた（中間試案第15、２(2)参照）が、民法上の他の制度との関係における規律の密度や詳細さのバランス等を考慮し、明文の規定を設けることは見送ることとさ

162　第１編　保証全般

れたにすぎず、実務上は、同項の類推適用や事実上の推定等によって対応が
図られることが想定されている（「民法（債権関係）部会資料73Ａ」42頁）。

4　住宅資金特別条項と保証会社保証

　金融機関の主債務者に対する住宅ローン債権についてグループの保証会社
が保証することがよくみられるが、主債務者が経済的窮境に陥った場合に住
宅を残す目的で（個人）再生手続が利用され、住宅ローンの支払猶予を求め
る住宅資金特別条項（民事再生法196条～206条）が定められる場合がある。

　主債務者が住宅ローンの期限の利益を喪失して保証会社が住宅ローンに係
る保証債務を履行（代位弁済）した場合であっても当該保証債務の全部を履
行した日から6カ月を経過する日までの間に再生手続開始の申立てがされた
ときは、もともとの金融機関の再生債務者に対する住宅ローン債権について
住宅資金特別条項を定めることができ（民事再生法198条2項）、その後、住
宅資金特別条項を定めた再生計画の認可決定が確定した場合、保証会社の代
位弁済はなかったものとみなされる（民事再生法204条1項）。保証会社の代
位弁済がなかったものとみなされて法律関係が覆滅されるので、このことを
とらえて「巻戻し」と呼ばれる。

　この巻戻しにより保証会社の代位弁済はなかったものとみなされるので、
保証会社の求償権は遡及的に消滅して保証会社が代位弁済により取得してい
た住宅ローン債権も法律上当然に金融機関に復帰するとともに、保証会社の
保証債務も復活する。そして、保証会社は金融機関に対し代位弁済金等の不
当利得返還請求権（民法703条）を有することになる。通常、不当利得返還
請求権の額は巻戻しによって金融機関が再生債務者に対して有することにな
る住宅ローン債権の額（元本、利息および遅延損害金の総額）と同額になる
と考えられている。

　もっとも、再生債務者が再生計画認可決定確定前に保証会社に対して行っ
た求償債務の弁済の効力は維持される（民事再生法204条2項）。当該弁済額
に関して再生債務者は住宅ローン債権が復帰した金融機関に重ねて弁済する
必要はなく、保証会社が受け取っていた弁済額を金融機関に交付しなければ

第6章　保証契約の終了と保証債務の履行　163

ならないが、通常は巻戻しに伴って保証会社が金融機関に対して取得する不当利得返還請求権と相殺処理することになる。他方、保証会社による代位弁済後に保証会社の求償権についての保証人（求償権保証人）が一部弁済をした場合は民事再生法204条2項の適用対象とはならないので、保証会社は受領金を求償権保証人に不当利得として返還する義務を負うことになる。

　次に、住宅資金特別条項を定めた再生計画認可決定が確定するとすでに開始されていた住宅に対する担保不動産競売手続は取下げまたは取消し（民事執行法183条1項3号・2項）により終了するが、その場合に要した競売手続費用を再生手続上どのように取り扱うべきかが問題となる。

　住宅ローン契約や保証委託契約で競売費用を債務者負担とする旨の合意がある場合、競売費用の支払請求権は再生手続開始前の原因に基づく請求権であるので再生債権（民事再生法84条1項）に該当すると考えられる（巻戻しの場合に、保証会社が支出した競売費用の償還請求権は共益債権に当たらず再生債権であると判断した裁判例として大阪高判平25.6.19金融・商事判例1427号22頁）。この点、債務者負担の根拠が住宅ローン契約上の合意に基づく場合、競売費用の支払請求権は住宅の建設もしくは購入に必要な資金または住宅の改良に必要な資金の貸付けに係る再生債権である（民事再生法196条3号）として住宅資金貸付債権に該当すると解し競売費用を住宅資金特別条項のなかに取り込んで処理することも可能であるとの見解もある。もっとも、実務上、保証会社の求償権担保として住宅に対する抵当権の設定がされている場合も多く、その場合は保証委託契約で競売費用を債務者負担とする旨の合意があったとしてもその競売費用の支払請求権を住宅資金特別条項のなかに取り込んで処理することはできないと考えられる。

　また、再生手続開始決定後新たに競売費用等について債務者の負担とする旨の合意がなされた場合は再生債務者財産に関し再生債務者が再生手続開始後にした行為によって生じた請求権（民事再生法119条5号）であるとして共益債権（民事再生法121条1項・2項）と解することもできる。この点につき、東京地裁倒産部では全件について個人再生委員が選任され個々の事案に応じて個人再生委員の意見をふまえた取扱いが検討されているが、巻戻し

の際に再生債務者が競売費用および保証会社の保証料につき新たに負担する旨の合意をした事案において個人再生委員の意見をふまえたうえで当該費用を共益債権として扱った事例がある（鹿子木康ほか編『個人再生の手引［第2版]』382〜383頁（判例タイムズ社))。

第7章

信用保証協会保証

第 1 節　信用保証制度の特徴

1　信用保証制度の目的

　信用保証制度は、中小企業者等が金融機関から貸付け等を受ける際にその貸付金等の債務を信用保証協会（以下「保証協会」という）が保証することで中小企業者等の信用補完を行い、中小企業者等に対する金融の円滑化を図ることを目的とする（信用保証協会法1条）。信用保証制度は日本の多くの中小企業等が利用しており、中小企業金融の中核をなすきわめて重要な制度である。

2　中小企業者等の資格、資金使途

　信用保証制度は中小企業者等に対する金融の円滑化を図ることを目的とするので、信用保証を利用できるのは各保証協会の業務区域内において保証対象業種を営む中小企業者等である。また、保証付貸付けの資金使途は中小企業者等が自らの事業の維持、発展に必要な運転資金や設備資金といった事業資金に限られている。

3　保証協会による信用保証の法的性格

　保証協会による信用保証の法的性格は民法上の保証であるとされ（札幌高裁函館支部判昭37．6．12高民集15巻4号289頁、東京高判昭35.10.26下民集11巻10号2292頁）、当事者間の特約がない限りは民法上の保証に関する規定が適用されるが、民法上の保証とは異なる次のような特徴がある。

　　① 　民法上は主債務者からの委託を受けない保証もあるが、信用保証ではすべて主債務者となる中小企業等からの委託を受けたうえで保証協

168　第1編　保証全般

会と金融機関との間で信用保証契約が締結されることとなる。

主債務者と保証協会との間では信用保証委託契約書が締結されるが、同契約書では信用保証料の支払い、求償権の事前行使、代位弁済時の事前通知義務の排除、求償権の範囲、弁済の充当順序・方法、保証人の1人について生じた消滅時効の完成猶予・更新の効力、保証協会の求償権保証人に関しての保証協会の担保保存義務の免除、求償権を行使する場合の保証協会の負担部分の排除、代位権不行使等の特約が規定されている。

② 保証協会と金融機関との間では個々の信用保証取引に共通する基本的な事項や手続を包括的に定めた約定書があらかじめ締結されており、その約定書が民法上の保証の特約として位置付けられるので、信用保証取引に際しては約定書の内容を十分に把握しておく必要がある。

第2節 約定書の主な内容

1 信用保証契約の成立・効力発生時期（約定書1条、2条）

　保証協会と金融機関との間であらかじめ締結された約定書を前提として、個々の信用保証取引のつど保証債務の内容を特定した信用保証書が保証協会から金融機関に交付されることにより個々の信用保証契約が成立し（約定書1条）、金融機関が主債務者となる中小企業者等に対して貸付けを行ったときに信用保証契約の効力が生じる（約定書2条1項）。

2 旧債振替の制限（約定書3条）

　金融機関は、保証協会の承諾を得ずに保証協会の保証に係る貸付けをもって既存の債権の回収に充ててはならず、金融機関の旧債振替は保証免責事由とされている（約定書11条1号）。このような旧債振替は中小企業者等に対する金融の円滑化を図るという信用保証制度の目的に反することになるからである。

3 保証債務の履行請求の時期・範囲（約定書6条）

　民法上の連帯保証の場合、主債務が不履行となれば保証債務履行請求が直ちに可能となるが、金融機関の保証協会に対する保証債務の履行請求の時期は、原則として債務者の最終履行期限（期限の利益喪失日を含む）後90日を経過した後とされている（約定書6条1項）。この90日間（この日数は保証協会によって異なる）は「冷却期間」と呼ばれ、この間金融機関は保証付債権の回収に努力しなければならない。

　また、保証債務の履行の範囲について民法では主債務のほか主債務に関す

170　第1編　保証全般

る利息、違約金、損害賠償その他その債務に従たるすべてのものを含むとされているが（民法447条1項）、保証協会による保証債務の履行の範囲は主債務に利息および最終履行期限後120日（約定書例による。この日数も保証協会によって異なる）以内の延滞利息を加えた額が限度とされ、延滞利息の利率も貸付利率と同率とされており（約定書6条2項・3項）、金融機関は必ずしも保証付債権のすべてについて保証債務の履行を受けられるわけではない。

4　保証債務履行請求権の存続期間（約定書7条）

　民法上、保証債務は主債務が弁済、時効の完成等により消滅しない限り存続し、債権者は主債務の履行期限後、保証債務が存続する限り保証人に対する保証債務の履行請求が可能であるが、信用保証の場合、金融機関は最終履行期限後2年を経過した後、保証協会に対し保証債務の履行を請求することができない（約定書7条）。この特約は一種の除斥期間を定めたものと解されており、時効期間とは異なるので完成猶予・更新の方法はなく最終履行期限後2年の経過により当然に保証債務履行請求権が失われる（関沢正彦監修『信用保証協会の保証［第5版］』273頁（金融財政事情研究会））。

5　債権の保全・取立て（約定書9条）

　金融機関には常に被保証債権の保全に必要な注意を払うこと、債務履行を困難とする事実を予見し認知したときは遅滞なく保証協会に通知し適当な措置を講じること、被保証債権の期限の利益を喪失させたときは直ちに保証協会に通知すること、被保証債権の履行期限に履行されない場合はプロパー債権と同様の取立方法で被保証債権の取立てを行うこと（同等管理義務とも呼ばれる）が、それぞれ義務づけられている（約定書9条）。

6　債権証書および担保物の交付（約定書10条）

　保証協会が金融機関に代位弁済を行うことにより金融機関が有していた担保権が保証協会に移転する（民法499条、501条1項）。この点、金融機関が

根抵当権を有していた場合、保証条件とされていた場合はもちろんのこと、保証条件外であっても移転の対象となりえ、金融機関のプロパー債権がない場合はその全部を、金融機関のプロパー債権が残存しており空枠および余力が見込まれる場合はその一部を保証協会に移転することとなる（一部移転の場合は１個の根抵当権を金融機関と保証協会とが準共有することとなるので、金融機関と保証協会との間で優先劣後の合意書を取り交わす場合がある）。

そして、根抵当権の被担保債権について、その元本確定前に代位弁済がなされても元本確定前の根抵当権については随伴性が認められないので根抵当権は移転しない（民法398条の７第１項）。そのため、金融機関においては保証協会に根抵当権を移転させるため代位弁済に先立ってあらかじめ根抵当権の元本を確定させておく必要がある。そして、登記実務上、根抵当権移転の登記は原則として元本の確定登記後でなければすることができないとされているので、根抵当権者（金融機関）および根抵当権設定者の共同申請により元本確定登記を行っておくか、根抵当権設定者の協力が得られない場合は根抵当権者（金融機関）からの元本確定請求（民法398条の19第２項）により元本を確定させたうえで根抵当権者（金融機関）が単独で元本確定登記を行っておく等の必要がある。なお、根抵当権者が競売を申し立てたことにより元本が確定する場合（民法398条の20第１項１号）は差押えの登記により元本確定の事実が登記簿上明らかであるので、元本確定登記の申請を省略することができる。また、債務者または根抵当権設定者が破産手続開始の決定を受けたことにより元本が確定する場合（民法398条の20第１項４号）や根抵当権者が競売手続開始または滞納処分差押えがあったことを知った時から２週間を経過したことにより元本が確定する場合（民法398条の20第１項３号）は根抵当権移転の登記と同時に申請する場合に限り根抵当権者が単独で元本確定の登記を申請することができる（不動産登記法93条）。

7 保証免責（約定書11条）

保証協会による信用保証の法的性格は民法上の保証であるので、主債務が

172　第１編　保証全般

無効であるときは保証債務も無効であり、主債務が取消しや弁済等により消滅したときは保証協会の保証債務も消滅する（保証債務の付従性）。また、金融機関において担保保存義務違反（民法504条）や催告・検索の懈怠（民法455条）があった場合、保証協会は保証責任を免れる。そして、このような一般的な民法上の保証債務の消滅原因のほかに中小企業者等に対する金融の円滑化という信用保証制度の目的実現の観点から信用保証取引における独自の保証債務消滅原因として保証免責条項が定められている。

保証協会は次の免責事由に該当する場合、金融機関に対する保証債務の履行についてその全部または一部の責任を免れる（約定書11条）。

① 金融機関が保証協会の承諾を得ずに旧債振替を行ったとき

② 金融機関が保証契約に違反したとき

③ 金融機関が故意もしくは重大な過失により被保証債権の全部または一部の履行を受けることができなかったとき

以下、各免責事由について概観する。

(1) 旧債振替制限条項違反（1号免責）

旧債振替の制限（約定書3条）に違反して金融機関が保証協会の承諾を得ずに保証付貸付けの貸付金を当該金融機関の既存の債権の回収に充てた場合である。当該金融機関の既存の債権であれば保証付きであるかプロパーであるかを問わず貸付金債権以外の債権も含まれる。約定書3条の違反は保証契約違反（2号免責）でもあるが、旧債振替の制限は信用保証制度の目的達成上欠くことのできない規定であり、その違反についてあえて独立した免責事由として規定されたものである。保証付貸付けの貸付金が外形的に金融機関の既存の債権の回収に充てられていたとしても結果として信用保証制度の目的である中小企業者等に対する金融の円滑化が達成されていれば、保証免責とならない場合もありうるが、やはり外形的に旧債振替の制限の規定に抵触するおそれがある場合はあらかじめ旧債振替についての保証協会の承諾を得ておくべきである（約定書3条ただし書）。

旧債振替制限条項違反があった場合の免責の範囲について、判例では「金融機関が貸付金の一部について（旧債振替制限条項）に違反して旧債振替を

した場合には、残額部分の貸付金では中小企業者等が融資を受けた目的を達成することができないなど、信用保証制度の趣旨・目的に照らして保証債務の全部について免責を認めるのを相当とする特段の事情がある場合を除き、当該違反部分のみについて保証債務消滅の効果が生ずる」とされている（最判平9.10.31民集51巻9号4004頁）。したがって、免責の範囲は信用保証制度の趣旨・目的に照らして全部免責を相当とする特段の事情があるような例外的な場合を除いて一部免責が原則となる。この点、全部免責となる「特段の事情がある場合」として、貸付金のうち旧債振替の占める割合が高い場合、金融機関が当初から自らの債権を回収する意図で計画的に保証付融資を利用したり反復的に旧債振替を行ったりした場合、貸付金融機関の債務者名義の口座から直接既存貸付けの返済に充てれば容易に旧債振替が判明してしまうことからこれを避けるための巧妙な手段として他行口座を経由させて既存貸付けの返済に充てた場合等が考えられる。

(2) 保証契約違反（2号免責）

保証協会と金融機関との間で締結される保証契約の内容には約定書、信用保証書のほか保証協会と金融機関との間で実質的に合意が成立していると考えられる保証制度要綱および事務取扱要領があり、これらの保証契約違反が対象となる（もっとも、約定書3条の旧債振替の制限、9条の債権の保全・取立義務に違反した場合はこの2号免責ではなく、それぞれ1号免責、3号免責が対象となる）。

保証契約違反による保証免責は金融機関の債務不履行責任（民法415条）を問うものである。したがって、保証契約違反があったとしてもそのことについて金融機関に過失がない場合は保証免責とはならない。また、金融機関に保証契約違反がありそのことについて金融機関に過失があったとしても保証協会に現実の損害が発生していなければ原則として保証免責とはならない。

保証契約違反の具体例として「資金使途の相違」「保証条件違反」等がある。

まず、「資金使途の相違」について、たとえば「設備資金」として貸付実

行した資金が「運転資金」に流用された場合、「設備資金」も「運転資金」も同じ「事業資金」の枠内ではあるものの信用保証書上に記載された資金使途に違反していることから設備資金ではなく運転資金に利用されたことについて金融機関に過失がある場合は保証免責となる。設備資金は運転資金と比較して利用された使途の確認が容易であるので、貸付実行前はもちろんのこと貸付実行後も予定された設備が導入されたことを確認できる資料（領収証など）の徴求や導入された設備の実査などに努めなければならない。

　次に、「保証条件違反」について、信用保証書上で保証条件とされている担保や保証を徴求しなかった場合で金融機関に過失があるとき（たとえば金融機関が通常行うべき方法により担保調査を行わなかったときや、担保価値の減少を把握した場合で直ちに保証協会に通知したうえで適当な措置を講じるべきであったのにそれを行わなかったときなど）は、原則として保証協会に生じた損害の範囲で保証免責となる。また、連帯保証人が保証否認している場合や、保証契約の不成立等で実質的に保証条件とされた連帯保証人の保証が得られずそのことについて金融機関に過失がある場合も保証契約違反となり、原則として保証協会に生じた損害の範囲で保証免責となる。金融機関の過失の有無の判断にあたっては、保証意思の確認やその他保証契約を有効に成立させるために必要となる要件や手続の充足等について金融機関として要求される注意を払っていたと認められるか否かが問題となるが、その注意のレベルはあくまで個別金融機関が実際に行っている管理をいうのではなく、与信機関たる金融機関として要求される注意が求められることになる。

　この点、「保証条件違反」に関して保証条件とされた連帯保証人の法的位置付けが問題となる。連帯保証人の徴求が保証協会による信用保証の保証条件とされた場合、保証協会はその連帯保証人を信用保証委託契約書上の求償権保証人として徴求するほか、金融機関の貸付契約書上の連帯保証人としても徴求することが義務づけられている。仮に金融機関の貸付債権については連帯保証人とはならず保証協会の求償権についてのみ連帯保証人となる場合は、事前求償権に基づく請求もありうるものの、原則として当該連帯保証人に対する請求は保証協会の代位弁済後となる（しかも、代位弁済は冷却期間

（約定書例では90日）経過後となる）。他方で、金融機関の貸付債権の連帯保証人ともなっている場合は最終履行期限後の冷却期間中にも金融機関からのすみやかな保証債務履行請求が可能であるし、当該金融機関に連帯保証人の預金があれば債権債務が対立するので預金相殺による回収も可能である（保証協会の立場では債権債務は対立しないので預金相殺は不可能である）。このように、金融機関の貸付債権の連帯保証人ともなっている場合はできるだけ早い段階から連帯保証人からの回収を図ることができるというメリットがあることから、保証協会の求償権保証人のほか金融機関の貸付債権の連帯保証人として徴求することが義務づけられている。したがって、金融機関の貸付債権の連帯保証人として徴求していなかった場合は保証協会の求償権保証人として徴求されているからといって保証協会において損害が発生していないということはできず、やはり保証契約違反による免責が問題となる可能性がある。

　また、主債務者が反社会的勢力であったことが事後的に判明した場合について、金融機関および保証協会は信用保証に関する基本契約上の付随義務として個々の保証契約を締結して融資を実行するのに先立ち相互に主債務者が反社会的勢力であるか否かについてその時点において一般的に行われている調査方法等に鑑みて相当と認められる調査をすべき義務を負っており、金融機関がこの義務に違反してその結果反社会的勢力を主債務者とする融資について保証契約が締結された場合は保証契約違反に当たる（最判平28．1．12民集70巻1号1頁）。したがって、金融機関としては融資実行に先立ち主債務者が反社会的勢力であるか否かについて相当な調査を実施する必要があり、そのような調査を実施していなかった場合は保証契約違反として保証免責となる場合がある（保証免責となる場合、その免責の範囲は保証協会の調査状況等も勘案して定められることになる）。

　さらに、主債務者が中小企業者の実体を有しないことが事後的に判明した場合についても同様である。金融機関は信用保証に関する基本契約（約定書）に基づき、個々の保証契約を締結して融資を実行するのに先立ち主債務者が中小企業者の実体を有する者であることについて相当と認められる調査

176　第1編　保証全般

をすべき義務を負っており、金融機関がこのような義務に違反しその結果中小企業者の実体を有しない者を主債務者とする融資について保証契約が締結された場合は保証契約違反に当たる（最判平28.12.19金融法務事情2066号68頁）。したがって、金融機関としては融資実行に先立ち主債務者が中小企業者の実体を有する者であることについて相当な調査を実施する必要がある。

なお、以上の判例では、主債務者が反社会的勢力でないことや主債務者が中小企業者の実体を有することという保証協会の動機は、それが表示されていたとしても当事者の意思解釈上金融機関と保証協会との間の保証契約の内容になっていたとは認められず、保証契約の意思表示に要素の錯誤はなく錯誤取消し（民法95条）は認められないとされている。

(3) 故意・重過失による取立不能（3号免責）

金融機関が故意もしくは重大な過失により被保証債権の全部または一部の履行を受けることができなかった場合である。約定書9条の債権の保全・取立義務の実効性を確保するためである。この場合も原則として金融機関の保全・取立義務違反により保証協会に生じた損害の範囲で保証免責となる。3号免責は金融機関に故意・重過失があった場合に限定されているが、もとより金融機関は債権の管理・保全・取立てについて高度な注意義務を負っていることに注意しなければならない。

故意・重過失による取立不能の具体例として「担保保存義務違反」「法的整理における債権届出の失念」「同等管理義務違反」「事故事由発生後の固定性預金の払出し」「工事代金引当融資における入金された工事代金の払出し」等がある。

これら具体例のうち「担保保存義務違反」について、金融機関は保証協会に対して担保保存義務（民法504条）を負っている。金融取引における一般の保証人との間のように金融機関の担保保存義務免除特約等といったものは存在しないので注意を要する。したがって、当該担保が保証条件とされているか否かにかかわらず保証協会の承諾を得ないで担保の解除等（喪失または減少）を行ったときは保証協会に生じた損害の範囲で保証免責となりうる。当該担保が保証条件となっている場合、担保の解除等については保証条件変

更手続が必要であり、その手続を行わずして担保の解除等を行った場合は保証契約違反（２号免責）ともなる。また、保証条件外の担保の解除等については、事故報告書提出事由または延滞が生じた後は保証協会との協議を要する（それらが生じる前は協議不要）。

また、「同等管理義務違反」について、保証付債権とプロパー債権とが並存している場合に、金融機関がプロパー債権についてのみの回収を図り一方で保証付債権の管理・保全・取立てを放置するような恣意的な不作為は同等管理義務（約定書９条３項）違反となる。なお、預金相殺の充当順位について、保証条件となっていない預金については原則としてプロパー債権に優先充当することが認められているが、例外的な取扱いがされる場合もあるので全国信用保証協会連合会作成の「約定書例の解説と解釈指針」（金融法務事情1818号33～35頁）をつど確認する等、注意を要する。

8　免責の範囲

前記のとおり、旧債振替制限条項違反があった場合の免責の範囲について判例では「信用保証制度の趣旨・目的に照らして保証債務の全部について免責を認めるのを相当とする特段の事情がある場合を除き、当該違反部分のみについて保証債務消滅の効果が生ずる」とされている（最判平９.10.31民集51巻９号4004頁）。そして、この判例は旧債振替制限条項違反（１号免責）以外の免責事由における免責の範囲にも同様に当てはまる。したがって、免責の範囲は信用保証制度の趣旨・目的に照らして全部免責を相当とする特段の事情があるような例外的な場合を除いて一部免責が原則となる。そのため、免責事由が認められる場合であっても直ちに全部免責となるわけではなく、免責事由があった場合となかった場合とを比較して保証協会にどのような範囲で現実の損害が生じているのか、免責事由があったことによりその損害が生じたといえるのか（免責事由該当行為と損害との間の因果関係）等を検討して免責の範囲を決定することになる。

9 免責の効果が生じる時期

旧債振替制限条項違反（1号免責）に関する判断ではあるが、前掲判例（最判平9.10.31民集51巻9号4004頁）では旧債振替制限条項違反があった場合は保証協会からの特段の意思表示を要することなく保証協会の保証債務は当然に消滅することになるとされている。この判例は、旧債振替制限条項違反（1号免責）以外の免責事由における免責の効果が生じる時期にも同様に当てはまる。すなわち、免責事由に該当したことにより保証債務消滅の効果が生じるのは保証協会が免責事由に該当することを認識した時（あるいはそれ以降）ではなく、客観的に免責事由に該当した時点となる。この点、保証協会が金融機関に対する代位弁済後に実は金融機関に保証免責事由があったことが判明したとして保証協会から金融機関に対して代位弁済金の不当利得返還請求（民法703条）が行われる場合があるが、代位弁済後すでに10年を経過している場合は保証協会が保証免責事由に該当することを認識した時から5年を経過していないときであっても「権利を行使することができる時から10年間行使しないとき」（民法166条1項2号）として保証協会の金融機関に対する不当利得返還請求権が時効消滅により請求できなくなると考えられる（大阪高判平30.2.8金融法務事情2096号70頁）。

10 保証免責をめぐる実務上の留意点

保証協会保証は保証履行の確実性がきわめて高い保証（優良保証等）であるので金融機関としても一見安心しがちなのであるが、むしろ優良保証等であるがゆえに主債務者の不履行の場合において保証協会の保証免責を受ける等ということが決してあってはならず、保証付債権の管理・保全・取立てにはプロパー債権以上に万全を期さなければならない。

筆者も信用補完制度の実務にたずさわっているが、金融機関と保証協会との間で紛争が生じる背景には金融機関の信用保証制度に対する理解の不十分さや金融機関と保証協会との間のコミュニケーションギャップに端を発していることが多い。金融機関としては約定書、保証制度要綱および事務取扱要

第7章 信用保証協会保証 179

領等の内容の十分な把握に努めるのはもちろんのこと、手続等で何か不明な
点があれば、保証協会につど問い合わせる等して、すみやかに疑問を解消し
たり、悪い情報であればあるほどすみやかに保証協会に伝達したりする等と
いったことを心がけるのが信用保証制度とうまく付き合う実務上の勘所であ
る。

第 3 節　信用補完制度

　信用保険制度は、保証協会が行う中小企業者等の債務の保証についての保険を株式会社日本政策金融公庫（以下「公庫」という」）が引き受け、保証協会の保証債務のリスクカバーを行う制度である。公庫と保証協会との間では半期ごとに保険種類ごとに包括保証保険契約が締結され、保証協会が一定の要件を備えた保証を行うと契約額の範囲内において自動的に保険関係が成立する。保証協会が中小企業者等にかわって金融機関に代位弁済を行うと（保険事故の発生）、公庫において審査のうえ保証協会に対する保険金の支払いを行う。そして、保証協会は保険金が支払われた後も中小企業者等に対する求償権行使義務を負担し（中小企業信用保険法7条）、回収があった場合にはその一定割合を公庫に納付する。

　保証協会が行う信用保証制度とその信用保証を保険する信用保険制度とを包括して信用補完制度と呼ぶが、中小企業者等の信用補完を行い中小企業者等に対する金融の円滑化を図るという目的達成のため、信用保証と信用保険との双方が有機的に連携して機能することとなる。

第4節 | 保証協会と金融機関の連携とリスク分担

　保証協会と金融機関とが適切な責任共有を図ることにより金融機関が貸手として責任のある融資を行い、両者が連携して中小企業の事業意欲等を継続的に把握し融資実行およびその後における経営支援や再生支援といった中小企業に対する適切な支援を行うことを目的として、保証協会が全部保証を行うのではなく金融機関が原則として信用リスクの2割相当額を負担する責任共有制度が設けられている（責任共有制度には部分保証方式と負担金方式がある）。

　また、信用保証への過度な依存が進んでしまうと金融機関にとっては事業性評価融資やその後の期中管理・経営支援への動機が失われるおそれがあるとともに、中小企業にとっても資金調達が容易になりかえって経営改善への意欲が失われるといった副作用もあることから、このような副作用を抑制しつつ中小企業の経営改善や生産性向上をいっそう進めていくために、保証協会は中小企業者による経営の改善発達を促進するため金融機関と連携を図るものとされ（信用保証協会法20条の2）、個々の中小企業の実態に応じて保証付融資とプロパー融資を適切に組み合わせる等、保証協会と金融機関が柔軟にリスク分担を行っていくこととされている。

182　第1編　保証全般

第5節 保証協会による連帯保証人の徴求

1 経営者以外の第三者保証徴求の原則禁止

本来、信用補完制度は金融機関からの担保や保証人による債権保全手段の徴求に応じられない中小企業者の資金調達の円滑化を図るための制度である。そこで、このような制度本来の目的から保証協会では平成18年4月以降経営者本人以外の第三者を保証人として求めることを原則禁止としている（中小企業庁金融課「信用保証協会における第三者保証人徴求の原則禁止について」（https://www.chusho.meti.go.jp/kinyu/2006/060331daisanshahoshou_kinshi.html））。

ただし、第三者保証人を徴求できる特別な事情がある場合として以下の三つの場合があげられている。

① 実質的な経営権を有している者、営業許可名義人または経営者本人の配偶者（当該経営者本人とともに当該事業に従事する配偶者に限る）が連帯保証人となる場合

② 経営者本人の健康上の理由のため、事業承継予定者が連帯保証人となる場合

③ 財務内容その他の経営の状況を総合的に判断して、通常考えられる保証のリスク許容額を超える保証依頼がある場合であって当該事業の協力者や支援者から積極的に連帯保証の申出があった場合（ただし、協力者等が自発的に連帯保証の申出を行ったことが客観的に認められる場合に限る）

そして、金融庁発出の「中小・地域金融機関向けの総合的な監督指針」でも「経営者以外の第三者の個人連帯保証を求めないことを原則とする融資慣

行の確立等」（Ⅱ－11）として「個人連帯保証契約については、経営者以外の第三者の個人連帯保証を求めないことを原則とする方針を定めているか。また、その際には、必要に応じ、「信用保証協会における第三者保証人徴求の原則禁止について」における考え方を踏まえているか。特に、経営者以外の第三者が、経営に実質的に関与していないにもかかわらず、例外的に個人連帯保証契約を締結する場合には、当該契約は契約者本人による自発的な意思に基づく申し出によるものであって、金融機関から要求されたものではないことが確保されているか」等が金融監督上の主な着眼点とされ、経営者以外の第三者保証徴求の原則禁止の考え方は保証付貸付けに限らず金融機関の中小企業者に対する融資一般に広く当てはまるものである。

2　経営者保証に依存しない融資慣行の確立加速に向けた信用保証制度

　経営者保証は、経営の規律づけや信用補完として資金調達の円滑化に寄与する面がある一方でスタートアップの創業や経営者による思い切った事業展開を躊躇させ円滑な事業承継や早期の事業再生を阻害する要因となっている等、さまざまな課題も存在する。このような課題の解消に向け経営者保証ガイドラインの活用促進等の取組みが進められてきているが、経営者保証に依存しない融資慣行の確立をさらに加速させるため経済産業省・金融庁・財務省が連携して「経営者保証改革プログラム」（令和4年12月23日公表）が策定・実行されている。

　そして、信用保証制度との関係では、令和5年3月15日からスタートアップの創業から5年以内の者に対する経営者保証を徴求しない信用保証制度（スタートアップ創出促進保証制度）が開始されている。なお、民間金融機関による融資との関係では、金融庁監督指針が改正され同年4月から金融機関が経営者保証を徴求する際は主債務者・保証人に対して個別具体的にどの部分が十分ではないために保証契約が必要となるのか、どのような改善を図れば保証契約の変更・解除の可能性が高まるかを説明し、その結果等を記録することが求められる等、経営者保証を徴求する際の手続が厳格

184　第1編　保証全般

化されている。

令和6年3月15日からは、無担保保証等において一定の要件（法人から代表者への貸付け等がないこと、決算書類等を金融機関に定期的に提出していること等）を満たす場合は保証料率の上乗せを条件として経営者保証の解除を選択できる信用保証制度（事業者選択型経営者保証非提供制度）が開始されている。また、流動資産担保融資保証制度においては経営者保証の徴求も禁止されるようになった（中小企業信用保険法3条の4第1項）。さらに、民間金融機関における経営者保証に依存しない融資慣行の浸透等を目的として、プロパー融資における経営者保証の解除等を条件にプロパー融資の一部に限り借換えを例外的に認める時限的な信用保証制度（プロパー融資借換特別保証制度）が開始されている。

また、金融機関が不動産担保や経営者保証等によらず事業者の事業の実態や将来性に着目した融資（事業性融資）に取り組みやすくするよう、「事業性融資の促進等に関する法律」（令和6年6月14日公布）により無形資産を含む事業全体を担保とする制度（企業価値担保権）が創設されている。この点、企業価値担保権が設定された場合、経営者保証等によらない事業性融資を推進するという立法目的から、原則として、個人保証契約等に係る権利行使が制限される。

以上のとおり、中小企業金融の実務では、安易な個人保証に依拠した融資を抑制し事業者・保証人の納得感を向上させる取組みや経営者保証解除の前提となる中小企業の収益力改善、ガバナンス体制整備に向けた支援等がよりいっそう求められている。

第7章　信用保証協会保証　185

第 2 編

経営者保証ガイドライン

第1章

総　　論

第 **1** 節	経営者保証ガイドラインとは

1 経営者保証ガイドラインの概要

　金融取引における個人保証は利他性、無償性、情義性、未必性、軽率性など保証の特殊性に起因して保証人が予期せぬ負担を負う可能性があることが古くから問題とされてきた。もっとも、この保証の特殊性が問題となるのはもっぱら経営者以外の保証人、すなわち「第三者保証」である。金融実務においては第三者保証を原則禁止した平成23年7月14日付金融庁改正監督指針（以下「改正監督指針」という）の施行後、第三者保証は激減し、現行民法465条の6の「事業に係る債務についての保証契約の特則（保証意思宣明公正証書作成の義務化）」が導入された令和2年4月1日以降、一般の事業性融資において第三者保証はほぼ姿を消している。

　現在、一般の事業性融資において徴求されている保証はそのほとんどが会社の債務を経営者が保証する形態であり、会社の経営状況や会社の債務の状況を熟知する立場にある経営者には保証の特殊性に起因する問題はストレートには当てはまらない。しかし、経営者たる保証人であってもその保証責任は過大であることには変わりなく、中小企業の各ライフステージにおける取組意欲を阻害する要因となっている。このような問題を解決する方策として策定されたのが「経営者保証ガイドライン」である。

(1) 経営者保証ガイドラインとはどのようなものか

a 「経営者保証」とは何か

　民法上の保証の目的は主たる債務の信用補完や主債務が不履行となった場合の債権保全である（同法446条1項、447条1項参照）。民法上「経営者保証」という特殊の保証形態は存在せず、金融実務上の用語として、経営者に

図表 2 - 1　民法・監督指針・経営者保証ガイドラインにおける「経営者保証」の違い（注1）

民法465条の9により保証意思宣明公正証書作成対象の適用を除外される「経営者保証」	平成23年7月14日付金融庁監督指針に基づく「経営者保証」（第三者保証禁止の例外）	経営者保証ガイドラインの対象となる「経営者保証」（注2）
◎　主たる債務者が法人の場合、次の要件に該当する者 　a　主たる債務者の理事、取締役（代表取締役も含む）、執行役またはこれに準ずる者 　b　主たる債務者の総株主の議決権の過半数を有する者（他の会社等を介して間接的に議決権の過半数を有する者を含む） ◎　主たる債務者が株式会社以外の法人の場合、上記a、bに準ずる者 ◎　主たる債務者が法人以外の場合 　a　主たる債務者と共同して事業を行う者 　b　主たる債務者が行う事業に現に従事している主たる債務者の配偶者	◎　実質的な経営権を有している者、営業許可名義人 ◎　経営者本人の配偶者（当該経営者本人とともに当該事業に従事する配偶者に限る） ◎　事業承継予定者（ただし経営者本人の健康上の理由によるものに限る） ◎　事業の協力者や支援者などで積極的に連帯保証の申出を行ってきた者（ただし協力者等が自発的に連帯保証の申出を行ったことが客観的に認められる場合に限る）	◎　企業の経営者 ◎　実質的な経営権を有する者 ◎　営業許可名義人 ◎　経営者とともに事業に従事する配偶者 ◎　経営者の健康上の理由のため保証人となる事業承継予定者等 ◎　第三者保証人（個人に限る） ◎　実質的に保証と同様の効果を期待される併存的債務引受により連帯債務者となった経営者等

（注1）　経営者保証ガイドラインは、2011年7月14日付金融庁監督指針によって「第三者保証」が根絶されていることを前提としているため、本文やQ&Aで第三者保証人が対象に列挙されていないなど、わかりにくい記載となっているが、第三者保証も含め、すべての個人保証を適用対象としていることに留意が必要である。

（注2）　端的にいえば、保証人が個人である場合は、すべて適用対象となる。

（出所）　筆者作成

よる個人保証であって民法上の保証の目的に加え「経営者の規律づけ」を目的とする保証を「経営者保証」と呼んでいる。

経営者保証は金融実務における有用性の高さから、近時の個人保証を制限する方向での法改正や制度改正においても一定の規制のもとではあるものの存続が認められている。他方で、経営者保証にはその有用性と過大な保証責任とのアンバランスさが指摘されており、その是正が課題であるとされている。

なお、「経営者保証」という用語は、経営者保証ガイドラインだけでなく民法の「事業にかかる債務について公正証書の作成と保証の効力に関する規定の適用を除外される個人保証人」（同法465条の9第1号・2号）や2011年改正金融庁監督指針にも使用されているが、それぞれの規定によって対象となる保証人が異なることに留意が必要である（図表2－1）。

b 経営者保証ガイドラインとは何か

経営者保証ガイドラインとは、日本商工会議所・一般社団法人全国銀行協会を事務局とし中小企業団体・金融機関団体の関係者、学識経験者、法務・会計の専門家等を委員、中小企業庁、金融庁、財務省、農林水産省、法務省、最高裁判所事務総局の担当官をオブザーバーとする「経営者保証に関するガイドライン研究会」により平成25年12月5日に公表され、翌平成26年2月1日より運用開始された経営者保証に関する準則である。正式には「経営者保証に関するガイドライン」というが、一般的には「経営者保証ガイドライン」という通称が使用されている（本編では「ガイドライン」「経営者保証GL」「GL」という略称も使用する）。

具体的には中小企業・小規模事業者等（以下「中小企業」という）の経営者が金融機関に差し入れている個人保証（以下「経営者保証」という）について、保証契約を締結する際や金融機関等の債権者（以下「対象債権者」という）が保証履行を求める際における、中小企業（主たる債務者）、保証人、対象債権者の自主的なルールを定めている。経営者保証ガイドラインの最大の特徴は保証責任の範囲が通常の保証責任（民法上許容される保証責任）と大きく異なることである（図表2－2、詳細は本編第4章第3節4参

192　第2編　経営者保証ガイドライン

図表2－2　保証責任の範囲

通常の保証責任の範囲	ガイドラインによる保証責任の範囲
期限の利益喪失後の収入や取得資産も、保証債務の弁済原資に充てなければならない。	財産評定基準時以後の収入や取得資産は、保証債務の原資としてはならない。
資産はすべて処分することが必要であり、現預金や、資産処分代金は、保証債務の弁済原資に充てなければならない。 ※　ただし、保証債務の履行によって保証人の生計維持が困難となるようなことのないよう配慮することが、コンプライアンス上求められる。 ※　保証債務の履行なしに無税直接償却するためには、原則として、当該保証人が法人税基本通達11－2－7（人的保証に係る回収可能額の算定）に掲げる基準に該当している必要がある。	破産法上の自由財産（99万円）は、保証債務の弁済原資に充てなくてもよい。
	雇用保険の支給期間を参考とする「一定期間の生計費」（A）については、対象債権者の経済的合理性（＝回収見込額の増加額、以下同じ）を上限として残存資産に含めることを検討する。
	生命保険等の解約返戻金、敷金、保証金、電話加入権、自家用車その他の資産（B）についても、破産手続における自由財産の考え方や、その他の事情を考慮し、対象債権者の経済的合理性を上限として残存資産に含めることを検討する。
	上記以外の資産であっても、財産評定基準時以後の収入（原則5年以内の分割弁済可、以下同じ）や新得財産（親族からの借入れ等も含む、以下同じ）で弁済することを条件に残存資産に含めることを検討する。
無担保の自宅は、必ず処分して、保証債務の弁済原資に充てなければならない。 ※　自宅に引き続き居住するために、親族等の支援者からの借入れによって自宅の時価相当額を弁済しても、債権者からの強制執行を排除することができないため、このような場合は、支援者に自宅を買い取ってもらい売却代金を弁済に充てたうえで、当該支援者から自宅を賃借するしかない。	華美でない自宅（C）については、対象債権者の経済的合理性を上限として残存資産に含めることを検討する。
	華美でない自宅の価値が対象債権者の経済的合理性を上回る場合、回収見込額を上回る部分について、財産評定基準時以後の収入や新得財産で弁済することを条件に残存資産に含めることを検討する。

（注1）　「A＋B＋C≦回収見込の増加額」であることが必要。
（注2）　「A＋B＋C＞回収見込の増加額」の場合、差額を財産評定基準時以後の収入（原則5年以内の分割弁済可）や新得財産（親族からの借入れも含む）で弁済することを条件に残存資産に含めることを検討する。
（注3）　A～Cの資産を実際に残すためには、債権者全員との合意が必須である。
（出所）　筆者作成

第1章　総　論　193

照）。

(2) 経営者保証ガイドライン策定の背景

経営者保証を徴求することにより下記aで列挙する弊害が生じていることが問題とされてきたが、他方で下記bのように経営者保証を徴求しないことの弊害も指摘されている。この二つの弊害の同時解消こそが金融機関の目指すべき保証実務のあり方であるといえ、その実現に寄与するために策定されたのが経営者保証ガイドラインである。

a 経営者保証を徴求することの弊害

経営者保証には経営への規律づけや信用補完として資金調達の円滑化に寄与する側面がある一方、次のような課題・弊害がある。

(a) 「経営の規律づけ」の阻害

経営者保証への依存は中小企業の側では法人・個人の明確な分離を妨げ、企業としての財務状況の正確な把握や適時適切な情報開示による透明性の確保という健全な事業の促進を阻害する要因となっている。また、金融機関側の経営者保証への依存は借手の事業内容や経営状況等に対する「目利き」を重視した健全な融資慣行を構築する意欲を減退させる要因となっている。

(b) 「貸手と借手との信頼関係構築」の阻害

「経営者保証の慣行化」は、貸手（金融機関）側に経営者保証人の資産に比して過大な債務負担を安易に求めたり、契約時における中小企業への十分な説明を怠ったりするなどのモラルハザードを生じさせることがある。他方、借手（中小企業）側にも、主たる債務者の経営が窮境に陥った場合に経営者保証人が自らの資産に比して過大な保証債務が顕在化することを回避しようとして適時適切な情報開示を怠り、ひいては粉飾決算への動機づけとなるなどのモラルハザードを生じさせることがある。このような状況が貸手と借手との継続的かつ良好な信頼関係を構築・強化していくことを阻害する要因となっている。

(c) 「中小企業の各ライフステージにおける取組意欲」の阻害

経営者保証人は「主たる債務の履行が困難になると過大な保証債務が顕在化する」という懸念を常に抱いている。そのような懸念が中小企業の「創

業、成長・発展、早期の事業再生や事業清算への着手、円滑な事業承継、新たな事業の開始等」という各ライフステージにおける取組意欲や合理的な経済性判断を阻害する要因となっている。

(d) 経営者の再スタートの阻害

経営者保証人は主たる債務者の経営が窮境に陥ると資産に比して過大な保証債務の履行を求められることになり、経営者個人も経済的破綻を余儀なくされることが経営者の再スタートを阻害する要因となっている。

b 経営者保証を徴求しないことの弊害

経営者保証を徴求しないことにより経営者の規律づけが機能せず、有事における主たる債務者の整理の放棄、担保物件処分への非協力により金融機関の「主たる債務者からの回収」が阻害される事例が問題視されている。

c 経営者保証ガイドライン策定の経緯

平成22年6月18日に閣議決定された「新成長戦略〜「元気な日本」復活のシナリオ〜」において上記のような経営者保証の課題や弊害に対する問題意識が提起されたことを受け、中小企業金融における「保証」についての見直し作業が本格化した。具体的な見直し作業は次のとおり。

(a) 「中小企業の再生を促す個人保証等の在り方研究会」における議論（平成22年11月〜平成23年3月）

上記「新成長戦略」で提起された問題意識を受け、中小企業庁金融課において有識者と意見交換する私的研究会として設置され、個人保証に関する課題を中心とした中小企業金融の実務や中小企業の事業再生に関する課題の洗直しが行われた。

(b) 金融庁監督指針改正（平成23年7月14日）

「経営者以外の第三者の個人連帯保証を求めないことを原則とする融資慣行の確立」を柱として監督指針が改正された。

(c) 「中小企業における個人保証等の在り方研究会」における議論（平成25年1月〜5月）

中小企業庁・金融庁が共同で設置した有識者で構成される研究会であり、中小企業金融円滑化法が平成25年3月末に期限を迎えることに対応するため

第1章 総 論 195

中小企業金融の実務の円滑化に資する具体的な政策の検討がなされた。同研究会が同年5月2日に公表した報告書が経営者保証ガイドラインの骨子となっている。

(d) 「日本再興戦略」の閣議決定（平成25年6月14日）

新事業を創出し欧米並みの開・廃業率10%台を目指すための施策として経営者保証に関する課題の解決策の方向性を具体化したガイドラインの早期策定が明記された。

(e) 「経営者保証に関するガイドライン研究会」における議論（平成25年8月〜12月）

「日本再興戦略」を受け、(c)の報告書で示された方向性を具体化する中小企業団体および金融機関団体共通の自主的自立的な準則として「経営者保証ガイドライン」が策定・公表（平成25年12月5日）され、翌平成26年2月1日に施行された。

(3) 経営者保証ガイドラインの構成

a 経営者保証ガイドライン本体

経営者保証ガイドライン（全8項）は大きくは次の三つの柱で構成されている。

① ガイドライン制定の目的、経営者保証の準則、適用対象となる保証契約、雑則

「第1項　目的」「第2項　経営者保証の準則」「第3項　ガイドラインの対象となり得る保証契約」「第8項　その他（(4)を除く）」

② 保証契約時および見直し時等（いわゆる「入口部分」）における対応

「第4項　経営者保証に依存しない融資の一層の促進」「第5項　保証契約時の対象債権者の対応」「第6項　既存の保証契約の適切な見直し」

③ 保証債務の整理時・履行時（いわゆる「出口部分」）における対応

「第7項　保証債務の整理」「第8項　その他(4)」

196　第2編　経営者保証ガイドライン

b 「経営者保証に関するガイドライン」Q&A

　経営者保証ガイドラインは利害関係の異なるさまざまな関係者で組織される「経営者保証に関するガイドライン研究会」が策定しているため、各関係者の対立や妥協の積上げにより非常にわかりにくい表現となっている。そのため、具体的な実務に経営者保証ガイドラインを当てはめる指針として、ガイドラインに即して具体的な実務を行ううえで留意すべきポイントを取りまとめた「「経営者保証に関するガイドライン」Q&A」（以下「Q&A」という）もガイドライン本体と同時に制定されている。

　その後、実務の積上げによりガイドラインの解釈を改定する必要が生じるつど、ガイドラインを補完する準則または指針として「「経営者保証に関するガイドライン」に基づく保証債務の整理に係る課税関係の整理」「事業承継時に焦点を当てた「経営者保証に関するガイドライン」の特則」「廃業時における「経営者保証に関するガイドライン」の基本的考え方」などが策定されている。また、これにあわせてQ&Aも6回（令和6年8月時点）改定されている。

c 各項目の概要

　ガイドラインの項目のうち「第3項　ガイドラインの対象となり得る保証契約」および「第8項　その他（(4)を除く）」は本章第2節、「第4項　経営者保証に依存しない融資の一層の促進」は第2章第1節、「第5項　保証契約時の対象債権者の対応」は第2章第1節および第2節、「第6項　既存の保証契約の適切な見直し」は第3章、「第7項　保証債務の整理」および「第8項　その他(4)」は第4章でそれぞれ詳述するので、ここでは、「第1項　目的」および「第2項　経営者保証の準則」の概要について触れておく。

d ガイドラインの目的（第1項）

　ガイドラインの目的は、経営者保証の課題・弊害を解消し中小企業の活力を引き出すことにより日本経済の活性化に資することである。具体的には次に掲げる取組みを通じて中小企業の活力がいっそう引き出されることが必要である。

　　① 主たる債務者、保証人、対象債権者の継続的かつ良好な信頼関係の

第1章　総　　論　197

構築・強化

② 中小企業の各ライフステージにおける中小企業の取組意欲の増進

③ 中小企業金融の実務の円滑化

この目的を達成するため、ガイドラインは中小企業金融における経営者保証について、主たる債務者、保証人および対象債権者において合理性が認められる保証契約のあり方等を示すとともに主たる債務の整理局面における保証債務の整理を公正かつ迅速に行うための準則（準拠すべき規則）を定めている。

e 経営者保証の準則（第2項）

(a) ガイドラインの位置付け

ガイドラインは民間団体である「経営者保証に関するガイドライン研究会」が策定した準則であるため法的拘束力はないものの、主債務者たる中小企業、経営者、金融機関による自主・自律的ルールとして関係当事者には自発的に尊重され遵守されることが期待されている。もっとも、金融庁の監督指針等で金融機関にガイドラインの活用やガイドラインのルールの遵守が義務づけられており、その取組状況や取組姿勢が不十分な場合は報告徴求や業務改善命令の発出の対象となることから、金融機関等にとっては銀行法等の業法による実質的な拘束力があることに留意が必要である。

(b) ガイドラインの当事者が従うべき基本ルール

ガイドラインは、主たる債務者、保証人、対象債権者に対して次のことを求めている。

① 経営者保証に依存しない融資のいっそうの促進を図ること

② 保証を徴求する場合、保証契約の締結、保証債務の整理等における対応について誠実に協力すること

③ 保証債務の整理の過程において、共有した情報について相互に守秘義務を負うこと

④ ガイドラインに基づく保証債務整理は、公正衡平を旨とし、透明性を尊重すること

⑷　ガイドライン制定時の監督指針改正

a　ガイドライン公表時の金融庁の対応

　ガイドライン公表直後、金融庁は全国銀行協会等の金融機関関係団体に対し平成25年12月11日付金監第2681号「「経営者保証に関するガイドライン」の積極的な活用について」により金融機関へ次のとおり要請を行った（なお、同文書により「当庁としては、金融機関等による積極的な活用を通じて、本ガイドラインが融資慣行として浸透・定着化していくことが重要であると考えております」という金融庁のスタンスが明確に示された）。

> ①　営業現場の第一線まで本ガイドラインの趣旨や内容の周知徹底を図るとともに顧客に対する幅広い周知・広報の実施、社内規程や契約書の整備等、所要の態勢整備に早急に取り組むこと
> ②　本ガイドラインの適用に関する準備が整った場合は適用開始日を待たず先行してガイドラインに即した対応を開始すること
> ③　中小企業等からの相談には、その実情に応じてきめ細かく対応し必要に応じ外部機関や外部専門家とも連携しつつ本ガイドラインの積極的な活用に努めること

b　ガイドライン施行に伴う監督指針改正

　「主要行等向けの総合的な監督指針」「中小・地域金融機関向けの総合的な監督指針」等（以下「監督指針」という）は、金融庁の金融機関に対する監督事務に関しその基本的な考え方、監督上の評価項目、事務処理上の留意点等について体系的に整理した「金融機関の監督を直接担当する職員向けの手引書」である。

　金融庁は、ガイドライン施行（平成26年2月1日）にあわせ監督指針を改正し「「経営者保証に関するガイドライン」の融資慣行としての浸透・定着等」を新設した。具体的な項目は次のとおり。

> ①　経営者保証への対応方針の明確化
> ②　ガイドラインに示された準則の職員への周知徹底
> ③　社内規程やマニュアル、契約書の整備、本部による営業店支援態勢の整備

第1章　総　　論　199

④　主たる債務者、保証人からの経営者保証に関する相談に対し、適切に対応できる態勢の整備

⑤　停止条件付きまたは解除条件付保証契約、ABL等の経営者保証の機能を代替する融資手法のメニューの充実および顧客への周知

⑥　主債務者たる中小企業等から資金調達の要請を受けた場合に、経営者保証を求めない可能性等を債務者の意向もふまえたうえで検討する態勢の整備

⑦　保証債務の整理にあたっては、関係する他の金融機関、外部専門家（公認会計士、税理士、弁護士等）および外部機関（中小企業再生支援協議会（筆者注：現在の中小企業活性化協議会）等）との十分な連携・協力

また、上記以外にも、次の事項が随所に盛り込まれた。

ⓐ　ガイドラインへの対応として保証契約締結に際しての「丁寧かつ具体的な説明」

ⓑ　保証契約締結の「客観的合理的説明」

ⓒ　各金融機関の「貸付に関する基本的な経営方針」に「できる限り担保・保証に頼らない」「経営者保証に依存しない融資の一層の促進」を盛り込むこと

ⓓ　事業承継時における保証契約の見直し

ⓔ　保証債務履行時の対応

ⓕ　金融仲介機能を発揮する局面に「経営者保証を求めない可能性」や「代替的な融資手法を活用する可能性」の検討を含めること

このように、金融庁は金融機関が経営者保証ガイドラインを融資慣行として浸透・定着化させるための内部管理態勢を整備すべきことを監督指針に明記することにより同ガイドラインを金融検査上重要な位置付けとしている。さらに、金融庁は上記監督指針の改正に際し「行政当局においても、本ガイドラインの運用にあたっての金融機関の内部管理態勢の実効性等を確保するため、必要に応じ報告を求めることや、重大な問題があると認められる場合には、業務改善命令の発出を検討する必要があります」との立場を明確に示

200　第2編　経営者保証ガイドライン

していることに留意が必要である。

　なお、金融庁は経営者保証に依存しない新たな融資慣行の確立に向けた意識改革を進めるため「経営者保証改革プログラム」に基づき監督指針をさらに改正した（令和4年11月1日公表）。当該改正監督指針において金融庁は民間金融機関による融資における保証徴求手続の厳格化と意識改革を求めている（本節2で詳述する）。

2　経営者保証改革プログラム

　経営者保証ガイドラインは当初①保証を徴求しない融資、②保証にかわる代替的手法による融資、③保証は徴求するが主債務者有事の局面における適正な保証債務整理を実施するという方策によって、このような弊害の解消を進めてきた。これにより令和4年度上期には、経営者保証に依存しない新規融資の割合は政府系金融機関平均では約52％、民間金融機関平均では約33％となったが、経営者保証の弊害解消にはいまだ不十分な状況であった。このため、令和4年10月28日に閣議決定された「物価高克服・経済再生実現のための総合経済対策」は、個人保証に依存しない融資慣行の確立に向けた施策を年内に取りまとめることを盛り込み、これまでの取組みをさらに加速させることとした。これを受けて策定されたのが「経営者保証改革プログラム」である。

(1)　経営者保証改革プログラムとは何か

　「経営者保証改革プログラム」は令和4年12月23日に経営者保証に依存しない融資慣行確立のための具体策として経済産業省・金融庁・財務省の連名で策定・公表された施策である。このプログラムは経済産業省・金融庁・財務省の連携のもと①スタートアップ・創業、②民間融資（民間金融機関による融資における保証徴求手続の厳格化と意識改革）、③信用保証付融資、④中小企業のガバナンス（中小企業のガバナンス体制の整備を通じた持続的な企業価値向上の実現）の4分野を重点的な取組事項としたものである。

　このうち①は創業時の融資において経営者保証を求める慣行が創業意欲の阻害要因となっている可能性があるとの問題意識のもと、起業家が経営者保

第1章　総　　論　201

証を提供せず資金調達を可能とするための方策を示している。具体的には新しい信用保証制度の創設、日本政策金融公庫等における無保証要件の緩和、商工中金のスタートアップ融資の経営者保証原則廃止、民間金融機関へのスタートアップ向け無保証融資の促進要請等である。また、③は信用保証制度において経営者保証の提供を事業者が選択できる環境の整備を指す。

　このように①および③は経営者保証の改革を促すための個別具体的な融資制度を提示するものであり、経営者保証そのものの改革に関する施策は②および④である。そこで、ここでは、経営者保証ガイドラインの運用に重要な影響を与える②および④について詳述する。

(2) 保証手続の厳格化と金融機関の意識改革

　経営者保証改革プログラムには金融庁監督指針の改正（同日、金融庁から公表）等の各種施策が盛り込まれており、同プログラムにおける民間金融機関融資への対応は主にこの改正監督指針に基づいて実施された。監督指針改正の趣旨は民間金融機関による融資における保証徴求手続の厳格化と意識改革である。

　具体的には、第一に、保証を徴求する際の手続を厳格化することで安易な個人保証に依存した融資を抑制するとともに事業者・保証人の納得感を向上させること、第二に、「経営者保証ガイドラインの浸透・定着に向けた取組方針」の作成、公表の要請等を通じ経営者保証に依存しない新たな融資慣行の確立に向けた意識改革を進めることである。このプログラムにおける民間金融機関融資への対応は主にこの改正監督指針に基づいて実施されている。もっとも、監督指針に明記されているのは下記 a (a)および b (a)のみで、 a (b)〜(d)、 b (b)・(c)、 c は監督指針には明記されておらず、経営者保証改革プログラム上の施策である。なお、改正監督指針は令和5年4月1日から適用されている。

a 金融機関が個人保証を徴求する手続に対する監督強化

　改正監督指針は、金融機関に対し個人保証を徴求する際の詳細な説明とその結果の記録を義務化し、その結果の報告を求めることによって、個人保証を徴求する手続に対する監督を強化するとともに主に事業者からの相談に基

202　第2編　経営者保証ガイドライン

づく特別ヒアリングを実施することで監督の実効性を担保することとしている。具体的な内容は次のとおり。

(a) 金融機関が個人保証を徴求する際の詳細な説明とその結果の記録

金融機関は経営者等と個人保証契約を締結する場合、保証契約の必要性等に関し事業者・保証人に対して個別具体的に「どの部分が十分でないために保証契約が必要となるのか」「どのような改善を図れば保証契約の変更・解除の可能性が高まるか」という内容の説明をするとともに、その結果等を記録することが求められる。この点につき金融庁は金融機関に対し、結果等の記録について、「「無保証融資件数」＋「有保証融資で、適切な説明を行い、記録した件数」＝100％」となることを求めている。

ただし、これは個人保証そのものを制限する趣旨ではなく、金融機関が保証徴求の際に保証の必要性を事前に十分検討しなかったり顧客の納得を得るための十分な説明を行わなかったりすること（慣行として保証を徴求すること）をなくすことが趣旨であるとされている。経営者保証に関する事業者・保証人への説明とその結果を記録するうえで留意すべき点は第2章第3節で解説する。

(b) 金融庁への報告義務

金融庁は金融機関に対し、令和5年9月期実績報告分より(a)の結果等を記録した件数について金融庁に報告することを求めている。

(c) 金融庁に経営者保証専用窓口の設置

令和5年4月1日より、金融庁ウェブサイト「当庁に設置されている各種窓口のご案内」に「経営者保証ホットライン（情報提供窓口）」を設置し、電話、e-mail等により事業者等から「金融機関から経営者保証に関する適切な説明がない」などの相談の受付を開始した（担当：監督局総務課監督調査室）。

(d) 特別ヒアリングの実施

金融庁は状況に応じて金融機関に対し特別ヒアリングを実施することとしている。なお、特別ヒアリングは、上記(b)による(a)の実施状況の確認のほか(c)による事業者等からの相談内容を端緒として実施することを想定している

とのことである。

b 経営者保証に依存しない新たな融資慣行の確立に向けた意識改革（取組方針の公表促進、現場への周知徹底）

改正監督指針は金融機関に対し経営者保証に依存しない新たな融資慣行の確立に向けた意識改革を求めており、それを後押しするため、金融庁は経営者保証改革プログラムにおいて金融機関・事業者向けの説明会の実施や「組織的事例集」の拡充などの支援策を掲げている。具体的な内容は次のとおり。

(a) 金融機関による取組方針の策定・公表

金融担当大臣は内閣総理大臣および関係大臣と連名で「個人保証に依存しない融資慣行の確立に向けた取組の推進について」（令和4年12月23日）を発出し、金融機関に対して「経営者保証に関するガイドラインを浸透・定着させるための取組方針」等について経営トップを交え検討・作成し、対外公表（ディスクロージャー誌やウェブサイトでの公表を想定）するよう要請した。

同要請において当該取組方針等は「「経営者保証に関するガイドライン」の活用に係る組織的な取組み事例集（令和3年10月5日改定）」（以下「組織的事例集」という。金融庁ウェブサイト「経営者保証に依存しない融資慣行の確立に向けた施策について」）の内容も適宜参照のうえ事業者とよりよい信頼関係を築くためのコミュニケーションツールとして利用できる内容となるよう、具体的かつわかりやすい記載で「見える化」すること、取組方針等に沿った運用が行われるよう職員への周知徹底等により現場まで浸透させることが求められた。当該取組方針等は、経営者保証に依存しない融資の促進に係る方針に加え、可能であれば保証人等から保証債務整理の申出があった場合の方針についても盛り込むことが望ましいとされている。経営者保証改革プログラムをふまえた改正監督指針に基づく金融機関の態勢整備については第2章第1節2で解説する。

(b) 金融機関・事業者向けの説明会の実施

金融庁は、地域金融機関の営業現場の担当者まで、監督指針改正に伴う新

しい運用や経営者保証に依存しない融資慣行の確立の重要性等を十分に理解してもらうべく、令和5年1月より金融機関・事業者向けの説明会を全国で実施している。

(c) 「組織的事例集」の拡充

経営者保証改革プログラムは金融機関の有効な取組みをまとめた「組織的事例集」のさらなる拡充および横展開を実施することとしている。

c 経営者保証に依存しない新たな融資手法の検討

経営者保証改革プログラムにおいて金融庁は、金融機関が不動産担保や経営者保証に過度に依存せず企業の事業性に着目した融資に取り組みやすくするよう、事業全体を担保に金融機関から資金を調達できる制度である「事業成長担保権（仮）」の早期実現に向けた議論を進めていくこととしている。この方針に従い令和6年6月14日に公布された「事業性融資の推進等に関する法律」（令和6年法律第52号）は、「事業成長担保権（仮）」を「企業価値担保権」と改称のうえ法制度化した。同法は公布の日から起算して2年6カ月を超えない範囲で施行することとされており、施行までの間に具体的運用方法等が議論されるものと思われる。

d 改正監督指針の効果

(a) 改正監督指針に基づく保証実務

改正監督指針は、保証を徴求する際、個別具体的に「どの部分が十分でないために保証契約が必要となるのか」「どのような改善を図れば保証契約の変更・解除の可能性が高まるか」という内容の説明をすることとしている。

前者は、金融機関に対し「経営者保証を不要とするための3要件」（本編第2章第1節3参照。以下「3要件」という）のうち「どの要件」を「どの程度」充足していないかについて主たる債務者および保証人の知識、経験等に応じ、その理解と納得を得ることを目的とした説明を行うという負荷を課すことで、安易な個人保証に依存した融資を抑制することが大きな目的である。後者は、事実上、金融機関に対し保証解除等に必要な要件の充足の実現に向けた経営改善支援を実施すべきことを求めているに等しい。いずれにしても（特に後者は）保証徴求に伴う金融機関のコストを大幅に増加させるこ

とになるため、改正監督指針の施行に伴い中小・零細企業にとってハードル
が高すぎる３要件について緩和した解釈基準（具体的には第２章第１節３⑵
b、⑶b、⑷bのとおり）を導入し、なるべく保証の徴求を回避しようとい
う金融機関も相当数あり、下記⒝のように「３要件を充足しているか否かに
かかわらず、融資取組み時には原則として一律無保証」とする金融機関も増
加している。

　なお、改正監督指針は、３要件不充足の融資先から徴求した保証について
は３要件を充足した段階での解除を想定しており、そこまでは特段問題ない
と思われる。しかし、企業には「創業・起業→新興→成長→成熟→成長鈍化
→衰退」というライフステージがあり、３要件充足により無保証としていた
融資先や３要件を充足したことをもって保証解除した融資先がその後のライ
フステージの変化によって３要件を充足しなくなることは珍しくなく、ガイ
ドラインも改正監督指針もそのようなときにあらためて保証を徴求すること
（便宜上「再度の保証徴求等」という）は否定していない。ただし、再度の
保証徴求等の際には改正監督指針が定める保証徴求の要件（十分な説明＋記
録の作成）を充足する必要があることは当然である（図表２－３の１参照）。

図表２－３　改正監督指針下における保証実務のイメージ

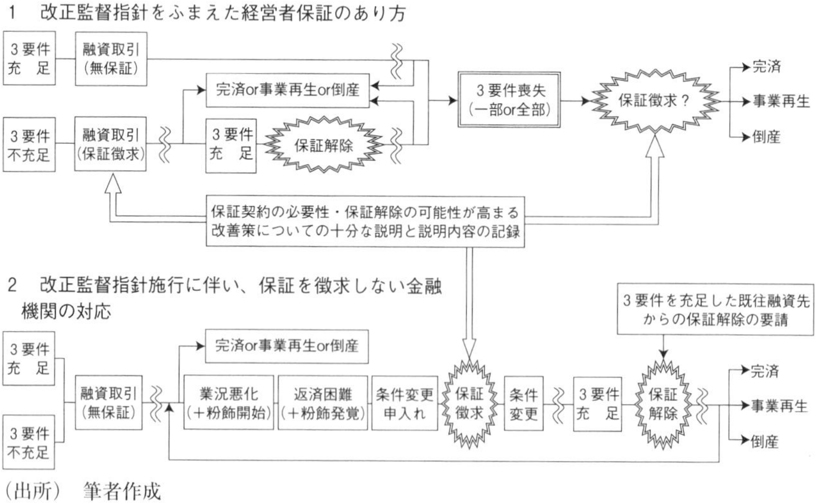

1　改正監督指針をふまえた経営者保証のあり方

2　改正監督指針施行に伴い、保証を徴求しない金融
　機関の対応

（出所）　筆者作成

206　第２編　経営者保証ガイドライン

問題は、再度の保証徴求等をその後の3要件充足によって解除できるかという点である。特に3要件の喪失が粉飾決算を伴うものであった場合、金融機関と融資先との信頼関係が相当程度毀損してしまうことから、当該融資先が再度の保証徴求等の後3要件を充足することとなってもそれだけで保証解除に応じることは困難であろう。また、再度の保証徴求等に係る保証解除の検討にあたって3要件の緩和した解釈基準を適用するのは困難なことが多いのではないか。

(b)　改正監督指針をふまえた新たな保証実務（原則として一律無保証）

　金融機関にとって保証が必要となるのは有事（収益力の低下、過剰債務等による財務内容の悪化、資金繰りの悪化等が生じたため、経営に支障が生じ、または生じるおそれのある状況をいう（「中小企業の事業再生等に関するガイドライン」第二部2項柱書参照））の際であり、平時においては保全としての保証など不要である（筆者の実感として、そもそも平時における「保証」に金融機関のメリットはほとんどなく、むしろ管理コストの塊である）。また、平時において経営者は経営責任の自覚はあっても保証責任の自覚はないのが普通であるから、規律づけとしての保証の必要性もさほど高くない。

　したがって、保証徴求は、現実に保証が必要となった局面、すなわち融資先が有事に陥った段階で行うべきことになる。具体的には、融資取組み時において3要件を充足しているか否かにかかわらず原則として一律無保証扱いとし、保証を必要とする特段の事情がある場合に例外的に保証徴求（または代替的融資手法）を行うという運用が考えられ（図表2－3の2参照）、平時における金融機関の管理コストも大幅に軽減される。実際、このような手法を選択している金融機関は相当数あるものとみられる。

　この手法では、①融資先の業況悪化（業況悪化を粉飾決算で糊塗した場合に限るという考え方もある）、②約定どおりの返済が困難な状況の発生（粉飾の発覚で、近い将来返済が困難となることが予想されるに至った場合も含む）、③条件変更の申入れのすべてに該当したときに経営者保証を徴求することとしている。これは、無保証で取り組んだ融資先に対し後日経営者保証

第1章　総　　論　207

を要請するためには金融機関としても十分な検討を行うことが必要であり、明確な理由づけと十分な説明がなければ経営者の納得を得られないことから、金融機関による説明はより詳しく納得性を得られる内容とならざるをえず、改正監督指針の趣旨が徹底されると考えられる。また、3要件よりも具体的かつ金融機関にとって厳格な保証徴求の要件を設定することによって金融機関が保証を必要とする明確な理由を示すことができ、融資先も納得せざるをえないことから「慣行として」の経営者保証徴求は根絶できる。

　条件変更後、融資先の業況が改善し3要件を充足するに至った場合は融資先からの要請に基づき保証を解除することとなる。この場合の3要件は上記(a)の緩和された解釈基準による。したがって、金融機関は保証徴求の際にどうすれば保証解除の可能性が高まるかをこの解釈基準に沿って十分に説明し、以後、融資先との間でその実現に向けたコミュニケーションを深めることで融資先との信頼関係の基盤を強固にしていくことになる。また、その後不幸にして融資先が再度上記①～③の状況に陥った場合は再度の保証徴求を行うことになるので、その旨も十分説明しておくべきである。

(3)　求められる中小企業のガバナンス

　経営者保証改革プログラムは、経営者保証解除の前提となるガバナンスに関する中小企業経営者と支援機関との目線合せを図るとともに支援機関向けの実務指針の策定や中小企業活性化協議会の機能強化を行い、官民による支援体制を構築することとした。具体的な取組内容は以下のとおり。

a　「収益力改善支援に関する実務指針」の策定と「経営改善計画策定支援」「早期経営改善計画策定支援」等における支援機関の遵守促進

　中小企業のガバナンス体制の整備を通じた持続的な企業価値向上は経営者保証解除の大前提である。これを実現するためには中小企業、経営者、金融機関、支援事業者等の対話を通した目線合せや信頼関係の構築等が必要である。そのツールとして中小企業収益力改善支援研究会により「収益力改善支援に関する実務指針」（以下「実務指針」という）が令和4年12月に策定・公表された。あわせて、収益力改善やガバナンス体制の整備を目的とする支援策（経営改善計画策定支援・早期経営改善計画策定支援）における支援機

208　第2編　経営者保証ガイドライン

関の実務指針の遵守促進が求められている。参考までに、令和3年度年間計画策定支援件数は2,821件である。

b　ガバナンス体制整備に関する経営者と支援機関との目線合せのチェックシートの作成

　実務指針のポイントは、①早い段階で質の高い支援を受けるため、対象となる事業者を掘り起こしていくこと、②持続的な成長と中長期的な企業価値の向上を目指すために事業者のガバナンス体制の整備を進め事業者が金融機関を含めた取引先等との良好な信頼関係を構築すること、③これにより取引先との関係強化や経営者保証解除等の各種取引条件の改善、円滑な事業承継、思い切った事業展開等に舵を切れるようにすること、④認定経営革新等支援機関が「経営改善計画策定支援」（405事業）や「早期経営改善計画策定支援」（ポスコロ事業）等の支援を行う際に本実務指針を有効に活用することである。金融機関には、実務指針本体や実務指針で制定された「ガバナンス体制の整備に関するチェックシート」を適宜活用し事業者との対話を通じてガバナンス体制の整備による中小企業の持続的な企業価値の向上につなげるよう、適切に対応することが求められている。

c　中小企業活性化協議会の体制拡充

　中小企業活性化協議会は、令和4年4月1日に中小企業再生支援協議会と経営改善支援センターとを統合して発足した、中小企業の収益力改善、事業再生、廃業・再チャレンジといった幅広い経営課題に対応する公正中立な機関で、全国47都道府県に設置されている。経営者保証改革プログラムは中小企業活性化協議会における収益力改善支援にガバナンス体制整備支援を追加し、それに対応するため体制を拡充した。

第1章　総　　論　209

第**2**節 経営者保証ガイドラインの基礎知識

1 ガイドラインの対象となりうる保証契約

ガイドラインは、次のすべての要件を充足する保証契約に適用される（GL 3項）。

① 保証契約の主たる債務者および保証人がガイドラインに定める要件に該当すること

② 主たる債務者および保証人の双方が弁済について誠実であり、対象債権者の請求に応じそれぞれの財産状況等（負債の状況を含む）について適時適切に開示していること

③ 主たる債務者および保証人が反社会的勢力ではなく、そのおそれもないこと

これらの要件は融資取組み、保証契約見直し、事業承継、保証債務整理のすべての局面で充足が求められる。以下、各要件について解説する。

(1) 主たる債務者および保証人が利用要件を充足していること

a 主たる債務者が利用要件を充足していること

ガイドラインには「保証契約の主たる債務者が中小企業であること」と記載されているが（GL 3項(1)）、実際には、事業性融資の主たる債務者であればその属性を問わない扱いである。詳細は本節2(1)を参照されたい。

b 保証人が利用要件を充足していること

ガイドラインには「保証人が個人であり、主たる債務者である中小企業の経営者であること」と記載されているが（GL 3項(2)）、実際には、事業性融資に係る「個人保証人」であればその属性を問わない扱いである。詳細は本節2(2)を参照されたい。

210 第2編 経営者保証ガイドライン

(2) 弁済について誠実・適時適切な情報開示をすること

　債務整理への着手前（一時停止前）において、主たる債務者または保証人による債務不履行（延滞）や財産の状況等の不正確な開示があったとしても、これをもってガイドラインの適用が否定されるものではない。この要件を充足しているか否かは債務不履行や財産の状況等の不正確な開示の金額およびその態様、私的流用の有無等をふまえた動機の悪質性といった点を総合的に勘案して判断すべきとされている（Q&A 3－3）。特に融資取組み時に保証を徴求するか否か、または既往の保証契約を見直すか否か（言い換えれば主債務者や保証人に無保証で融資できるだけの信頼性が認められるか）を検討する際には、この判断基準を形式的に適用するのではなく今後いかにして「主たる債務者、保証人および対象債権者の継続的かつ良好な信頼関係の構築・強化」を図るかの検討に重点を置かなければならないことに留意すべきである。

　なお、この要件は保証債務整理手続の要件ともされているが、ここでの解釈と保証債務整理手続における解釈（本編第4章第1節1(1)参照）とが異なることにも注意が必要である。

(3) 反社会的勢力ではなく、そのおそれもないこと

　現在の融資実務においては、主たる債務者や保証人が反社会的勢力でないことは融資取引開始時にチェックずみであり、融資取引期間中に主たる債務者や保証人が反社会的勢力であることが判明した場合は融資取引を解消しているはずであるから、この要件を充足していないことは通常、想定しがたい。ガイドラインは融資取組み時、保証契約見直し時、事業承継時、保証債務整理時においてあらためて反社チェックをすることまでは求めていないため、当該要件については対象債権者が主たる債務者、保証人から提出される弁済計画や必要書類の記載内容、対象債権者において保有している情報をもとに総合的に判断する（Q&A 3－5）。

2　ガイドラインのプレーヤー

　ガイドラインの手続は、「主たる債務者」「保証人」「対象債権者」「外部専

門家」「支援専門家」というプレーヤーによって進められる。

(1) 主たる債務者

「主たる債務者」とは保証の対象となる金融債務の債務者を指す。ガイドラインの対象となる主たる債務者は中小企業・小規模事業者等を想定しているが、資本金や売上高、従業員数等に制限はなく、中小企業基本法に定める中小企業者の範囲を超える企業（大企業等）、株式会社以外の法人（社会福祉法人、特定非営利活動法人等）や個人事業主もガイドラインの対象となりうる（GL1項注1・注3、Q&A3）。したがって、実際には事業性融資の主たる債務者であればその属性を問わないのが実務の取扱いとなる。

ここで問題となるのはアパートローンである。ガイドラインの適用対象となるか否かは事業の規模や内容により個別に判断されることとなるが、少なくとも保証債務の整理時・履行時（いわゆる「出口部分」）においてはすべてのアパートローン案件でガイドラインに準じた対応が必要であると考えるべきである。

(2) 保証人

いわゆる「経営者」を対象とするが、経営者には「実質的な経営権を有する者」「営業許可名義人」「経営者とともに事業に従事する配偶者」「経営者の健康上の理由のため保証人となる事業承継予定者等」も含まれる（GL3項(2)、Q&A4）。また、第三者保証人や実質的に保証と同様の効果を期待される併存的債務引受により連帯債務者となった経営者も含まれる（GL1項注1・注3）。ガイドラインは平成23年7月14日付金融庁監督指針改正によって「第三者保証」が根絶されていることを前提として策定されているため、本文やQ&Aで第三者保証人が対象に列挙されていないなどわかりにくい記載となっているが、第三者保証は当然にガイドラインの適用対象とされていることに留意が必要である。したがって、実際には事業性融資に係る「個人保証人」であればその属性を問わないのが実務の取扱いとなる。なお、既述のとおり、保証契約締結に際して公正証書作成対象から除外される「経営者」（民法465条の9）の範囲とガイドラインにおける「経営者」の範囲とは必ずしも一致しないことに留意が必要である（本章第1節図表2－1

212　第2編　経営者保証ガイドライン

参照）。

　ここで注意すべきなのは第三者保証人に係る対応である。ガイドライン
は、早期の事業清算等着手の決断に寄与していない第三者保証人であっても
「個別事情を勘案して経営者保証人と保証人との間でインセンティブ資産の
配分調整を行うこと」や「第三者保証人により多くのインセンティブ資産を
残すこと」を可能としている（Q&A７－19）。保証の弊害の解消という観点
からは経営者保証人よりも第三者保証人のほうが保護の必要性が高いのは明
らかであり、特段の配慮が求められる。

(3)　対象債権者

　対象債権者についてはガイドラインの対象となる保証契約の要件に明記さ
れていないが「中小企業に対する金融債権を有する金融機関であって、現に
経営者に対して保証債権を有するもの、あるいは、将来これを有する可能性
のあるもの」がガイドラインにおける対象債権者とされている（Q&A１－
１）。また、主たる債務の整理局面で保証債務の整理（保証債務の全部また
は一部の免除等）を行う場合において成立した弁済計画により権利を変更さ
れることが予定される保証債権者も対象債権者となる。ただし、保証履行し
て求償権を有することとなった保証人は対象債権者とはならない（Q&A
１－１）。なお、信用保証協会（代位弁済前も含む）や既存の債権者から保
証債権の譲渡を受けた債権回収会社（サービサー）、公的金融機関等も対象
債権者に含まれる。

　この定義の違いから、平時においてはガイドラインで明記されている「金
融機関等」のみが対象債権者となり、対象外債権者を対象債権者に含める余
地はない。したがって、主たる債務者や保証人が保証契約時・保証契約見直
し時にリース債権者等の対象外債権者に対してガイドラインの規定を根拠と
して無保証でのリース契約を求めたり保証の解除を求めたりすることはでき
ないと考えられる。これに対し、保証債務整理時にはGL７項(3)④ロおよび
Q&A７－28が「権利を変更されることが予定される保証債権者」の範囲の
拡大を容認しているため、対象外債権者を対象債権者に含めることができる
（本編第４章第１節２(3)参照）。

第１章　総　　論　213

⑷　外部専門家

　外部専門家とは、平時の際の主たる債務者の資産負債の状況、事業計画・事業の見通し、それらの進捗状況等について検証を行うことができる公認会計士、税理士、弁護士等の専門家をいい、「顧問税理士」等顧問契約を結んでいる専門家も含まれる。外部専門家はガイドラインが定める「経営者保証を不要とするための3要件」（本編第2章第1節3参照）が充足されているか（または充足される見込みがあるか）を検証し、その結果を対象債権者に適切に開示することを任務としている。外部専門家（特に顧問弁護士）は保証債務整理手続を行う場合に、後述する支援専門家に就任することが多い。

　対象債権者は外部専門家による検証結果の開示を受けた場合、必要に応じて「経営者保証を不要とするための3要件」を補完するものとして活用することとされている（Q&A4−4）。ただし、「経営者保証を不要とするための3要件」を検討するにあたり外部専門家による検証が義務づけられているわけではない（Q&A4−4）。

⑸　支援専門家

　支援専門家とは保証人の債務整理を支援する弁護士、公認会計士、税理士（代理人弁護士、顧問税理士等も可）等の専門家であって、すべての対象債権者がその適格性を認める者をいう（詳細は本編第4章第1節1⑷参照）。

第2章

融資取引時の対応

| 第 **1** 節 | 経営者保証に依存しない融資慣行 |

1 経営者保証に依存しない融資慣行の趣旨

⑴ 経営者保証が必要とされる中小企業の現状

中小企業金融において経営者保証が必要とされる理由には次のようなものがある。

① 業務、経理、資産所有等に関する企業と経営者等との関係が明確に区分・分離されておらず、実質的に一体となっている（経営者の規律づけによるガバナンス強化の必要性）。

② 財務基盤が概して強固ではない（企業の信用力補完の必要性）。

③ 適切な開示情報の不足により、借手と貸手との間にいわゆる「情報の非対称性」が存在することが多い（情報不足等に伴う債権保全の必要性）。

ガイドラインはまず、主たる債務者や経営者に対し上記①～③の経営実態を改善することを求め、金融機関にこのような経営改善がなされている（または、改善しようとしている）場合に経営者保証を求めない可能性や代替的な融資手法を活用する可能性について主たる債務者の意向もふまえて検討することを求めている。

もっとも、②の企業の信用力補完の必要性については近時、経営者保証が必要とされる理由としての適格性を疑問視する考え方が有力となりつつある。金融庁が公表した平成31年4月「地域銀行に対する「経営者保証に関するガイドライン」のアンケート調査の結果について」によれば貸出金債権に対する物上保証を除く経営者保証人からの回収率は、調査対象金融機関のうち63％が1％未満、25％が0.5％から1％未満、38％が0.5％未満となってお

216　第2編　経営者保証ガイドライン

り、大多数の金融機関にとってもはや保証人の資産からの債権回収を目的とする保証は実益に対し弊害が過大であることは明白であるといえる。

したがって、現在の融資実務において経営者保証が必要とされる「合理的な理由」は上記のうち①の経営者の規律づけによるガバナンス強化の必要性および③の情報不足等に伴う債権保全の必要性のみとすべきという考え方もある。しかし、融資金の貸手側である金融機関にとってはたとえ回収率は低くて保証により生ずる弊害が多少大きくても少しでも回収の極大化につながるのであればやはり経営者からの保証提供は求めたいと考えるのは仕方ない部分もある。特にこの調査結果において回収率が２～８％と回答している約２割の金融機関は保証人の資産からの債権回収のみで債権管理回収に係る必要経費をまかなえてしまうので、債権回収を目的とする保証の有用性を完全に否定してしまうことはむずかしい面もある。

⑵　経営者保証に依存しない融資慣行の必要性

経営者保証に依存しない融資慣行の必要性は、本編第１章第１節１⑵ａで述べた「経営者保証を徴求することの弊害」を解消するためであることはいうまでもない。ガイドラインは経営者保証に依存しない融資慣行確立のため主たる債務者・保証人および対象債権者に求められる対応を明記している（詳細は下記⑶および⑷のとおり）。

しかし、ガイドラインが求める「経営者保証に依存しない融資慣行」には次のような趣旨も含まれていることに留意すべきである。

① 　経営者保証が不要となる要件を充足する、すなわち、経営の規律づけや財務基盤の強化というあるべき将来の姿に向かって中小・零細企業が自発的に成長することを促すこと

② 　金融機関と経営者とが協働して経営者保証を不要とする経営態勢の構築に向けたコミュニケーションを深め、中小企業等と金融機関との信頼関係の基盤を強固にすること

これらの対応を通じ、中小企業等の活力を引き出し、日本経済の活性化に資することが期待されている。

第２章　融資取引時の対応　217

⑶　主たる債務者および保証人に求められる対応

　ガイドラインは経営者保証を提供しないことを希望する中小企業等（主た
る債務者・経営者保証人）に対して次の努力義務を課している（GL 4 項⑴）。

　　①　法人と経営者との関係の明確な区分・分離

　　　　法人・経営者間の資金のやりとり（役員報酬・賞与、配当、役員貸
　　　付け等）につき、適切な運用を図ることを通じ、法人・個人の一体性
　　　解消に努める。

　　②　財務基盤の強化

　　　　財務状況および経営成績の改善を通じた返済能力の向上等により、
　　　信用力を強化する。

　　③　財務状況の正確な把握、適時適切な情報開示等による経営の透明性
　　　確保

　　　　対象債権者からの要請に応じ、主たる債務者・経営者の資産負債の
　　　状況、事業計画や業績見通しおよびその進捗状況等について、正確か
　　　つ丁寧に信頼性の高い情報を開示・説明することにより、経営の透明
　　　性を確保する。

⑷　対象債権者に求められる対応

　ガイドラインは経営者保証を提供しないことを希望する中小企業等に対し
て経営者保証を徴求しない融資が困難と判断される場合でも直ちに経営者保
証を徴求するのではなく、まず対象債権者（金融機関）に対して停止（解
除）条件付保証契約、ABL、金利の一定の上乗せ等、経営者保証の機能を
代替する融資手法（以下「代替的融資手法」という）を活用することを求め
ている。これを可能とするため金融機関はあらかじめ代替的融資手法のメ
ニューの充実を図らなければならない。

　そのうえで上記⑶で掲げる努力義務を遂行した（または、遂行しようとし
ている）中小企業等に次のような要件が将来にわたって充足すると見込まれ
るときは、主たる債務者の経営状況、資金使途、回収可能性を総合的に判断
するなかで経営者保証を求めない可能性や代替的な融資手法を活用する可能
性について主たる債務者の意向もふまえて検討することとされている（GL

218　第 2 編　経営者保証ガイドライン

4項(2))。

① 法人と経営者個人の資産・経理が明確に分離されている（同項(2)イ）。

② 法人と経営者の間の資金のやりとりが、社会通念上適切な範囲を超えない（同項(2)ロ）。

③ 法人のみの資産・収益力で借入返済が可能と判断しうる（同項(2)ハ）。

④ 法人から適時適切に財務情報等が提供されている（同項(2)ニ）。

⑤ 経営者等から十分な物的担保の提供がある（同項(2)ホ）。

ガイドラインでは、⑤（要件ホ）は経営者による物的担保の提供を推奨しているわけではないと説明されている。しかし、その趣旨は、主たる債務者への融資が担保によって保全十分な場合は「保証人の資産からの債権回収を目的とする債権保全のための保証」も「経営の規律づけのための保証」も不要であるから重ねて経営者保証を徴求することに正当性は認められず、①～④（要件イ～ニ）について審査するまでもなく無保証融資に応じるべきということであると解される。

なお、必ずしもすべての要件の充足が求められるものではなく個別の事案ごとに要件の充足状況に応じた判断が求められていることに留意が必要である。

2 経営者保証改革プログラムをふまえた改正監督指針に基づく金融機関の態勢整備

(1) 「経営者保証ガイドラインの定着に向けた金融機関の態勢整備」が求められた背景

金融庁が公表した「事業承継時に焦点を当てた「経営者保証に関するガイドライン」の特則適用開始等を受けた取り組み状況に関するアンケート調査の結果について（令和3年6月）」によれば、新規融資において保証を徴求する際に「常にガイドラインについて説明を行う方針としている」と回答した金融機関が7割超となっている。これに対し、中小企業庁が公表した「「経

第2章 融資取引時の対応 219

営者保証に関するガイドライン」周知・普及事業（中小企業・小規模事業者ワンストップ総合支援事業）事業報告書」（令和元年度）によれば「金融機関からガイドラインの説明を受けた」と回答した事業者は3割程度にとどまり、両者に大きな乖離が生じている。

このようなコミュニケーションギャップを解消するため、経営者保証に依存しない新たな融資慣行の確立を目的に改正された金融庁の監督指針が令和5年4月1日から適用開始された。改正監督指針は金融機関に対し「金融機関が個人保証を徴求する際の詳細な説明とその結果の記録」「経営者保証ガイドラインの定着に向けた金融機関の態勢整備」を求めている。このうち前者については本章第3節で詳述するので、ここでは後者について解説する。

(2) 改正監督指針の趣旨・内容

改正監督指針が新たに定めた「経営者保証ガイドラインの定着に向けた金融機関の態勢整備」とは金融機関における経営者保証に依存しない新たな融資慣行の確立に向けた意識改革を指す。改正監督指針が金融機関に対して求める具体的対応は次のとおり。

① 経営者保証に関するガイドラインを浸透・定着させるための取組方針について経営トップを交え検討・作成すること

② 作成した取組方針の対外公表を促進すること

③ 作成した取組方針の現場への周知徹底を図ること

(3) 改正監督指針に基づく態勢整備

金融庁は金融機関に対し、次の事項に取り組むことにより改正監督指針に基づく態勢を整備することを求めている。

a 経営者保証に関するガイドラインを浸透・定着させるための取組方針の策定

当該取組方針等には「「経営者保証に関するガイドライン」の活用に係る組織的な取組み事例集（令和3年10月5日改定）」（金融庁ウェブサイト「経営者保証に依存しない融資慣行の確立に向けた施策について」）の内容も適宜参照のうえ事業者とよりよい信頼関係を築くためのコミュニケーションツールとして利用できる内容となるよう具体的かつわかりやすい記載で「見

220　第2編　経営者保証ガイドライン

える化」すること、取組方針等に沿った運用が行われるよう職員への周知徹底等により現場まで浸透させることが求められている。なお、当該取組方針等は、経営者保証に依存しない融資の促進に係る方針に加え可能であれば保証人等から保証債務整理の申出があった場合の方針についても盛り込むことが望ましいとされている。

この点につき、金融庁は金融機関ヒアリング等において、経営者保証の徴求判断については事業者と交渉している営業店の判断だけではなく経営トップの考え方、経営方針等が及ぼす影響は大きく、それに依拠するかたちで無保証割合の実績が改善している金融機関も見受けられるとしている。そして、「「経営者保証に関するガイドライン」の活用に係る組織的な取組み事例集」では、具体例として次のようなヒアリング結果が公表されている。

○　保証人からの債権回収はわずかであり経営者保証がなくても銀行経営への影響はないことをふまえ、保証徴求の判断や回収に要する時間を顧客とのリレーション構築に使いたいとの経営トップの考えのもと、原則として経営者保証を徴求しない取組みを実施している。

○　上記取組みには日頃のリレーション構築が重要であり、たとえ経営者に課題があってもともに課題を解決していこうとする姿勢があれば、基本的には保証を徴求していない。

○　経営者保証を徴求することが当たり前であった常識を覆すには、経営トップの意識が重要になってくる。

○　無保証割合が改善した要因はさまざまあるが、一番の要因は経営トップが支店長会議や経営会議、本部の部長ミーティング等、折々の場において「原則、新規融資時には経営者保証をとらない」という方針を繰り返し発信してきたことにある。

○　ひと昔前に主流だった経営者保証の機能としての「経営の規律づけ」という考え方はもはやなくなっており、経営者保証は時代にそぐわないとの経営陣の問題意識のもと、方針を大幅に変更した。

○　ガイドラインの要件が満たされていない場合でも無保証とできるようにチェック項目を変更し、会議を通じて経営陣の考え方について営

業店に周知し、徹底するよう要請した。

なお、金融庁は、令和6年6月27日に「「経営者保証改革プログラム」を受けた経営者保証に依存しない融資を促進するための取組事例集」（金融庁ウェブサイト「「経営者保証改革プログラム」を受けた経営者保証に依存しない融資を促進するための取組事例集の公表について」）を公表し、これを活用することで経営者保証ガイドラインの活用を含め経営者保証に依存しない融資慣行の確立をさらに加速させることを求めている。

b　作成した取組方針の対外公表の促進

改正監督指針は、経営者保証に依存しない新たな融資慣行の確立に向け、金融機関が経営者保証ガイドラインを融資慣行として浸透・定着させるための取組方針等を公表するよう促していく旨を明記している。なお、金融庁は公表方法としてディスクロージャー誌やウェブサイトでの公表を想定している。

c　作成した取組方針の現場への周知徹底

改正監督指針の公表に際して金融担当大臣は内閣総理大臣および関係大臣と連名で「個人保証に依存しない融資慣行の確立に向けた取組の推進について」（令和4年12月23日）を発出し、金融機関に対して次のように要請している。

　　○　あらためてガイドラインの内容を十分に理解し、適切な対応を行うこと。

　　○　改正する監督指針の趣旨・内容を営業店現場の第一線まで確実に浸透させること。また、企業文化として定着させること。

なお、金融庁は、金融機関において取組方針に沿った運用がなされているかどうかについて、金融庁に設置された「経営者保証ホットライン（情報提供窓口）」等に事業者から寄せられた相談等もふまえてヒアリングを行うこととしている。

3　経営者保証を不要とするための3要件

(1)　経営者保証を不要とするための3要件とは何か

a　ガイドラインが定める経営者保証を不要とする要件

　経営者保証ガイドラインは、経営者保証を提供しないことを希望する中小企業等に対して第一に「①法人と経営者との関係の明確な区分・分離」、すなわち、役員報酬・役員賞与、配当、役員貸付け等の法人・経営者間の資金のやりとりについて適切な運用を図ることを通じ法人・個人の一体性解消に努めること、第二に「②財務基盤の強化」、すなわち、財務状況および経営成績の改善を通じた返済能力の向上等により信用力を強化すること、第三に「③財務状況の正確な把握、適時適切な情報開示等による経営の透明性確保」、すなわち、対象債権者からの要請に応じ主たる債務者・経営者の資産負債の状況、事業計画や業績見通しおよびその進捗状況等について正確かつ丁寧に信頼性の高い情報を開示・説明することにより経営の透明性を確保することという三つの努力義務を課している（GL4項(1)）。対象債権者は、主たる債務者がこれらの努力義務を履行した結果として①法人と経営者との関係の明確な区分・分離、②財務基盤の強化、③財務状況の正確な把握、適時適切な情報開示等による経営の透明性確保等が将来にわたって見込まれる場合は、原則として経営者保証を徴求しないこととしている。GL4項(2)は要件を五つ掲げているがこれは3要件を具体化した判断基準に落とし込んでいるだけであるから、ガイドラインが定める上記4項(1)の要件を一般的には「経営者保証を不要とするための3要件」または単に「3要件」という。

b　経営者保証改革プログラムをふまえた解釈基準

　ガイドラインが定める「経営者保証を不要とするための3要件」は中小零細企業、特に零細企業にとってハードルが高すぎ、経営者保証改革プログラムやこれに基づく改正監督指針の文言に忠実すぎる対応では、経営者保証改革プログラムが掲げる「経営者保証に依存しない新たな融資慣行の確立」は困難である。そこで3要件の解釈基準の緩和が求められるところであり、実際に緩和した解釈基準を適用している金融機関も相当数あるもようである。

第2章　融資取引時の対応　223

そして、経営者保証改革プログラムやこれに基づく改正監督指針の趣旨の一つとして各金融機関が自主的にこのような緩和した解釈基準を設定することを求めていると考えられる。具体的な「緩和した解釈基準」は各要件の解説の部分で説明する。

なお、3要件充足の有無にかかわらず事業性評価等による総合的な判断で無保証融資または保証解除を行うことが認められるのは当然である。したがって、3要件不充足でも必ず保証徴求（または代替的融資手法の実施）をしなければならないわけではない。

(2) 法人・個人の一体性解消

ここからは各要件の解釈基準をみていく。

a ガイドラインが定める解釈基準

ガイドラインが求める解釈基準として次のようなものが考えられる。

① 法人の業務、経理、資産所有等に関し、法人と経営者の関係を明確に区分・分離すること

具体的には、ⓐ経営者所有の「事業継続に不可欠な資産」（本社・工場・営業所等）を法人所有とすること、ⓑⓐの資産が担保提供されているなど、法人所有とすることが困難な場合は法人が経営者に適切な賃料を支払うことが考えられる（Q&A4−1）。

② 法人と経営者の間の資金のやりとり（役員報酬・賞与、配当、オーナーへの貸付け等をいう。以下同じ）を社会通念上適切な範囲を超えないものとする体制を整備すること

具体的には、ⓐ事業上の必要が認められない法人から経営者への貸付けは行わないことや個人として消費した費用（飲食代等）について法人の経費処理としないこと、ⓑ取締役会の適切な牽制機能の発揮や会計参与の設置、外部を含めた監査体制の確立等による社内体制の整備を行うことが考えられる（Q&A4−4）。

「社会通念上適切な範囲」は法人の規模、事業内容、収益力等によって異なるため、必要に応じて外部専門家による検証結果等をふまえ対象債権者が判断する（Q&A4−2）。

なお、「役員の法人に対する貸付け」は一般的には区分・分離の判断基準とはされていないことに留意が必要である。主たる債務者の業況が悪化した場合、経営者からの借入れは法人の資本に準じた評価をされ、「業況悪化により金融機関からの新たな借入れができなくなったことを理由に経営者が法人に貸付けをすると、3要件が不充足となり保証徴求が必要となる」というのでは、本末転倒だからである。

③　上記①②の整備・運用状況について外部専門家による検証を実施し、対象債権者に対する検証結果の適切な開示を行うこと

b　経営者保証改革プログラムをふまえた解釈基準

法人・個人の一体性解消に関する経営者保証改革プログラムをふまえ緩和した解釈基準として、次のようなものが考えられる。

①　経営者が所有する法人の事業活動に必要な資産（担保提供されていないものも含む）について適正な賃料が定期的に支払われている場合、および経営者への貸付けや役員報酬、個人消費の経理処理等があっても法人の規模に比してその額が社会通念上妥当な範囲である場合等は、特段の事情がない限り、法人と経営者との関係の区分・分離がなされていると解釈する。

②　取締役会設置会社および財務状況が適時適切に開示されている取締役会非設置会社については、特段の事情がない限り、法人・個人の一体性解消を確保・維持するガバナンスが構築されていると解釈する。

なお、緩和した解釈基準をもってしても「法人・個人の一体性解消要件」を充足しない場合であっても、無保証融資、保証解除等の可否については個別の事案ごとに判断することとされており、「法人・個人の一体性解消」という要件を充足していなくても債務者とのリレーションを通じて把握した内容や事業性評価の内容を考慮して総合的な判断として経営者保証を徴求しないことや既存の経営者保証を解除することも認められることに留意が必要である。

ちなみに、中小企業にとって法人・個人の一体性は有益なことも多く、筆者はそもそもこの要件の存在自体に疑問をもっている。一体性を原因とする

第2章　融資取引時の対応　225

倒産など有害な作用が働いた場合は保証責任をとらせるのではなく、ハードルは高くとも会社法429条、破産法178条（場合によっては160条等）などにより経営者責任を追及するのが筋ではないだろうか。

(3) 財務基盤の強化

a ガイドラインが定める解釈基準

経営者個人の資産を債権保全の手段として確保しなくても、法人のみの資産・収益力で借入返済が可能であると判断しうる財務状況であることが必要である。具体的には次のいずれか一つに該当することが求められる（Q&A4－5）。

① 業績が堅調で十分な利益（キャッシュフロー）を確保しており、内部留保も十分であること

② 業績はやや不安定ではあるものの、業況の下振れリスクを勘案しても内部留保が潤沢で借入金全額の返済が可能と判断しうること

③ 内部留保は潤沢とはいえないものの好業績が続いており、今後も借入れを順調に返済しうるだけの利益（キャッシュフロー）を確保する可能性が高いこと

b 経営者保証改革プログラムをふまえた解釈基準

債務者区分が正常先である場合、または要注意先以下であっても要注意先が必要とされる債務償還年数をクリアできる程度のキャッシュフローで返済原資が確保されている場合は、特段の事情がない限り、債務者のみの資産・収益力で借入返済が可能であると解釈する。この場合、保全の充足度合いにかかわらず経営者からの物的担保の提供の有無は検討の要素から除外する。

(4) 財務状況の正確な把握、適時適切な情報開示等による経営の透明性確保

a ガイドラインが定める解釈基準

ガイドラインが求める解釈基準として次のようなものが考えられる。

① 主たる債務者が、資産負債の状況（経営者のものも含む）、事業計画や業績見通しおよびその進捗状況等に関する対象債権者からの情報開示の要請に対して、正確かつ丁寧に信頼性の高い情報を開示・説明

することにより、経営の透明性を確保すること

　具体的には、ⓐ「中小企業の会計に関する基本要領」等によった信頼性のある決算書を作成することや対象債権者に対する財務情報の定期的な報告等を励行すること、ⓑ貸借対照表、損益計算書の提出のみでなくこれら決算書上の各勘定明細（資産・負債明細、売上原価・販管費明細等）を提出すること、ⓒ期中の財務状況を確認するため年に１回の本決算の報告のみでなく、試算表・資金繰り表等の定期的な報告を行うこと等が考えられる（Q&A４－７）。

②　外部専門家による情報の検証を行い、その検証結果とあわせた情報開示を行うこと

③　開示・説明した後に事業計画・業績見通し等に変動が生じた場合は自発的に報告するなど、適時適切な情報開示がなされていること

b　経営者保証改革プログラムをふまえた解釈基準

　決算書が定期的に提出され、試算表・資金繰り表等の随時提出が可能で、重大な事象が発生した場合でも経営者とコンタクトできるという常態にある場合、特段の事情がない限り適時適切な財務情報開示がなされていると解釈する。

4　代替的融資手法

　ガイドラインで例示されている「代替的融資手法」には「停止条件または解除条件付保証契約」「ABL」「金利の一定の上乗せ」がある。ガイドラインは対象債権者に対し経営者保証の機能を代替する融資メニューの充実を求めており、上記手法に限らず今後さまざまな融資メニューの品揃えを増やしていく必要がある。

　なお、これらのメニューは単なる経営者保証の代替的融資手法ととらえるのではなく、定期的なモニタリング等を通じて、リレーションシップ・バンキング機能の強化に資するという観点からも今後さらなる充実に取り組んでいかなければならない。

(1) 「代替的融資手法」とは何か

ガイドラインは金融機関に対し、融資先が経営者保証を提供することなしに資金調達を希望する場合はまず「経営者保証を求めない可能性」を検討し、無保証融資は困難であると判断される場合であっても直ちに保証を徴求するのではなく、保証にかわる手法を活用する可能性について主たる債務者の意向もふまえたうえで検討することを求めている（GL 4 項(2)柱書、手続の流れは本章第2節2参照）。この保証にかわる手法を「代替的融資手法」という。

a どのような場合に代替的融資手法を利用するか

基本的には保証の必要性が一定程度低いと判断される場合、経営者保証を不要とする要件の充足度合いによって経営者保証を不要とするか代替的融資手法を選択するかを検討することになる。たとえば、取締役会の適切な牽制機能の発揮、監査体制の確立等、社内体制が整備されていたり法人の経営と所有（株主）とが分離されていたりするなど主たる債務者において内部または外部からのガバナンスが十分に機能している場合は経営者保証を不要とする要件が将来にわたって充足する蓋然性が高いといえるため、保証を不要とすることを検討する。

しかし、内部または外部からのガバナンスが十分でない場合は現時点で要件を充足していても将来にわたって充足されるかは不確実である。このような場合に、その不確実性を補完し将来にわたって要件が充足されることを担保するため、経営者保証の機能を代替する融資手法の活用が検討されることになる。なお、「法人の経営と所有の分離」とは、経営者が株主であるか否かということではなく、議決権の比率、会計参与・監査役が設置されているか等の事情を勘案して総合的に判断すべきとされていることに留意が必要である。

b 代替的融資手法選択時の留意点

代替的融資手法を検討する際はそれぞれの主たる債務者との取引方針に適う手法を選択することが重要である。ただし、金融機関ごとにそれぞれの融資手法の具体的内容が異なることに留意が必要である。代替的手法のうち一

部しか取扱いしていない金融機関やガイドラインで例示しているもの以外に
もさまざまな融資メニューの品揃えを有する金融機関もあるので、実際に代
替的融資手法を検討する際は自金融機関の取扱規程等を確認願いたい。

(2) 停止条件または解除条件付保証契約

a 停止条件付保証契約、解除条件付保証契約とは何か

　停止条件付保証契約とは主たる債務者が特約条項（コベナンツ）に抵触し
ない限り保証債務の効力が発生しない保証契約であり（図表2－4の1）、
解除条件付保証契約とは主たる債務者が特約条項（コベナンツ）を充足した
時点で保証債務が効力を失う保証契約である（図表2－4の2）。コベナン
ツの具体的な内容は個別案件における当事者間の調整により確定することと
なるが、一般的には、停止条件付保証契約の場合は経営者保証を不要とする
3要件の喪失、解除条件付保証契約の場合は経営者保証を不要とする3要件

図表2－4　停止条件付保証契約、解除条件付保証契約の違いと有事対応型解除条
　　　　　件付保証契約

1　停止条件付保証契約

2　解除条件付保証契約（通常型）

3　有事対応型解除条件付保証契約

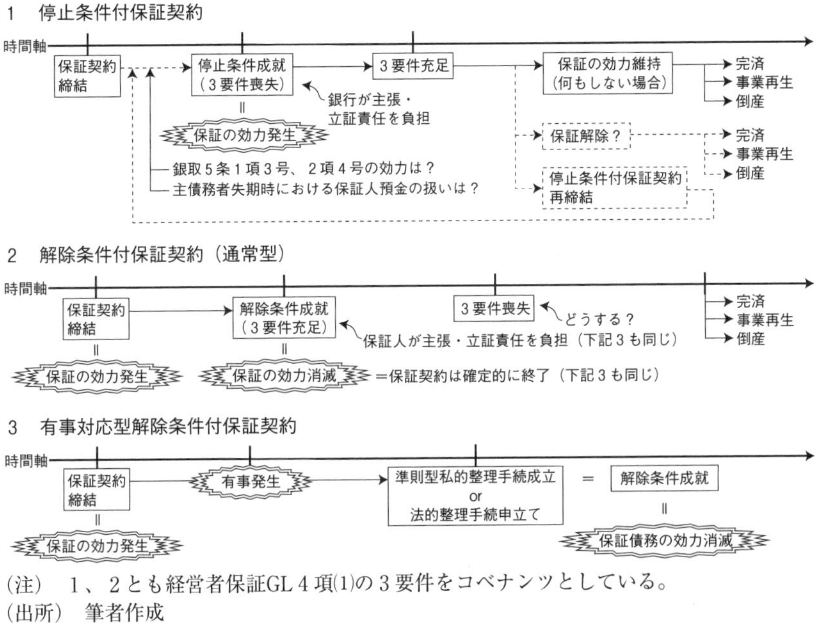

（注）　1、2とも経営者保証GL4項(1)の3要件をコベナンツとしている。
（出所）　筆者作成

第2章　融資取引時の対応　　229

の充足となる。

　もっとも、3要件の喪失や成就では具体性に欠けるためガイドラインは以下の条項を例示している（Q&A 4 － 8）。

　　①　役員や株主の変更等の対象債権者への報告義務

　　②　試算表等の財務状況に関する書類の対象債権者への提出義務

　　③　担保の提供等の行為を行う際に対象債権者の承諾を必要とする制限条項等

　　④　外部を含めた監査体制の確立等による社内管理体制の報告義務等

　なお、これらは端的には3要件の充足または喪失を具体化したものであるため図表2－4の1、2では「3要件充足（喪失）」と表記している。

b　停止条件または解除条件付保証契約の留意点

　停止条件・解除条件付保証契約に取り組む場合は次のことにも留意が必要である。

　停止条件付保証契約は契約締結により保証契約が成立するが停止条件成就（コベナンツ抵触）までの間は保証の効力が発生しないため（図表2－4の1）、停止条件成就までの間、金融機関は当該保証人に対して保証書や銀行取引約定書の特約条項を主張できないと解される。その結果、保証人の預金が差し押さえられたり保証人に同約定書5条の事由が生じたりしても主債務者は期限の利益を喪失せず、金融機関は適切な保全を講ずることができないことになる。なお、停止条件成就の事実の主張立証責任は金融機関側が負担するが、証拠となるべき資料等は主たる債務者または保証人の占有下にあるのが一般的であり、金融機関側が停止条件成就を立証することはきわめて困難であることが多いと思われる。

　これに対し、解除条件付保証契約は解除条件が成就（コベナンツ充足）すると保証が効力を失う保証契約であり、契約締結から解除条件成就までの間は保証契約が有効に成立していることから、金融機関は当該保証人に対して保証書や銀行取引約定書の特約条項を主張できる（図表2－4の2）。なお、解除条件付保証契約における解除条件成就の主張立証責任は保証人側が負担することになる。以上の点を比較すると金融機関にとって停止条件付保

230　第2編　経営者保証ガイドライン

証契約はリスクが高く、どちらかを選択するとすれば解除条件付保証契約の
ほうが望ましいといえる。

　いずれにしても、契約締結から条件成就までの間、金融機関も主たる債務
者・保証人もコベナンツの管理を継続しなければならないので「契約して終
わり」ということにはならず、相応の負担（モニタリングコスト）は生じ続
けることになる。また、停止条件または解除条件付保証契約において、コベ
ナンツを3要件の喪失や成就とした場合はもちろん上記aに掲げた①～④を
コベナンツとした場合でも、条件が成就したかどうかは発生した一定の事実
が条件成就に当たるか否かの当事者の評価次第である。このため、金融機
関・保証人とも条件成就を立証することは困難であることが多い。条件成就
を主張された側（停止条件付保証契約では保証人、解除条件付保証契約では
金融機関）も容易に認容できないであろうから結局は訴訟による決着を図ら
ねばならず、金融機関・保証人双方にとって不幸な結果となりかねないとい
うことに留意が必要である。

(3)　ABL（Asset Based Lending）

　ABLとは企業が保有する在庫や売掛金等を担保とする融資手法である
（Q&A4－9）。主たる債務者にとってはこれまで担保としてあまり活用さ
れてこなかった在庫や売掛金等を活用することにより資金調達枠が拡大し、
円滑な資金調達に資することが期待される。一方で金融機関にとっては企業
の在庫や売掛金等を継続的にモニタリングすることを通じて企業の経営実態
をより深く把握することが可能となり、信用リスク管理の強化が期待され
る。

　ABLは、保証を代替する手法としての実効性は他の手法より期待できる
ものの、管理に要する費用や労力（モニタリングコスト）を勘案すれば主た
る債務者が一定以上の企業規模を有することが必要である。また、金融機関
がABLに基づく担保権を実行すると通常、主たる債務者の事業は継続不能
となるので、主たる債務者からみれば、金融機関に生殺与奪の権を握られる
点で、各ライフステージにおける取組意欲を阻害する要因となりかねないと
いう弱点もある。

⑷　金利の一定の上乗せ

　経営者保証を求めないことによる信用リスク等の増大は、法人の社内管理体制の整備等の経営改善の状況や法人の規模、事業内容、収益力等によって異なる。したがって、「リスクに見合った適切な金利」は一律に設定することはできず、経営者保証を求めないことによる信用リスクの増大に見合った適切な金利（常識的には数パーセント超の金利上乗せとなろう）が個別に設定されることになる（Q&A 4 −12）。

　ただし、金利の一定の上乗せは定期的なモニタリング等を通じてリレーションシップ・バンキング機能の強化に資するという観点を欠いているため「経営者保証に依存しない融資慣行確立」の趣旨（本節1⑴）で述べた保証徴求の必要性をカバーできないという弱点もある。また、金融庁「企業アンケート調査の結果」（令和4年6月30日）によれば「金利が上がっても経営者保証を解除したい」と回答した経営者は70.3％にのぼったが、経営者保証解除のために許容できる金利引上げ幅は「0.1〜0.25％」が47.6％を占め（1％超は3.9％にすぎない）、経営者保証非徴求による信用リスクの増大に見合った適切な金利の設定よりは保証提供を選択する経営者が多いであろう。

　なお、金利の一定の上乗せを提案した結果、最終的に主たる債務者および保証人が経営者保証を選択した場合でも債権者は保証契約の必要性について具体的かつ丁寧に説明するとともに適切な保証金額の設定に努めることが求められる。

⑸　有事対応型解除条件付保証契約

a　代替的融資手法の活用の検討

　融資取組み時に保証を徴求していない場合、主たる債務者の有事発生により保証債務が顕在化する危険性が高い状況で経営者から保証を徴求しようとすることには多大な困難が伴い、場合によっては経営者が保証の提供を回避するために企業経営を投げ出す懸念もある。反対に融資取組み時に保証を徴求すると、経営者としても保証契約の効力が持続する限り過大な債務の履行を求められる危険性（平時においては潜在的な危険性を原因とする精神的重

圧）を回避できないことになる。このように、債権者にとって保証が必要となるのは有事の際であり平時においては保証など不要であるにもかかわらず保証を確実に徴求できるのは融資取組み時であるという点が、金融機関にとって大きなジレンマとなっている。

　経営者保証を徴求することの弊害は、保証債務が顕在した場合に金融機関から資産に比して過大な債務の履行を求められるため中小企業の各ライフステージにおける新たな事業展開や早期の事業再生、円滑な事業清算等への経営者の取組意欲を阻害するとともに、保証債務が顕在化すると経営者保証人が経済的破綻へ追い込まれることを余儀なくされるため経営者個人の再スタートを阻害することである。これに対し保証を徴求しないことの弊害は、主債務者の有事において経営者が主債務者の整理を放棄したり担保物件の処分に非協力的であったりすることによって、金融機関の「主債務者からの回収」に支障が生じることである。保証の徴求・解除等の運用ではこの二つの弊害を同時に解消するのは困難であり、抜本的な解消策は保証実務の運用以外の方策となる。

　ガイドラインは保証に代替する融資手法として「停止条件または解除条件付保証契約」「ABL」「金利の一定の上乗せ」を例示し、3要件を充足していない顧客への対応策としている（GL4項(2)）。このうち、金利の一定の上乗せでは保証を徴求しないことの弊害の解消策とはならず、ABLは実効性は期待できるものの管理に要する費用や労力を勘案すれば顧客が一定以上の企業規模を有することが必要であり、顧客からみれば金融機関に生殺与奪の権を握られる点で各ライフステージにおける取組意欲を阻害する要因となりかねない。そうすると、代替的融資手法のなかで有望視されるのは停止条件または解除条件付保証契約となるが、停止条件付保証契約では主たる債務者が有事に陥れば結果的に保証債務が顕在化することとなる。

b　抜本的弊害解消策としての「有事対応型解除条件付保証契約」（図表2-4の3）

　保証に係る抜本的弊害解消策は金融機関と経営者とがWin-Winとなること、すなわち「経営者は過大な保証負担を回避できること」「金融機関は主

債務者有事の際に担保処分への協力が得られること、主債務者の事業再生または事業清算が適切に実施されること」である。また、取引開始時または融資取組み時に締結すれば取引解消（完済か事業再生か倒産か）まで見直しや組直しをする必要が生じない（したがってモニタリングコストが生じない）契約形態であることが望ましい。そうすると、抜本的弊害解消策は解除条件付保証契約となる。問題はどのようなコベナンツを設定するかである。

　保証に係る抜本的弊害解消策としての解除条件付保証契約のコベナンツは①有事の際に機能を発揮する内容であること、②中小企業の各ライフステージにおける新たな事業展開や早期の事業再生、円滑な事業清算等への経営者の取組意欲を阻害しない内容であること、③保証人を経済的破綻へ追い込まず再スタートを阻害しない内容であること、④条件成就の主張立証が容易な内容であること、⑤条件成就について相手方に異論の生じない内容であることが求められる。

　これらの要件を満たすものとして次のようなコベナンツが考えられる。

　主たる債務者が支払不能もしくは事業の継続に支障をきたすことなく弁済期にある債務の弁済が困難な状態に陥った場合、またはこれらの状態に陥るおそれがある場合において、主たる債務者に関し、準則型私的整理手続を成立させ、または法的整理手続の申立て※がなされたこと。

※　開始決定とすることも考えられる。

そもそも、経営者が金融機関に対して負担する最低限の経営責任は主たる債務者が有事に陥った際に担保処分に協力すること、事業再生または事業清算を適切に実施することであり、経営者はコベナンツ履行により最低限の経営責任を果たすことになる。また、主たる債務者に関し準則型私的整理手続を成立させる場合は担保について任意売却による高値処分が、法的整理手続を申し立てた場合は以後破産管財人等により任意売却による高値処分が試みられることになる。さらに、必要があれば準則型私的整理手続や法的整理手続のなかで経営責任を追及できる（それ以上に経営者の責任追及が必要な特

段の事情がある場合、平時においては会社法429条、事業再生においては再生計画策定のためのバンクミーティング、破綻時においては破産法178条等により責任追及すべきである）。したがって、コベナンツは上記内容で十分である。この解除条件付保証契約は有事においてのみその機能を発揮するものであるため、本書では「有事対応型解除条件付保証契約」と呼ぶことにする。なお、融資先が3要件を充足しているか否かにかかわらず原則として一律に契約締結対象とすることに留意いただきたい。

有事対応型解除条件付保証契約は「発生した事実＝コベナンツ」（発生した事実の評価が不要）であるため保証人からの「条件成就による保証債務失効の主張・立証」がきわめて容易であり金融機関も争う余地がないので、有事の際の保証債務の発生・失効をめぐる泥沼の訴訟合戦を回避できる。また、条件が成就すれば弁護士にとって不採算とされるGL7項の保証債務整理手続は実施されないので、受任弁護士の指導による経営者破産申立事例もなくなるであろう。また、最低限の経営責任を果たした経営者には再スタートの機会を与えることが地域経済活性化の観点から金融機関に求められる使命である。

(6) 代替的手法の活用に際しての顧客説明

代替的融資手法を活用する場合、主たる債務者や経営者にとって代替的融資手法が必ずしも経営者保証より有利とは言い切れない側面があることを十分に説明する必要がある。たとえばABLは定期的・継続的なモニタリングが不可欠であり、停止・解除条件付保証契約（有事対応型解除条件付保証契約を除く）はコベナンツの履行状況の定期的かつ詳細な検証が継続的に求められ、融資先側にも相応の作業負担やコスト負担が必要となる。金利の一定の上乗せは「経営者の資力への期待の代替措置」という性質上、経営者保証に比べれば相応のコスト増につながる。これらのことを十分に融資先と協議を尽くし、融資先と金融機関がWin-Winとなる結果をともに模索していくことも経営者保証ガイドラインの趣旨であると解される。

また、金融庁の改正監督指針は金融機関に対し経営者保証を求める場合に①保証債務を履行せざるをえない事態を想定した説明を、そして②保証契約

の必要性、つまりどの部分が十分でないために保証契約が必要なのか、どのような改善を図れば保証契約の変更・解除の可能性が高まるのかの個別具体的な理由について主たる債務者および保証人の知識、経験等に応じ、その理解と納得を得ることを目的とした説明を行い、その結果を記録することを求めている。改正監督指針は代替的融資手法を活用する場合に金融機関に対してこの「十分な説明＋記録の作成」は要求していないが、代替的融資手法も主たる債務者や保証人に一定の負担が生じるので、保証徴求に準じた「十分な説明＋記録の作成」は必要である。この場合の「十分な説明」は、①各融資手法の仕組みとリスクを、そして②代替的融資手法活用の必要性、つまりどの部分が十分でないために代替的融資手法の活用が必要なのか、どのような改善を図れば代替的融資手法の解除の可能性が高まるのかの個別具体的な理由を内容としたものである。

　一方、主たる債務者が代替的融資手法の活用を受け入れず経営者保証を求めることがやむをえない場合は、経営者保証の必要性、保証債務履行請求時の対応、経営者保証の変更・解除の可能性などを具体的・丁寧に説明して「説明責任」を果たすことが、そして保証金額を形式的に融資金額と同額とはせず、融資額、物的担保等の設定状況、保証人の資産および収入の状況等を総合的に勘案して「適切な保証金額の設定」をすることが必要である（GL5項）。加えて、保証債務履行時にガイドラインに即して適切な対応を誠実に実施する旨を保証契約に規定しなければならない。

第2節 | 融資取引時の手続

1 融資取引時における保証手続の流れ

(1) 基本的な考え方

中小企業との融資取引において経営者保証が必要とされる理由は本章第1節1(1)で述べたとおり、①経営者の規律づけによるガバナンス強化、②企業の信用力補完、③情報不足等に伴う債権保全である。他方、金融機関にとって保証が必要となるのは主たる債務者が「有事」（収益力の低下、過剰債務等による財務内容の悪化、資金繰りの悪化等が生じたために経営に支障が生じた、または生じるおそれのある状況）にある場合であり、平時における保証の存在に金融機関のメリットはほとんどなく、むしろ管理コストの塊である。したがって、主たる債務者に上記のような「経営者保証が必要とされる理由」がなければ、そもそも金融機関が経営者保証を徴求する合理性はないことになる。

一般的に、主たる債務者が経営者保証を不要とするための3要件（本章第1節3参照）を充足していればこのような懸念材料はない（または著しく少ない）と考えられることから、主たる債務者が融資取引時に経営者保証を不要とする3要件を充足している場合は原則として経営者保証を徴求しないということがガイドラインに基づく保証実務である。このような理解に基づきガイドライン施行時から用いられてきた融資取引時の保証実務が下記(2) a である。その後、経営者保証改革プログラムに基づき改正された金融庁監督指針（令和5年4月1日施行）により保証手続の厳格化と金融機関の意識改革が求められることとなったため、融資取引時の保証実務も下記(2) b のように変容している。

第2章 融資取引時の対応 237

⑵　融資取引時の保証手続フロー

a　ガイドラインが定める融資取引時の保証手続

ガイドラインが定める融資取引時の保証手続は、次のとおり（図表2－5参照）。

① 　ガイドラインの説明＋保証人の意向確認

保証提供の意思があれば保証徴求の手続（下記④）へ進み、保証提供の意思がなければ無保証要件の検証（下記②）へ進む。

② 　経営者保証を不要とするための要件（3要件）の検証

要件が充足されている場合等、金融機関が経営者保証が不要と判断できる場合は保証手続は終了（下記⑥）し、金融機関が、経営者保証が必要または代替的融資手法が適当と判断した場合は保証契約または代替的融資手法の必要性を説明したうえで再度意向聴取を行う（下記③）。

③ 　保証契約または代替的融資手法の必要性の説明＋諾否についての意向聴取

保証等の応諾が得られた場合は自行判定と顧客の意向をふまえた対応方針決定および適切な保証金額の設定（下記④）へ進む。保証等の応諾が得られない場合は顧客の理解が得られるまで粘り強く説明・説得を行い、その結果として応諾が得られれば下記④に進み、履行可能な合理的経営改善策が提示された場合はその内容によって経営者保証が不要と判断されること（下記⑥へ進む）や代替的融資手法が適当と判断されることもありうる。

④ 　自行判定と顧客の意向をふまえた対応方針決定＋適切な保証金額の設定

3要件の充足度合いとその他の要素の総合的判断により保証徴求または代替的融資手法のうち適当な対応を決定する。特に保証徴求（停止条件・解除条件付保証契約も含む）を選択した場合は適切な保証金額を設定する。

⑤ 　顧客説明＋保証契約（または代替的融資手法の契約）締結

238　第2編　経営者保証ガイドライン

図表2－5　ガイドラインが定める融資取引時の保証手続フロー(注)

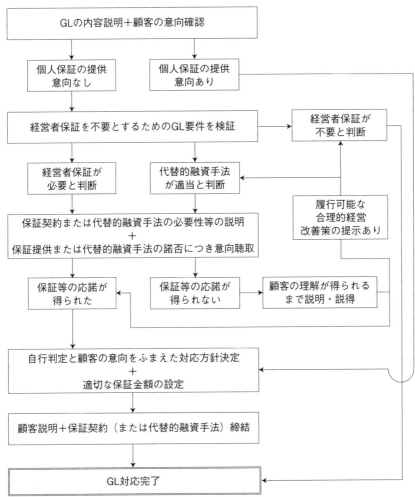

(注) このフローは、ガイドライン施行時の実務であり、改正監督指針が施行された令和5年4月1日以降の保証手続は、図表2－6のように変更されているので、注意いただきたい。
(出所)　筆者作成

　　改正監督指針が施行された令和5年4月1日以前の顧客説明の内容は、ⓐ保証契約の必要性、ⓑ原則として、保証履行時の履行請求は一律に保証金額全額に対して行うものではなく、保証履行時の保証人の

第2章　融資取引時の対応　239

資産状況等を勘案したうえで履行の範囲が定められること、ⓒ経営者保証の必要性が解消された場合は保証契約の変更・解除等の見直しの可能性があることの三つであるとされていた。なお、令和5年4月1日以降は、ⓓどの部分が十分でないために保証契約が必要となるのか、どのような改善を図れば保証契約の変更・解除の可能性が高まるかについての説明も追加されⓐ～ⓓについての記録も必要となっている。

⑥　ガイドラインに基づく保証手続終了

なお、これらの手続はガイドラインの記載に忠実に組み立てられガイドライン施行時から用いられてきた実務であるが、改正監督指針が施行された令和5年4月1日以降の保証手続は下記bのように変更されているので注意いただきたい。

b　改正監督指針に準拠した融資取引時の保証手続

改正監督指針に準拠した融資取引開始時の保証手続は次の段階で進められる（図表2－6参照）。第1段階は「金融機関への申込み」、第2段階は「金

図表2－6　改正監督指針に準拠した融資取引時の保証手続フロー

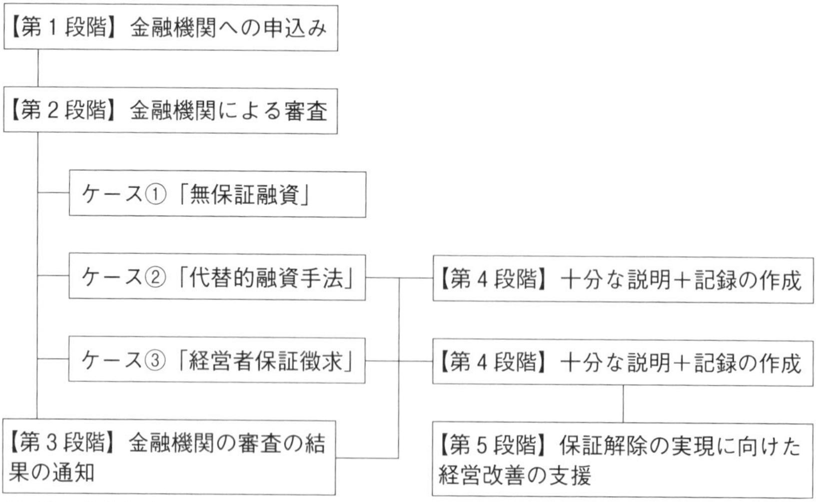

（出所）　筆者作成

240　第2編　経営者保証ガイドライン

融機関による審査」、第3段階は「金融機関の審査の結果の通知」といった流れである。

　審査の結果としてケース①「経営者保証なしの融資」、ケース②「経営者保証に代替する融資手法」、ケース③「経営者保証による融資」の3通りが考えられ、ケース①に該当すればこの時点で融資開始時の保証手続は終了する。しかし、ケース②およびケース③に該当した場合は、第4段階として「主たる債務者および保証人に対する改正監督指針にのっとった十分な説明と記録の作成」、さらに、ケース③に該当した場合は、第5段階として、「保証解除の実現に向けた経営改善の支援」という作業が必要となる。

　各段階における作業内容は次項（本節2）で解説する。

2　各段階における作業内容

　ここでは、本節1(2)bで取り上げた各段階における作業内容を解説する。適宜図表2－6を参照されたい。

(1)　「金融機関への申込み」【第1段階】

　まず、第1段階の「金融機関への申込み」である。

　主たる債務者が経営者保証なしに資金調達を希望する場合は経営者保証が不要となる3要件の充足が求められる。ただし、3要件充足の有無にかかわらず事業性評価等による総合的な判断で無保証融資または保証解除を行うことが認められるのは当然であるから、3要件不充足でも必ず保証徴求、または代替的融資手法の実施をしなければならないわけではない。

　ガイドラインに基づく融資取引開始時の手続は、主たる債務者が金融機関に対して経営者保証を提供することなしに資金調達を希望することを端緒とする（GL4項(1)柱書）。主たる債務者がガイドラインに基づいて無保証融資の申込みをするためには原則として経営者保証が不要となる3要件を充足していることが必要であるが、この3要件を充足しようと努力していれば「申込み」自体は可能であり、金融機関は（結果的に無保証融資に応じるか否かは別として）ガイドラインに基づく審査ないし改正監督指針に基づく説明・記録（下記第2段階～第4段階の手続）を経ずに「門前払い」することはで

第2章　融資取引時の対応　241

きないことに注意が必要である。

⑵ 「金融機関による審査」【第2段階】

第2段階は「金融機関による審査」である。

金融機関は、無保証融資の申込みについて次に示す五つの視点で各ポイントにおいて求められる相応の水準に達しているか、および将来にわたって充足することが見込まれるかを審査する（GL4項⑵イ～ホ）。

> イ）法人と経営者個人の資産・経理が明確に区分・分離されているか
>
> ロ）法人と経営者間の資金のやりとりが、社会通念上適切な範囲を超えていないか
>
> ハ）法人のみの資産・収益力で借入返済が可能と判断しうるか
>
> ニ）法人から適時適切に財務情報等が提供されているか
>
> ホ）経営者等から十分な物的担保の提供があるか

審査に際しては「経営者保証改革プログラムをふまえた解釈基準」（本章第1節3⑵b、⑶b、⑷b参照）も適宜活用すべきである。また、必ずしもすべてのポイントをクリアしていることが求められるものではなく、個別の事案ごとにポイント充足状況に応じて総合的に判断すべきとされているので、柔軟な判断が必要である。

審査を行うにあたり、ほとんどの金融機関は保証徴求の可否判断のために作成したチェックリストを活用しているが、このチェックリストの活用方法が改正監督指針の趣旨に適っていないように思われる。筆者はこれまで複数の金融機関で改正監督指針対応の研修を行ってきたが、ほとんどすべての金融機関から「保証なしでの融資を行いたいと思ってもチェックリストの複数の項目で「否」または「×」の判定となっている場合は、なかなか「保証なし」というわけにはいかない」という声を聞いている。ガイドラインや改正監督指針の趣旨に従えば「チェックリストの一定数の項目で「適」または「○」の判定となっている融資先から保証を徴求するのは問題である」のであって「チェックリストの複数の項目で「否」または「×」の判定となって

242　第2編　経営者保証ガイドライン

いる融資先から保証を徴求しなかったとしても当局検査や特別ヒアリングで問題とされることはない」と解されるからである。そもそも保証を徴求しないのであればチェックリストを作成する必要はないということになる。

なお、「経営者等から十分な物的担保の提供があるか」（GL 4 項(2)ホ）の趣旨は、主たる債務者への融資が担保によって保全十分な場合（担保提供者が主たる債務者や経営者保証人以外の物上保証人の場合も含む）は「保証人の資産からの債権回収を目的とする債権保全のための保証」も「経営の規律づけのための保証」も不要であるから重ねて経営者保証を徴求することに正当性は認められず、イ〜ニについて審査するまでもなく無保証融資に応じるべきということに注意が必要である。

⑶ 「金融機関の審査の結果の通知」【第 3 段階】

第 3 段階は「金融機関の審査の結果の通知」である。

第 3 段階では金融機関側が前向きに審査した結果がケース①「経営者保証なしの融資」、ケース②「経営者保証に代替する融資手法」、ケース③「経営者保証による融資」のいずれになったかを、説明責任を果たしながら通知する。

審査の結果、第 1 段階で求める経営状況（ 3 要件の充足）が将来にわたり充足されると判断した場合は、ケース①の経営者保証なしの融資が可能である旨回答する。この場合、この時点で融資開始時の保証手続は終了する。

これに対し、第 1 段階で求める経営状況となるよう経営改善に努めてはいるもののケース①までの判断に至らなかった場合は、ケース②の経営者保証の機能を代替する融資手法の活用による経営者保証なしの融資について主たる債務者の意向もふまえたうえで具体的に選択する手法を主たる債務者（停止条件付・解除条件付保証契約の場合は保証人にも（以下同じ））に提示する。経営者保証の機能を代替する融資手法とは内部・外部のガバナンスを将来にわたって担保する停止条件付・解除条件付保証契約、企業が保有する在庫、売掛金など流動資産を担保とする融資手法であるABL、金利の一定の上乗せ等である（本章第 1 節 4 参照）。

ケース②およびケース③に該当した場合は代替的融資手法または保証徴求

の必要性等について特に丁寧かつ具体的な説明を行わなければならないため、第4段階に進む。

ここで、法人・個人の一体性解消をはじめとする3要件にかかわる論点として、金融庁が真に求める「経営者保証ガイドラインの制度趣旨を尊重した対応」について触れておく。金融庁は金融機関が経営者保証ガイドラインに準拠して無保証融資、保証解除等の可否を検討することを通じ三つの制度趣旨を実現することを期待している。

一つ目は、経営者保証が不要となる要件を充足する、すなわち、経営の規律づけや財務基盤の強化というあるべき将来の姿に向かって中小・零細企業が自発的に成長することを促すことである。

二つ目は、金融機関と経営者とが協働して経営者保証を不要とする経営態勢の構築に向けたコミュニケーションを深め、中小企業等と金融機関との信頼関係の基盤を強固にすることである。

三つ目は、これら二つの対応を通じ中小企業等の活力を引き出し、日本経済の活性化に資することである。

したがって、仮に検討の結果保証徴求を要するとの判断に至った場合でも「検討結果を回答して終わり」ということにはならないことに留意が必要である。

⑷ 「主たる債務者および保証人に対する改正監督指針にのっとった十分な説明＋記録の作成」【第4段階】

第4段階は、「主たる債務者および保証人に対する改正監督指針にのっとった十分な説明＋記録の作成」である。

審査の結果、金融機関がケース③の経営者保証による融資、すなわち経営者保証が必要と判断した場合、ガイドラインは当該金融機関に対して主たる債務者や保証人に対する保証契約の必要性等の丁寧かつ具体的な説明を求めている（GL5項(1)）。この説明にあたっては主たる債務者・保証人の納得感を向上させることに努めるべきである。さらに、令和5年4月1日に施行された金融庁改正監督指針は金融機関に対して改正監督指針にのっとった十分な説明およびその結果の記録の作成を求めている。契約時の説明については

244　第2編　経営者保証ガイドライン

本節3⑴、改正監督指針にのっとった十分な説明およびその結果の記録の作成については本章第3節を参照されたい。

また、経営者保証ガイドラインや改正監督指針に明文の記載はないが、ケース②の代替的融資手法活用を選択した場合についてもケース③に準じた説明およびその結果の記録の作成が必要となる。

⑸ 「保証解除の実現に向けた経営改善の支援」【第5段階】

第5段階は「保証解除の実現に向けた経営改善の支援」である。

ケース③に該当した場合は第5段階として金融機関による保証解除の実現に向けた経営改善の支援を実施すべきこととなる。具体的には以後、金融機関と主たる債務者・保証人との間で将来の保証解除・保証契約の変更、すなわち、保証解除等に必要な要件の充足の実現に向けたコミュニケーションを深め、相互の信頼関係の基盤を強固にしていくという作業を実施する。このような作業の必要性は従来唱えられてきているものの、改正監督指針の施行により規範として明確化されている。

このように保証を徴求するということは、経営者には、経営者保証が不要となる要件を充足するというあるべき将来の姿に向かって中小・零細企業が自発的に成長することを促し、金融機関と経営者とが協働して経営者保証を不要とする経営態勢の構築に向けたコミュニケーションを深め中小企業等と金融機関との信頼関係の基盤を強固にすることを求めることであり、そのゴールは中小企業等の活力を引き出し日本経済の活性化に資することである。したがって、金融機関は仮に検討の結果保証徴求を要するとの判断に至った場合でも「保証徴求時に改正監督指針が定める説明やその記録をすれば、それで終わり」ということにはならず、保証徴求により金融機関には「当該事業者との間で、保証解除に向けたリレーションに取り組まなければならない」という新たな義務が発生することになる。当該規範は第4段階の説明義務と相まって金融機関にとって大きなコストとなるため、改正監督指針施行を機に「原則として一律無保証」とする金融機関が増加していることはすでに述べた（本編第1章第1節2⑵d⒝参照）。

もっとも、経営者保証が解除できる状態になるということはそれだけ事業

者の業況やガバナンスの改善が実現するということであり、そこから生まれる取引機会も増えることが期待され地域経済の活性化にも寄与することになる。このことは、金融機関にとって①顧客との共通価値創造による持続可能なビジネスモデルの構築、②地域におけるプレゼンス向上という中長期的なメリットをもたらすことであることをしっかりと理解しておくべきである。

3　保証契約締結時の対応

　対象債権者が経営者保証を求めざるをえないと判断した場合、ガイドラインは対象債権者に対し、保証契約締結にあたって①主たる債務者や保証人に対する保証契約の必要性等の丁寧かつ具体的な説明、②適切な保証金額の設定、③保証契約に保証債務整理時に関する条項を盛り込むこと等の対応を求めている。

(1)　丁寧かつ具体的な説明

　ガイドラインが保証契約締結時に対象債権者に求める説明内容は、①保証契約の必要性、②原則として保証履行時の履行請求は一律に保証金額全額に対して行うものではなく、保証履行時の保証人の資産状況等を勘案したうえで履行の範囲が定められるということ、③経営改善により経営者保証の必要性が解消された場合には、保証契約の変更・解除等の見直しの可能性があることである（GL 5 項(1)イ〜ハ）。さらに、令和 5 年 4 月 1 日に施行された金融庁監督指針は金融機関に対して、従来規定されていた保証債務を履行せざるをえない事態を想定した説明を求めるとともに、①について、どの部分が十分でないために保証契約が必要なのか、どのような改善を図れば保証契約の変更・解除の可能性が高まるのかの個別具体的な理由について主たる債務者および保証人の知識、経験等に応じその理解と納得を得ることを目的とした説明を行い、その結果を記録することを求めている。監督指針が求める説明および記録の方法等については、本章第 3 節で解説する。

　なお、経営者保証の必要性を説明する際は金融機関と顧客とが抽象的または感情的な議論にならないよう、主たる債務者・保証人の了承を得たうえで外部専門家（本編第 1 章第 2 節 2 (4)参照）の立会いを求めることも検討すべ

きである。

(2) 適切な保証金額の設定

a ガイドラインが求める適切な保証金額の設定

対象債権者は、保証契約を締結する際に経営者保証に関する負担が中小企業の各ライフステージにおける取組意欲を阻害しないよう、形式的に保証金額を融資額と同額とはせず保証人の資産および収入の状況、融資額、主たる債務者の信用状況、物的担保等の設定状況、主たる債務者および保証人の適時適切な情報開示姿勢等を総合的に勘案して設定することが求められている（GL5項(2)）。この点につきガイドラインは次の取扱いを例示している（Q&A5－3）。

① 保証債務の整理にあたってはガイドラインの趣旨を尊重し、GL5項(2)イ・ロに規定する対応を含む適切な対応を誠実に実施する旨を保証契約に規定する

② 物的担保等の経営者保証以外の債権保全の手段が用いられている場合は当該手段により保全の確実性が認められる額を融資額から控除した額を保証金額とする

b 「適切な保証金額」設定の困難性

「適切な保証金額」とは、保証人が保証債務履行時に全額の履行が可能で、かつ、その後の生計維持に必要な資金（できれば再起に向けた資金も）を確保できる金額であると解される。しかし、保証金額の適切性は保証債務履行時の「保証人の資産および収入の状況」を基準として具体的に算定されるべきであるが、実際には保証契約上の保証金額は保証契約締結時の「保証人の資産および収入の状況」を基準として抽象的に算定せざるをえない。そして、結果的に適切でない、すなわち保証金額が保証人の資産に比して過大ということになっても保証履行時に契約上の保証金額を適切な保証金額に減額されることがないところに、「適切な保証金額」設定の困難性がある。また、適切な保証金額を設定するためには根保証を活用することが不可避であるが、昨今は根保証が保証の弊害の象徴とされる風潮もあり、「根保証の根絶」を唱える金融機関が少なくないことも「適切な保証金額」設定の困難性

第2章　融資取引時の対応　247

をさらに高めることとなっている。

　もっとも、保証債務整理時にガイドラインに従った適切な債務整理が行われれば一定の資産を残すことが許容されることになる（本編第4章第3節4参照）。このため、事実上は保証人がガイドラインに基づく保証債務整理手続の利用要件を充足している限り保証契約上の保証金額にあまり意味はないともいえる（ただし、ガイドラインに従った適切な債務整理が成立するまでの間は保証人が精神的な負担から解放されることはむずかしい）。さらに、保証形態を「有事対応型解除条件付保証契約」（本章第1節4(5)）とすれば、保証金額という概念自体が無意味となる。

(3) 保証債務整理時に関する条項

　対象債権者は保証債務の整理時にガイドラインの趣旨にのっとった適切な対応を誠実に実施する旨の条項を保証契約に盛り込まなければならない。具体的には以下の内容を条項として契約に盛り込むことになる。

　　① 保証債務の履行請求額には、基準時（期限の利益喪失時等。実際には保証債務整理手続申出の効力発生時たる一時停止等要請の効力発生時）以降に発生する保証人の収入を含まないこと

　　② 保証人が資産状況について表明保証をし支援専門家の確認を受けたにもかかわらず実際の資産状況と相違があった場合に、保証債務の額が復活することを条件に保証履行請求額を履行請求時の保証人の資産の範囲内とすること

(4) 主債務者・保証人と債権者とのリレーション

　ガイドラインは入口部分（保証契約締結）と出口部分（保証債務整理手続）とを有機的に結合させることでその効用を最大限に発揮することを想定している。具体的には、保証契約締結時の説明において金融機関と中小企業とが当該企業の収益性や財務状態、規律づけ等をよく検討することから始め、その後どのようにすれば保証を外せるかの検討を通じて金融機関と中小企業とがコミュニケーションを深くし、信頼関係を構築することである。そして、入口部分から継続してきたリレーションを成熟させていくことによって保証を外せるようになることが望ましいが、不幸にして当該中小企業の経

248　第2編　経営者保証ガイドライン

営が窮境に陥った場合でも信頼関係が構築されていることにより金融機関と経営者保証人とがともにWin-Winの最大値を享受できる保証債務整理手続へと移行し、保証人はより多くの資産を残せることである。

第**3**節 経営者保証徴求時の説明とその記録

1 経営者保証徴求時の説明方法

(1) 説明の趣旨

a 経営者保証徴求時の説明に関する改正監督指針の趣旨

　令和5年4月1日から適用開始された金融庁の改正監督指針は、金融機関が個人保証を徴求する際の手続を厳格化することで安易な個人保証に依存した融資を抑制するとともに、事業者・保証人の納得感を向上させることを目的として策定された。なお、改正監督指針は経営者保証ガイドラインの規律を変更したわけではなく運用を変更したにすぎないものであることに留意が必要である。

　改正前の監督指針においても保証契約を締結する場合は主たる債務者と保証人に対して保証契約の必要性等の説明が求められていたが、改正監督指針は保証契約の必要性等に関し、事業者・保証人に対して個別具体的に「どの部分が十分でないために保証契約が必要となるのか」「どのような改善を図れば保証契約の変更・解除の可能性が高まるか」など、より詳細な説明を求めるよう改正されている。また、改正監督指針は保証人に対し説明を受けた旨を確認し、その結果を書面または電子的方法によって記録化することも求めている。

　さらに、金融庁は金融機関に対し令和5年9月期実績報告分より、主たる債務者・保証人への説明の結果等を記録した件数について金融庁に報告することを求めている（ただし、記録した内容について定期的な報告は求められていない）。この点につき金融庁は金融機関に対し、結果等の記録について「無保証融資件数」と「有保証融資で、適切な説明を行い、記録した件数」

250　第2編　経営者保証ガイドライン

との合計が「全融資件数」と完全一致することを求めている。ここで注意しなければならないのは、代替的融資手法として停止条件付・解除条件付保証契約を締結した場合、法的には「有保証融資」となるが上記報告においては「無保証融資件数」にカウントされることである。

b　監督指針の解釈に係る留意点

　個人保証の要否についてはガイドラインに基づき引き続き各金融機関の判断に委ねられる事項であるため、金融庁が金融機関に対して個別の判断内容について指摘することはないが、保証人への説明や記録方法については監督指針で定めている事項であるため、対応が不十分である場合は検査での指摘もありうるとのことである。また、金融庁は、状況に応じて金融機関に対し特別ヒアリングを実施することとしている。ただし、これは、個人保証そのものを制限する趣旨ではなく、金融機関が保証徴求の際に保証の必要性を事前に十分検討しなかったり顧客の納得を得るための十分な説明を行わなかったりすること（慣行として保証を徴求すること）をなくすことが趣旨であるとされている。

(2)　説明にあたっての留意点

　ほとんど（筆者の知る限りすべて）の金融機関は平成26年2月に経営者保証ガイドラインが適用開始された際、顧客説明に関する社内規程や説明の際のチェックリスト等を整備し、説明の仕方等についての社内研修を行っているはずである。しかし、新規融資取組み時の経営者保証ガイドラインの説明の有無の認識は金融機関と事業者との間のコミュニケーションギャップが大きいことが問題視されている（本章第1節2(1)参照）。この結果について、金融機関が説明していないにもかかわらず「説明した」と虚偽の回答を行っているとは考えづらいことから、このようなギャップが生じている理由は金融機関の説明が通り一遍で①主たる債務者・保証人の知識、経験等に応じた説明となっておらず主たる債務者・保証人の理解を得られていないこと、②保証が必要な客観的合理的理由や無保証融資または保証解除ができるようになるために必要な経営状態についての個別具体的目線を示していないために主たる債務者・保証人の納得性が得られていないことにあると考えられる。

第2章　融資取引時の対応　251

主たる債務者・保証人としては、理解できない説明を受け納得できないまま契約を締結しているので「説明を受けていない」または「何かいってたかもしれないが、保証の説明とは思えない」というイメージにとらわれているのが実態ではないかと思われる。

このような状況を改善するため改正監督指針は、経営者から保証を徴求する際に金融機関が説明する内容を明確化している。監督指針は従来①保証債務を履行せざるをえない事態を想定した説明（中小・地域金融機関向けの総合的な監督指針Ⅱ－3－2－1－2(2)①ハ）および②保証契約の必要性に関する説明（同監督指針Ⅱ－3－2－1－2(2)①ニ）を金融機関に求めてきた（具体的には下記(3)のとおり）が、改正監督指針は②について説明内容を加重している。

(3) 説明すべき内容

a 保証債務を履行せざるをえない事態を想定した説明

保証契約の形式的な内容にとどまらず、保証の法的効果とリスクについて最悪のシナリオ、すなわち実際に保証債務を履行せざるをえない事態を想定した説明が必要である（具体的な説明方法について本節2参照）。

b 保証契約の必要性に関する説明

保証契約の必要性に関してはGL4項(2)に掲げられている要素を参照のうえ、保証人の立場および財産の状況、主たる債務者や他の保証人との関係等をふまえ、当該保証人との間で保証契約を締結する客観的合理的理由を説明しなければならない。その際、可能な限り資産・収益力については定量的、その他の要素については客観的・具体的な目線を示すことが望ましいとされている（具体的な説明方法について本節3参照）。

2 保証債務を履行せざるをえない事態を想定した説明

(1) 説明のポイント

この説明により求められる到達点は、保証人の①保証債務を負担するという意思の形成および②保証債務の履行が要求された場合に自らが責任を負担することを受容する意思の形成である。

252 第2編 経営者保証ガイドライン

そのため、求められる説明は保証契約の形式的な内容にとどまらず、保証の法的効果とリスクについて最悪のシナリオ（実際に保証債務を履行せざるをえない事態）を想定した説明となる。端的にいえば、主たる債務者が借入金を返済できない場合、保証人が全財産を処分しても返済しなければならず、全財産を処分しても借入金を返済しきれないときは個人破産しなければならないこともありうること、さらに、保証人が保証債務の履行を免れるために財産を親族・第三者等の名義に変更するなどの財産隠匿行為を行った場合は当該親族・第三者等にまで返済を求めることがありうることまで、説明する必要がある。

なお、締結する保証契約が連帯保証契約である場合、次のように通常の保証契約とは異なる性質を有すること（詳細は第1編第1章第2節1(2)・2参照）を、保証人の知識、経験等に応じて説明する必要がある。

① 連帯保証には補充性がないこと

主債務者が期限の利益を喪失し債権者から債務の履行を請求された場合、普通保証人は「催告の抗弁権」（民法452条）および「検索の抗弁権」（同法453条）を行使して履行請求を拒むことができるが、連帯保証人には催告の抗弁権や検索の抗弁権は認められない（同法454条）ので履行請求を拒むことができない。

② 連帯保証には分別の利益がないこと

保証人が複数（共同保証）の場合、普通保証人には主債務の額を平等の割合（たとえば2名の場合は2分の1）のみ保証債務を負うという「分別の利益」（同法456条、427条）が認められるが、連帯保証には補充性がないことから分別の利益が認められず、各連帯保証人は主債務全額について履行の責を負う。

もっとも、保証人に対してはGL7項が定める保証債務整理手続が認められ、この手続を利用すれば①保証人は破産しなくてもよい、②手続開始時以降に得た財産は自由に使える、③状況次第で保証人に一定の財産を残すことが認められることもありうる、④個人信用情報機関に登録されることを免れることができるので、その旨も説明しなければならない。ただし、経営者保

証ガイドラインに基づく保証債務整理手続を利用するためには、ⓐ主たる債務者について準則型私的整理手続（中小企業活性化協議会スキーム、事業再生ADR、私的整理ガイドライン、地域経済活性化支援機構（REVIC）特定支援事業、中小企業の事業再生等に関するガイドライン、特定調停等）または法的整理手続（破産手続、民事再生手続、会社更生手続、特別清算手続）の申立てがなされていること、ⓑ経営者保証ガイドラインが定める支援専門家（弁護士）が選任されることが必要であるから、主たる債務者が有事に陥った際には、上記ⓐⓑの手続費用がまかなえるうちに事業再生または事業清算に着手しなければならないことも、あわせて説明することが求められる。

(2) 甲銀行担当者Ａによる、甲銀行融資先Ｂ社のＣ社長への説明話法の例

上記(1)をふまえた具体的な説明話法は次のとおり。

Ａ　もし、御社が弊行からの借入金を返済できない場合、保証人であるＣ社長に対して保証債務の履行を請求させていただくことになります。その場合、社長の個人資産を処分するなどして、弊行への債務とこれに付帯する年14％の割合による遅延損害金全額をご返済いただくことになります。

Ｃ　全財産を処分しても借入金を返済しきれないときはどうなるのかな。

Ａ　全財産を処分しても借入金を返済しきれないときは、個人破産しなければならないこともありえます。

Ｃ　自宅も売らなければならないのかね。

Ａ　ご自宅も処分しなければ保証債務全額の弁済ができない場合は、処分していただくこととなります。ただし、ご自宅については、ご親族等、社長を支援していただける方に買い取っていただき、社長が賃借するかたちで住み続けることはありえます。また、経営者保証ガイドラインを利用すれば、条件次第では、ご自宅やその他の資産の一部を

残すことができるかもしれません。ただし、経営者保証ガイドライン
を利用しても、その時の御社と社長の状況により判断されることとな
りますので、現段階では何ともいえません。

C 　私が保証債務を負うことで、妻にも影響はあるのかね。

A 　奥様は保証人ではありませんので、奥様が社長の保証債務を相続し
たというような特殊事情がない限り、奥様にご返済を求めることはあ
りません。ただし、このようなことはC社長に限ってありえないで
しょうが、失礼を覚悟で申し上げれば、御社の経営が悪化した後に社
長個人の財産を奥様名義に変更した場合は、その財産からのご返済を
求めることもありえます。親族・第三者等の名義に変更した場合も同
様です。

(3) 経営者保証ガイドラインについて質問された場合の回答例

上記(2)において、経営者保証ガイドラインについて質問された場合、次の
ように回答する。

① 　経営者保証ガイドラインに基づき透明性の高い保証債務整理手続を
誠実に行っていただくことにより、破産することなく再スタートする
ことができます。

② 　経営者保証ガイドラインを利用した保証債務整理の事実は信用情報
登録機関に報告、登録されないことになっていますので、保証債務の
免除を受けてもそのことをもってブラックリストに載ることはありま
せん。

③ 　経営者保証ガイドラインに基づく弁済計画では財産評定基準時以後
の収入や取得財産は弁済原資としません。また、基準時以前の財産に
ついても現預金99万円までは残すことができますし、今後も約定どお
り住宅ローンの返済が可能である場合など、担保権者の承諾があれば
オーバーローンとなっている自宅等も残せることがあります。

④ 　対象債権者（金融機関）に経済合理性が認められる場合は、現預金

第2章　融資取引時の対応　255

99万円等に加えて、その経済合理性の額を上限として、安定した事業
継続等のために必要な一定期間の生計費に相当する額や華美でない自
宅等（「インセンティブ資産※」といいます）を残せる可能性があり
ます。

※　インセンティブ資産をどれだけ残せるかは、まず支援専門家に相談するよう
　　指導し、後日「銀行に騙された」といわれないよう、不必要に過大な期待をも
　　たせないことも重要である。

⑤　経営者保証ガイドライン適用の申出の前提として支援専門家を選任
する必要があります。支援専門家は公認会計士、税理士、弁護士等が
該当し、主たる債務者である御社や保証人である社長の顧問でもかま
いません。もし、支援専門家を頼む費用の調達がむずかしければ、国
の「専門家派遣制度」もありますので、最寄の商工会、商工会議所ま
たは中小企業基盤整備機構地域本部に相談してください。

⑥　経営者保証ガイドラインに基づく債務整理を進めるにあたり、社長
の資力に関する情報を正確に開示していただくとともに、その内容に
ついての表明保証をしていただきます。

⑦　経営者保証ガイドライン適用後であっても、資産の隠匿や財産の状
況に関する表明保証の虚偽が発覚した場合は、残存資産はもとより基
準時以後の収入や取得財産で当初の保証額全額をご返済いただくこと
になります。また、弁済履行後であっても免除した保証債務が利息付
きで復活しますので、そのようなことがないようご注意ください。

3　「保証契約の必要性」の説明

⑴　「保証契約の必要性」に係る説明のポイント

「保証契約の必要性」の説明に際しては、保証人の立場および財産の状
況、主たる債務者や他の保証人との関係等をふまえ、当該保証人との間で保
証契約を締結する客観的合理的理由の説明が求められる。具体的には、GL
4項が定める無保証融資や保証解除を認める要件たる①法人と経営者との関

係の明確な区分・分離、②財務基盤の強化、③財務状況の正確な把握、適時適切な情報開示等による経営の透明性確保のうち、どの項目がどの程度要件を充足していないかについて、主たる債務者の状況に応じて個別具体的に説明することとなる（その際、可能な限り、資産・収益力については定量的、その他の要素については客観的・具体的な目線を示すことが望ましいとされている）。

この説明においては「何が不十分か」にとどまらず不十分な点の「改善による保証契約の変更・解除の可能性」についても一体で説明する必要がある。説明の目的は、保証を提供することを納得してもらうことで終わるのではなく、要件充足に向けた改善を実施し主たる債務者のガバナンス強化・収益力向上による信用力の強化・経営の透明性の確保を実現するための主たる債務者・金融機関の協働作業を通じた信頼関係の醸成にあるからである。もっとも、保証契約の変更・解除の可能性を説明することによって将来の保証解除の約束や融資予約と誤認され将来的な苦情等につながる危険性があるので、トラブル回避の観点から「どのように改善すれば、保証解除の可能性が高まるか」であることを明確にしたうえで、事業者の知識、経験等に応じてその理解と納得を得ることを目的とした説明となるよう留意が必要である。なお、ここでいう「改善」の内容についても、資産・収益力については定量的、その他の要素については客観的・具体的な目線を示すべきである。

以下、項目別のポイントと説明話法をみていく。

(2) 法人と経営者との関係の明確な区分・分離

a 説明のポイント

金融機関からみて、この要件が充足されていないと判断する理由を網羅的に説明する。詳しい考え方は本編第2章第1節3(1)で詳述しているので、そちらを参照されたい。

b 甲銀行担当者Aによる、甲銀行融資先B社のC社長への説明話法の例

上記aをふまえた具体的な説明話法は次のとおり。

A　御社から社長への貸付金が××××万円あります。これは、弊行か

第2章　融資取引時の対応　257

らの融資が社長に転貸されているととらえることもできますので、社長にも応分のご責任を負っていただかなければなりません。その意味では、御社から社長への貸付金がなくなれば社長の保証をいただかなくてもご融資を継続することができるかもしれません。ただし、実際に保証を解除できるかどうかは、社長への貸付金がなくなった時点での御社の状況によります。

C　そうはいっても、簡単に返せる金額ではないからねぇ……。できるだけ早く私個人の会社からの借入れは返済するよう努力してみますから、そのときはご検討よろしくお願いします。

(3) 財務基盤の強化

a 説明のポイント

融資先から提出を受けた財務資料を示しながら経営者の知識レベルにあわせて、財務基盤の問題点を網羅的かつ具体的に説明する。説明にあたっては、指摘すべき財務指標は何か、その財務指標が意味することは何か、当該財務指標の悪化要因として考えられることは何か、何をすれば当該財務指標が改善するか、当該財務指標を改善するとどのような効果があるか等について、主たる債務者のビジネスモデル上の課題にも踏み込んだ深掘りを行うことが望ましい。特に基礎的財務知識を有しない経営者も多いので、このような経営者に対しては当該企業の現況を中心にできる限り噛み砕いた説明を行う。その半面、財務に詳しい経営者に対しては改善点を中心に説明し具体策を検討する方向で説明する。改善策の実行にあたっては中小企業収益力改善支援研究会より令和4年12月に策定・公表された「収益力改善支援に関する実務指針」（本編第1章第1節2(3)参照）も活用する。

もっとも、主たる債務者の財務状況の悪化が顕著で保証解除の可能性が著しく低いと判断せざるをえない場合は指摘事項が多岐にわたるため、それをすべて指摘すると融資先の事業に対する全否定と受け取られかねず、金融機関と融資先との信頼関係が修復不能なまでに崩壊してしまうおそれがある。このような場合は、代表的な問題点だけを説明したうえでほかにも改善すべ

き点があることに言及しておくという対応もやむないと思われる。

b 甲銀行担当者Aによる、甲銀行融資先B社のC社長への説明話法の例

上記aをふまえた具体的な説明話法は、次のとおり。

(a) パターン1

A 先日いただいた御社の決算書によりますと、損益計算書の経常利益を貸借対照表の資産の合計額で割った比率は○％になっています。この比率を総資産利益率とかROAとかいうのですか、同業他社のROAの平均は△％であり、失礼ながら、御社の収益性は同業他社に比べて見劣りするといわざるをえません。このような利益状況では社長の保証は不可欠です。今後、御社の利益率の改善にご尽力いただき、ROAが□％以上になりましたら、社長の保証をいただかなくてもご融資を継続することができるかもしれません。ただし、実際に保証を解除できるかどうかはROAが□％以上になった時点での御社の状況によります。弊行も御社の経営改善のお手伝いをさせていただきますので、保証解除に向けて一緒に頑張りましょう。

C わかりました。利益率の改善に努めていきますので、アドバイスをよろしくお願いします。

(b) パターン2

A 御社の売掛金は○円で、これは御社の月商の△カ月分です。同業他社の平均は□カ月分ですから、御社の売掛金は高止まっているように感じます。このなかに回収不能またはなんらかの理由で回収困難となっている不良な売掛金が底溜っていませんか。

C 実は、そうなんです。

A それは、どのくらいあるのですか。

C ×××万円くらいです。

A その額を貸倒計上すると御社は債務超過となってしまいますので、

第2章 融資取引時の対応 259

社長の保証は不可欠です。まずは、底溜っている不良な売掛金を貸倒として損失処理してください。そして、今後の利益の積上げで自己資本比率が□％を超えたら社長の保証をいただかなくてもご融資を継続することができるかもしれません。ただし、実際に保証を解除できるかどうかは自己資本比率が□％を超えた時点での御社の状況によります。弊行も御社の経営改善のお手伝いをさせていただきますので、保証解除に向けて一緒に頑張りましょう。

C　わかりました。ご指摘のとおり改善に努めていきますので、アドバイスをよろしくお願いします。

(4)　財務状況の正確な把握、適時適切な情報開示等による経営の透明性確保

a　説明のポイント

　この要件を充足していない原因は大別すると、①会社としては適時に財務状況を把握しているがその説明姿勢に問題がある、②そもそも会社として適時に財務状況を把握できていないという二つのパターンがある。このうち、①のケースは、定期的（金融機関が期日を設定）に財務諸表を提出するよう要請し、これを遵守するよう適切に管理していくことが考えられる。また、②のケースは、会社としての財務・経理の体制整備に向けた金融機関としての指導を行うことが考えられる。

b　甲銀行担当者Aによる、甲銀行融資先B社のC社長への説明話法の例

　上記aをふまえた具体的な説明話法は次のとおり。

A　これまで御社は試算表を作成していませんので、御社の財務状況が決算時にしかわかりません。決算期に税理士さんが仕訳をして決算書をつくればよいという方法では、御社の日々変化する財務状況を把握することができません。弊行としては、決算報告時以外の時点で御社の状況が把握できなければ安心してご融資を継続することはできませんから、それを担保するうえで社長の保証は不可欠です。

C 試算表とは、何ですか。

A 個々の取引を「資産」「負債」「収益」「費用」という費目別に合計したものが試算表です。一言でいえば、決算書の前段階のものです。

C どうやってつくればよいのでしょうか。

A 普通は税理士さんにお願いすればつくっていただけますので、顧問税理士さんに相談してみてください。毎月試算表をつくって、作成のつど提出していただくよう、お願いします。それが一定期間続いて習慣となれば、社長の保証をいただかなくてもご融資を継続することができるかもしれません。ただし、実際に保証を解除できるかどうかは、その時点での御社の状況によります。弊行も御社の経営改善のお手伝いをさせていただきますので、保証解除に向けて一緒に頑張りましょう。

C わかりました。ご指摘のとおり改善に努めていきますので、アドバイスをよろしくお願いします。

4 説明の結果の記録等

(1) 説明結果の記録

改正監督指針は金融機関に対して保証人に説明をした旨を確認し、その結果等を書面または電子的方法で記録することを求めている。ただし、記録の方法については新たな様式の策定やシステム投資は不用とされており、たとえば営業日報や契約時の意思確認チェックリストで代用するなど、各金融機関の状況に応じて既存の枠組みで対応することで問題ないとされているので、所属する金融機関が定めた様式で記録する。

記録する具体的な内容は各金融機関の判断に委ねられている。ただし、記録化は組織的に取り組む必要があるため、次のような対応が必要である。

① 営業担当者が交代となった際、過去どのようなやりとりを保証人と行ったか後任者が把握できる程度の記録は残す。

② 令和5年4月1日に金融庁のウェブサイトに設置された「経営者保

第2章 融資取引時の対応 261

証ホットライン（情報提供窓口）」への事業者からの相談内容によっては各金融機関にヒアリングすることが想定されるので、その際に概要がわかる記載にする。

なお、記録の形式は特に決められていないが、上記①②をふまえると担当者と保証人との実際のやりとりを会話形式で記録に残すことが望ましいといえる。

(2) 記録についての報告

金融庁は金融機関に対し、令和5年9月期実績報告分より主たる債務者・保証人への説明の結果等を記録した件数について金融庁に報告することを求めている。金融庁はこの報告において金融機関に対し結果等の記録について「無保証融資件数」と「有保証融資で、適切な説明を行い、記録した件数」との合計が「全融資件数」と完全一致することという数値目標を設定していることに留意が必要である。

金融庁は記録した内容について定期的な報告を求めていない。しかし、上記数値目標の達成状況が芳しくない金融機関に対しては個別に記録した内容についての報告を求めることが想定されることに留意が必要である。

第 **3** 章

期中管理における
保証実務の論点

第 1 節 | 既存の保証契約の見直し

1 既存の保証契約の解除要請・見直し要請等への対応

(1) 保証解除の要請がなされた場合の対応

　金融機関は主たる債務者について一定の経営の改善が図られたこと等により主たる債務者および保証人から既存の保証契約の解除等の申入れがあった際は、GL 4 項(2)に即して真摯かつ柔軟に検討する必要がある。具体的には法人・個人の一体性の解消等、一定の経営改善が図られていると判断できる場合は、経営者保証を求めない可能性や代替的な融資手法を活用する可能性について検討する（GL 6 項(1)②）。保証解除を検討する際の判断基準は融資取引時の手続の【第 2 段階】（本編第 2 章第 2 節 2(2)参照）と同じである。また、謝絶する場合や代替的融資手法に切り替えることとする場合も同【第 3 段階】～【第 5 段階】（本編第 2 章第 2 節 2(3)～(5)参照）と同様の対応が求められる。

　ここで留意すべきことは、検討結果について主たる債務者および保証人に対して丁寧かつ具体的に説明しなければならないことである。特に保証解除等を謝絶する場合は改正監督指針が定める十分な説明、すなわち保証契約の必要性等に関し事業者・保証人に対して個別具体的に「どの部分が十分でないために保証契約が必要となるのか」「どのような改善を図れば保証契約の変更・解除の可能性が高まるか」について事業者の知識、経験等に応じて、その理解と納得を得ることを目的とした説明を行い、その結果の記録を作成する必要がある。また、説明・記録して終わりということではなく、金融機関に対しては、どうすれば保証解除の可能性が高まるかをこの保証解除の 3 要件に沿って十分に説明し、以後主たる債務者・保証人との間でその実現に

264　第 2 編　経営者保証ガイドライン

向けたコミュニケーションを深めることで融資先との信頼関係の基盤を強固にしていくことまでが求められていることも忘れてはならない。

(2) 既存の保証契約の見直し要請がなされた場合の対応

金融機関は融資先から保証形態・保証金額等の変更、保証人の変更等、保証契約の変更の申入れがあった場合、申入れの内容に応じてガイドラインに即してあらためて経営者保証の必要性や適切な保証金額等について真摯かつ柔軟に検討しなければならない。保証契約の変更等の判断基準は原則として保証解除を検討する際の判断基準と同じであるが、事業承継に伴う保証契約の変更等の場合、GL 6 項(2)のほか「事業承継時に焦点を当てた「経営者保証に関するガイドライン」の特則」にのっとった対応（本章第 2 節）が求められる。

なお、金融機関は、保証契約の変更の場合も保証解除の要請の場合と同様、検討結果について主たる債務者および保証人に対して丁寧かつ具体的に説明しなければならず、保証契約の変更の申入れを謝絶する場合は改正監督指針が定める十分な説明、その結果の記録、保証契約の変更の実現に向けたコミュニケーション等を実施しなければならない。

(3) 金融機関からの働きかけ

ガイドラインは、既存の保証契約の解除・見直しについて、主たる債務者または保証人からの申入れがあったときの対応のみを規定している。しかし、金融庁は平成25年12月11日付金監第2681号において金融機関に対しガイドラインの「顧客に対する幅広い周知・広報の実施」を求めており、ガイドラインが「経営者保証に依存しない融資慣行」を旨としている以上、金融機関としては主たる債務者や保証人からの申入れがなくても既存の保証契約について機会があるごとに、主たる債務者等に対する幅広い周知・広報を実施することにより、既存の保証契約の解除要請や見直し要請を促すことを心がけるべきである。

具体的には借入申込み時のほか根保証契約の更新時、決算書受入れ時、手形貸付・手形割引・当座貸越等の極度継続時等において「経営者保証に依存しない融資慣行」の周知を図り、主たる債務者等からの保証見直しの申出を

促すべきである。なお、主たる債務者等が既存の保証契約の解除や見直しを実現するための方法として、①金融機関に対し3要件を充足していることを客観的な資料に基づきアピールする方法、②現在3要件充足に向けた努力を行っていることおよび将来的に3要件を充足できる可能性が高いことを客観的な資料に基づきアピールする方法、③金融機関に対して事業性評価に基づく経営改善支援を要請し、事業性評価を進めるうえでの総合的な判断（事業性評価の実効性を高めるため等の理由）で無保証融資の可否を検討してもらう方法が考えられる。ガイドライン上のスキームにはないが、3要件充足には程遠い状況であっても③の方法による無保証融資や既存保証の変更・解除は可能であると解される。ポイントは主たる債務者等の経営改善に真摯に向き合う姿勢と金融機関に対する誠実な支援要請である。

2　無保証先からの保証徴求

　改正監督指針は、主たる債務者が経営者保証を不要とするための3要件（本編第2章第1節3参照）を充足している場合は原則として無保証での融資を求め、主たる債務者が3要件不充足であることを理由として徴求した保証については3要件を充足した段階での解除を想定しており、そこまでは特段問題ない。しかし、企業には「創業→新興→成長→成熟→成長鈍化→衰退」というライフステージがあり、3要件充足により無保証としていた融資先や3要件を充足したことをもって保証解除した融資先がその後のライフステージの変化によって主たる債務者の経営状況が悪化した状況において、粉飾決算や主たる債務者と経営者との間の不透明な資産移動が発覚した場合など、GL4項(1)の要件を明らかに充足しなくなること（以下「3要件の喪失」という）は珍しくない。そこで、このような場合に金融機関側から融資先に対して保証の提供を要求することが認められるかが問題となる。

　経営者保証ガイドラインも改正監督指針も主たる債務者に3要件の喪失があったときにあらためて保証を徴求すること（以下「再度の保証徴求」という）は否定していない。ただし、再度の保証徴求の際には改正監督指針が定める保証徴求の要件の充足、すなわち、十分な説明とその結果の記録を作成

する必要があることは当然である。そして、その後、融資先との間で3要件充足の実現に向けたコミュニケーションを深めていかなければならないことも融資取引時の保証徴求と同様である。

　また、再度の保証徴求等をその後の3要件充足によって解除できるかという点も問題となりうる。特に3要件の喪失が粉飾決算を伴うものであった場合、金融機関と融資先との信頼関係が相当程度毀損してしまうことから、当該融資先が再度の保証徴求の後に再度3要件を充足することとなってもそれだけで保証解除に応じることは困難であるようにも思われるが、金融機関の主導により当該融資先との信頼関係の再構築に注力し、再度の保証解除の可否判断については柔軟に対応すべきと思われる。

　なお、改正監督指針施行に伴い「融資取組み時は、原則として一律無保証」とした金融機関の対応については本編第1章第1節2(2)d(b)を参照されたい。

第3章　期中管理における保証実務の論点　267

第2節 事業承継時の対応

1 経営者保証ガイドライン本則が定める事業承継時の対応

　中小企業にとって経営者の個人的資質への依存度は高く、経営資源の中核といえる。このことから、経営者の交代が必要となった場合事業承継をいかに円滑に行うかが企業存続のカギであるといっても過言ではない。従来、後継者には当然に個人保証が求められてきたために経営者が親族や従業員などに事業承継させることを躊躇することや既存の経営者保証の負担が重いために事業承継を希望する者が現れないことが後継者不在による廃業の要因となっており、経営者保証の問題点として指摘されている。

　この問題を解決するため、ガイドラインは一般的な親子・親族間の事業承継のみならず第三者への承継も視野に入れた事業承継全般における経営者保証のルールを定めている。融資先の事業再生に関するガイドラインのルールは原則として経営者保証ガイドライン本体（以下「本則」という）に定める事業承継時の対応の準則（本則6項(2)）が適用されるが、本則の不明確な部分については、令和元年12月24日に公表され令和2年4月1日に適用開始された「事業承継時に焦点を当てた「経営者保証に関するガイドライン」の特則」（以下「事業承継特則」または「特則」という）が適用される。なお、特則には本則を補完するものとして事業承継時の経営者保証の取扱いについての具体的な着眼点や対応方法などが記載されている。本節ではまず、本項で本則における事業承継のルールを解説し、次項で事業承継特則で明確化された事業承継のルールを解説する。

　本則における事業承継時のガイドライン上の対応は大別すると①後継者に対して保証を不要とするか、代替的融資手法を活用するか、保証を徴求する

268　第2編　経営者保証ガイドライン

かの判断と、②前経営者の保証を解除するか、代替的融資手法を活用するか、引き続き保証を求めるかの判断という二つのアプローチになる。

(1) 主たる債務者および後継者における対応

主たる債務者および後継者は、事業承継を行おうとする場合、対象債権者（金融機関）から情報開示の要請があったときは当該要請に適切に対応しなくてはならないこととされている。特に事業承継により経営方針や事業計画等に変更が生じることは往々にして起こりうるが、経営方針や事業計画等の変更は主たる債務者と債権者との取引継続の可否にかかわるため経営者保証の要否以前の問題である。そこで、ガイドラインは、事業承継への対応の前提条件として主たる債務者および後継者に対して対象債権者への適時適切な情報開示と、経営方針や事業計画等に変更が生じる場合はより誠実かつ丁寧な説明を行うことを義務づけている（本則6項(2)①イ）。

また、主たる債務者が事業承継に際し後継者による個人保証を提供することなしに対象債権者から新たに資金調達を希望する場合、主たる債務者および後継者は本則4項(1)に掲げる経営状況であること（経営者保証を不要とするための3要件（本編第2章第1節3参照）を充足していること）が求められる（本則6項(2)①ロ）。この場合、前経営者や後継者がとりうる方策として、次のようなものが例示されている（Q&A6－2）。

① 前経営者は実質的な経営権・支配権を有していないことを対象債権者に示すために、中小企業の代表者から退くとともに、支配株主等にとどまることなく実質的にも経営から退くこと（あわせて、当該法人から報酬等を受け取らないこと）

② 前経営者が主たる債務者から社会通念上適切な範囲を超える借入れ等を行っていることが認められた場合はこれを返済すること

③ 対象債権者にとって法人の資産・収益力では既存債権の回収に懸念が残る場合、前経営者の資産のうち具体的に保全価値があるものとして対象債権者が認識していた資産と同程度の保全が後継者等から提供されること

⑵　対象債権者における対応

　ガイドライン本則は、事業承継時の対象債権者における対応として「後継者との保証契約締結の要否」および「前経営者との保証契約の解除の要否」について定めている。この点につき、ガイドライン本則は対象債権者の事業承継時の対応は後継者や前経営者からの要請を前提とした書き振りとなっている。しかし、ガイドラインの趣旨があくまでも「経営者保証に依存しない融資慣行の促進」であることに鑑みれば、金融機関としては事業承継を保証内容の検討の好機ととらえ、後継者や前経営者からの要請がなくても下記の対応を検討することが求められているものと認識すべきである。

a　後継者への対応

　ガイドラインは対象債権者に対して前経営者が負担する保証債務について後継者に当然に引き継がせるのではなく、必要な情報開示を得たうえで本則4項⑵（法人・個人の一体性の解消等、一定の経営改善が図られている場合、経営者保証を求めない可能性や、代替的な融資手法を活用する可能性について検討すること）に即して保証契約の必要性についてあらためて検討するとともに、その結果保証契約を締結する場合は本則5項（経営者保証の必要性の丁寧かつ具体的な説明、適切な保証金額の設定）に即して真摯かつ柔軟に対応することを求めている（本則6項⑵②イ）。

　なお、ガイドライン本則に明文はないが、新たな資金調達が発生せず事業承継後に既往の融資取引を継続する場合も、同様の対応となることに留意が必要である。

b　前経営者への対応

　ガイドラインは対象債権者に対して、前経営者から保証契約の解除を求められた場合、前経営者が引き続き実質的な経営権・支配権を有しているか否か、当該保証契約以外の手段による既存債権の保全状況はどうなっているか、法人の資産・収益力による借入返済能力はあるか否か等を勘案しつつ、保証契約の解除について適切に判断することを求めている（本則6項⑵②ロ）。

2　事業承継特則

(1)　事業承継特則とは何か

　平成26年2月に適用開始された経営者保証ガイドライン本則は事業承継時の対応の準則を定めている（本節1参照）が、これを補完するものとして、事業承継時の経営者保証の取扱いについての具体的な着眼点や対応方法などを記載した準則が「事業承継時に焦点を当てた「経営者保証に関するガイドライン」の特則」（事業承継特則）である。事業承継特則は4項構成で令和元年12月24日に公表され、令和2年4月1日に適用が開始されている。この特則は本則を補完することを目的としている関係上、金融機関に新たな負担等を課すものではないと説明されている。

(2)　事業承継特則策定の背景

　本則適用開始後5年余りで、新規融資に占める無保証融資等の割合の上昇、事業承継時に前経営者、後継者の双方から二重に保証を求める割合の低下など、経営者保証に依存しない融資の拡大に向けた取組みは着実に進展した。しかし、その間も経営者の高齢化は一段と進行し、中小企業の休廃業・解散件数は年々増加傾向にあったため、後継者不在による廃業に歯止めがかからなければ地域経済の持続的な発展に支障をきたしかねないことが懸念されていた。

　この問題の解決に向け令和5年6月21日に閣議決定された「成長戦略実行計画」および「成長戦略フォローアップ」には「中小企業の生産性向上→地域経済への貢献」という好循環を促すための施策として、経営者保証が事業承継の阻害要因とならないよう原則として新旧経営者からの二重徴求を行わないことを明記した事業承継時の特則について年内をメドに策定しすみやかに運用開始することが盛り込まれた。これを受け経営者保証に関するガイドライン研究会（本編第1章第1節1(1)b参照）が、主たる債務者、保証人および対象債権者のそれぞれに対して事業承継に際して求め、期待される具体的な取扱いを定めた。これが事業承継特則である。

第3章　期中管理における保証実務の論点　271

⑶　事業承継特則の目的・趣旨

　事業承継特則の目的は、本則の規定では不明確であった円滑な事業承継の阻害要因となりうる事業承継時の経営者保証の取扱いを明確化することにより本則を補完し、喫緊の課題となっている円滑な事業承継への対応を強化することである。

　このため、事業承継特則は、金融機関に対して①新旧経営者からの保証の二重徴求の原則禁止、②地域金融機関と中小企業・地域社会がともに栄えていくビジネスモデル確立の観点からの新経営者の保証要否に係る判断（具体的には、新経営者の保証について保証を求めることが事業承継の阻害要因となりうることもふまえた判断）、③前経営者の保証については、令和2年4月1日施行の現行民法をふまえた保証徴求のあり方について見直しを求めている。ただし、事業承継時の経営者保証の問題は金融機関のみが対応すれば解決するものでないため、事業承継特則は事業者側にも事業承継に向けたステップ（準備、課題把握、磨き上げ、計画策定・実行）を意識しつつ、ガイドラインの要件を充足するために必要な対応の検討（金融機関とのコミュニケーション、3要件充足に向けた経営改善への取組み）を求めている。

⑷　事業承継特則の構成と位置付け

　事業承継特則は①特則の位置付けや趣旨・目的（1項）、②対象債権者における対応（2項）、③主たる債務者および保証人における対応（3項）、④適用開始日、事業承継特則適用開始前の態勢整備の必要性等（4項）の四つの項で構成されている。

　事業承継特則は、本則を補完することを目的としている関係上、この特則に定めのない事項については本則および本則Q&Aが適用され、用語の定義についても特に断りのない限り本則および本則Q&Aと同様とされる（事業承継特則1項注2）。したがって、事業承継特則も本則同様自主的、自立的な準則であり法的拘束力は有しないが、事業承継の障害になりうる経営者保証問題は地域経済の地盤沈下、金融機関の経営基盤の低下に関わるもので強い公共性を有していることから、自主的に尊重、遵守されることが強く期待されている。なお、事業承継特則は事業再生局面で実施される事業承継にも

272　第2編　経営者保証ガイドライン

当然に適用されるが、主債務のカットを伴う事案の場合は前経営者に対して本則7項に基づく保証債務履行を求めたうえで残る保証債務を免除することになる。

(5) 対象債権者における事業承継時の対応

事業承継特則2項は対象債権者における事業承継時の対応を規定している。その内容は①前経営者、後継者の双方との保証契約（保証の二重徴求の原則禁止とその例外）、②後継者との保証契約、③前経営者との保証契約、④債務者への説明内容、⑤内部規程等による手続の整備である。

対象債権者が事業承継特則に基づく判断を行うにあたっては、経営者保証の意味（規律づけの具体的な意味や実際の効果、保全としての価値）を十分に考慮し、合理的かつ納得性のある対応を行うことが求められる（事業承継特則2項前文）。また、金融機関は上記①〜④に関し事業承継特則に沿った社内規定やマニュアル等の整備や、整備した社内規定やマニュアル等の職員に対する周知等が求められている（上記⑤）。

(6) 二重徴求の原則禁止

a 保証の二重徴求とは何か

事業承継時に前経営者、後継者の双方から二重に保証を求めることを「保証の二重徴求」という。ただし、事業承継特則における「保証の二重徴求」とは、同一の金融債権に対して前経営者と後継者との双方から経営者保証を徴求している場合をいい、たとえば代表者交代前の既存の金融債権については前経営者のみから保証を徴求し代表者交代後の新規の金融債権は後継者のみから保証を徴求している場合は「保証の二重徴求」には該当しない（同特則1項注1）。

b 保証の二重徴求の原則禁止

事業承継特則2項(1)は原則として保証の二重徴求を禁止し、保証の二重徴求が真に必要な場合は例外的に二重徴求を認めることもありうるという建付けである。そして、保証を二重徴求する場合はその理由や保証が提供されない場合の融資条件等について前経営者、後継者の双方に十分説明し、理解を得ることを求めている。

第3章 期中管理における保証実務の論点 273

また、金融機関は、本特則策定時以降の例外的な新規二重徴求はもちろん本特則策定前から存在する既往の二重徴求についても、安易に二重徴求の状態が継続しないよう適切に管理・見直しを行い、一定期間ごと、または二重徴求となった個別の背景に応じたタイミングで二重徴求状態の解消を検討しなければならないこととされている。

　なお、中小企業庁金融課「事務局説明資料～間接金融に関する中間とりまとめの進捗報告等について～（令和4年9月20日）」によれば、事業承継特則による二重徴求を原則禁止としたことによって、調査が開始された平成29年度に37％を占めていた二重徴求の割合が徐々に減少し、令和3年度には二重徴求の割合が4％まで減少している。

c　保証の二重徴求禁止の例外

　事業承継時において例外的に保証の二重徴求が許容される事例は以下のとおりであるが、対象債権者はこれらの事例の拡大解釈による二重徴求をしてはならないとされている。

　　①　前経営者が死亡し、相続確定までの間、亡くなった前経営者の保証を解除せずに後継者から保証を求める場合など、事務手続完了後に前経営者等の保証解除が予定されているなかで一時的に二重徴求となる場合

　　②　前経営者が引退等により経営権・支配権を有しなくなり本特則2項(2)に基づいて後継者に経営者保証を求めることがやむをえないと判断された場合において、法人から前経営者に対する多額の貸付金等の債権が残存しており当該債権が返済されない場合に法人の債務返済能力を著しく毀損するなど、前経営者に対する保証を解除することが著しく公平性を欠くことを理由として後継者が前経営者の保証を解除しないことを求めている場合

　　③　金融支援（主たる債務者にとって有利な条件変更を伴うもの）を実施している先、または元金等の返済が事実上延滞している先であって前経営者から後継者への多額の資産等の移転が行われている、または法人から前経営者と後継者の双方に対し多額の貸付金等の債権が残存

274　第2編　経営者保証ガイドライン

しているなどの特段の理由により、当初見込んでいた経営者保証の効果が大きく損なわれるために前経営者と後継者の双方から保証を求めなければ金融支援を継続することが困難となる場合

④　前経営者、後継者の双方からもっぱら自らの事情により保証提供の申出があり、本特則上の二重徴求の取扱いを十分説明したものの申出の意向が変わらない場合（自署・押印された書面の提出を受けるなどにより、対象債権者から要求されたものではないことが必要）

なお、事業承継を機に単に単独代表から複数代表になったことや、代表権は後継者に移転したものの株式の大半は前経営者が保有しているといったことのみで二重徴求を判断することは、拡大解釈の典型とされている。

(7)　後継者との保証契約

a　後継者の立場からの保証契約の功罪

事業承継を阻害する要因として経営者保証を理由に後継者候補が承継を拒否するケースが一定程度あることが指摘されている。その半面、親族内承継や従業員承継、特に前経営者の若年の子が後継者となる場合、後継者が前経営者の代から在籍する古参の従業員や番頭に対し経営者の覚悟を示すことによって法人の経営権を確立するために、または少しでも借入金利を引き下げるために自らの強い希望で保証を提供するケースが多いことも報告されている。

b　事業承継時の特則の考え方

事業承継時の対応について本則4項(2)は「経営者保証に依存しない融資」の一形態、すなわち融資契約締結時の対応や保証契約見直し時の対応の延長線として事業承継時の対応を規定している（このため、一般的には融資契約締結時、保証契約見直し時および事業承継時の対応を総称して「入口部分」という）。これに対し、事業承継特則は地域金融機関と中小企業・地域社会とがともに栄えていくビジネスモデル確立の観点、すなわち、後継者不在による廃業に歯止めをかけ円滑な事業承継の実行により地域経済の持続的な発展に寄与する観点から、後継者に経営者保証を求めることが事業承継の阻害要因になることを前提として経営者保証のあり方を規定している。これは、

経営者保証を理由に後継者候補が承継を拒否するケースが事業承継を阻害する要因として見過ごすことのできないレベルに達していることを重視せざるをえないという事情によるものである。

このため、事業承継特則は対象債権者に対し、主たる債務者から必要な情報開示を得たうえで本則4項(2)に即して後継者からの保証徴求の必要性をあらためて検討するとともに、事業承継に与える影響も十分に考慮し慎重な判断を求めている。したがって、対象債権者は、後継者に経営者保証を求めることにより事業承継が頓挫する可能性や円滑な事業承継による地域経済の持続的な発展、金融機関自身の経営基盤への影響などを考慮し、経営者保証を不要とする3要件が未充足の場合でも総合的な判断として経営者保証を求めない方向で真摯かつ柔軟に検討しなければならない。

c　後継者からの保証徴求要否の検討

後継者に限らず、経営者の保証を徴求するか否かを検討するにあたっては、必要な情報開示を前提として本則4項(2)に即して保証契約の必要性をあらためて検討するのが原則である。しかし、事業承継時においては後継者に対し経営者保証を求めることが事業承継の阻害要因になりうることをも前提に加えて検討する必要がある。

このため、事業承継特則は対象債権者に対し、後継者からの保証徴求の必要性を判断するにあたり第1段階対応として後継者の保証の必要性に係る判断時の対応、第2段階対応として後継者からの保証徴求がやむをえないと判断した場合の対応という、2段階での対応を求めている（事業承継特則2項(2)）。

(a)　**後継者の保証の必要性に係る判断時の対応**（第1段階対応）

対象債権者は後継者の保証徴求の要否について判断を行う際、まず以下の点をふまえて後継者からの保証を徴求しない方向で検討を行う必要がある。

　　① 主たる債務者との継続的なリレーションとそれに基づく事業性評価や事業承継に向けて主たる債務者が作成する事業承継計画や事業計画の内容、成長可能性を考慮すること

　　② 規律づけの観点から対象債権者に対する報告義務等を条件とする停

止条件付保証契約等の代替的な融資手法（本編第2章第1節4参照）を活用すること

③　外部専門家や公的支援機関による検証や支援を受け、本則4項(2)の要件充足に向けて改善に取り組んでいる主たる債務者については検証結果や改善計画の内容と実現見通しを考慮すること

④　中小企業活性化協議会による本則4項(2)をふまえた確認（収益力改善支援におけるガバナンス体制整備支援の一環としての確認）を受けた中小企業についてはその確認結果を十分にふまえること

なお、第1段階対応においては後継者に保証を求めることで事業承継が頓挫する可能性やこれによる地域経済の持続的な発展、金融機関自身の経営基盤への影響などを考慮し、本則4項(2)の要件が未充足の場合でも総合的な判断として後継者からの保証を求めない方向で真摯かつ柔軟に検討しなければならない。

(b)　**後継者からの保証徴求がやむをえないと判断した場合の対応（第2段階対応）**

第1段階対応の結果、後継者に経営者保証を求めることがやむをえないと判断された場合、対象債権者は以下の対応について検討を行わなければならない。

①　資金使途に応じて保証の必要性や適切な保証金額の設定を検討すること（たとえば正常運転資金や保全が効いた設備投資資金を除いた資金に限定した保証金額の設定等）

②　規律づけの観点からのコベナンツや財務状況改善が成就した場合に保証債務の効力が失われる内容の解除条件付保証契約等の代替的な融資手法を活用すること

③　主たる債務者の意向をふまえ、事業承継の段階において一定の要件を満たす中小企業についてはその経営者を含めて保証人を徴求しない信用保証制度を活用すること

④　主たる債務者が事業承継時に経営者保証を不要とする政府系金融機関の融資制度の利用を要望する場合はその意向を尊重して真摯に対応

第3章　期中管理における保証実務の論点　277

すること

　なお、上記①～④の対応も困難であるとして後継者から通常の経営者保証を徴求した場合であっても安易に保証徴求の状態が継続しないよう適切に管理・見直しを行い、一定期間ごと、または後継者から保証徴求することとなった個別の背景に応じたタイミングで保証の解除または代替的手法への切替えを検討すべきである。

d　事業承継特則をふまえた後継者との保証契約のあり方

　事業承継特則に基づき慎重な検討がなされた結果、後継者から保証を徴求するという判断がなされた場合にどのような対応をすべきかが問題となる。この点、債権者にとって保証が必要となるのは「有事」（主たる債務者の経営が窮境に陥った局面）であり、「平時」（主たる債務者が窮境に陥る前の局面）においては保証など不要であるにもかかわらず保証を徴求できるのは平時に限られるという点が悩ましいところである。

　近時、経営者保証を徴求しない実務の拡大により、有事の際において経営者が主債務者の整理を放棄したり担保物件の処分に非協力的であったりするケースも散見され、経営者保証を徴求しないことによって「主たる債務者からの回収」や「主たる債務の整理」に支障が生じているのも事実である。このため、経営者保証は規律づけの観点からの必要性は否定できない。

　他方、経営者保証を徴求しない融資が求められる理由の一つに「保証人からの債権回収額は、総体の回収額の１％にも満たないので実益がない」ことがあげられている。経営者保証は中小企業の各ライフステージにおける取組意欲や円滑な事業承継、経営者の再スタート等に対する阻害要因として地域経済の持続的な発展を妨げ、地域経済の地盤沈下、ひいては金融機関の経営基盤の低下につながりかねないことから、もはや保証人の資産からの債権回収を目的とする保証は実益に対し弊害が過大であることは明白である。まして事業承継の形態が親族内承継や従業員承継の場合、事業承継時点では後継者に十分な資力が見込めないのが一般的であるから、後継者の資産による債権保全を目的とする保証徴求はさらに不合理であるといえよう。

　したがって、後継者から保証を徴求するという判断がなされた場合であっ

278　第２編　経営者保証ガイドライン

ても、保証人の資産からの債権回収を目的とする通常の保証契約ではなく規律づけを目的とする有事対応型解除条件付保証契約（本編第2章第1節4(5)参照）で足りると考えられる。

(8) 前経営者との保証契約

前経営者は、実質的な経営権・支配権を保有しているといった特別の事情がない限り、いわゆる第三者に該当する可能性がある。金融機関においては平成23年7月14日付金融庁改正監督指針により経営者以外の第三者保証を求めないことを原則とする融資慣行の確立が求められており、第三者保証は例外的な扱いとなっていた。ただし、事業承継時においては、特に事業承継の形態が親族内承継や従業員承継の場合は事業承継時点で後継者に十分な資力が見込めないのが一般的なこともあり、前経営者の資産により債権を保全することを目的として前経営者の保証を残すケースもみられた。

しかし、令和2年4月1日の改正民法（465条の6、465条の8、465条の9）施行により従来のような行政指導ではなく法的に第三者保証の利用が制限されたことをふまえて、事業承継特則においても保証契約の適切な見直しを検討することが求められることとなった。以下、事業承継時における前経営者の保証の要否の検討方法、前経営者の保証を残す場合の対応について解説する。

a 事業承継時における前経営者の保証の要否

役員でもなく株式も過半数をもっていない、支配株主でもないという前経営者に保証を残すことは事業承継後も前経営者に対して実質的な経営権・支配権を残すことになり後継者の経営の自由度が阻害されるため、後継者にこの観点から前経営者の保証解除を事業承継の条件として示されることもある。

前経営者の保証を解除し後継者の経営の自由度を高めることによって円滑な事業承継を図るという考え方も、地域経済の持続的な発展、金融機関自身の経営基盤への影響などを考慮すれば有力な選択肢といえよう。また、金融機関として債務者法人の事業承継を認める以上、後継者の経営の自由度の確保に配慮すべきであり平時に人的担保は不要であること、さらに、将来、主

たる債務者が有事に陥ったことによって発生する経営責任を事業承継後は経営に関与しない前経営者に求める必要はないことから、前経営者に対して直ちに（または近い将来）保証履行を求めなければならない特段の事情がない限り、事業承継に際し前経営者の保証を解除すべきである。

なお、前経営者の保証解除と後継者との有事対応型解除条件付保証契約とを併用することにより、保証を解除される前経営者はもちろん保証人加入ニーズ（上記(7) a 参照）を充足しつつ解除条件を成就させることで保証責任を免れることができる後継者について、経営者保証の弊害の発生を回避することができる。それと同時に保証人でない経営者が有事の際において主債務者の整理を放棄したり担保物件の処分に非協力的であったりするという金融機関が抱える課題も解決できることから、前経営者・後継者・金融機関の3者にとってWin-Winのスキームとなる。

b　前経営者の保証を残す場合の対応

保証契約の見直しを検討したうえで前経営者に対して引き続き保証契約を求める場合は、前経営者の株式保有状況（議決権の過半数を有しているか等）、代表権の有無、実質的な経営権・支配権の有無、既存債権の保全状況、法人の資産・収益力による借入返済能力等を勘案して保証の必要性を慎重に検討することが必要である。特に、取締役等の役員ではなく議決権の過半数を有する株主等でもない前経営者に対しやむをえず保証の継続を求める場合は、より慎重な検討が求められる。具体的には前経営者の保証を残すことができるのは、後継者から保証を徴求せず二重徴求に該当しない場合であっても、二重徴求が許容される例外事例②〜④（上記(6) c 参照）における前経営者の要件に合致しているケースに限られると考えるべきである。

なお、検討の結果として前経営者の保証を徴求する場合は、前経営者に対しても特則2項(4)（下記(10) b 参照）に準じた具体的な説明を行うことが必要である。また、安易に保証徴求の状態が継続しないよう適切に管理・見直しを行う必要がある。具体的には、前経営者の経営関与の状況等、個別の背景等を考慮し、一定期間ごと、または前経営者から保証徴求することとなった個別の背景に応じたタイミングで保証の解除を検討すべきである（根保証契

約についても同様）。

(9) 事業承継時の経営者保証解除に向けた専門家支援スキーム

a 経営者保証を提供することなしに事業承継を希望する場合に求められる対応

事業承継特則に基づく円滑な事業承継の実現には、対象債権者だけが対応すればよいというわけではなく、主たる債務者や保証人にも誠実な対応が求められる。これに加え、主たる債務者および保証人が経営者保証を提供することなしに事業承継を希望する場合、まずは本則4項(1)に掲げる経営状態であることが必要である。

事業承継特則は対象債権者に対し、この要件が未充足の場合でも総合的な判断として後継者からの保証を求めない方向で真摯かつ柔軟に検討することを求めているが（上記(7)c(a)参照）、主たる債務者や保証人に対しても、この要件が未充足である場合は後継者の負担を軽減させるために事業承継に先立ち要件を充足するよう主体的に経営改善に取り組むことを強く求めている（事業承継特則3項柱書）。具体的には①法人と経営者との関係の明確な区分・分離、②財務基盤の強化、③財務状況の正確な把握、適時適切な情報開示等による経営の透明性確保に取り組むことが必要である（同項(1)～(3)）。

このためには、中小企業庁が平成28年12月に公表した「事業承継ガイドライン」記載の「事業承継に向けた5つのステップ」（①事業承継に向けた準備の必要性の認識、②経営状況・経営課題等の把握（見える化）、③事業承継に向けた経営改善（磨き上げ）、④事業承継計画の策定（親族内／従業員承継の場合）／M&A等のマッチング実施（社外への引継ぎの場合）、⑤事業承継の実行）を参照しつつ、事業承継後の取組みも含めて計画的な事業承継を進めなければならない。また、上記対応を行うに際しては本則4項(1)①に掲げる外部専門家（本編第1章第2節2(4)）の検証（Q&A4-4）や公的支援機関の支援（下記b）を活用することも推奨される。

b 主たる債務者および保証人が取り組むべき具体的な対応

(a) 法人と経営者との関係の明確な区分・分離

経営者は、事業承継の実行（事業承継特則では代表者交代のタイミングを

いう）に先立ち、あるいは経営権・支配権の移行方法・スケジュールを定めた事業承継計画や事業承継前後の事業計画を策定・実行するなかで法人と経営者との関係の明確な区分・分離を確認したうえで、その結果を後継者や対象債権者と共有し、必要に応じて改善に努めることが望ましいとされている。

(b) **財務基盤の強化**

事業承継に向けて事業承継計画や事業計画を策定する際、現経営者と後継者とが対象債権者とも対話しつつ将来の財務基盤の強化に向けた具体的な取組みや目標を検討し計画に盛り込むことで、対象債権者とも認識を共有する。また、その際、公的支援機関が提供する支援制度（下記 c 参照）を活用して外部専門家のアドバイスを受けるなど、計画の実現可能性を高めることも推奨される。

(c) **財務状況の正確な把握、適時適切な情報開示等による経営の透明性確保**

自社の財務状況、事業計画、業績見通し等について、決算書を含めた法人税等確定申告書一式や試算表、資金繰り表等により現経営者と後継者が認識を共有することが必要である。対象債権者との間では望ましい情報開示の内容・頻度について認識を共有するとともに代表者交代の見通しやそれに伴う経営への影響、経営者保証ガイドラインの要件充足に向けた取組み等を含めた事業承継計画等について、対象債権者からの情報開示の要請に対して正確かつ丁寧に信頼性の高い情報を可能な限り早期に開示・説明することが望ましい。また、外部専門家による情報の検証も活用し、開示した情報の信頼性を高める取組みも推奨される。あわせて、対象債権者が適切なタイミングで経営者保証の解除を検討できるように株式の移転や経営権・支配権の移転等が行われた場合は、すみやかに対象債権者に報告することが求められる。

なお、経営者保証を提供しなければならない場合であっても経営者保証ガイドラインに基づき保証債務の整理を行うと一定期間の生計費に相当する額や華美でない自宅等について保証債務履行時の残存資産に含めることが可能であるから、財務状況の正確な把握、適時適切な情報開示等による経営の透

明性確保に係る対応を徹底し、普段から対象債権者と良好な関係を構築しておくことは重要である。

c 公的支援機関が提供する支援制度

(a) 経営者保証コーディネーターによる確認制度（令和2年4月1日～令和4年3月31日）

事業承継ガイドラインは策定当初、事業承継・引継ぎ支援センターの「経営者保証コーディネーター」という公的支援機関により経営者保証の解除を目指す中小企業（以下「支援対象企業」という）に対し、「（ステップ1）見える化→（ステップ2）磨き上げ→（ステップ3）保証解除」という3段階の支援を実施していた。経営者保証コーディネーターは中小企業庁の委託事業として令和2年度から開始された「事業承継時の経営者保証解除に向けた専門家支援スキーム」により設けられ、全国47都道府県に配置されていたが、経営者保証改革プログラム（本編第1章第1節2参照）の施策である「中小企業活性化協議会の体制拡充」により、中小企業活性化協議会が「収益力改善支援」におけるガバナンス体制整備支援の一環として経営者保証コーディネーターが行ってきた「本則4項(2)をふまえた確認」を行うこととなったことに伴い、同年3月31日をもって事業承継・引継ぎ支援センターの経営者保証コーディネーター業務は廃止された。

中小企業活性化協議会とは、令和4年3月4日に「中小企業活性化パッケージ」が公表されたことに伴い令和4年4月1日に中小企業再生支援協議会と経営改善支援センターを統合して発足した、中小企業の収益力改善、事業再生、廃業・再チャレンジという幅広い経営課題に対応する公正中立な機関で、全国47都道府県に設置されている。

(b) 中小企業活性化協議会による収益力改善支援におけるガバナンス体制整備支援の一環としての本則4項(2)をふまえた確認（令和4年4月1日以降）

「収益力改善支援」とは、中小企業活性化協議会が有事に移行しそうな中小企業者に対し有事に移行しないよう収益力の改善に向けた支援を実施する制度である。この制度は令和4年12月2日に公表された「収益力改善支援に

関する実務指針」（本編第1章第1節2(3)参照）の策定にあわせ、ガバナンス体制の整備支援の観点を取り込むことを明確化している。中小企業活性化協議会は収益力改善支援を通じて「本則4項(2)をふまえた確認」を行うことになる。

収益力改善支援における収益力改善計画策定の流れは次のとおり。

① ステップ1：支援先企業に対し、「1. 現状分析」における「ビジネスモデル俯瞰図」「損益実績」をもとに自社の現状を把握・分析することにより課題・問題点について検討させる。

② ステップ2：支援先企業が認識した課題・問題点を、「2. 課題・アクションプラン・モニタリング計画」における「現状の課題と問題点」に記載させる。

③ ステップ3：「現状の課題と問題点」に対する施策内容（アクションプラン）について、優先度・実行責任者・実行担当者・実行時期・改善目標を記載させる。

④ ステップ4：アクションプランを反映した「3. 計画数値」および「4. 月次損益・資金繰り予定表」を作成させる。

支援対象企業が磨き上げによってアクションプランをクリアした場合、当該支援対象企業は、金融機関と保証解除に向けた交渉を開始することになる。この段階における中小企業活性化協議会は当該交渉を支援する専門家派遣や専門的アドバイスを担当する。

(c) **中小企業活性化協議会による収益力改善支援を通じた「本則4項(2)をふまえた確認」に対する金融機関の対応**

収益力改善支援において「本則4項(2)をふまえた確認のクリア＝金融機関に保証解除を強要」という構図は採用されておらず、経営者保証要否の最終的な判断は取引金融機関が行うことになる。ただし、金融機関は保証解除に応じない場合は解除できない理由を明らかにしなければならないこととされている。

そのうえで、代替的手法に切り替えるか、支援対象企業に改善のための計画を策定させ、その達成状況をモニタリングし、計画完了時に再度判断する

かという対応方針を示すことが求められる。

d 事業承継時の経営者保証解除に向けた政府の総合的対策

政府は、それまで切れ目のない事業承継策を実施してきたなかで経営者保証が後継者候補確保のネックになっているという問題意識のもと、令和元年5月より事業承継時における後継者の経営者保証の可能な限りの解除に向け、金融機関と中小企業者との双方の取組みを促すという総合的な対策を実施している。当該対策には大きく二つの柱があり、一つ目の柱は「政府関係機関がかかわる融資の無保証化拡大」であり、二つ目の柱が「金融機関の取組みを「見える化」し、融資慣行改革へ」である。

e 「政府関係機関がかかわる融資の無保証化拡大」

「政府関係機関がかかわる融資の無保証化拡大」という対策の一つ目の柱は、次の二つの施策により具体化されている。

(a) 経営者保証を不要とする政府系金融機関の融資制度

経営者保証を不要とする政府系金融機関の融資制度として、第一に商工中金による「経営者保証ガイドライン」の徹底により一定の条件を満たす企業に対する「原則無保証化」があげられる。商工中金は各支店の現場職員の明確な判断を容易にする内容の内部基準（非公表）を作成し、令和2年1月から一定の条件を満たす企業に対する融資に関しては原則無保証という取扱いを開始しており、制度開始時点で約35％であった無保証割合が今後大幅に増加することが期待されている。また、商工中金以外で事業承継時に経営者保証を不要とする政府系金融機関の融資制度として日本政策金融公庫による「事業承継・集約・活性化支援資金」があげられる。「事業承継・集約・活性化支援資金」は、金融機関に経営者保証解除を申し入れるも金融機関が保証解除に応じられない結果として資金調達が困難になった事業者に対して同公庫が融資する制度である。なお、当該施策は「経営者保証改革プログラム」によってさらに拡充されている。

事業承継特則は「主たる債務者が事業承継時に経営者保証を不要とする政府系金融機関の融資制度の利用を要望する場合には、その意向を尊重して、真摯に対応すること」（2項(2)⑧）と規定しており、自行が経営者保証を解

除できない場合は主たる債務者に対してこのような制度を積極的に活用することを促すことが必要である。

(b) 事業承継特別保証制度

令和2年度より取扱いが開始された「事業承継特別保証制度」は、保証申込受付日から3年以内に事業承継を予定する具体的な計画を有し一定の財務要件を満たす中小企業に対して経営者保証が提供されている借入れ（事業承継前のものに限る）を借り換えて無保証とするなど事業承継時に障害となる経営者保証を解除し、事業承継を促進することを企図している。この制度を利用するためには事業承継計画の作成が前提とされており、①資産超過であること、②返済緩和中でないこと、③EBITDA有利子負債率（（借入金・社債－現預金）÷（営業利益＋減価償却費））が10倍以内であること、④法人と経営者との分離がなされていること等が必要であり、財務要件のハードルは高めであるが、借換えについては信用保証協会保証付借入れのみならず、いわゆる「プロパー借入れ」（他金融機関扱い分も含む）も対象とするといった柔軟な制度設計がなされている。なお、当該施策は、「経営者保証改革プログラム」によってさらに拡充されている。

事業承継特則は、「主たる債務者の意向をふまえ、事業承継の段階において、一定の要件を満たす中小企業については、その経営者を含めて保証人を徴求しない信用保証制度を活用すること」（2項(2)⑦）と規定しており、プロパー貸付けの経営者保証を解除できない場合はこのような制度を積極的に活用することが求められている。

f 「金融機関の取組みを「見える化」し、融資慣行改革へ」

「金融機関の取組みを「見える化」し、融資慣行改革へ」という対策の二つ目の柱は、①経営者保証ガイドラインに係る事業承継時の特則を策定・施行、②経営者保証解除に向けた専門家による中小企業の磨き上げ支援（経理の透明性確保や財務内容の改善等）やガイドライン充足状況の確認、③金融機関の経営者保証なし融資の実績等（KPI）の公表という施策により具体化されている。

⑽　事業承継特則運用上の留意点

a　事業承継特則が例示する停止条件付保証契約・解除条件付保証契約のコベナンツ

　事業承継特則2項(2)②・⑥は後継者からの保証徴求の代替的手法として、経営者の規律づけを促す目的で「対象債権者に対する説明・報告義務違反を特約条項（「コベナンツ」という）とする停止条件付保証契約」および「対象債権者に対する説明・報告義務の履行および財務状況の改善をコベナンツとする解除条件付保証契約」を例示している。

　停止条件付保証契約の特約条項（コベナンツ）として①役員や株主の変更等の対象債権者への報告義務、②試算表等の財務状況に関する書類の対象債権者への提出義務、③担保の提供等の行為を行う際に対象債権者の承諾を必要とする制限条項等、④外部を含めた監査体制の確立等による社内管理体制の報告義務等が例示されている。これに対し、解除条件付保証契約のコベナンツとして上記①〜④に加え、⑤財務状況の改善が例示されている。なお、事業承継特則は銀行取引約定書5条（期限の利益喪失事由）のような条項を停止条件付保証契約のコベナンツとすることを認めていないことに留意が必要である。

b　債務者・保証人への説明義務

(a)　事業承継特則における説明義務

　本則6項(2)は、事業承継において経営者保証を求める場合は主たる債務者や保証人に対して保証の必要性、保証債務履行請求時の対応、経営者保証の変更・解除の可能性、保証債務整理の手続等を丁寧かつ具体的に説明しなければならないと規定している。このことは融資契約締結時や保証契約見直し時の対応（本則5項(1)）と同様である。

　事業承継特則2項(4)は対象債権者に対し、主たる債務者への説明にあたっては本則5項(1)に定める説明に加え、事業承継を契機とする保証解除に向けた必要な取組みについて主たる債務者の状況に応じて個別・具体的に説明することを求めている。さらに、令和5年4月1日から適用開始された金融庁の改正監督指針の射程は事業承継特則における説明義務にも当然に及ぶと解

第3章　期中管理における保証実務の論点　287

されるため、その説明内容を記録して保管することが必要な点にも留意が必要である。

(b) 事業承継特則が求める債務者への説明内容

事業承継特則2項(4)は対象債権者に対し、主たる債務者への説明にあたっては本則5項(1)に定める説明に加え、対象債権者が制定する社内規程等で定める基準等をふまえ、本則4項(2)の各要件に掲げられている要素、具体的には①法人と経営者個人の資産・経理が明確に分離されていること、②法人と経営者の間の資金のやりとりが、社会通念上適切な範囲を超えないこと、③法人のみの資産・収益力で借入返済が可能と判断しうること、④法人から適時適切に財務情報等が提供されていること、⑤経営者等から十分な物的担保の提供があることという経営者保証を不要とするための要件のどの部分が十分でないために保証契約が必要なのか、どのような改善を図れば保証契約の変更・解除の可能性が高まるかなど、事業承継を契機とする保証解除に向けた必要な取組みについて、主たる債務者の状況に応じて個別・具体的に説明することを求めている。特に、上記③に掲げた法人の資産・収益力については可能な限り定量的な目線を示すことが望ましいとされている。また、「保証債務を整理する場合であっても、経営者保証ガイドラインに基づくと、一定期間の生計費に相当する額や華美でない自宅等について、保証債務履行時の残存資産に含めることが可能である」ということも説明する必要がある。

なお、主たる債務者が本則4項(2)に掲げられている各要件について外部専門家や中小企業活性化協議会の検証・確認結果を得ている場合は、その内容を含めて説明することが必要である。

(c) 将来の保証免除に向けた債務者との対話

ここで重要なのは、上記説明を将来の保証解除に向けた取組みの契機とし引き続き対象債権者と主たる債務者の間で対話を継続・発展させ、将来的に当該企業に対して適切な保証の見直し（保証解除あるいは代替的手法への切替え等）が可能となるような状況を築いていくことである。

その際の対象債権者の対応として企業の財務データ面だけにとらわれず、当該企業との対話や経営相談等を通じて情報収集し事業の内容や持続・成長

可能性などを含む事業性を的確に評価していくことが望まれる。

(d) 事業承継を控えた債務者への対応

　経営者保証ガイドラインは金融機関に求められる金融仲介機能のなかで主要な位置付けにあるが、金融機関に求められている金融仲介機能とは金融機関が融資先企業に対してコンサルティング機能を発揮して支援すること、言い換えれば融資先企業の事業の状態を分析し、かつ地域経済の将来動向等もふまえながら融資先企業のライフステージに応じた適切なソリューションを提供していくことである。そのためには金融機関と主たる債務者との深度ある対話継続を通じ経営者と課題やビジョンを共有していくことが不可欠である。このような顧客との「共通価値の創造」を構築することによってはじめて企業のライフステージに応じたソリューションの提供が可能となる。

　そのような金融仲介機能の発揮の観点から金融機関に求められる事業承継対応は融資先の事業承継（計画）が決定してからの受け身の対応ではなく、融資先が事業承継を計画する以前からの「事業性評価」で培ったリレーションを融資先企業の各ライフステージに応じて成熟させていった結果として事業承継支援に積極的にかかわっていくことである。少なくとも事業承継を控えた主たる債務者に対して早期に経営者保証の提供有無を含めた対応を検討するよう促すことで、円滑な事業承継を支援することが望まれる。

c　内部規程等による手続の整備

　事業承継特則は、上記a・bに沿った対応ができるよう社内規程やマニュアル等を整備し、職員に対して周知することを求めている（同特則2項(5)）。

　なお、社内規程等の整備にあたっては原則として前経営者、後継者の双方からの二重徴求を行わない、経営者保証に依存しない融資をいっそう推進するとの考え方のもと、経営者保証の徴求を真に必要な場合に限るための対応を担保する具体的な判断基準や手続を定めるなど、工夫した取組みを行うことが望ましいとされている。

第4章

保証債務の整理

第 1 節 ガイドラインに基づく保証債務整理手続の基礎知識

1 ガイドラインに基づく保証債務整理手続の基礎知識

(1) ガイドラインに基づく保証債務整理手続の要件・特色等

a ガイドラインに基づく保証債務整理手続の要件

保証人がガイドラインに基づく保証債務の整理を対象債権者に対して申し出るための要件は、次のとおり。

① 保証契約がGL 3 項に定める次の要件をすべて充足する保証契約であること

ⓐ 主たる債務者が中小企業であること

実際には、事業性融資の主たる債務者であればその属性を問わない扱いである。詳細は本編第 1 章第 2 節 2 (1)参照。

ⓑ 保証人が個人であり、原則として主たる債務者の経営者（特別の事情による例外あり）であること

実際には、事業性融資に係る「個人保証人」であればその属性を問わない扱いである。詳細は本編第 1 章第 2 節 2 (2)参照。

ⓒ 主たる債務者および保証人の双方が弁済について誠実であり、対象債権者の請求に応じそれぞれの財産状況等（負債の状況を含む）について適時適切に開示していること

下記 b 参照。

ⓓ 主たる債務者および保証人が反社会的勢力ではなく、そのおそれもないこと

対象債権者が、主たる債務者、保証人から提出される情報および対象債権者が保有する情報を基に総合的に判断する（Q&A 3 － 5 ）。

292　第 2 編　経営者保証ガイドライン

② 主たる債務者について法的整理手続（破産手続、民事再生手続、会社更生手続、特別清算手続）または利害関係のない中立かつ公正な第三者が関与する私的整理手続およびこれに準ずる手続（準則型私的整理手続。中小企業活性化協議会による再生支援スキーム（以下「協議会スキーム」という）、事業再生ADR、私的整理ガイドライン、地域経済活性化支援機構（REVIC）の特定支援業務、中小企業の事業再生等に関するガイドライン（以下「事業再生等ガイドライン」という）、特定調停等が該当する）が現に申立てずみである（これらの手続が係属中ないし終結済である場合を含む）こと

　この要件は絶対的な利用要件である。まれに、保証人の代理人弁護士が保証人に対して一刻も早く一時停止の効力（本章第２節１⑵参照）を享受させようと、主債務者の整理に着手もしていない段階で一時停止等要請を行ってくることがあるが、このような一時停止等要請は無効である。

③ 「主たる債務者の整理手続＋本ガイドラインに基づく保証債務整理手続」が「主たる債務者および保証人が破産した場合」に比べて多くの配当が見込まれる「など」、対象債権者にとっても経済合理性が「期待できる」こと

　下記 c 参照。

④ 保証人に破産法252条１項（10号を除く）に規定される免責不許可事由が生じておらず、そのおそれもない（必要に応じ、たとえば保証人の表明保証等により確認する）こと

b　保証債務整理手続の利用要件としての「弁済について誠実・適時適切な情報開示」

⒜　入口部分での解釈基準と出口部分での解釈基準との相違点

　この要件については、保証契約時および見直し時等（いわゆる「入口部分」）における対応と保証債務の整理時・履行時（いわゆる「出口部分」）における対応とでは解釈が異なることに留意が必要である。

　入口部分における「弁済について誠実・適時適切な情報開示」の趣旨は

「経営者保証を求めない可能性」や「代替的な融資手法を活用する可能性」の検討を通じた「主たる債務者、保証人および対象債権者の継続的かつ良好な信頼関係の構築・強化」に重点が置かれているため、厳格な解釈が求められる（本編第1章第2節1(2)参照）。

　他方、出口部分における「弁済について誠実・適時適切な情報開示」の趣旨は「中小企業の各ライフステージ（特に早期の事業再生や事業清算への着手）における中小企業の取組意欲の増進」に重点が置かれているため、緩やかな解釈が求められる。

　ガイドラインに基づき保証債務整理がなされる場合、対象債権者は「合理的不同意事由」がない限り当該債務整理手続の成立に向けて誠実に対応することとされている（GL7項(3)柱書）。このため、粉飾決算や延滞の前歴があってもよほど悪質でない限り、その事実をもって「ガイドラインの要件を充足しない」と判断することは厳に慎むべきである。また、保証債務の整理局面において、自由財産を残存資産として残しそれを弁済原資としないことをもって「弁済について誠実」であるという要件を充足しなくなることはありえない（Q&A3−4）ことに留意が必要である。

(b)　合理的不同意事由

　ガイドラインにおける「合理的不同意事由」は「ガイドラインの適格要件を充足しない場合」と「保証人の、一時停止等の要請後に無断で財産を処分した、必要な情報開示を行わないなどの不誠実対応により、債務整理手続の円滑な実施が困難な場合」に限定されている（Q&A7−7）。つまり、「債務整理手続の円滑な実施が困難」とならない程度の「財産の無断処分」や「情報の非開示」は合理的不同意事由に当たらないこととなる。さらに、ガイドラインは誠実性要件の検証を「債務不履行や財産の状況等の不正確な開示の金額及びその態様、私的流用の有無等を踏まえた動機の悪質性といった点を総合的に勘案して判断すべき」（Q&A3−3）としているので、貸出金が延滞していることや粉飾決算がなされていることのみをもって誠実性要件違反と判断することは禁物である。

　したがって、この段階での判断ポイントは「私的流用」「資産隠匿」の有

無となる。少なくとも会社の延命を目的とする粉飾決算については態様がよほど悪質（たとえば粉飾による融資金詐欺が疑われるようなケース）でない限り誠実性要件違反にはならないと解される。この論点を明確にするため、平成29年6月のQ&A改定において、新たに「金額及びその態様、私的流用の有無等を踏まえた動機の悪質性といった点を総合的に勘案して判断すべき」との判断基準が示された。また、令和4年3月に公表された「廃業時における「経営者保証に関するガイドライン」の基本的考え方」（以下「基本的考え方」という）は対象債権者に対し「主たる債務者及び保証人が財産開示に非協力的ではないか、対象債権者に経済合理性がないか、等の合理的不同意事由の有無につき、ガイドライン第7項(1)イ）からニ）に基づき判断」すべきとし、粉飾決算が合理的不同意事由に直結しないことを明らかにしている（基本的考え方4項(1)注6）。

　ただし、保証債務の整理手続開始後に無断で財産処分を行ったり必要な情報開示を行わなかったりするなどの事由により債務整理手続の円滑な実施が困難となるような場合は「合理的不同意事由」に該当するため、保証債務整理手続の終了を求めたり弁済計画への同意を拒絶したりすることが可能である。

c　保証債務整理手続の利用要件としての「経済合理性」

　申出段階で求められる「経済合理性」、すなわち「主たる債務及び保証債務の破産手続による配当よりも多くの回収を得られる見込みがあるなど、対象債権者にとっても経済的な合理性が期待できること」（GL7項(1)ハ）。傍点は筆者による）とは、直接的には「破産に比べて回収できる金額が低くならないこと」を意味する。そして、ここでいう「破産手続による配当よりも多くの回収を得られる見込みがあるなど」の「など」には対象債権者の実利が期待できることも含まれるということがガイドラインの趣旨である（対象債権者の実利は、金銭に換算することが可能であるとは限らない）。少なくともガイドラインによる保証債務整理は破産手続およびそれに伴う免責手続よりも迅速に終結させることができるため、債権者側の管理コスト低減という効果を勘案すれば、仮に主たる債務が無配当で異時廃止されるケースや保証

第4章　保証債務の整理　295

人の資産総額が破産法上の自由財産（現金99万円等）を下回り保証債務履行額がゼロのケース（あるいはその両方）であっても経済的な合理性が期待できることは多いと思われる。したがって、このようなケースであってもガイドラインの要件は充足すると解されるので、対象債権者としても誠実かつ柔軟に対応すべきである。

そもそも経済合理性の判定方法はQ&A7－4に記載されているが、この判定は次のとおり弁済計画が示されないとできないため、事実上、利用要件として機能していない。

① Q&A7－4の判定は弁済計画が示されないとできないため、ガイドラインに基づく保証債務整理申出の要件としてこのような判定が必要だとすると、ほとんどの一時停止要請を謝絶しなければならないこと

② 経営者保証人に対しQ&A7－4の判定に必要な資料を用意してから一時停止要請を行うように指導した場合、大多数の経営者保証人はガイドラインの利用を断念すると思われること

③ 上記②の要請は経営者の再起を支援するというガイドラインの趣旨に明らかに反すること

したがって、Q&A7－4にかかわらず「破産手続による回収見込額がガイドラインによる回収見込額を上回ることが期待できるケース（主たる債務者または保証人に資産隠匿の疑いがあり破産管財人による調査が必要な事案等）」に該当しない限り「経済合理性が期待できる」と判断すべきであり、それが、ガイドラインの趣旨に適った金融実務の考え方である。

なお、結果的にガイドラインに基づく債務整理の申出時点で経済合理性がなかったとしても、後日策定される弁済計画でインセンティブ資産が認められないだけでガイドラインに基づく保証債務整理手続を成立させることは可能である（本章第3節4⑷参照）。

⑵　法的整理手続との相違点

法的整理手続においては債務整理の成立に債権者の同意は不要（破産の場合）であったり多数決（民事再生の場合）によったりするが、ガイドライン

においては対象債権者全員の同意がなければ債務整理は成立しないことから、債務整理が成立するためのハードルは法的整理手続よりも高いという難点がある。

しかし、法的整理手続では保証人の情報が官報掲載などによって公開されたり信用情報登録機関に登録されたりするのに対し、ガイドラインでは保証人の情報が公開されることや信用情報登録機関に登録される（いわゆる「ブラックリスト」に載る）ことはなく、また、法的整理手続においては原則として保証人の資産は処分しなければならないが、ガイドラインでは一定の要件が充足された場合に資産の一部を保証人の手元に残すことが認められうること等、経営者保証の課題・弊害の解消が図られる仕組みとなっている。

(3) 「主たる債務との一体整理型」と「保証債務単独整理型」

a 保証債務整理手続の態様

ガイドラインに基づく保証債務整理手続は準則型私的整理手続で行われることが求められている。準則型私的整理手続の要件たる「利害関係のない中立かつ公正な第三者」とは中小企業活性化協議会、私的整理ガイドラインや事業再生ADRにおける手続実施者、REVIC、事業再生等ガイドラインの第三者支援専門家、および特定調停手続における調停委員会等をいう。したがって、保証債務整理手続は協議会スキーム、事業再生ADR、私的整理ガイドライン、REVIC特定支援業務、事業再生等ガイドライン、特定調停手続のうちいずれかの手続を選択することになる。このうち事業再生等ガイドラインには「再生型」「廃業型」の2種類が、特定調停手続には日本弁護士連合会および日弁連中小企業支援センターが策定・公表したスキームを活用する。このスキームには、「日弁連特定調停スキーム（一体再生型）」「日弁連特定調停スキーム（廃業支援型）」に加え保証債務の単独整理を行うことを目的とした「日弁連特定調停スキーム」（本書では「日弁連特定調停スキーム」という表記は保証債務単独整理型を指し、主たる債務の整理で使用する前二者は「一体再生型」または「廃業支援型」と付記する）の3種類がある。

主たる債務の整理手続が再生型・清算型のいずれであってもガイドライン

第4章 保証債務の整理 297

に基づく保証債務整理手続は利用可能であるが、主たる債務の整理手続の種類によって保証債務の整理手続の種類が異なる。

b　主たる債務との一体整理型（GL 7 項(2)イ）

主たる債務の整理手続が「再生型」である場合、法的債務整理手続に伴う事業毀損を防止するなどの観点から整理方法は準則型私的整理手続によることが望ましいといえる。その場合、保証債務整理手続は保証債務整理についての合理性、客観性、対象債権者間の衡平性を確保する観点から、主たる債務の整理手続と同一の準則型私的整理手続により一体整理することが原則となる。具体的には、主たる債務の弁済計画を策定する際に保証人による弁済もその内容に含めることとする。

なお、主たる債務の整理手続が「清算型」であっても、準則型私的整理手続である事業再生等ガイドライン（廃業型）や日弁連特定調停スキーム（廃業支援型）を選択した場合は主たる債務と保証債務を一体整理することが可能である。

c　保証債務単独整理型（GL 7 項(2)ロ）

主たる債務の整理手続が「再生型」であっても準則型私的整理手続が困難なケースでは、法的整理手続たる民事再生手続や会社更生手続を選択せざるをえないことになる。また、「清算型」の場合、ガイドラインが認める主たる債務の法的整理手続は破産手続または特別清算手続のみとなる。

主たる債務の整理手続として法的整理手続を選択した場合、制度上、保証債務整理手続を一体で行うことができないこと、経営者保証人に法的整理手続等の経済的破綻を回避させるのがガイドラインの目的であることなどから、保証債務整理手続は必然的に単独での準則型私的整理手続（いわゆる「のみ型」）とならざるをえない。この場合の保証債務整理の方法として選択できる準則型私的整理手続は現在のところ協議会スキーム（のみ型）、REVICの特定支援業務、特定調停手続の 3 種類に限られる。このうち特定調停手続は日弁連特定調停スキームを活用する。

もっとも、主たる債務が準則型私的整理手続を利用する場合であっても、保証債務の整理をめぐり債権者の調整が難航し主たる債務者の再生計画策定

に支障をきたし保証債務の整理を切り離さざるをえないケースもあるので、保証債務単独での整理が主たる債務の法的整理のケースに限定されるわけではなく、柔軟に対応する必要がある。

　保証債務単独整理型、特に日弁連特定調停スキームは主に主たる債務者が金融機関の関与なしに倒産した場合（以下「受け身型」という）や、金融機関主導による事業再生支援・廃業支援（本章第5節1、2参照）において主たる債務の整理方法として法的整理手続を選択した場合に利用される。

(4) 支援専門家のガイドライン上の位置付けと営業店における対応方法

a 支援専門家のガイドライン上の位置付けと役割

　支援専門家とは保証人の債務整理を支援する弁護士、公認会計士、税理士（代理人弁護士、顧問税理士等も可）等の専門家であってすべての対象債権者がその適格性を認める者をいう（GL5項(2)ロ、Q&A5－7、5－8）。支援専門家はガイドラインに基づく保証債務整理手続に必須の機関（GL7項(3)①）であり、通常は保証人の代理人弁護士が支援専門家を兼任する。

　ガイドラインは支援専門家の役割について四つを明記している（ガイドラインQ&A7－6）。

　　① 保証債務に関する一時停止や返済猶予の要請

　　② 保証人による表明保証の適正性確認

　　③ 対象債権者の残存資産（下記(6)b(b)～(f)参照）の範囲の決定の支援「保証人への支援」ではなく「債権者への支援」であることに注意。

　　④ 弁済計画の策定支援

　なお、ガイドラインに明文はないが「保証人にガイドラインの趣旨を理解させ、早期再生・清算の決断を後押しすること」および「対象債権者との信頼関係の構築」も支援専門家の重要な役割と解されている。

b 営業店の対応方法

(a) 支援専門家との信頼関係の醸成

　ガイドラインによらない通常の保証債務整理手続では保証人の代理人弁護士と金融機関とは対立関係にあることが多く、その原因は弁護士・金融機関

とも相手の思考形態や互いのスタンスが理解できていないことにあった。具体的には、弁護士側は「事案についての予測可能性が低い」という相互理解醸成の阻害要因を抱え、金融機関側も通常、弁護士は金融機関にとって「脅威」であるととらえていることが多いという相互理解醸成の阻害要因を抱えていたことである。ガイドラインは「支援専門家」の役割を明確にすることで、相互理解醸成の阻害要因の解消を図り、ガイドラインの規律を実践することで支援専門家を金融機関と保証人のWin-Winの解決を図るためのパートナーととらえることを可能としている。そのために最も重要なのは金融機関側は支援専門家の予測可能性を高める努力を行うこと、支援専門家側は金融機関の文化とルールを知ることである。

　また、ガイドラインは対象債権者が支援専門家の適格性を総合的に判断することとし（Q&A5－7）、対象債権者による支援専門家の適格性判断は保証人からガイドラインに基づく保証債務整理の相談や一時停止等の要請を受けたときおよび対象債権者が当該要請の応否を判断する際に行うとしている（Q&A7－9）。このことから、明文規定はないものの、金融機関は保証人に対し支援専門家の解任を求めることができると解される。したがって、ガイドラインに基づく保証債務整理においては相手が弁護士であるからといって萎縮することなく、主張すべきところははっきりと主張しつつ信頼関係の醸成に努めるべきである。

⒝　メイン行による支援専門家への指導

　ガイドラインの保証債務単独整理型においては金融機関のみならず支援専門家からも「手続方法がわからないため進めようがない」という声が聞かれることが多い。これは、ガイドラインが「金融機関団体および産業界の自主ルール」であるため、業界に属していない支援専門家が独自にノウハウを構築することが困難であること、「自主ルール」特有の性質としてガイドラインの記述内容がわかりにくいことに起因しているものと考えられるので、まず金融機関がガイドラインを正しく理解し、支援専門家にノウハウを伝授するという姿勢が重要である。

　また、仮にガイドラインが支援専門家の間で周知され定着したとしても、

ガイドラインを振りかざして支援専門家主導で手続を進めた場合、ガイドラインの趣旨から金融機関に相当程度の譲歩が求められるだけに金融機関がかなりの抵抗感を覚えるのは疑いないものと考えられるので、そのようなことのないよう指導しておく必要がある。また、支援専門家にとって最も重要な任務である「財産目録作成」にあたっては支援専門家自身が保証人の資産開示について積極的に関与することを求めるべきであり、財産の評価額の算定について後日債権者間の見解の相違が先鋭化することが多いため、メイン行と支援専門家とが十分に議論を尽くしておくことも重要である。

したがって、ガイドラインの手続を通じて金融機関と保証人とがWin-Winの結果を享受するためには、メイン行による支援専門家への指導を徹底していくことがきわめて重要である。

なお、事業再生支援においてはほとんどの事案で主債務と保証債務とが一体整理されるので、ガイドラインにおいて金融機関、支援専門家に求められ

図表2-7 有事発生から弁済計画協議まで（単独型の場合）

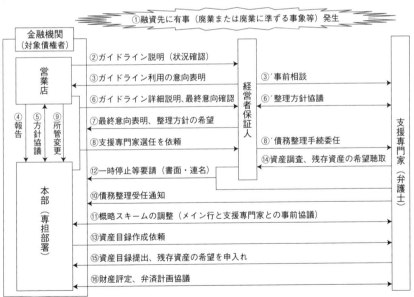

（出所） 筆者作成

るかかわり方はみえにくいと思われる。そこで、ガイドラインに基づく保証債務整理手続の基本形である単独型（主債務の整理は受け身型）の場合の金融機関と支援専門家とのかかわり方を図表2－7に整理したので、参考とされたい。

(5) 対象債権者（金融機関）のメリット

a 基本的な考え方

ガイドラインに基づく保証債務整理手続が対象債権者（金融機関等）にとってどのようなメリットがあるかをきちんと把握することで、主たる債務者や経営者保証人に対する適正な配慮を導き出すことができる。また、債権

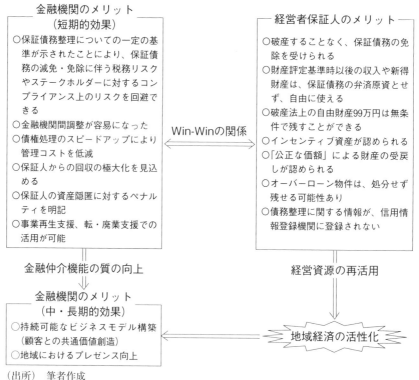

図表2－8　経営者保証GLによる対象債権者のメリットと経営者保証人のメリット

（出所）　筆者作成

者間調整において消極的または批判的な対象債権者を説得するためにも、対象債権者のメリットをきちんと把握しておく必要がある。

　対象債権者のメリットには短期的効果が期待できるものと即効性はなくても中・長期的効果が期待できるものとがある。これらのメリットは経営者保証人にとってのメリットや地域経済にとってのメリットと密接な関係にある。この関係を整理したのが図表2－8である。

b　短期的効果

　まず、ガイドラインに基づく保証債務整理に取り組むことによる短期的効果からみていく。

　(a)　**保証債務の整理に関する一定の基準が示されたこと**

　ガイドラインに沿って対象債権者としても一定の経済合理性が認められる範囲で保証債務の減免・免除が行われた場合は保証人および対象債権者ともに課税関係は生じないこととされており（Q&A7－32）、無税直接償却時における保証債務の減免・免除による税務リスクが大幅に低減した。

　(b)　**金融機関間調整が容易になったこと**

　ガイドライン施行前は立場上債務免除を伴う保証債務整理手続に合意をすることが困難であった信用保証協会（特に代位弁済前）や一部の政府系金融機関についてもガイドラインに基づく債務整理に関しては銀行等民間金融機関と同じ土俵で合意することが可能となっている（Q&A1－1）。

　(c)　**債権処理のスピードアップにより管理コストが低減すること**

　主たる債務の整理手続が法的整理手続の場合は本来主たる債務と保証債務とを同一の破産管財人等により並行して整理すべきであるが、実務上主たる債務の整理手続が終結してから保証債務の整理手続に着手するケースも多く、特に保証債務について法的整理手続を利用しない場合は整理手続が終結するまでかなりの長期間を要することが多いのがガイドラインを活用しない保証債務整理手続の特徴である。これに対しガイドラインを活用すれば、主たる債務が法的整理手続により事業再生または事業清算を行うこととなった段階でガイドラインに基づく保証債務整理手続の申出（一時停止要請等）をさせることにより保証債務整理の大幅なスピードアップが期待できる。債権

第4章　保証債務の整理　303

処理がスピードアップすれば必然的に管理コストが低減することとなる。

(d) **保証人からの回収の極大化を見込めること**

ガイドラインに基づく保証債務整理手続は対象債権者が保証人から回収できる額を大幅に減少させると一般的に理解されているようであるが、大きな誤解である。

ガイドラインに基づく保証債務整理手続では対象債権者が把握していなかった保証人資産が開示されて弁済原資に組み込まれることがあり（下記(6) c(b)参照）、把握していた資産であっても保証人が当該資産を任意で処分することにより保全費用・債務名義取得費用・執行費用の負担や強制執行による処分価額下落を回避することができる。この結果、対象債権者が当初予測していたよりも回収額が増加したというケースは決して珍しくない。

これは、従来のように青天井で保証債務の履行を求めてきた実務から保証債務の免除を前提とした保証債務履行へと転換することによって実現したメリットである。

(e) **保証人が資産の隠匿等を行っていた場合のペナルティが明記されていること**

ガイドラインの終点は「保証債務の免除」である。通常、保証債務を免除した後に、保証人が資産の隠匿等を行っていたことが判明してもいったん保証債務が免除されている以上、債権者は保証人の不法行為や保証債務免除の錯誤取消を立証できない限り当該隠匿資産等に対して手出しすることはできない。これに対しガイドラインでは「保証人資産の隠匿目的の贈与等が判明したり、上記表明保証の内容が事実と異なることが判明したりしたとき等には、免除した保証債務額に免除期間分の延滞利息を付加して追加弁済を行う」旨の保証人・対象債権者間の書面契約により仮に当該保証人に裏切られた場合であっても追及の余地が残される。また、この復活条項によって保証人の資産隠匿への誘惑に対して強い牽制が働くため、透明性の高い保証債務手続の実現に寄与するものと考えられる。

c **中・長期的効果**

経営者は地域経済にとって重要な経営資源であるため、経営者が保証債務

によって経済的に破綻し表舞台から退場することは地域経済にとっての損失である。新たに登場する起業家が既存の経営者が培ってきたノウハウ・人脈・経営能力等、すなわち経営資源としての要素を身につけるまでに要する時間を考えれば、経営者に再チャレンジの機会を与えることは、地域経済活性化のためにきわめて有益であるといえる。このため、金融機関はガイドラインの活用によって経営者に再チャレンジの機会を与えることによって地域経済活性化に寄与することになる。

金融機関が地域経済の活性化に寄与することによって、金融機関自身も安定した経営基盤と新たな収益機会を確保することができ、金融機関として持続可能なビジネスモデルを維持することが可能となる。同時に、ガイドラインという金融仲介機能の質を向上させるためには顧客との「共通価値の創造」を構築することが不可欠である。そして、顧客との「共通価値の創造」は当該金融機関の地域におけるプレゼンスの向上につながり、長い目でみれば当該金融機関の企業価値の増大にも大きく寄与するという効果が見込まれる。このような中・長期的効果も対象債権者としてのメリットとして見逃すことができない。

(6) 保証人のメリット

a 基本的な考え方

ガイドラインを使いこなすためには経営者保証人のメリットを正しく理解しておく必要がある。特に残存資産、すなわち下記 b (b)～(f)のように、保証債務の弁済原資とせず保証人の手元に残せる財産についての理解は重要である。

なお、ガイドライン上の「残存資産」とは「財産評定基準時に保証人が保有する資産のうち、対象債権者への保証債務履行の弁済原資とせず、保証人の手元に残すことのできる資産」であると解されている。ガイドライン上の残存資産には対象債権者の「経済合理性」の制約を受けず無条件で認められるものと「経済合理性」の制約のもとで認められるものとがある。「経済合理性」の制約を受けないものとして「オーバーローン物件」「破産法上の自由財産」「財産評定基準時以後の新得財産」「「公正な価額」の弁済と引き換

第4章　保証債務の整理　305

えに換価せず、保証人の手元に残すことが認められた資産」があり、「経済合理性」の制約のもとで認められるものとして「インセンティブ資産」がある。残存資産の具体的な分類については、本章第3節4(1)図表2-17を参照されたい。

b　経営者保証人のメリット

上記をふまえて検討すると経営者保証人のメリットは次のようになる。

(a)　経営者保証人が、破産等の法的整理によらずに保証債務の免除を受けられること

ガイドラインに基づく保証債務整理手続は「準則型私的整理手続」によることとされている（GL7項(2)、上記(3)参照）。そして準則型私的整理手続においてガイドラインに基づく保証債務整理計画に従い一定の保証債務履行を行った後に残存する保証債務については、免除を受けることができる（GL7項(3)⑤）。

したがって、ガイドラインを利用すれば、経営者保証人は主たる債務のカット（事業再生支援の場合）や主たる債務者の経営破綻（受け身型の場合）または法的整理手続の申立て（受け身型の場合、廃業支援の場合）によって保証債務が顕在化しても、破産することなく再起を図ることができる。

(b)　財産評定基準時以後の収入や新得財産は保証債務の弁済原資に充てなくてもよいこと

保証人は財産評定基準時（ガイドラインに基づく一時停止等要請の効力が発生した時点）に所有する財産をもって保証債務を履行すれば、その後のことを心配せずに再スタートできることになる。このため、最低限の残存資産しか認められないケースであっても、保証人にはガイドラインによる保証債務整理の申出を行う価値が十分認められることになる。詳細は本章第2節1(2)、第3節4(3)bで解説する。

(c)　経営者保証人が最低限残すことができる財産があること

ガイドラインに基づく保証債務整理手続においては、対象債権者の経済合理性の多寡や回収見込額の増加額にかかわらず破産法上の自由財産としての

「現金99万円」（ガイドライン実務上は「現預金99万円」または「99万円相当の資産」）は無条件で残存資産とすることができる（GL7項(3)③ホ、Q&A 7−23）。詳細は本章第3節4(3) a で解説する。

(d)　**インセンティブ資産が認められること**

経営者が主たる債務につき早期の事業再生・事業清算等に着手したことにより対象債権者の回収見込額が増加した場合、対象債権者が得られる一定の「経済合理性」を上限として一定の財産を残存資産に含めることができる（GL7項(3)③ニ、Q&A 7−14）。ガイドラインに明記された用語ではないが、一般的にこの「経済合理性」のことを「インセンティブ」といい、インセンティブの範囲内で残存資産に含めることができる資産のことを「インセンティブ資産」という。「インセンティブ」の算定方法については本章第3節4(4)で解説する。

(e)　**「公正な価額」による財産の受戻しが認められること**

上記(b)および(c)による残存資産には該当せずガイドラインに基づく弁済計画において換価・処分すべき資産のなかに、保証人がどうしても残したい財産があるという場合がある。このような場合、当該資産の「公正な価額」に相当する額について対象債権者への弁済を行うことにより当該資産を処分・換価せずに残存資産とする（当該財産を受け戻す）ことも可能である（GL 7項(3)④ロ、Q&A 7−25）。本章第3節4(3) c で解説する。

(f)　**オーバーローン物件は保証債務の弁済原資とならないこと**

対象物件にその「公正な価額」を上回る担保権が設定されており当該物件の担保権者が対象物件の換価を望まない場合（たとえば被担保債権が住宅ローン債権でローンの約定弁済を担保権者が許容している場合等）、当該物件は保証人の手元に残すことができる（GL7項(3)④ロ参照）。本章第3節4(2)で解説する。

(g)　**保証人の債務整理に関する情報が信用情報登録機関に登録されないこと**

対象債権者は、ガイドラインによる債務整理を行った保証人について、当該保証人が債務整理を行った事実その他の債務整理に関する情報（代位弁済

に関する情報を含む）を信用情報登録機関に報告、登録しないこととされている（GL 8 項(5)）。

(h) **対象債権者の範囲を金融機関以外にも拡大できる可能性があること**

支援専門家の腕次第で本来ガイドラインの対象債権者とならない債権者も含めた債務整理ができる可能性がある（GL 7 項(3)④ロ、Q&A 7 −28、基本的考え方 4 項。本節 2(3)参照）。

c 「保証人のメリット」がもたらすモラルハザードの回避

ガイドラインに基づく保証債務整理に消極的な金融機関からはガイドラインを安易に適用すると経営者保証人のモラルハザードが拡大するという批判が述べられることがある。しかし、このような批判はガイドラインが従来のように青天井で保証債務の履行を求めてきた実務から保証債務の免除を前提とした保証債務履行への転換を実現したものであることへの認識不足であるといわざるをえない。

(a) **従来の保証人追及の課題**

たとえば債権者Yに対し10億円の保証債務を負担するMが5,000万円の資産を有していたとする。従来は青天井方式で保証債務が請求されていたので、仮にMが5,000万円の資産全額をYに弁済しても、YはMに対し残債権9億5,000万円の請求を放棄することは考えられなかった（Yからは「保証を履行していただきありがとうございます。残り 9 億5,000万円の弁済もお願いします」といわれるのが「オチ」であった）。このような場合、Mが保有する資産をYに対して開示することは考えがたく、逆にいかにして資産を隠匿するかを考えるのが普通である。

また、主たる債務者が破綻して保証債務が顕在化した後に経営者保証人が再スタートを切った場合、ガイドラインを利用できなければ再スタートによって新たに得られる収入は保証債務の弁済原資となる。このような状況では、経営者保証人が再スタートする能力を有していたとしても正々堂々再スタートを切るインセンティブはなく、むしろ、新たに得られる収入をいかに隠そうかということに全力を注ぐのが人情というものである。

さらには、経営者が保証債務が顕在化するのを回避するために主たる債務

308　第 2 編　経営者保証ガイドライン

者をできるだけ延命させようと腐心することが、粉飾決算の動機づけになっているとも考えられる。

(b) ガイドラインによる変化

ガイドラインに基づく保証債務整理は「資産の誠実な開示」を条件として「一定の財産を残したうえでの保証債務の免除」を前提とした保証債務履行を行う手続である。他方、資産の隠匿などが発覚した場合は免除を受けた保証債務が利息付きで復活するというペナルティ（上記(5)b(e)の「債務復活条項」）があるため、完全な保証債務免除のために、たとえば資産5,000万円のうち4,000万円は開示（残り1,000万円は隠匿）しようと考えることも不思議ではない。もっとも、実際の手続ではこのような場合に支援専門家が5,000万円全額を開示するよう経営者保証人を諫めてくれると考えられるし、従来どおりの保証人追及を行っていれば保証人は5,000万円全額を隠匿しようとするであろうから、仮に1,000万円の隠匿があったとしても従来に比べれば格段に誠実性が高まっているといえる（このような隠匿が発覚した場合、対象債権者としては「債務復活条項」を発動させて徹底追及するので、たとえ少額の隠匿でも絶対に許されるものではないことは、念のため付言しておく）。

また、ガイドラインの申出後の収入は債権者の経済合理性の有無にかかわらず保証債務の弁済原資とならないので、経営者保証人が再スタートを切ることに対するモチベーションも格段に強くなり、そこで得た収入は社会に還元されることになる。さらに経営者が保証債務の顕在化を回避するための延命策としての「粉飾決算」への動機づけも大幅に弱まると考えられる。

したがって、ガイドラインに基づく保証債務整理手続の普及はむしろ「債務者・保証人におけるモラルハザードが縮小する」という結果をもたらすと考えられる。

(7) ガイドラインに基づく保証債務整理手続の流れ

a 手続の全体像

ガイドラインに基づく保証債務整理手続には「主たる債務・保証債務一体整理型」（以下「一体型」という）と「保証債務単独整理型」（以下「単独

図表2－9　保証債務単独整理型（特定調停スキーム）の基本フロー図①
　　　　（金融機関）

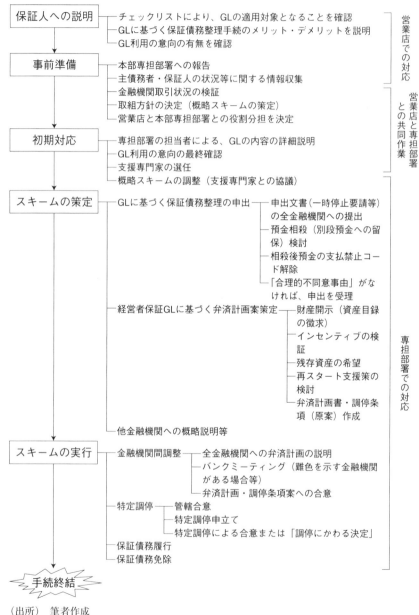

(出所)　筆者作成

figure 2-10 保証債務単独整理型（特定調停スキーム）の基本フロー図②
（支援専門家）

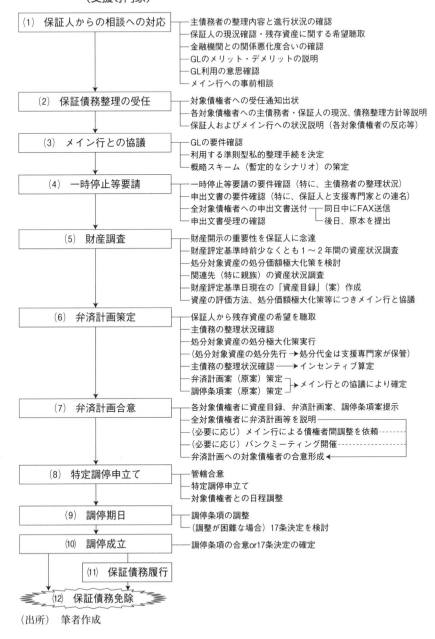

(出所) 筆者作成

型」または「のみ型」という）とがあることはすでに述べた（本節1(3)参照）。「一体型」は手続主宰者である中小企業活性化協議会やREVIC等が主導して事業再生手続の一部分として行われるので、本書では金融機関主導で手続を進めることが求められる「単独型」について検討する。金融機関としての手続の基本フローは図表2－9のとおり。

　手続の大まかな流れとしては、まず営業店での対応として「保証人への説明」と情報収集を行い、その後、営業店と本部専担部署との共同作業により「事前準備」と「初期対応」を行った後、本部専担部署による「スキームの策定」と「スキームの実行」を行うことが望ましく、本書ではそのような流れを前提として具体的な対応を検討する。

　なお、支援専門家の視点から手続の基本フローを図表2－10にまとめたので、参考とされたい。

b　チェックリストの活用

　金融機関には、保証債務整理の局面におけるガイドラインの浸透・定着を図るとともに顧客に対する幅広い周知・広報の実施が求められている。このため、ほとんどの金融機関では、融資先が倒産または準則型私的整理手続による清算や抜本型事業再生を申し立てた際にガイドラインの適・否やガイドラインの申出の意向の有無を確認するためのチェックリストを作成している（ただし、チェック項目や判定の手法は金融機関ごとに若干の差異がある）。しかし、このチェックリストは、営業店担当者が保証人に対して最低限の説明や意向確認を実施したことを機械的に記録するためにのみ利用されているのが実情ではないかと思われる。

　保証人との面談にあたってチェックリストの各項目を埋めればよいという姿勢で最低限の事情聴取を行うのではガイドラインの浸透・定着を図る態勢としては不十分である。チェックリストの作成には主たる債務者の債務整理の状況や保証人の現況を詳しく聴取することが必要であるから、ガイドラインの適・否を判定したりガイドライン利用の意向を確認したりするのに際して保証人に寄り添って金融機関としてどのような協力ができるのかをよく考えつつ、保証人の立場や債務整理後の再スタートへの道筋を保証人との協働

312　第2編　経営者保証ガイドライン

図表 2-11 ガイドラインに基づく金融機関の対応手順

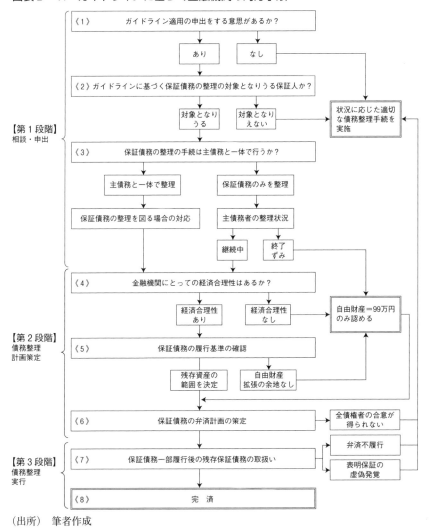

(出所) 筆者作成

作業で見出していくという姿勢で事情聴取を実施することが求められる。チェックリストを活用した金融機関の対応手順は図表 2-11のとおり。

第 4 章 保証債務の整理 313

ⓒ　具体的な対応

(a)　保証人への説明

　主たる債務者が法的整理を申し立てた（または申し立てることが決まった）場合、営業店担当者が保証人に一般的なガイドラインの説明を行うとともに、各金融機関が制定しているチェックリストに基づき当該保証人がガイドラインの適用対象となるか否か、保証債務の整理にガイドラインを利用するか否かについて確認する。説明の内容は第2章第3節2⑶と同じである。ポイントは保証人にとってのメリット（上記⑹ｂ）を十分に説明することでガイドラインの利用を促すこと、支援専門家（原則として弁護士）の選任が必須であることや「債務復活条項」（上記⑸ｂ⒠）など保証人にとっての不利益事項についてもしっかりと説明しておくことである。

　説明時の留意点は次のとおり。

ア　相手に理解できる説明を行うこと

　保証人が内容を「理解できないような説明では説明したことにはならない」ということは、金融商品の販売時の説明義務と同じである。したがって、金融庁監督指針等で求められる保証人に対する説明義務を果たすためには、説明する営業店担当者がガイドラインのメリット・デメリットをしっかりと理解しておくことが必要となる。

イ　保証人の不安を取り除くこと

　保証債務整理の局面においては主たる債務者の法的整理手続や債権カットを伴う抜本再生手続により保証債務が顕在化している状況（直ちに保証債務全額の支払いを求められる状態）であるため、保証人は不安に凝り固まっているのが普通である。ガイドライン施行前の保証債務整理手法は保証人に法的整理手続を選択してもらうことを原則とし、法的整理手続を行わない場合は資産はすべて処分のうえで無期限で弁済を継続させる、すなわち保証人に経済的破綻を強いることを金融機関が余儀なくされていたことから、保証人の金融機関に対する警戒感や恐怖心は非常に大きく、このことが保証人の資産隠匿や金融機関への資産情報開示の回避というモラルハザードを生み出していた。これに対し、ガイドラインによる保証債務整理は保証人の経済的破

綻を回避させ再スタートを後押しすることを本旨とした「保証債務の免除を前提とした保証債務履行」により金融機関と保証人のWin-Winの関係を築くことを目的とした制度である。したがって、説明の段階でいかに保証人の不安を取り除き信頼関係を構築できるかがその後の手続の成否に大きくかかわることになる。

ウ　保証人に対し不必要に過大な期待をもたせないこと

　一般的にガイドラインで認める残存資産のなかで大きなウェイトを占めるのが「インセンティブ資産」（本章第3節4(4)参照）であるが、保証人への説明の段階では主債務者の整理手続で対象債権者の経済合理性（インセンティブ）がどの程度見込まれるかを算定することができていないことが一般的である。また、ガイドラインに基づく保証債務の弁済計画の成立には対象債権者全員の合意が必要であることから、仮にこの段階でインセンティブが算定できたとしても保証人の希望どおりにインセンティブ資産を残せるとは限らない。したがって、この段階では「インセンティブ資産」については一般的な説明にとどめ、保証人に対し不必要に過大な期待をもたせないようにすることが肝要である。

エ　本部専担部署への引継ぎを意識すること

　ガイドラインは専門性が高いだけでなく本文やQ&Aの記述は抽象的でわかりにくいため、営業店で適切な説明をすることは困難である。したがって、詳しい説明は本部専担部署に引き継ぐという態勢整備をすべきであり、営業店による説明の目標は「保証人にガイドラインの利用に関心をもってもらうこと」でよいと思われる。

　また、具体的な保証債務整理手続は金融機関（専担部署）と支援専門家（弁護士）とで進めるので、保証人がガイドラインの利用に関心をもった場合はできるだけすみやかに支援専門家を選任するよう働きかけ、専担部署によるガイドラインの説明時には支援専門家を立ち会わせるようにすると以後の手続がスムーズに進む。

(b)　事前準備から初期対応まで

　保証人がガイドラインを利用する意向を示した場合は本部専担部署にその

第4章　保証債務の整理　315

旨報告することになるが、並行して主たる債務者・保証人の状況について情報収集する。ここまでが営業店での対応となる。そして、収集した情報をもとに営業店と本部専担部署との協議により取組方針、概略スキームおよび役割分担を決定する。

これをふまえ、本部専担部署の担当者が保証人に対してガイドラインの詳細な説明、ガイドライン利用の意向の最終確認を行い、支援専門家（原則として弁護士）を選任させる。ここまでは営業店担当者と本部専担部署担当者との協働作業となる。

支援専門家が選任されると本部専担部署担当者が支援専門家と協議して概略スキームの調整を行う。

(c) スキームの策定からスキームの実行まで

ここから先は、本部専担部署担当者と支援専門家との協働作業によりガイドラインに基づく保証債務の整理手続を進める。具体的な手続は本章第2節～第4節で詳述する。

2 廃業時における基本的考え方

(1) 策定経緯とその意義

a 「一体型」はすでに浸透・定着、「単独型」の実務慣行としての普及・浸透が課題

民間金融機関がメイン行としてガイドラインに基づく保証債務整理を成立させた件数は令和2年度249件、令和3年度224件、令和4年度240件、令和5年度296件と、年間250件前後で推移している（金融庁「民間金融機関における「経営者保証に関するガイドライン」の活用実績」金融庁ウェブサイト）。ここでいう「保証債務整理」のうち主債務者の事業再生に伴う「一体型」と主たる債務者の廃業に伴う「単独型」との割合がどのようになっているかは明らかではないが、令和2年度の「破産会社の社長破産率」は約7割にのぼる（東京商工リサーチ「「破産会社の社長破産率」調査（令和3年8月）」）ことから、前者が全体の大多数を占めていると推測される。このように、ガイドラインに基づく保証債務整理において、主たる債務者の事業再生

316　第2編　経営者保証ガイドライン

に伴う「一体型」はすでに浸透・定着しているといえるが、主たる債務者の廃業に伴う「単独型」が実務慣行として普及・浸透していないことが問題視されている。

これに加え、コロナ禍・アフターコロナを通じ会社の廃業を決意した経営者が自身の再起による将来の展望を描けず個人破産を選択する傾向が強くなっているもようである。また、金融機関側も「コロナ禍において苦境にあえぐ取引先を破産に追い込んだ」という誤った風評被害をおそれるあまり再起の見込みのない融資先に対する廃業支援に取り組みにくい傾向があるため、返済期限延長や元金返済猶予といった延命措置一辺倒の対応をせざるをえないのが実情であった。さらに、コロナ禍においては金融機関担当者に対する行動制限が厳しく外訪や面談が制限されたため、ガイドライン利用の支援に取り組めない状況が続いた。このような状況に起因する金融機関側のスキルの低下もあり、主たる債務者廃業事案におけるガイドライン活用が課題となっていた。

b 「廃業時における「経営者保証に関するガイドライン」の基本的考え方」の策定・公表

このような状況のもと、令和3年11月19日に閣議決定された「コロナ克服・新時代開拓のための経済対策」では「倒産時の個人破産を回避するため、経営者保証に関するガイドラインの内容を明確化し、活用を促す措置を検討する」こととされた。これを受け、主債務者廃業事案におけるガイドライン利用の阻害要因となっていた不明確な論点の明確化を図るとともに対象債権者、主たる債務者・保証人、支援専門家についてガイドライン活用の観点から求められる対応を明記するものとして「廃業時における「経営者保証に関するガイドライン」の基本的考え方」（以下「基本的考え方」という）が、令和4年3月4日に策定・公表された。

基本的考え方が目指すのは、主たる債務者廃業の局面においても保証人は個人破産を回避しうることが「周知」されることで経営者が早期に「廃業」を決断し「倒産」という悲劇的な結末を回避するとともに保証人が新たなスタートに早期に着手できる社会の構築によって、当該企業・経営者や金融機

関、ひいては地域経済にとっても大きなメリットをもたらすことである。ちなみに、ここでいう「廃業」とは「倒産以外で事業活動を停止した状態」（内閣府「日本経済 2020－2021」134頁（https://www5.cao.go.jp/keizai3/2020/0331nk/pdf/n20_3_2.pdf））のうち「将来的な企業活動再開をまったく予定していない場合」と定義した。一般的には「自主廃業」（資産超過の会社が後継者不在、経営の先行き不透明感などを理由に「自主的に企業活動を廃止」すること）である。また、「倒産」とは「赤字体質の債務超過会社が、破綻事象（例：資金繰り破綻による「支払の停止」、銀行取引停止処分、債務不履行による期限の利益喪失、主要取引先からの取引打ち切り宣告、資産差押え等）の発生によって、「第三者から強制的に」経営存続の途を断たれること」と定義した。

なお、基本的考え方はガイドラインの趣旨・内容について変更を加えるものではない（基本的考え方1項）ため、適用開始日は定められなかったものの同年4月15日までの周知・態勢整備期間が設けられた（基本的考え方7項（改定後は8項））。なお、用語の定義についても特に断りのない限りガイドラインおよび同Q&Aと同様とされている（同2項）。

c 基本的考え方の射程

金融機関で再生・倒産案件を手がけてきた筆者の経験上、主たる債務者廃業事案におけるガイドライン活用の阻害要因は、①主たる債務者の法的整理または準則型私的整理の費用が捻出できない、②主たる債務者または保証人、あるいはその両方にいわゆる街金・闇金からの借入れがある、③保証人の代理人弁護士（以下「弁護士」または「支援専門家」という）がガイドラインの利用を敬遠し個人破産申立てに誘導する、④ガイドラインの理解が不足している一部の金融機関が保証債務整理に協力しない、⑤ガイドラインに基づく保証債務整理を仕切れる金融機関がないというパターンに類型化できる。いずれも一筋縄ではいかない難問であるが、クリアすることは不可能ではないと思料する。

上記要因のうち、早期再生・早期清算の決断の後れによる主たる債務者の資金繰りの逼迫に由来する①～②（資金不足によって弁護士費用が十分に捻

出できないという点では、③も該当する）については、主たる債務者廃業事案でガイドラインに基づく保証債務整理の利用を阻む致命的な要因（手遅れ）であり、このような要因が顕在化した場合はリカバー不能であるが、主たる債務者および金融機関の意識改革により手遅れとならないうちに事業再生や廃業に着手できる態勢を構築できれば予防は可能である。また、③については、弁護士の意識改革によって対処可能であり、上記同様、早期の事業再生や廃業に着手できる態勢の構築により予防も可能である。④・⑤については、単なる金融機関の理解不足であるから、ガイドラインの不明確な論点の明確化によって対処可能である。

このため、基本的考え方は、これらの阻害要因のうち①および②について第6項が、③について第4項〜第7項が、④および⑤について第4項および第5項が、それぞれ解消策を提示している（本項(3)〜(6)で解説する）。

d　令和5年改定

基本的考え方の取りまとめ以降、主たる債務者が廃業したとしても保証人は破産手続を回避しうることが周知され取組みが進んだものの、ガイドラインに基づく保証債務整理（特に単独型）の活用は伸び悩んでいた。このため、政府は再チャレンジを推進していく観点から、「経済財政運営と改革の基本方針2023」（令和5年6月16日閣議決定）および「新しい資本主義のグランドデザイン及び実行計画2023改訂版」（同日閣議決定）にて企業経営者に退出希望がある場合の早期相談体制の構築など退出の円滑化を図る旨が明記され、企業経営者への早期相談の重要性について周知徹底することとされた。これを受け基本的考え方は令和5年11月22日、企業経営者に退出希望がある場合の早期相談の重要性についてよりいっそうの周知を行っていく観点から、廃業手続に早期に着手することが保証人の残存資産の増加に資する可能性があること等を明確化する改定を行った。

本改定により、基本的考え方が主たる債務者、保証人、対象債権者、保証債務の整理にたずさわる支援専門家にいっそう浸透することで退出希望がある場合の早期相談が促され、円滑な保証債務整理の一助となることが期待されている。

第4章　保証債務の整理　319

(2)　基本的考え方の構成

基本的考え方は次のとおり全8項（策定当初は全7項）から構成されている。

　　1項：はじめに（策定の経緯・趣旨等）

　　2項：基本的考え方の位置付け

　　3項：基本的考え方改定の背景（令和5年改定で追加）

　　4項：対象債権者の範囲の明確化

　　　　(1)　リース債権者

　　　　(2)　固有債権者

　　5項：対象債権者における対応の明確化

　　　　(1)　ガイドラインに基づく保証債務の整理への誠実な対応

　　　　(2)　保証債務の履行

　　6項：主たる債務者および保証人における対応

　　7項：支援専門家における対応

　　8項：その他

以下、保証債務整理手続の準則部分である4項～7項についてみていく。

(3)　対象債権者の範囲の明確化（基本的考え方4項）

a　リース債権者の位置付けの明記

ガイドラインにおいてリース債権者は対象債権者として明記されていなかったが、実務上は「弁済計画の履行に重大な影響を及ぼす恐れのある債権者を対象債権者に含めることができる」（GL7項(3)④ロ、Q&A7－28）という規定を根拠にリース債権者を対象債権者に含めるという扱いは可能であった。また、筆者の経験上、リース債権者は対象債権者として手続に加入した場合、金融機関と同じ目線で保証債務整理に協力していた。しかし、支援専門家の知識不足によりリース債権者を対象債権者に含めないよう機械的に扱うケースが多かったようである。このようなケースでは銀行等とリース会社との利害調整がうまくいかず保証債務整理が頓挫することもあり、これを原因として弁護士がますますガイドラインを敬遠する傾向が強まった可能性がある。そこで、基本的考え方は、令和4年3月4日に策定・公表された

「中小企業の事業再生等に関するガイドライン」（本体およびQ&Aが令和6年1月17日改定、同年4月1日適用開始）第3部1項(1)に平仄をあわせるかたちでリース債権者が対象債権者に含まれることを明記した（基本的考え方4項(1)）。

b 固有債権者の扱いを明記

(a) 基本的考え方の内容

保証人個人が負担する債務の弁済方法は基本的に「保証債務はガイドラインの財産評定基準時に存する資産を弁済原資とする一括弁済」「固有債務はガイドラインの財産評定基準時以後の新得財産を弁済原資とする分割弁済」という棲み分けになる。ただし、ガイドラインは弁済計画の履行に重大な影響を及ぼすおそれのある債権者がある場合に当該債権者を対象債権者に含めることを認めており（GL7項(3)④ロ、Q&A7−28）、保証人の再スタートに必要で当該固有債権者およびガイドラインの対象債権者たる金融機関が当該固有債権者をガイドラインの対象債権者に含めることを同意できる場合は、ガイドラインの対象債権者に含めることを認めるべきである。このため、基本的考え方は固有債権者も対象債権者に組み込むことを推奨し、固有債権者にも保証人から当該固有債務の整理に関する協議を求められたときは誠実に対応することを求めている（基本的考え方4項(2)）。なお、金融機関としては固有債権者を排除したほうが回収の極大化にはなるが、筆者の経験では金融機関が固有債権者（闇金等、ガイドライン対象債権者とすることに不適格な者を除く）を排除した事例はない。

(b) ガイドラインの対象債権者とすべきでない固有債権者がいる場合の対応

主たる債務者廃業事案においては保証人の収入も大幅に減少するのが一般的であり、ガイドラインによって保証債務の免除を受けても固有債務が足かせとなって保証人の再起が叶わないことが多いのが実情である。この課題を解消するためには保証人の固有債権者もできる限りガイドラインの対象債権者に組み込むべきであるといえる。また、たとえば固有債権者がいわゆる街金・闇金等の場合、これらの債権者をガイドラインの対象債権者に組み込む

第4章 保証債務の整理 321

ことはできないが、保証債務をガイドラインで整理して債務（住宅ローンを除く）総額を5,000万円以下に圧縮し（民事再生法221条1項、239条1項参照）、その後に固有債務を給与所得者等再生手続（住宅資金特別条項付き）等の個人再生手続で整理するなど、保証人の再起に向けた工夫も必要である。なお、この場合、ガイドラインによる弁済率が個人再生手続による弁済額を上回ると民事再生法上の「偏頗行為」となりうることに注意が必要である。もっとも、ガイドラインに基づく保証債務等の弁済計画がガイドラインが認める「ゼロ円弁済」であれば、まったく問題ない。

(c) 銀行の個人ローンを対象債権とすることの問題点

固有債務のうち金融機関が債権者である個人ローンについてはほぼ全件が保証会社の保証付きであり、保証債務の付従性の関係上、当該ローンの債務免除は保証会社による代位弁済後でなければならないことに留意が必要である。GL 8 項(5)は、保証債務の整理を行った事実および主たる債務者について信用保証協会や保証会社の代位弁済が行われた事実を信用情報登録機関に報告、登録しないことを求めているが、基本的考え方はこの規定を改正したわけではないため、保証人の固有債務の代位弁済の事実は信用情報登録機関に報告、登録される。したがって、保証人が個人ローンの弁済を継続することが可能であれば、ガイドラインの対象に含めるべきではない。

なお、金融機関の個人ローンは、当該ローンについて延滞が発生しない限り主たる債務者が経営破綻した事実のみをもって期限の利益を喪失させることはないのが一般的であるから、無理にガイドラインの手続に取り込む必要性は少ないと思われる。もっとも、主たる債務者が経営破綻して期限の利益を喪失した場合は保証人の預金も拘束されるので、一刻も早くガイドラインに基づく一時停止等要請をさせる（本章第2節3参照）必要がある。

(4) 対象債権者における対応の明確化（基本的考え方5項）

a ガイドラインに基づく保証債務の整理への誠実な対応

(a) 問題の所在

ガイドラインに基づき保証債務整理がなされる場合、対象債権者は「合理的不同意事由」がない限り当該債務整理手続の成立に向けて誠実に対応する

こととされている（GL 7 項(3)柱書）。このため、保証債務整理に消極的な金融機関が「合理的不同意事由」の判断基準であるいわゆる「誠実性要件」（弁済について誠実・適時適切な情報開示）を問題とすることが多い。具体的には、多くの金融機関が、主たる債務者が粉飾決算を行っていたという事実や保証債務整理手続への着手段階で貸出金の延滞が常習化していたことをもって「主たる債務者および保証人が弁済等に誠実であり、対象債権者との間で良好な取引関係が構築されてきた」と判断することはできないと曲解して、ガイドラインに基づく保証債務整理手続に応じない事例が頻発していた。

(b)　ガイドラインに基づく考え方

しかし、ガイドラインは「合理的不同意事由」を「ガイドラインの適確要件を充足しない場合」と「保証人の、一時停止等の要請後に無断で財産を処分した、必要な情報開示を行わないなどの不誠実対応により、債務整理手続の円滑な実施が困難な場合」（傍点は筆者による）に限定している（Q&A 7 － 7）。具体的には、一時停止等要請段階での誠実性要件の検証を「債務不履行や財産の状況等の不正確な開示の金額及びその態様、私的流用の有無等を踏まえた動機の悪質性といった点を総合的に勘案して判断すべき」（Q&A 3 － 3）としているので、貸出金が延滞していることや粉飾決算がなされていることのみをもって誠実性要件違反と判断することは禁物である。したがって、この段階での判断ポイントは「私的流用」「資産隠匿」の有無となる。少なくとも会社の延命を目的とする粉飾決算については態様がよほど悪質（たとえば粉飾による融資金詐欺が疑われるようなケース）でない限り、誠実性要件違反にはならないと解される。この状況に対処するため、平成29年 6 月のQ&A改定において、新たに「金額及びその態様、私的流用の有無等を踏まえた動機の悪質性といった点を総合的に勘案して判断すべき」との判断基準が示された。しかし、本書執筆時点では残念ながら保証債務整理手続においてこの判断基準は浸透していたとは言いがたい。

(c)　基本的考え方による論点の明確化（「合理的不同意事由」の明確化）

このような理解に基づき、基本的考え方は対象債権者に対し「主たる債務

者及び保証人が財産開示に非協力的ではないか、対象債権者に経済合理性がないか等の合理的不同意事由の有無につき、ガイドライン第7項(1)イ）からニ）に基づき判断」すべきとし、粉飾決算が合理的不同意事由に直結しないことを明らかにした（基本的考え方4項(1)注6）。これにより、金融機関が「粉飾決算を合理的不同意事由としたがる傾向」が是正されることが期待される。

　また、基本的考え方は対象債権者に対し、上記判断に基づき主たる債務者および保証人の意向を真摯に検討のうえ廃業手続に早期に着手したことが保有資産の減少・劣化防止に資する可能性があることなども十分斟酌したうえでガイドラインに基づく保証債務の整理に誠実に対応することを求めている。

b　保証債務の履行

(a)　インセンティブの考え方の明確化

　基本的考え方はインセンティブについて「廃業手続に早期に着手したことによる保有資産の減少・劣化防止に伴う回収見込額の増加額」という解釈を示すとともに、インセンティブ資産の決定時の考慮事項として「事業清算後の新たな事業の開始等」を明確化している。なお、この点については主たる債務者および保証人における対応（6項）および支援専門家における対応（7項）においても同様の手当がなされている。

(b)　「ゼロ円弁済」の明文化

　元来ガイドラインは「ゼロ円弁済」を否定していない。ところが、実務上、保証人から相談を受けた弁護士が「金融機関がゼロ円弁済を認めないだろう」と決め付けてガイドラインの利用を躊躇したり金融機関がゼロ円弁済は認められないと誤信して弁済計画に同意しなかったりした結果、保証人を破産させて再スタートの機会を奪うケースが多く、このような誤解がインセンティブ資産の誤った解釈（単なる例示にすぎない「一定期間の生計費」「華美でない自宅」がインセンティブ資産の上限であり、それ以外の資産はインセンティブ資産にできないという誤解）とともにガイドラインに基づく保証債務整理の普及を阻害する大きな要因となっていた。

そこで、基本的考え方はインセンティブ資産の判定ルールの再確認を行うとともに「ゼロ円弁済」を正面から認め、従来のガイドラインの誤った運用の改善を目指している。これにより、従来支援専門家の金融機関に対する過剰な忖度によって本来ゼロ弁済とすべき事案についてガイドラインの活用を断念したり無理な弁済計画を策定したりすることがあったが、基本的考え方によってそのような弊害が解消することが期待される。

(5)　主たる債務者および保証人における対応（基本的考え方6項）

　有事（収益力の低下、過剰債務等による財務内容の悪化、資金繰りの悪化等が生じたため、経営に支障が生じ、または生じるおそれのある状況をいう（「中小企業の事業再生等に関するガイドライン」第二部2項柱書参照））に陥った企業の経営者は、自社の現況を客観的に判断できていないか、仮に自社の窮境に対し危機感を強く抱いていたとしても現状打破はほぼ不可能と考え、企業の延命に汲々としていることが多いと思われる。そして、これが原因で事業再生・事業清算の決断が遅れ「主たる債務者が準則型私的整理手続または法的整理手続の申立を現に行い、またはこれらの手続が係属し、もしくはすでに終結していること」というガイドラインの利用要件（GL7項(1)ロ）に必要な費用を捻出することができなくなり、経営者保証人がガイドライン利用による再起の途を断たれ、経済的破綻へと追い込まれることが多いのが現状である。

　基本的考え方は、このような事態を回避するため主たる債務者・保証人に対し、平時から金融機関との経営者保証を不要とする経営態勢の構築に向けたコミュニケーションを深め、相互の信頼関係の基盤を強固にするための端緒とすることを求めている。また、中小企業が早期事業再生・廃業等の決断を躊躇する理由の一つに従業員・取引先に迷惑をかけたくないという感情がある。基本的考え方はこれを解消するため廃業の検討を始める段階での金融機関や支援専門家への相談を奨励し、従業員・取引先を含めた地域経済への影響をふまえた廃業スキームの構築を求めている。その際、事業の売却先を検討する等、当該地域における雇用を守るための取組みについても可能な範囲で検討を行うものとされている。

⑹ 支援専門家における対応（基本的考え方7項）

　ガイドラインが適用開始されてからしばらくの間、金融機関・弁護士ともに知識不足が常態であったため、ガイドラインに基づく保証債務手続は「予測可能性が乏しい」という理由で、特に弁護士が同手続を敬遠する傾向にあった。その後ガイドラインに基づく保証債務整理手続の事例が蓄積され予測可能性は高まってきたが、新たに「弁護士にとって、私的整理は破産に比べて著しく手間と時間がかかるのに得られる報酬は微々たるもの」という「支援専門家の経済合理性」の問題が弁護士業界で広く知られるようになり、保証人本人がガイドラインの利用を希望する場合であっても支援専門家がガイドラインの利用を敬遠し個人破産申立てに誘導するという阻害要因の変容がみられた。

　そこで、基本的考え方は支援専門家にガイドラインに基づく保証債務整理の可能性を追求すること（保証人の個人破産回避）を強く求めている（基本的考え方7項）。また、基本的考え方に記載するだけでは弁護士への周知方法としては不十分なため、金融庁および中小企業庁は連名で日本弁護士連合会宛て文書「「経営者保証に関するガイドライン」に基づく保証債務整理の浸透について」を発出することで、弁護士の意識改革によるガイドラインの利用促進を図っている。なお、令和6年2月よりガイドラインによる保証債務整理のパンフレットが全国の地方裁判所（本庁）に備え付けられている。

3　経営改善・事業再生支援等の本格化に向けた監督指針改正

⑴　経営改善・事業再生フェーズへの転換

　令和5年5月に新型コロナウィルス感染症の感染症法上の位置付けが5類感染症に移行したことを受け社会活動の正常化が進んだ一方で、令和5年7月以降民間金融機関において実施した「実質無利子・無担保融資」（いわゆる「ゼロゼロ融資」）の返済が本格化したため、金融機関による資金繰りにとどまらない事業者の実情に応じた経営改善や事業再生支援のいっそうの推進を図る必要が生じた。このため、金融庁は令和5年11月27日に「中小・地

域金融機関向けの総合的な監督指針」等の一部を改正している。

(2) 基本的考え方等の改定

　監督指針改正に先立つ令和5年11月22日、企業経営者に退出希望がある場合の早期相談の重要性についてよりいっそうの周知を行っていく観点から、「廃業時における「経営者保証に関するガイドライン」の基本的考え方」について廃業手続に早期に着手することが保証人の残存資産の増加に資する可能性があること等を明確化する改定を行っている。また、これと並行して、事業再生における関係者（債務者・債権者・実務専門家等）の平時からのいっそうの連携等を促すほか利用実績をふまえた運用面における改善や明確化、事業再生等ガイドラインを活用した事業再生の担い手の育成・拡充のための運用規定の改定等を目的とした「中小企業の事業再生等に関するガイドライン」の改定も進められていた（令和6年1月17日改定）ため、これらの改定の実効性を高めるため監督指針の改正が行われたものである。

(3) 改正監督指針の要点

a　改正の背景

　令和5年7月以降民間ゼロゼロ融資の返済が本格化していることもふまえ、問題を先送りせず金融機関による経営改善・事業再生支援のいっそうの推進を図る必要が増していることが改正の背景である。

b　改正の概要

　改正監督指針の概要は次のとおり。

　① 経営改善・事業再生支援等の本格化への対応

　　　コロナ禍の資金繰り支援フェーズから事業者の実情に応じた経営改善・事業再生支援フェーズへの転換。

　② 一歩先を見据えた早め早めの対応の促進

　　○ 事業者の現状のみならず状況の変化の兆候を把握し、一歩先を見据えた対応を求める。

　　○ 状況の悪化の兆候がある事業者に正確な状況認識を促すとともにプッシュ型で提供可能なソリューションを示し、早め早めの対応を促すよう求める。

○ 信用保証付融資が多い事業者やメインでない事業者等への支援について信用保証協会や他の金融機関との早めの連携を求める。

③ 顧客に対するコンサルティング機能の強化

○ 事業再生ガイドライン等、提案するソリューションの充実を求める。

○ 早期の経営改善に関する計画案策定等のソリューションを公的制度も活用しながら提案し、その実行状況を継続的かつ適切にモニタリングするよう求める。

○ 政府系金融機関・支援専門家（税理士、弁護士等）・支援機関（中小企業活性化協議会等）との連携を求める。

　さらに、令和6年6月27日、金融機関におけるM&A支援の促進等に関する監督指針改正が行われており、M&A・事業承継において支障となる経営者保証を見直す枠組みが設けられた（同年10月1日適用開始）。これにより、主たる株主等が変更になることを金融機関が把握した場合においてどうすれば経営者保証の解除の可能性が高まるか等の説明を事業者にすることを金融機関に求めることとしている。

| 第2節 | 一時停止等要請への対応 |

1 一時停止等要請の意義と効果

ガイドラインに基づく保証債務整理手続において「一時停止等要請」はきわめて重要な手続でありその効果も強力であることから、制度の趣旨や仕組みについて正しく理解することによって的確な対応が望まれる。

(1) 一時停止等要請とは何か

私的整理手続においては対象債権者との間で弁済計画の協議を開始するにあたり一時停止要請を行うのが通例である。ここでいう「一時停止」とは、債権者全員の同意によって決定される期間中に債権の回収、担保権の設定または破産手続開始、再生手続開始、会社更生法もしくは金融機関等の更生手続の特例等に関する法律の規定による更生手続開始または特別清算開始の申立てをしないことをいう（経済産業省関係産業競争力強化法施行規則20条）。弁済計画策定のためにはその金額を確定しなければならないので一時停止要請により元金の支払いを停止するということが趣旨である。なお、一時停止等要請は関係金融機関についてだけ適用されるものでありそれ以外の債権者への返済を停止するものではないため「支払の停止」には当たらず、銀行取引約定書の各条項に基づき期限の利益を喪失させることはできないと解されている。

ガイドラインにおける一時停止等の要請はガイドラインで定める要件を充足する保証債務に関する一時停止や返済猶予の要請であり、対象債権者が誠実かつ柔軟に対応するように努めなければならないものである（GL 7 項(3)①）。対象債権者は、保証人から「保証人（一体型の場合は主たる債務者と保証人）と支援専門家の連名の書面」により「全対象債権者に対して同時

第4章　保証債務の整理　329

に」一時停止等の要請があった場合、合理的不同意事由がない限り※、当該
要請に対して誠実かつ柔軟に対応しなければならない（GL7項(3)①）。他
方、保証人は一時停止等の要請後の行為がより厳格に規制される（Q&A
3−3、7−7、7−12）。

※　GL7項(3)①ハは「主たる債務者及び保証人が、手続申立て前から債務の弁済等につ
　いて誠実に対応し、対象債権者との間で良好な取引関係が構築されてきたと対象債権者
　により判断されうること」としているが、文言どおり解釈するとガイドラインの趣旨を
　没却することになりかねない。したがって、実務の対応としてはGL7項(3)①ハは「合
　理的不同意事由がない限り」と読み替えるべきである。

(2)　一時停止の効果

　一時停止の効果は、債権者平等の原則により対象債権者が債務整理手続外
で保証人の責任財産を原資とする債務減少行為を行うことを阻止することで
ある（一般的効果）。

　これに対し、ガイドラインにおける一時停止等の要請は上記の一般的効果
とは別に、保証債務整理手続の「正式な申出」であるとともに、保証人の行
為制限や弁済計画策定の基準時と位置付けられている。このため、一時停止
の一般的効果のほかに次のとおりガイドライン特有の効果がある（図表2−
12参照）。

①　ガイドラインに基づく保証債務整理手続が開始する。

②　その後の収入や新得財産は自由に使える（Q&A7−23）。

　　ガイドラインに基づく保証債務の弁済計画は一時停止等の要請の効
　力が生じた時点を財産評定の基準時とし、当該時点での保有資産のみ
　を原資として策定するとされている（7項(3)④）。

③　一時停止等要請の効力発生後の行為には保証人の誠実要件が厳格適
　用され、対象債権者の合理的不同意事由が広く認められるようになる
　（これに対し、一時停止等要請の効力発生前に生じた誠実義務違反や
　合理的不同意事由について、誠実要件は柔軟に適用され、合理的不同
　意事由は悪質性の高い場合に限り認められる）。

330　第2編　経営者保証ガイドライン

図表２−12　一時停止等要請（ガイドライン申出）の効果

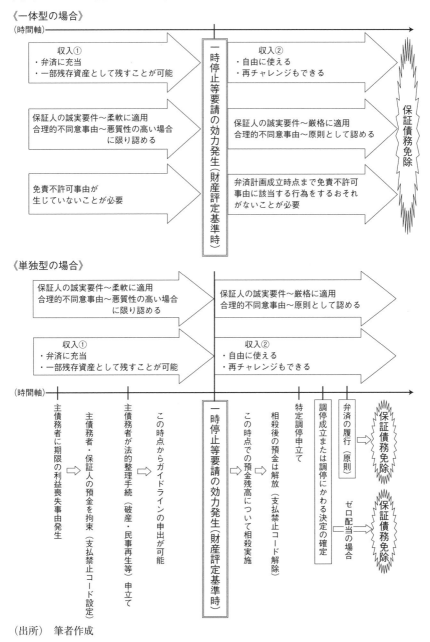

(出所)　筆者作成

第4章　保証債務の整理　331

2　一時停止等要請の要件と金融機関としての対応

(1)　一時停止等要請の要件

　本節1で述べたとおり、保証人は主たる債務の整理手続が申し立てられているなど一定の要件を充足した場合、対象債権者に対して一時停止や返済猶予（以下「一時停止等」という）を要請することができ、一時停止等の効力が生じることによりガイドラインに基づく保証債務整理手続が開始する。一時停止等要請はその後の収入等を弁済原資から除外するといった強力な効力があるので、その要件を遵守する必要がある。一時停止等要請の要件は次のとおり。

　①　原則として保証人と支援専門家との連名（主債務と一体整理の場合は主債務者も連名要）による書面によること（GL 7 項(3)①イ）

　　　GL 7 項(3)①イは「全ての対象債権者の同意がある場合」は「この限りでない」としているが、書面によらなければ保証人預金の解放・相殺権の放棄（本節3参照）が保証人に対する寄付行為ないし利益供与に当たらないことを疎明できないおそれがある。それゆえ、金融機関としては後日の税務調査を安全に乗り切るために必ず要件を充足した書面による一時停止等要請を徴求しなければならない。なお、公正・中立な第三者が立ち会うバンクミーティングの場での合意で、かつ一時停止等要請の効力発生時が記録されるケースについてのみ、例外的に書面によらない一時停止等要請が挙証される余地はあるが、この場合でも書面による一時停止等要請を徴求すべきであろう。

　②　すべての対象債権者に対して同時に申出されたこと（GL 7 項(3)①ロ）

　　　一時停止等要請の効力が発生した時点が財産評定基準時となるため（GL 7 項(3)④ b ）、全対象債権者に対して一時停止等要請を行うことにより、全対象債権者の財産評定基準時を同一時点にする趣旨である。なお、下記(2) b を参照されたい。

　③　対象債権者が「主債務者・保証人が手続申立て前から誠実に債務弁

332　第2編　経営者保証ガイドライン

済等の対応がなされ、対象債権者との間で良好な取引関係が構築されてきた」と判断しうること（GL 7 項(3)①ハ）

　この要件を文言どおり解釈するとガイドラインの趣旨を没却することになりかねないので実務の対応としては、下記⑤（「合理的不同意事由」がないこと）と同義であると解釈すべきである。

④　原則としてすべての対象債権者が一時停止等の要請に応諾したこと（Q&A 7 －11）

　ごく一部の対象債権者が応諾しない場合であって応諾しない債権者を対象債権者から除外することによっても弁済計画に与える影響が軽微なときは、例外的に当該債権者を除外することにより債務整理を成立させることは可能とされている（Q&A 7 － 8 ）ことに注意が必要である。もっとも、後日の税務調査を安全に乗り切るためにはこの例外規定の適用はきわめて限定的とならざるをえないものと思われる。

　なお、財産権の保障との関係上、最終的に弁済計画に合意するか否かはそれぞれの対象債権者の自由であるが、監督指針等との関係上、一時停止等要請に応諾しないという選択が正当化されるケースはきわめてまれであろう。

⑤　「合理的不同意事由」がないこと（GL 7 項(3)柱書）

　「合理的不同意事由」とは保証人がGL 7 項(1)の適格要件を充足しない、一時停止等の要請後に無断で財産を処分した、必要な情報開示を行わないなどの理由により債務整理手続の円滑な実施が困難な場合をいう（Q&A 7 － 7 ）。形式的に誠実性要件違反と判定されても「債務整理手続の円滑な実施が困難となる事由」とまでいえない場合は「合理的不同意事由」に当たらないことに注意が必要である。

(2)　一時停止等要請への対応

a　一時停止等要請受付時の留意点

　一時停止等の要請書には保証人のみまたは支援専門家のみが記名押印（または署名捺印）したものが散見される。一時停止等の要請は「要式行為」であるから、このような要式違反の要請書では一時停止等の効力は生じていな

第 4 章　保証債務の整理　333

いおそれがある（もっとも、実務上は後日の補正または差替えに応じていることもある）。

　また、単独型の場合、受任弁護士が保証人にできるだけ早く一時停止等要請の利益（以後の収入等は弁済原資としないという利益）を享受させようとして、主たる債務者が法的整理手続の申立てを行っていない状況で保証債務についての一時停止等要請を行うケースがあるが、このような一時停止等要請は無効である。

　さらに、弁護士によっては債務整理の受任通知と一時停止等の要請書とを混同しており、一時停止等要請の要件を充足しない内容の受任通知を対象債権者に送付しただけで一時停止の効力が生じていると勘違いしている者もいる。一時停止等の要請書のタイトルについては特に制限はない（「返済猶予（または弁済猶予）等のお願い」というタイトルの文書でなされるのが一般的である）ので、一時停止等要請の要件を充足した内容が記載されていれば受任通知と一時停止等の要請書を兼用することはさしつかえないが、通常は「経営者保証ガイドラインに基づく保証債務整理を行う」旨の受任通知を先行させ、後日一時停止等の要請書を対象債権者に送付するケースが多い（受任通知と一時停止等の要請書を同時に対象債権者に送付するケースもある）。

b　一時停止等要請の効力発生時と留意点

　一時停止等の開始時点は以下のとおり（Q&A7−11）。

　　①　一時停止等の要請が保証人、支援専門家等の連名した書面で行われた場合は、対象債権者が当該要請を応諾したとき

　　②　一時停止等の要請が債権者集会等において行われた場合においては、当該集会に参加したすべての対象債権者が当該要請を応諾したとき

　一体型では①の場合と②の場合との両方がありうるが、単独型ではほぼ全件で①の方式がとられる。

　実務上問題となるのは①の方式であり、一時停止等の効力発生時期について現実には対象債権者ごとの一時停止等の要請書受領時や要請への応諾時に相応のタイムラグが生じることになる。このため、厳密な一時停止等の効力

334　第2編　経営者保証ガイドライン

発生時を確定しようとすると対象債権者ごとに財産評定基準時が異なってしまうという不都合が生じかねない。財産評定基準時はすべての対象債権者について同一でなければ弁済計画を策定できないからである。この場合、後日弁済契約書（特定調停の場合は調停条項）において財産評定基準時をどの時点とするか合意する必要が生じることになる。実務上は、このような不都合が生じないよう一時停止要請等の文書の日付を財産評定の基準時としていることが多いが、「一時停止等の要請」は全対象債権者へ同時にFAXし、爾後に原本を郵送または持参してもらうことが望ましい。

(3) 一時停止等の要請に関する実務上の留意点

一時停止等の効力発生前に入金となっている預金について保証債務との相殺が認められることに異論はないと思われる（保証人預金の取扱いについては本節3参照）が、一部の対象債権者が保証人所有資産（特に不動産）に仮差押えしているケースにおける当該仮差押えの解除配当交渉や、自行を販売代理店とする投資信託からの回収（ガイドラインを利用するということは「当該保証人は法的整理手続を行わない」ことを意味するため、投資信託の解約金と貸金債権との相殺に関する最判平26.6.5民集60巻10号3914頁の射程は当然に及ばない）を行うケースが問題となる。このような場合、次のような対応が考えられる。

① 不動産仮差押えのケースにおいて、一時停止等の効力発生前に解除配当を受領した場合は当該配当による回収は容認するが、「一時停止等の効力発生時までに決着しない場合は当該仮差押えを無償解除する（ただし、仮差押え取下げや仮差押登記抹消などの実費部分についてはケースバイケースで対応）。

② 自行を販売代理店とする投資信託からの回収のケースにおいて、一時停止等の効力発生前に解約金を受領している場合は貸付金と投資信託解約金返還請求権との相殺を認め、一時停止等の効力発生後に解約金を受領している場合、当該解約金はすべての対象債権者のために保証債務の弁済原資とする（要件を充足すれば残存資産とすることも検討する）。

第4章　保証債務の整理　335

3　保証人預金の取扱い

　主たる債務者廃業事案の場合、保証人預金の取扱いが保証人の再起の成否を決することが多く、手続の円滑な遂行のためにも金融機関の対応方法を標準化する必要がある。また、社会のキャッシュレス化が進み一般家庭で数十万円規模の現金を保有していることはまれであるため、預金は保証人の生計維持に必要な財産であることから、ガイドラインの趣旨に鑑み破産法34条3項1号やQ&A7−23にかかわらず自由財産は「99万円相当の資産」と解し、預金は自由財産の対象とすべきである。

(1)　問題の所在

　一体型の場合はほとんどのケースで保証債務履行請求権と預金債権とが相殺適状（主たる債務の期限の利益喪失状態）になっていないので、保証人預金の取扱いは問題とならない。しかし、単独型の場合、一時停止等の要請は主たる債務の法的整理手続申立て以後でなければできないから、一時停止等の要請時点ではすでに主たる債務の期限の利益が喪失し保証人預金は拘束（支払禁止コード設定）されているので、当該預金の取扱いが問題となる。

　また、ガイドラインには保証人預金に関し、金融機関の合理的相殺期待とガイドラインにおける対象債権者に課される規律とを調整する規律がない。このことによって保証人の再スタートはおろか生計の維持すら困難となる事例が生じている。

　具体的には、ガイドラインは財産評定基準時以後の新得財産は弁済原資としないことを明記しておきながら預金の取扱いについてはまったく触れていないため、本来相殺することができない財産評定基準時以後の預金についても「拘束→全額相殺」としている金融機関が相当数あると思われる。また、財産評定基準時以後に入金された預金は相殺対象としていない金融機関であっても保証債務整理終結時まで保証人預金を拘束しているケースが多くみられる。さらに、財産評定基準時前から残存する預金についてはガイドラインの規律よりも相殺権者の権利が優先されるが、相殺の実施によってガイドラインが無条件に認めている「自由財産」が残せなくなる場合であっても相

図表2－13　保証人預金の取扱い(注)

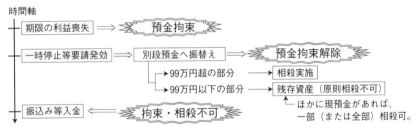

(注)　預金取引は普通預金のみ、ほかに現預金はないものと仮定。
(出所)　筆者作成

殺を実施している金融機関は多い。

　このような誤った対応を行わないため、ガイドラインの趣旨に適った保証人預金の取扱方法をしっかりと理解すべきである（図表2－13参照）。

(2)　財産評定基準時後における預金の取扱い

　財産評定基準時たる一時停止等の効力発生時より後に入金された預金は財産評定基準時以後の新得財産、すなわちガイドラインに基づく保証債務整理手続では無条件で認められる残存資産に該当するため（Q&A7－23）、相殺できないと解される。また、預金拘束はあくまでも相殺原資確保という債権保全の手段として正当化されるにすぎず、相殺できない預金を拘束することは預金債権の債務者たる銀行の債務不履行ないし不法行為となる。

　したがって、銀行は一時停止等の効力発生後直ちに支払禁止コードを解除するなど、保証人が預金口座を自由に使用できるようにしなければならない。なお財産評定基準時以前から存在する預金は、相殺が間に合わない場合や相殺権を行使すべきか否かの検討が必要な場合は、相殺対象預金を別段預金に留保するという対応が考えられる。

(3)　財産評定基準時に存在する預金の取扱い

　ガイドラインに基づく弁済計画は担保権者その他の優先権を有する債権者に対する優先弁済後の資産を原資とすることとされている（GL7項(3)④ロ）。このことから、一時停止等要請の効力発生前に入金された預金と保証債務は原則として相殺できる。他方で、自由財産は保証債務整理手続では無

条件で認められる残存資産に該当するため（Q&A7−23）、現金および他の預金と合算して99万円となる部分は相殺できないと解すべきである。

したがって、別段預金に留保した預金については99万円超の部分について相殺し、99万円以下の部分については、弁済計画が提示された段階で自由財産とならない部分について相殺する。ただし、自行預金の自由財産とならない部分（99万円超の部分を含む）について保証人の再起を重視し相殺せず残存資産に組み入れたとしても、保証人への寄付行為ないし利益供与とはならないであろう。

第**3**節 弁済計画の策定

1 弁済計画策定の準備

(1) 弁済計画策定にあたっての基本的考え方

　一時停止等要請がなされた後、弁済計画の策定に取り組むこととなる。私的整理手続における弁済計画は通常、債務者が策定（実際には、代理人弁護士等、専門家が策定）して債権者は策定された弁済計画について検証し、合意の可否を検討するという流れとなるため、債権者はどちらかというと受け身の対応となる。ガイドラインに基づく保証債務整理手続も保証人（実際には支援専門家）が策定することにはなるが、ガイドラインは支援専門家の役割（本章第1節1(4)a参照）の一つとして「対象債権者（「保証人」ではない）の残存資産の範囲の決定の支援」を定めており、残存資産の範囲は対象債権者が主体的に決定することとしている。つまり、ガイドラインに基づく保証債務整理手続は対象債権者が残存資産の範囲を決定し、保証人は残存資産控除後の資産を原資とする弁済計画を策定することとなる。残存資産の範囲を決定するためには適切な「財産開示」「財産評定」がなされていなければならない。ここでは「財産開示」や「財産評定」を行うための準備段階の対応と留意事項をみていく。なお、財産開示および財産評定に係る対象債権者、保証人、支援専門家の関係イメージを図表2－14で示しているので、適宜参照されたい。

(2) 弁済計画策定の準備作業と留意すべき事項

a 資産目録の作成依頼

　弁済計画策定の基礎となるのが資産目録である。通常の債務整理では金融機関が弁済計画案の作成に関与することはまれである。金融機関は、提出さ

第4章　保証債務の整理　339

図表2－14 財産開示・財産評定のイメージ

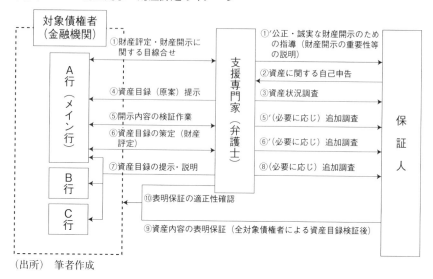

(出所) 筆者作成

れた弁済計画の適正性を検証するために弁済計画の添付書類として作成された資産目録の提出を受けるが、通常、資産目録は単なる補足資料ないし検証資料の位置付けである。したがって、資産目録をベースとして弁済計画の修正を求めることはあっても資産目録をベースとして弁済計画策定の前提条件を決定することはない。

　これに対し、ガイドラインを利用する場合、対象債権者（通常はメイン行）は資産目録をベースとして弁済計画策定の前提条件たる「残存資産の範囲」を決定する必要がある。メイン行がこのような重要な決定を行う以上、支援専門家とメイン行との協働作業により弁済計画案を策定することが望ましいのであるが、通常、支援専門家にはメイン行との協働作業により弁済計画案を策定するという認識がない。そこで、メイン行は一時停止等要請を受理した時点で支援専門家に対し弁済計画策定に先立って財産評定基準時現在の資産目録の提出を依頼すべきことになる。

b　インセンティブの見積り

　弁済計画策定段階までに主たる債務者について配当額確定（破産の場合）

または再生計画案議決（民事再生の場合）等がなされ正確なインセンティブ（本節4⑷参照）が確定している場合、残存資産の決定は容易である。しかし、主たる債務者の整理手続における配当額確定等まで保証債務整理手続を行わないとなれば、保証人の再起がきわめて困難となるおそれがある。したがって、ガイドラインに基づく弁済計画策定段階で主たる債務者の整理手続における配当額確定等が未了である場合、破産管財人等の協力を得てインセンティブの見積作業を実施しなければならない。なお、ガイドラインに基づく弁済計画の合意までの間にインセンティブが変更（軽微な変更は除く）となった場合は弁済計画の変更も必要となる。しかし、弁済計画合意後、結果的にインセンティブが見積額を大きく下回る額で確定したとしても、弁済計画の合意時点での見積りが合理的な額であれば当該弁済計画の適正性に問題が生じることはない。

c 残存資産等に関する希望の聴取

「財産開示」および「財産評定」を行う前の段階では残存資産がどのくらい認められるか、弁済計画がどのような内容になるか等は見当もつかないことが多い。しかし、ガイドラインに基づく保証債務整理は、対象債権者の債権管理回収（回収額の極大化、債権処理の迅速化）のための作業という側面もあるが、それよりも保証人の再起を支援する作業という面が重視される手続である。したがって、対象債権者が一時停止等要請段階における弁済計画案、残存資産の希望等を聴取し保証人の再生についてのイメージを形成しておくことが重要である。

この段階では、先入観をもたず白紙の状態で保証人の意向に対して真摯に耳を傾けることが肝要である（ただし、保証人に過大な期待をもたせないような配慮も必要である）。対象債権者としては、間違っても保証人または支援専門家に「門前払いされた」という印象を与えないよう、誠実な対応を心がけなければならない。

d 担保権実行の可否

ガイドラインに担保権の実行を禁止する旨の記載はない。また、ガイドラインにおける弁済原資は財産評定基準時における資産から担保権を含む優先

第4章 保証債務の整理 341

債権を控除した資産から残存資産を控除したものとされている（GL 7 項(3)
④ロ）。したがって、一時停止等の要請があったことのみをもって担保権の
実行（ここでいう「担保権の実行」とは、競売等の強制回収手続を指す）が
制限されることはない（Q&A 7 −19）。少なくとも「合理的不同意事由」が
認められる場合は担保権の実行に踏み切ったとしてもガイドラインの趣旨に
反することはないと思われるので、担保権の実行も検討することになる。た
だし、対象債権者には「誠実かつ柔軟に対応する」（GL 7 項(3)本文および
①）ことが求められているため、実務上はガイドラインの枠組みのなかで保
証債務整理手続が継続している限りにおいては、敵対的な担保権実行は控え
るべきである。

　ただし、担保権者の非保全債権額を確定させるため（被担保債権額≧処分
価額の場合）、または、当該物件の処分により処分代金の一部を弁済原資ま
たは残存資産に組み入れるため（被担保債権額＜処分価額の場合）、任意売
却による早期処分（友好的な担保処分）を行うのが一般的である。なお、弁
済計画提示までに担保処分が終わらない場合は別除権協定締結（本節 6 (4)参
照）により対応することになる。

2　財産開示

　弁済計画を策定するためにはまず、保証人が保有している資産を明らかに
することが必要である（財産開示）。次に、当該資産による弁済能力はどの
程度であるかを算定するとともに、残存資産の希望がガイドラインのルール
を充足しているかを判定する材料として保証人保有資産の価値を算定する必
要がある（財産評定）。そして、ガイドラインに基づく保証債務整理手続に
おいて金融機関と支援専門家との間で最も見解の対立が尖鋭化するのが「財
産開示」と「財産評定」である。

　ガイドラインは「財産の評定は、保証人の自己申告による財産を対象とし
て」（GL 7 項(3)④イ b。傍点は筆者による）行うことになっているので、対
象債権者は「性善説」に従うことを強制されるわけである。しかし、ガイド
ラインに基づく保証債務整理手続の適用局面、すなわち主たる債務者の倒産

342　第 2 編　経営者保証ガイドライン

手続または大幅な債権カットを伴う再生手続が行われている局面においては、粉飾決算が発覚したなどの理由により対象債権者たる金融機関と保証人たる経営者との信頼関係が大幅に揺らいでいるのが一般的であるから、支援専門家が「財産開示」を行うにあたっては金融機関に対していかに透明性と誠実性をアピールできるかが重要である。

(1) 財産開示の対象

a 財産開示の対象となる資産

ガイドラインに基づく財産開示は保証人が作成する「資産目録」により行われる。

ガイドラインに基づく保証債務整理手続において開示すべき資産は原則として個人破産申立て時に資産目録に記載すべき資産と同様である。ただし、ガイドラインに基づき換価し弁済に充当すべき資産には破産手続とは異なるルールがある。

ガイドラインにおいて財産開示の対象となる資産は「資産目録に記載すべき資産」「資産目録には記載する必要はないが、対象債権者に開示すべき資産」「開示することが必ずしも必要でない資産」の3種類に分類されるものと考えられる。

b 資産目録に記載すべき資産

資産目録に記載すべき資産として、現金、預金、債権（貸付金・売掛金・過払いによる不当利得返還請求権等）、積立金等（社内積立、財形貯蓄、事業保証金等）、保険（生命保険、傷害保険、火災保険、自動車保険等）、有価証券類（手形・小切手・でんさい、株式、社債、証券投資信託受益権、ゴルフ会員権等）、自動車・バイク等、不動産（土地・建物・マンション）、相続財産（財産評定基準日現在で相続が発生しているものに限るが、遺産分割未了の場合も含む）、その他動産（早期処分価額20万円超で換価可能な動産のうち一般的に破産手続における自由財産または拡張自由財産としては認められないもの。たとえば貴金属、美術品、パソコン、着物、事業設備・在庫品・什器備品等）等が考えられる。なお、相殺対象預金、貸付金、保険、有価証券類、自動車、不動産等については残存資産の妥当性を検証するための

第4章 保証債務の整理 343

材料となるので評価額がゼロであっても記載を要する。

「その他動産」のうちの「差押禁止動産」（生活必需品等、ただし現金を除く）以外は、破産手続において自由財産または拡張自由財産として認められる資産であっても記載を要する。ただし、自由財産または拡張自由財産として認められる資産や早期処分価額20万円以下の動産（自動車等の特殊な物を除く）は資産目録に記載されていなくても資産の隠匿には当たらない。もっとも、換価対象資産に当たらないからといって意図的に記載を省略すると対象債権者の不信感を煽ることになりかねないことに注意を要する。少なくとも弁済計画において弁済原資とすべき資産および残存資産として希望する資産については資産目録に網羅されていなければならないであろう。

オーバーローンの不動産は本来ガイドラインに基づく保証債務整理手続で換価処分の対象とはされていない（GL7項(3)④ロ）が、保証債務整理手続において不動産は特殊な存在であるから資産目録にはきちんと記載すべきである。具体的には、早期処分を前提とした評価額および被担保債権額を備考欄または欄外に明記したうえで評価額を「０円」と記載することとなる。

c　資産目録には記載する必要はないが、対象債権者に開示すべき資産

公的扶助（生活保護、各種扶助、児童手当、年金等）、報酬・賃金（給料・賞与等）、過去２年間に換価した20万円以上の資産等が該当する。

公的扶助や報酬・賃金は財産評定基準時後の新得財産に該当し、財産評定基準時後の新得財産はガイドラインに基づく保証債務整理手続において弁済原資とすることが禁止されている（Q&A7−23）ため資産目録に記載する必要はない。しかし、これらの情報は開示された資産の妥当性を検証するために必要な情報であったりインセンティブ資産算定における考慮要素となりうる情報であったりすることから、弁済計画書で説明するなどなんらかのかたちで開示する必要がある。

また、財産評定基準時現在ですでに処分ずみの資産は弁済原資となりえないのが原則であるため、資産目録に記載する必要はない。しかし、「保証債務整理申出前において免責不許可事由が生じておらず、保証債務整理申出から弁済計画成立までの間において、免責不許可事由に該当する行為をするお

344　第２編　経営者保証ガイドライン

それがないこと（GL7項(1)ニ、Q&A7－4－2）」および「主債務者の経営が窮境に陥った後の段階において、保証債務整理申出の前後を通じ、保証人の資産の隠匿を目的とした贈与等が行われていないこと（GL7項(3)⑤ニ）」というガイドライン適用要件の検証に不可欠な情報であるため、なんらかのかたちで開示する必要がある。

d　開示することが必ずしも必要でない資産

　第三者保証人や再就職した経営者保証人の現在の勤務先における退職金・退職慰労金等が該当する。いわゆる「退職金債権」のことである。なお、財産評定基準時現在ですでに保証人が退職し受領を完了している場合は、現金または預金等に転化していることから退職金債権ではない。

　「退職金債権」は保証人が現実に退職することによって資産価値が顕在化する「将来の請求権」であるが、破産手続の場合、破産法34条2項により「破産者が破産手続開始前に生じた原因に基づいて行うことがある将来の請求権」として破産財団に属することとされ、支給見込額の8分の1相当額が破産財団を構成する（ただし20万円に満たない場合は破産財団を構成しない）という運用がなされている。しかし、ガイドラインには破産法34条2項のような特則がないため「将来の請求権」はあくまでも「財産評定基準時後の新得財産」に該当することとなる。このため、「退職金債権」を資産目録に記載する必要がないのはもちろん、上記cと異なり給付時期が未確定である退職金や退職慰労金は開示された資産の妥当性を検証するために必要な情報にもインセンティブ資産算定における考慮要素となりうる情報にも当たらないことから、開示することは必ずしも必要でないと考えられる。

(2)　財産開示の手法

a　保証人の再スタートへの配慮

　財産開示手続における金融機関の対応は保証人の弁済計画策定（残存資産、弁済額および保証債務免除額の算定）の準備作業にとどまらず、保証人の再スタートを支援するうえで必要な財産の選別や当該資産を残存資産とすることの可否、当該資産を残存資産とできない場合の対応等まで視野を広げることが求められる。

第4章　保証債務の整理　345

b　支援専門家にガイドライン上の役割を認識させる

　経験則上、保証人のなかには資産の隠匿行為を援護（または擁護）することも代理人弁護士（ガイドライン上は支援専門家）の職務であると思い込んでいる者が少なからず存在すると思われる。しかし、代理人弁護士が保証人の資産隠匿行為を援護することは対象債権者の合理的不同意事由（債務整理手続の円滑な実施が困難な状況になる事由）として保証債務免除を実現不能とし、弁済計画の合意または履行により保証債務が免除された後であっても、債務復活条項を発動させ免除を受けた保証債務を利息・損害金付きで復活させる原因となることから、明らかに「保証人の利益」に反する行為であると考えるべきである。

　反対に、保証人が誠実に資産を開示し対象債権者のメリットを最大限に引き出すことができれば、弁済計画策定において少しでも多くの残存資産を「合法的に」確保し保証人の再スタートに資することで、「保証人の利益」の最大化が実現することになる。

　これをふまえ、「財産開示」において支援専門家が自らの役割として認識すべきことは次のとおり整理できるので、支援専門家がこれらの認識を欠いていると思われる場合、メイン行は支援専門家とじっくりと話し合い、必要な理解を得ておく必要がある。

　　①　財産開示の重要性を保証人にきちんと認識させること
　　②　保証人としての覚悟を促すこと
　　③　ガイドラインによる保証人にとってのメリットを正しく理解させること
　　④　処分対象資産について処分価額極大化策を講ずること
　　⑤　財産開示を保証人任せとせず支援専門家自らが財産開示に積極的に関与すること

　財産開示の重要性は、対象債権者に合理的不同意事由（本章第1節1(1)b参照）を主張させないことや債務復活条項（本章第1節1(5)b(e)参照）を発動させないことにとどまらず、対象債権者に対して保証人の誠実性を理解させることにより弁済計画策定において少しでも多くの残存資産を「合法的

346　第2編　経営者保証ガイドライン

に」確保することにある。そのために最も有効な方策は、資産内容に関する誠実かつ正確な開示によって対象債権者からの信頼を確保することである。このことを保証人にしっかりと認識させることが支援専門家の何よりも重要な役割であるといえる。

次に、ガイドラインは金融機関の自主ルールとして業法上一定の拘束力を有しているものの法的拘束力がないため、一部の金融機関がガイドラインが残存資産として認める資産の一部についても換価処分し弁済履行することを求めるケースが散見されることは否めないと思われる。大部分の対象債権者が弁済計画に理解を示しても、全員の合意が得られない限りすべての対象債権者が保証債務の免除を行うことができない。ガイドラインQ&A7−8は、弁済計画に与える影響が軽微なときは同意しない債権者を除外することを認めているが、債務免除に関し国税庁が示している無税直接償却基準は「全員同条件＋全員合意」である（本章第5節3参照）ことから、弁済計画に理解を示している金融機関であっても一部の債権者を除外した場合の税務リスクを冒してまで保証債務免除を伴う弁済計画に合意することはできないと考えられる。したがって、支援専門家は保証人に対し、ガイドラインの存在にかかわらず金融機関から経営責任を厳しく追及されて可能な限りの私財の提供を求められることもありうることを十分に理解させておく必要がある。ただし、このような保証人としての覚悟を促すことが保証人の資産隠匿行為へのインセンティブとならないよう、保証人にとってのガイドラインによるメリットを正しく理解させることも肝要である。

また、ガイドラインは、平成29年6月28日のQ&A改定によって、保証人の資産の売却価額が破産手続による処分に比べて増加すると合理的に考えられる場合は当該増加分をインセンティブ資産算定の基準となる「回収見込額の増加額」に加えることを明確にした（Q&A7−16）。このことは、財産開示を行うに際し、処分対象資産について処分価額極大化策を講ずることがインセンティブ資産極大化に資することを意味している。したがって、支援専門家は保証人に対して、財産開示の段階以前から（または財産開示に向けた作業と並行して）処分対象資産の高値処分に向けた準備をしておくよう指導

しておくべきである。

　なお、支援専門家は常態的に保証人の資産状況を知りうる立場にはないことから、財産開示は保証人からの申告に基づき実施されることになる。しかし、保証人本人においてさえ必ずしも自己の全財産を把握しているとは限らず、保証人は債務整理に関して専門家ではないため、仮に自己の全財産を把握しており資産隠匿の意図がなかったとしても、錯誤または過失により資産の一部が財産開示の対象から漏れてしまうことが十分にありうる。ガイドラインは過失による保証人資産の表明保証違反であっても原則として債務復活条項が発動されることとしている（Q&A 7 −31）ため、このようなことがないよう、財産開示を保証人任せとせず支援専門家自らが財産開示に積極的に関与することが肝要である。

c　支援専門家による資産調査

　支援専門家による資産調査は、開示された資産が真正であること（保証人が資産隠匿をしている疑いがないこと）、およびガイドラインに基づく保証債務整理手続が経済合理性に資すること（可能であれば、対象債権者の回収の極大化の実現が期待できること）を対象債権者に十分な説明を行い理解を得て、「保証人の利益」を最大限に実現することを最大の目的として実施すべきである。

　具体的には、支援専門家自らが問題意識をもって保証人の申告をエビデンスに基づき検証し、不明確な点については詳細にヒアリングすることはもちろん、預金口座の動きなどから不自然な点がないか調査を尽くすことが考えられる。

　これをふまえると「財産開示」において支援専門家による保証人の資産調査における留意点は、次のとおり整理できる。

　　① 対象債権者が納得できる方法で、保証人の資産調査を実施すること
　　② 財産評定基準時前少なくとも 1 〜 2 年間の資産状況調査を実施すること
　　③ 財産評定基準時現在の資産のみならず、主たる債務者の経営が窮境に陥った後、財産評定基準時前に処分した資産等についてのエビデン

348　第 2 編　経営者保証ガイドライン

スをそろえること

④　財産評定基準時前の保証人資産の変動につき、合理的な説明ができること

⑤　保証人本人だけではなく、関連先（特に親族）の資産状況まで調査の範囲を広げること

⑥　財産開示は、対象債権者全員に対して一斉に開示するのではなく、メイン行が事前検証を行い、内容について支援専門家との間で十分に議論しておくこと

　ガイドラインに基づく保証債務整理手続において対象債権者が開示された資産内容の真正性を直接確認できる方法は限られており、保証人本人による申告だけでは対象債権者がその申告内容を疑念なく受け入れることはきわめて困難なのが実情である。このため、ガイドラインは、保証人本人に対しては開示した資産の正確性について表明保証を求め、支援専門家に対しては対象債権者からの求めに応じて表明保証の適正性について確認を行い対象債権者に報告することを義務づけている（GL7項(3)⑤イ）。このことは、表明保証の支援専門家による適正性確認がガイドラインに基づく財産開示の根幹を成していることを意味しており、支援専門家による確認が信頼できない場合はガイドラインに基づく保証債務整理手続を維持することができなくなる。このような事態を回避するためには、支援専門家がどのような方法で資産調査を行ったかを対象債権者に説明し、対象債権者の理解を得ておくことしかないものと思われる。

　次に、ガイドラインは、その適用要件として保証債務整理申出前において免責不許可事由が生じていないこと（GL7項(1)ニ、Q&A7－4－2）や、主たる債務者の経営が窮境に陥った後の段階において保証債務整理申出の前後を通じ保証人の資産の隠匿を目的とした贈与等が行われていないこと（GL7項(3)⑤ニ）を規定していることから、財産評定基準時現在の資産のみならず、主たる債務者の経営が窮境に陥った後、財産評定基準時の前に処分した資産等についてのエビデンスをそろえることは最低限必要である。資産状況の調査期間は少なくとも財産評定基準時前1～2年間（個人破産の場合、同

第4章　保証債務の整理　349

時廃止を受けるためには2年分の預金通帳の写しが必要であり、これがない場合は調査型の管財事件になるとされていること、管財事件の場合でも過去1～2年分（裁判所により異なる）の預金通帳の写しは必要なのが実務上の取扱いとされているため、2年間）は必要であると思われる。筆者の経験では、3年分、極端なケースでは5年分の預金通帳の写しが内規により必要であるという金融機関もあったが、破産手続の運用を丁寧に説明して納得してもらい、現在ではそこまで求めないという運用になっている。ちなみに、ガイドラインでは保有資産は「自己申告」に基づき判断することとしており、そもそも通帳の写しまで提出させることを求めていない。加えて、たとえば特定調停による場合は調停委員会が事実の調査および証拠調べを行うこととなっており（特定調停法22条、民事調停法12条の10）、文書等の提出命令を発することもできる（特定調停法12条）。したがって、対象債権者として預金通帳の写しの提出にこだわる必要はないと思われる。

　また、支援専門家は、資産調査の過程において不自然な資産の移動がみられる場合はその理由について保証人や関係当事者からヒアリングを行い、当該資産移動の詐害性をチェックすべきである。そして、詐害性が認められるものについて原状回復に努めることは当然必要な作業であるが、当該行為および行為に及んだ理由や対処方法等を対象債権者に対して誠実に説明しなければならない。仮に財産開示の時点で原状回復がなされていても、事実を隠匿し後日になって対象債権者が当該事実の存在を発見したとなると、保証人に対する信用ばかりでなく支援専門家に対する信用も大きく毀損することとなり、場合によっては実害の有無にかかわらず合理的不同意事由になりかねないからである。他方で、支援専門家において詐害性がないと判断されるものであっても支援専門家がそのように判断した合理的理由を対象債権者に説明することが必要である。

　さらに、支援専門家による資産調査の対象はあくまで保証人本人の資産であるが、主たる債務者が窮境に陥ると保証人の預金口座から親族や関連先（別法人等）に資金が移動していたり不動産等の名義が親族等に変更されていたりすることが少なくないことから、これらの者の資産（最低限、親族お

よび密接な関連先の預金口座の動き）も調査の対象とすべきである。調査の結果、特段不適切な事象がみられなかった場合は当該資産内容について対象債権者に開示する必要はないが、調査対象者および調査結果（特段不適切な事象がみられなかったこと）についての説明は必要である。調査の結果、不適切な資産移動が判明した場合は、当該親族等の資産内容についても本人の同意を得て開示したうえで当該行為および行為に及んだ理由や対処方法等を対象債権者に対して誠実に説明すべきであることはいうまでもない。

　なお、財産開示は財産評定基準時現在で作成された資産目録により行われるが、資産目録については対象債権者全員に対して一斉に開示するのではなく、メイン行が事前検証を行い内容について支援専門家とメイン行との間で十分に議論しておくべきである。支援専門家（法律実務家）と金融機関（金融実務家）とでは財産開示に対する視点が異なるだけでなく、支援専門家には金融機関の「主たる債務者の事業再生や廃業、保証免除等によって損失を被る立場から生ずる独特の感性」を理解することは困難であるのが実情であると思われる。このため、支援専門家の立場（視点）からは合理的な理由による資産処分（移動）と判断される場合であっても対象債権者が納得できる理由であるとは限らない。この点を見逃して対象債権者全員に対して一斉に開示すると、収拾がつかなくなる危険性がある。

d　メイン行による事前検証

　支援専門家と金融機関とでは立場も視点も異なるためメイン行による事前検証はきわめて重要である。この作業により抽出された問題点または疑問点について支援専門家が誠実に対応することは当然であるが、メイン行との保証債務整理手続成立に向けた議論を真摯な姿勢で行うことができるよう、あらかじめエビデンスの整備を十分に行っておくことが重要である。これにより、後日、他の対象債権者と支援専門家との間で見解の相違が尖鋭化した場合にメイン行が債権者間調整を担当することも可能となる。既述のとおりガイドラインは対象債権者に対して「性善説」に従うことを求められているため、支援専門家から合理的な説明がなされた場合は当該財産開示の真正性が担保されているものとして財産評定の手続を経て弁済計画策定手続に入るこ

第4章　保証債務の整理　351

とになる。

　なお、保証人は主たる債務者が窮境に陥る過程において自らの資産を親族等の名義に変更することが少なくないことから、メイン行による事前検証によって合理的不同意事由が判明し当該事由が解消されないと判断される場合は、保証人に対してガイドラインに基づく保証債務整理手続を断念するよう説得することも支援専門家の役割であると考えられる。ただし、ガイドラインは保証人がそのような行為を行った事実のみをもって「合理的不同意事由」を認定することを予定していない。たとえば破産手続が行われた場合に否認の成否が問題となりうる財産評定基準日以前の処分資産について、基準日時点の保有資産として一部を弁済額とし残りを残存資産とする内容の弁済計画を策定するなど、当該行為に対する保証人の対応によってはガイドラインに基づく保証債務整理手続を成立させる余地もある。このため、対象債権者が安易に合理的不同意事由を認定すべきでないことはいうまでもない。

e　準則型私的整理手続主宰者への資産目録提出（主債務との一体整理の場合）

　主たる債務の整理が中小企業活性化協議会やREVIC等が主宰する再生型の準則型私的整理手続に係属しており保証債務も主たる債務との一体整理が行われる場合、メイン行による資産目録およびそのエビデンス等（以下「資産目録等」という）の検証の結果が問題ないと判断された段階で中小企業活性化協議会等の準則型私的整理手続主宰者に資産目録等を提出し、検証を受けることとなる。なお、主債務の整理が破産手続等の法的整理手続に係属しており保証債務単独で準則型私的整理手続を行う場合には、この過程は存在しない。

f　全対象債権者への開示

　主たる債務との一体整理の場合はバンクミーティングの資料として全対象債権者へ資産目録等を提出し、必要に応じて支援専門家が各対象債権者に対して内容を説明する。

　これに対し、保証債務単独整理の場合は、メイン行による資産目録等の検証終了後に支援専門家が各対象債権者に対して個別に資産目録等を提出する

352　第2編　経営者保証ガイドライン

とともに内容を説明することになる。各対象債権者は独自に資産目録等の検証を行うことになるが、必要に応じてメイン行が債権者間調整を実施することも有用である。

g　バンクミーティングにおける開示内容説明

主たる債務との一体整理の場合は通常、バンクミーティングを開催して主たる債務の弁済計画と保証債務の弁済計画を協議することとなるので、その際に資産目録等の内容を説明するのが一般的である。

保証債務単独整理においてはバンクミーティングを開催しないことが一般的であるが、開示された資産目録等や財産評定に納得できない対象債権者や弁済計画に難色を示す対象債権者がいる場合は、支援専門家が必要に応じてバンクミーティングを開催し、メイン行の支援を受けながら弁済計画の事前合意を目指すこととなる。

h　調停委員会における資産目録の検証（保証債務整理手続として日弁連特定調停スキームを利用する場合）

保証債務整理手続として日弁連特定調停スキームを利用する場合、特定調停申立書とともに資産目録等を裁判所（原則として地裁本庁所在地の簡易裁判所）に提出することとされているので、提出された資産目録等は裁判所が組成した調停委員会で検証を受けることとなる。

i　保証人が行う表明保証と支援専門家による適正性の確認

ガイドラインは資産目録の内容の正確性について保証人が行う表明保証と支援専門家による適正性の確認を義務づけている（Q&A7－6、7－31）が、その提出時期について明確な基準は示されていない。このため、対象債権者と保証人（実際には支援専門家）との協議により、準則型私的整理手続における合意までの期間で任意に提出時期を決定できる。

ただし、財産開示以後において保証人の錯誤または過失による資産の計上漏れが発見されるケースも少なくなく、保証人が行う表明保証と支援専門家による適正性の確認とがなされた後に資産目録を訂正することは「債務復活条項」との関係で保証債務整理手続の成立を困難にすることから、提出時期は対象債権者による資産目録の検証後が望ましく、主たる債務との一体整理

第4章　保証債務の整理　353

型の場合はバンクミーティング開催時、日弁連特定調停スキームの場合は特定調停申立書の添付書類とするほか、第1回調停期日までに各対象債権者に対して原本を提出するのが一般的である。

⑶　一時停止等要請の前後における保証人所有資産の処分や新たな債務負担への対応

a　一時停止等要請前における保証人所有資産の処分等への対応

　対象債権者は合理的不同意事由がない限りガイドラインに基づく保証債務整理手続成立に向けて誠実に対応することが義務づけられている（GL7項⑶柱書）。そして、合理的不同意事由に該当するのはGL7項⑴の適格要件を充足しない場合、または保証人資産の無断処分等が「一時停止等の要請後」の行為であり、かつ当該行為により「債務整理手続の円滑な実施が困難となった場合」に限られている（Q&A7－7）。このため、一時停止要請前における保証人所有資産の処分等が合理的不同意事由に該当するケースは破産法252条1項各号に定める免責不許可事由に該当するといえるほど悪質な行為である場合に限定されると考えられる。

　免責不許可事由についてガイドラインの実務において問題となるのは主に1号（財産減少行為）および3号（非義務行為についての偏頗行為）であるが、1号については「債権者を害する目的」が、3号については「当該債権者に特別の利益を与える目的又は債権者を害する目的」が必要とされている。このうち「債権者を害する目的」については、否認権や詐害行為取消権の場合と異なり詐害行為についての単なる認識では足りず、債権者の破産手続における満足を積極的に低下させようとする害意が存することを意味すると解されており、「特別の利益を与える目的」の「特別の利益」とは他の債権者との公平性を害する偏頗な利益であり、かつ「特別の」と評価されるだけの利益であること、目的の意義については単なる認識では足りず、より積極的な目的行為性が認められる必要があると解されている。したがって、一時停止要請前における保証人所有資産の処分等についてはその悪質性により対応を検討すべきことになり、たとえば当該処分資産の評価額を財産評定基準時現在の資産として取り扱ったうえで評価額の70％を残存資産として取り

354　第2編　経営者保証ガイドライン

扱い（理論上の残存資産であり、手元に残るわけではない）、その30％の金額について弁済組入額として取り扱う（実際には、残存資産として認められた別の資産の換価や財産評定基準時以後の収入（支援者等からの借入れを含む）により弁済資金を調達する）という和解的な解決を図る等の柔軟な対応を検討すべきである。

　もっとも、当該処分が親族への譲渡等であるケースにおいては、対象債権者の満足を積極的に低下させようとする害意が存するとまでいえない場合であっても特段の事情がない限り原状回復させることが大原則であることはいうまでもない。なお、ここでいう「特段の事情」には当該親族の生存権にかかわる事情が該当するが、破産法34条4項の考え方（扶養家族が多い、多額の医療費がかかる、就学中の子どもが複数いる等の破産者の生活の状況、破産者が今後収入を得る見込みの有無等、自由財産の拡張を認める場合の判断基準）を参考として、当該親族の就学費、医療費、生計維持のため必要な生活費等が該当するか否かを判断する。

b　一時停止等要請後における保証人所有資産の処分への対応

　対象債権者としては、一時停止等要請後における保証人所有資産の処分等について、保証人に対し説明を求めたうえで当該資産の処分代金を弁済原資に含めることや当該処分等を合理的不同意事由と認定し債務整理に同意しないことを検討する（Q&A7−12）。ただし、Q&A7−12は「処分代金を弁済原資に含めること」と「債務整理に同意しないこと」とを対等な選択肢として列挙しているのではなく、前者は原則的対応の例示と、後者は原則的対応が著しく困難な場合の措置の例示と読むのがガイドラインの趣旨に適った解釈であると考えられる。ガイドラインは事情を勘案して和解的な解決を図ることを排除しているわけではないので、当該処分等について機械的に判断することは避けるべきである。

3　財産評定

　「財産評定」は弁済計画策定の基礎となる作業であり保証人に認められる残存資産算定の作業に最も大きな影響を与えることになるため、支援専門家

第4章　保証債務の整理　355

には保証人資産の評価根拠について合理的かつ説得力のある説明を求める必要がある。

(1) 財産評定のあり方

本来、支援専門家がメイン行に対して財産開示を実施したうえで支援専門家とメイン行とが協働して財産評定を行い、それを前提として弁済計画を策定するのが本来のあり方である。しかし、それでは弁済計画策定までに長期間を要することとなり保証人の再起の支障となりうるため、実務上は支援専門家が「資産目録」の作成によって財産開示を行うとともに財産評定の案をメイン行に提示することとなる。したがって、本節2(2)e～hについては、実際には財産評定の検証も同時に行われることとなる。

a 資産評価に関する共通理解の必要性

財産評定は弁済計画策定の基礎となる手続である。ガイドラインに基づく保証債務整理手続の普及・浸透に最も必要な「手続の予測可能性」を確立するためには、弁済計画において保証人資産がどのように評価されるかという点について手続着手前に予測できる実務慣行を構築することが必要である。

ところが、保証人の保有資産の価値に対する見方（相場観）は金融機関と弁護士とでは大きく異なるのが現実である。このため、弁済計画の内容以前に保証人資産の評価に関して金融機関と支援専門家との見解の相違が尖鋭化し、弁済計画策定が難航して手続が長期化することも珍しくない。このようなことにならないよう資産評価の基準について金融機関と支援専門家との共通理解を確立することが望まれる。

b 財産評定の基本ルール

(a) 「評価額」の考え方

資産評価の考え方として、一般的に金融機関は残存資産の抑制と弁済額の極大化を目的に高めの評価を指向し、支援専門家は残存資産の拡張と弁済額の極小化を目的に低めの評価を指向する傾向がある。しかし、保証人を「経済的に破綻させない」「再スタートの機会を与える」というガイドラインの趣旨に鑑みると、金融機関側が従来の「常識」と決別し、支援専門家の側に大きく歩み寄ることが必要である。

356　第2編　経営者保証ガイドライン

そこで、ガイドラインにおける「財産評定」で使用される「評価額」は原則として「早期処分価額」としている。ガイドラインには保証人の資産を処分・換価して得られる（であろう）金銭の評価基準は明記されていないものの、「公正な価額」を評価基準とすることが想定されている。

　「公正な価額」の算定は「法的倒産手続における財産の評定の運用に従う」（Q&A 7－25）ことから、「公正な価額」は「正常価額（時価）」ではなく「早期処分価額」を指す。この法的倒産手続における財産の評定とは民事再生法による財産の評定（民事再生法124条）を指し、その場合の処分価額は市場で売却する際の正常な価額ではなく原則として強制競売の方法による場合の価額となる。

　ただし、弁済計画策定段階ですでに処分が終了している場合や処分未了ながら処分価額が確定している場合は、早期処分価額ではなく当該処分価額が評価額となる。

　この場合、当該処分価額が早期処分価額を下回っているときは問題ない（資産目録の評価額を当該処分価額に修正し基準時評価額を備考欄または欄外（脚注）に注記する）が、早期処分価額を上回っているときは、その差額が保証人のインセンティブと算定される（Q&A 7－16）こととの関係から処分価額極大化策をどのように反映するかが問題となる。この場合、実務上は増額部分を資産目録に明記し、弁済計画におけるインセンティブに反映させることになる。具体的には、処分価額極大化策が奏功し時価よりも高額な処分価額が確定している（または見込まれる）場合に、当該資産の財産評定上の評価額の記載方法について、次の2通りが考えられる。

　　①　実際の処分価額または処分見込額を評価額として備考欄または欄外（脚注）に早期処分価額を記載する。

　　②　評価額はあくまで早期処分価額とし、備考欄または欄外（脚注）に処分見込額を記載するとともに、「予想配当総額試算表」で回収見込額の増加額を調整する。

　金融機関としては①案のほうがわかりやすく、（特にQ&A 7－16のルールを理解していない金融機関は）②案の記載方法では恣意的な評価減の印象を

受けやすいと思われる。しかし、保証人の資産の売却価額が破産手続による処分に比べて増加すると合理的に考えられる場合に当該増加分をインセンティブ資産算定の基準となる「回収見込額の増加額」に加えることとの整合性（「破産手続による処分」＝「早期処分価額」）の面においては、②案のほうが親和性は高いと思われる。

(b) **主たる債務の財産評定との相違点**

たとえば対象資産が不動産の場合、ガイドラインの実務では「｛(土地固定資産税評価額÷0.7) ＋ (建物固定資産税評価額)｝×0.7 (競売市場修正率)×0.8 (買受可能価額修正)」としている（下記(2)b(b)(c)参照）ことが多いが、実際に適用される競売市場修正率については地裁ごとに0.6〜0.8程度のバラツキがあるようであり、実際の競売手続においても、令和4年度の乖離率（落札額÷売却基準価額）が全国平均179.4％であることから、特に売却率の高い地域（大都市圏）では競売市場修正率を使用すると早期処分価格が競売価格を下回ってしまうので財産評定に使用すべきでないという見解もあるようである。主たる債務者の事業再生事案では不動産の評価額は当該再生計画の経済合理性の観点のみで検証しなければならず検証が不十分だと善管注意義務違反の問題も生じうるため、このような見解も首肯できる。このため、競売市場修正率については①競売市場修正率を一律0.7とする、②競売市場修正率を各地裁で実際に使用されている割合とする、③地域ごとに競売での売却率に応じて①または②を適用し乖離率の高い地域は競売市場修正率を使用しないという三つの考え方がありうることになる。

しかし、ガイドラインにおける保証人所有不動産の評価は、ⓐインセンティブ資産の検討、ⓑ当該不動産についてオーバーローン物件であるか否かの判定、ⓒ処分対象資産の受戻しを行う際の公正価額算定、ⓓ対象債権者の担保権が設定されている場合の別除権評価額算定等を目的として行われている。このため、財産評定における資産評価はガイドラインのルールにのっとった「理論値」であり、ガイドラインは「実際に競売処分したらいくらになるか」ということは求めていない。

また、ガイドラインの案件においては不動産の大多数がオーバーローン物

件であり公正価額弁済による受戻しが行われることも多く、実際に不動産を処分するケースは少ない。このようななかで競売手続における買受可能価額と実際の競落価格との「乖離率」や「売却率」を根拠として競売市場修正率の扱いを云々するのはいかがなものであろうかと思われる。また、ガイドラインは主たる債務者の再生事案では決して認められない「３年後の破産配当見込額」による経済合理性の検証という建付けを認めているのであるから、ガイドライン手続の適否を主たる債務者の事業再生事案のルールで判断するのは失当であろう。不動産を処分する場合でも㋐早期処分価格と実際の処分価格の差額はインセンティブとなる（Q&A７−16※）、㋑処分価格の一部を残存資産に含めることができる（Q&A７−14−２）という扱いを認めている以上、財産評定における評価額はギリギリ合理性が説明できる水準まで圧縮するということがガイドラインの趣旨に適っている。

　保証債務整理においても最低限の経済合理性は必要であるが、そもそもガイドラインは「保証の弊害の解消」および「保証人の再起の支援」を経済合理性よりも上位理念としている以上、上記①の考え方を採用すべきであるし、これによって善管注意義務違反の問題が生じることはないと思われる。

(c)　メイン行による事前検証（支援専門家とメイン行との目線の統一）

　財産開示と同様、財産評定における資産の評価に関する考え方についても支援専門家と金融機関とでは立場も視点も異なるため、メイン行による事前検証はきわめて重要である。

　この作業により抽出された問題点または疑問点について支援専門家が誠実に対応することは当然であるが、メイン行も保証債務整理手続成立に向けた議論を真摯な姿勢で行うべきである。これにより、後日、他の対象債権者と支援専門家との間で見解の相違が尖鋭化した場合はメイン行が債権者間調整を担当することも可能となる。特に早期処分価額の考え方については、支援専門家が説明するのは評価根拠にとどめ、当該評価額の妥当性についてはメイン行が説明したほうが対象債権者の理解が得られやすいと思われる。

第４章　保証債務の整理　359

(2) 財産評定の手法

a 財産評定の基準時

ガイドラインにおいて財産評定の基準時は一時停止等の効力が発生した時点（一時停止等の要請がなされていない場合は保証人がガイドラインに基づく保証債務整理を対象債権者に申し出た時点）とされており（GL 7 項(3)④イｂ）、資産目録はこの時点を基準時として作成されていることを要する。この財産評定基準時は同時点以後の新得財産を保証債務の弁済原資とすることを禁ずるルール（GL 7 (3)④イｂおよびロ、Q&A 7 −23）との関係できわめて重要であり、安易に変更することは許されない。

ただし、なんらかの都合でこのルールと異なる基準時により財産評定を実施し基準時の補正が困難な場合、徒に手続を引き伸ばすのではなく「調停条項」（日弁連特定調停スキームの場合）または保証人との「債務弁済契約書」において「財産評定基準時に関する合意」を明記すべきこととなる。この合意がない場合、後日の税務調査で保証人預金の取扱い（本章第 2 節 3 参照）に基づく預金解放が保証人への寄付行為として問題とされる危険性があるので、注意が必要である。

b 資産目録の記載事項と保証人資産の評価方法

財産評定における主な資産の早期処分価額の算出方法および資産目録への記載方法は以下のとおりであり、図表 2 −15 は資産目録への記載例である。資産目録の「評価額」欄には、あくまでもガイドライン対象資産としての評価額（ガイドラインに基づく弁済原資となる額＋残存資産となる額）を記載する。

なお、筆者の経験からは「現金」の記載が漏れていることが多い。現金についてはエビデンスの作成はできないので自己申告を信じるほかないが、いくらキャッシュレスが進んでいるといっても常識的に考えて現金の保有高が「ゼロ」ということは考えがたく、現金の記載のない資産目録は信用性に疑問をもたざるをえないので、記載漏れがないよう資産目録の作成を依頼する際に支援専門家に念達しておく必要がある。

図表２－15　不動産の評価方法および記載方法

資 産 目 録

　財産評定の基準時は、経営者保証に関するガイドライン７(3)④ｂ）で定められているとおり、保証人が当該ガイドラインに基づく保証債務の整理の申出をした時点（保証人等による一時停止等の要請が行われた場合にあっては、一時停止等の効力が発生した時点をいう）であり、評価額は、当該時点である令和●●年●月●日現在における評価額を記入します。

１．現金

135,000円

２．預金

（単位：円）

金融機関・支店名	口座の種類	口座番号	評価額	備考
①●●銀行●●支店	普通預金	●●●●●●	0	基準日残高500,000円、相殺ずみ
②●●銀行●●支店	貯蓄預金	●●●●●●	0	基準日残高300,000円、相殺ずみ
③●●銀行●●支店	定期預金	●●●●●●	0	基準日残高2,000,000円、相殺ずみ
④●●銀行●●支店	積立定期預金	●●●●●●	0	基準日残高1,000,000円、相殺ずみ
⑤▲▲銀行▲▲支店	普通預金	●●●●●●	1,230,000	
⑥■■銀行■■支店	普通預金	●●●●●●	800,000	
⑦▼▼証券▼▼支店	預け金	●●●●●●	1,500,000	
小計			3,530,000	

３．不動産

種別	所在地／家屋番号	地目／構造・規模	地籍／床面積（㎡）	評価額（円）	備考
①土地	●●市●●町●丁目●番●号●番●	宅地	200	5,000,000	早期処分価額
②建物		木造亜鉛メッキ鋼板葺２階建　居宅	1階 60.25　2階 49.75		㈱●●査定：5,000,000円　㈱▲▲査定：4,500,000円
③土地	●●市▲▲町▲丁目▲番▲号▲番▲	宅地	250	0	早期処分価額
④建物		木造亜鉛メッキ鋼板葺２階建　居宅	1階 60.55　2階 50.50		㈱●●査定：7,000,000円　㈱▲▲査定：8,000,000円　住宅ローン抵当権残高12,000,000円
小計				5,000,000	

※　①および②の評価額は、２社からの査定を取得し、高いほうの額を採用した。

※　③および④は、２社からの査定のうち高いほうの額を上回る先順位抵当権があるため、評価額を０円とした。

　　早期処分価額8,000,000円－住宅ローン抵当権残高12,000,000円＝▲4,000,000円⇒評価額＝０円

４．貸付金

（単位：円）

相手方	評価額	備考（回収見込みなど）
㈱Ａ社	0	基準時現在額面10,000,000円。令和●●年●月●日破産手続開始決定ずみにて、評価額を０円とした。
小計	0	

第４章　保証債務の整理　361

5．保険
(単位：円)

保険会社名	証券番号	評価額	備考（評価方法など）
①●●生命保険	●●●●●●●●	1,234,500	財産評定基準日現在の解約返戻金額
②●●生命保険	●●●●●●●●	234,500	を評価額とした。
③▲▲生命保険	●●●●●●●●	0	掛け捨てのため、評価額は 0 円。
④■■損害保険	●●●●●●●●	0	
小計		1,469,000	

6．有価証券、ゴルフ会員権等
(単位：円)

種類	数量	評価額	備考（評価方法など）
①㈱A社株式	5,000株	0	破産会社につき、評価額は 0 円とする。
②㈱●●株式	2,000株	100,000	譲渡制限付非上場株式につき、額面を評価額とした。
③▲▲㈱株式	1,000株	300,000	基準日現在の終値を評価額とした。
④■■インデックスファンド	200口	660,422	基準日現在の基準価額を評価額とした。
小計		1,060,422	

7．自動車

車名	登録	登録番号	車台番号	評価額	備考
●●●●	平成●●年	札幌●●●ら●●●●	●●●●●●● − ●●●●●●●	150,000	インターネットによる簡易評価
小計				150,000	

8．その他資産（過去 2 年間に購入した購入価格20万円以上の財産、ただし家財道具等差押禁止動産を除く）

種類	数量	評価額	備考（評価方法など）
小計			

資産評価額合計　　金　　11,344,422円

（出所）　筆者作成

(a)　預　　金

資産目録の必要的記載事項は「金融機関・支店名」「預金の種別」および「評価額」である。必要的記載事項ではないが、金融機関の感性に配慮すると口座番号も記載することが望ましいといえる。

評価額は財産評定基準時現在の残高となることが原則であり、相殺の対象とならない預金は財産評定基準時現在の残高を評価額に記載する。ガイドラインはあくまでも私的整理手続であり法的拘束力がないことから、少なくとも財産評定基準時現在で存在する預金については法律で認められた相殺権者の利益を害することができないと解される（ただし、本章第 2 節 3 参照）。

したがって、対象債権者が相殺可能な預金については財産評定基準時現在の残高にかかわらず評価額はゼロとなる。この場合、備考欄に財産評定基準時現在の残高と相殺ずみ（または相殺予定）である旨とを記載し、評価額は0円と記載する。預金に担保設定されている場合も同様の考え方となる。

(b) 不動産（担保権が設定されていない場合）

不動産の資産目録の必要的記載事項は「種別」「不動産を特定できる情報（所在地、地番／家屋番号、地目／構造・用途、地積／床面積等、以下同じ）」「評価額」である。

筆者の経験上、財産評定において最も問題となるのが不動産の評価方法である。早期処分価額を付した不動産鑑定評価によることが望ましいが保証人資産が乏しく鑑定評価を行うことが現実的でない場合が多く、ガイドラインは「自己申告」による評価を明文で認めており、対象債権者としても鑑定評価に要する費用を弁済原資に回したほうが有益であるから、簡易な評価ルールの構築が必要である（筆者は、当該不動産の個別要因による減価要因や処分難易度、さらに第三者の意見が反映される点において、下記の早期処分価額算定方法のなかではウ（不動産業者の査定を使用する場合）の評価が望ましいと考えており、実務で最も多用している）。そこで、不動産については担保権が設定されていない場合と担保権が設定されている場合とに分け、それぞれの評価方法および資産目録への記載方法を整理する（図表2−16−1～2−16−3参照）。なお、上記(1)b(b)に留意いただきたい。

担保権が設定されていない不動産については、評価根拠を備考欄または脚注にて明記したうえで評価額の欄には早期処分価額を記載する。

以下、不動産鑑定評価によらない不動産の早期処分価額算定方法について検討する。

ア 固定資産評価額を使用する場合

建物の固定資産評価額は経年減価が十分反映されていないため、その所在地にかかわらず時価よりも高い評価であるのが一般的であり、土地の固定資産評価額は、都市部では時価（実際の流通価格、以下同じ）よりも低いことが多いのに対し地方では時価を上回ることが多い（特に過疎地域ではこの傾

図表 2 −16− 1　　不動産の評価方法および記載方法　(1)
　　　　　　固定資産評価額を使用する場合

《書式例 1 − 1 》
不動産（固定資産評価額を使用する場合——担保設定なし）

種別	所在地／家屋番号	地目／構造・規模	地籍／床面積（㎡）	評価額（円）	備考
①土地	●●市●●町●丁目●番●号●番●	宅地	200	5,680,000	固定資産評価額　　8,000,000円 時価　　10,142,857円
②建物		木造亜鉛メッキ鋼板葺2階建　居宅	1階 60.25 2階 49.75		

※評価根拠（時価）〜国税不服審判所平成20年 8 月11日裁決（国税不服審判所ウェブサイト裁決事例集№76−583頁）に準じて算定。

　時価＝（土地固定資産評価額5,000,000円÷0.7）＋建物固定資産評価3,000,000円＝10,142,857円

※評価根拠（早期処分価額）〜経営者保証GL「Q&A」 7 −25に基づき算定。

　評価額（早期処分価額）＝時価10,142,857円×0.7（競売市場性修正）×0.8（買受可能価額）＝5,680,000円

《書式例 1 − 2 》
不動産（固定資産評価額を使用する場合——担保設定あり①〜余力あり）

種別	所在地／家屋番号	地目／構造・規模	地籍／床面積（㎡）	評価額（円）	備考
①土地	●●市●●町●丁目●番●号●番●	宅地	200	680,000	固定資産評価額　　8,000,000円 時価　　10,142,857円 早期処分価額　　5,680,000円 担保権残高　　5,000,000円
②建物		木造亜鉛メッキ鋼板葺 2 階建　居宅	1階 60.25 2階 49.75		

※評価根拠（時価）〜国税不服審判所平成20年 8 月11日裁決（国税不服審判所ウェブサイト裁決事例集№76−583頁）に準じて算定。

　時価＝（土地固定資産評価額5,000,000円÷0.7）＋建物固定資産評価3,000,000円＝10,142,857円

※評価根拠（早期売却価額）〜経営者保証GL「Q&A」 7 −25に基づき算定。

　早期処分価額＝時価10,142,857円×0.7（競売市場性修正）×0.8（買受可能価額）＝5,680,000円

※物件①および②に担保設定あり（住宅ローン抵当権残高： 5,000,000円）

　評価額＝早期処分価額5,680,000円−住宅ローン抵当権残高5,000,000円＝680,000円

《書式例 1 − 3 》
不動産（固定資産評価額を使用する場合——担保設定あり②〜オーバーローン）

種別	所在地／家屋番号	地目／構造・規模	地籍／床面積（㎡）	評価額（円）	備考
①土地	●●市●●町●丁目●番●号●番●	宅地	200	0	固定資産評価額　　8,000,000円 時価　　10,142,857円 早期処分価額　　5,680,000円 担保権残高　　10,000,000円
②建物		木造亜鉛メッキ鋼板葺 2 階建　居宅	1階 60.25 2階 49.75		

※評価根拠（時価）〜国税不服審判所平成20年 8 月11日裁決（国税不服審判所ウェブサイト裁決事例集№76−583頁）に準じて算定。

　時価＝（土地固定資産評価額5,000,000円÷0.7）＋建物固定資産評価3,000,000円＝10,142,857円

※評価根拠（早期売却価額）〜経営者保証GL「Q&A」 7 −25に基づき算定。

　早期処分価額＝時価10,142,857円×0.7（競売市場性修正）×0.8（買受可能価額）＝5,680,000円

※物件①および②に担保設定あり（住宅ローン抵当権残高：10,000,000円）

　早期処分価額5,680,000円−住宅ローン抵当権残高10,000,000円＝▲4,320,000円⇒評価額＝ 0 円

（出所）　筆者作成

向が顕著である）ため、固定資産評価額をそのまま評価額（早期処分価額）
として使用することは適切ではない。

滞納処分では無益執行禁止（国税徴収法48条２項）の判断基準として国税
不服審判所平成20年８月11日裁決（国税不服審判所ウェブサイト裁決事例集
No.76－583頁）において「｛（土地固定資産税評価額÷0.7）＋（建物固定資
産税評価額）｝×0.9（公売市場修正率）」という基準が明示されている。す
なわち、滞納処分における時価額の算定は土地の場合は「固定資産評価額÷
0.7」と、建物の場合は「固定資産評価額」としていることとなる。なお、
滞納処分のルールでは掛け目として公売市場修正率（0.9）を使用している
が、これをガイドラインのルールに落とし込むと掛け目は0.56（競売市場修
正率0.7×買受可能価額修正0.8）となる。

この基準をガイドラインが想定している「強制競売の方法による場合の価
額」に当てはめると次のとおり（図表２－16－１の《書式例１－１》参照）。

| ｛（土地固定資産税評価額÷0.7）＋（建物固定資産税評価額）｝ |
| ×0.7（競売市場修正率）×0.8（買受可能価額修正） |

したがって、土地固定資産税評価額を500万円、建物固定資産税評価額を
300万円とした場合の早期処分価額は800万円ではなく568万円（（500万円÷
0.7＋300万円）×0.7×0.8）となる。

イ　一般的に金融機関が使用している簡易評価を使用する場合

金融機関の担保評価において最も多く利用されているのが、次の評価方法
である（図表２－16－２の《書式例２－１》参照）。

(ア)　土地の場合

まず、公示価格を基準として路線価で調整後、地価公示の時点からの時点
修正を行う方法（実際の担保評価では物件の特殊性や立地条件等により評価
の加減修正が行われるが実際には減価修正が多いため、ガイドラインにおけ
る財産評定ではそこまで精緻なものとする必然性はないと思われる。建物に
ついても同様である）で時価を算定する。

第４章　保証債務の整理　365

図表２－16－２　不動産の評価方法および記載方法　(2)
簡易評価を使用する場合

《書式例２－１》

不動産（簡易評価を使用する場合――担保設定なし）

種別	所在地／家屋番号	地目／構造・規模	地籍／床面積(㎡)	評価額(円)	備考
①土地	●●市●●町●丁目●番●号●番●	宅地	200	15,036,000	時価　　　　　　　　　　　　26,850,000円
②建物		木造亜鉛メッキ鋼板葺２階建　居宅	1階 60.25　2階 49.75		

※評価根拠（時価）

　近隣の公示価格10万円／㎡、路線価８万円／㎡、対象土地200㎡の路線価が７万円／㎡、公示価格・路線価とも過去２年間価額に変動なし。

　築後10年の木造住宅、延べ床面積110㎡、再調達原価17万円／㎡、耐用年数20年。

　土地～時価＝100,000円／㎡×（70,000円／80,000円）×200㎡＝17,500,000円

　建物～時価＝170,000円／㎡×（10年／20年）×110㎡＝9,350,000円

　土地・建物合計＝17,500,000円＋9,350,000円＝26,850,000円

※評価根拠（早期処分価額）～経営者保証GL「Q＆A」７－25に基づき算定。

　評価額（早期処分価額）＝時価26,850,000円×0.7（競売市場性修正）×0.8（買受可能価額）＝15,036,000円

《書式例２－２》

不動産（簡易評価を使用する場合――担保設定あり①～余力あり）

種別	所在地／家屋番号	地目／構造・規模	地籍／床面積(㎡)	評価額(円)	備考
①土地	●●市●●町●丁目●番●号●番●	宅地	200	5,036,000	時価　　　　　　　26,850,000円
②建物		木造亜鉛メッキ鋼板葺２階建　居宅	1階 60.25　2階 49.75		早期処分価額　　　15,036,000円
					担保権残高　　　　10,000,000円

※評価根拠（時価）

　近隣の公示価格10万円／㎡、路線価８万円／㎡、対象土地200㎡の路線価が７万円／㎡、公示価格・路線価とも過去２年間価額に変動なし。

　築後10年の木造住宅、延べ床面積110㎡、再調達原価17万円／㎡、耐用年数20年。

　土地～時価＝100,000円／㎡×（70,000円／80,000円）×200㎡＝17,500,000円

　建物～時価＝170,000円／㎡×（10年／20年）×110㎡＝9,350,000円

　土地・建物合計＝17,500,000円＋9,350,000円＝26,850,000円

※評価根拠（早期処分価額）～経営者保証GL「Q＆A」７－25に基づき算定。

　評価額（早期処分価額）＝時価26,850,000円×0.7（競売市場性修正）×0.8（買受可能価額）＝15,036,000円

※物件①および②に担保設定あり（住宅ローン抵当権残高：10,000,000円）

　早期処分価額15,036,000円－住宅ローン抵当権残高10,000,000円＝5,036,000円

《書式例２－３》

不動産（簡易評価を使用する場合――担保設定あり②～オーバーローン）

種別	所在地／家屋番号	地目／構造・規模	地籍／床面積(㎡)	評価額(円)	備考
①土地	●●市●●町●丁目●番●号●番●	宅地	200	0	時価　　　　　　　26,850,000円
②建物		木造亜鉛メッキ鋼板葺２階建　居宅	1階 60.25　2階 49.75		早期処分価額　　　15,036,000円
					担保権残高　　　　20,000,000円

※評価根拠（時価）

366　第２編　経営者保証ガイドライン

近隣の公示価格10万円／㎡、路線価 8 万円／㎡、対象土地200㎡の路線価が 7 万円／㎡、公示価格・路線価とも過去 2 年間価額に変動なし。

築後10年の木造住宅、延べ床面積110㎡、再調達原価17万円／㎡、耐用年数20年。

土地～時価＝100,000円／㎡×（70,000円／80,000円）×200㎡＝17,500,000円

建物～時価＝170,000円／㎡×（10年／20年）×110㎡＝9,350,000円

土地・建物合計＝17,500,000円＋9,350,000円＝26,850,000円

※評価根拠（早期処分価額）～経営者保証GL「Q&A」 7 −25に基づき算定。

評価額（早期処分価額）＝時価26,850,000円×0.7（競売市場性修正）×0.8（買受可能価額）＝15,036,000円

※物件①および②に担保設定あり（住宅ローン抵当権残高：20,000,000円）

早期処分価額15,036,000円−住宅ローン抵当権残高20,000,000円＝▲4,964,000円⇒評価額＝ 0 円

（出所）　筆者作成

　　たとえば近隣の公示価格10万円／㎡、路線価 8 万円／㎡の土地に対し対象土地200㎡の路線価が 7 万円／㎡の場合（双方とも過去 2 年間価額に変動がないと仮定）の時価の算定は次のとおり。

　　　10万円／㎡×（ 7 万円／ 8 万円）×200㎡＝1,750万円

　　次に、算出した時価に対して早期処分を前提とした修正を行う。

　　　1,750万円×0.7（競売市場修正率）×0.8（買受可能価額修正）＝980万円

　　この結果、当該土地の早期処分価額は、980万円と算定される。

　⒟　建物の場合

　　まず、構造別の再調達原価と耐用年数により時価を算定する。

　　たとえば延べ床面積が110㎡、築後10年の木造住宅の場合、再調達原価を17万円／㎡、耐用年数を20年と仮定すると、時価の算定は次のとおり。

　　　17万円／㎡×（10年／20年）×110㎡＝935万円

　　次に、算出した時価に対して早期処分を前提とした修正を行う。

　　　935万円×0.7（競売市場修正率）×0.8（買受可能価額修正）＝523.6万円

　　この結果、当該建物の早期処分価額は、523.6万円と算定される。

ウ　不動産業者の査定を使用する場合

　　上記アおよびイはあくまでも理論値であり、当該不動産の処分難易度を必ずしも反映していないため、不動産売買の専門家の意見を参考とすることも考えられる。

第 4 章　保証債務の整理　367

図表2－16－3　不動産の評価方法および記載方法　(3)
不動産業者の査定を使用する場合

《書式例3－1》

不動産（不動産業者の査定を使用する場合――担保設定なし）

種別	所在地／家屋番号	地目／構造・規模	地籍／床面積（㎡）	評価額（円）	備考
①土地	●●市●●町●丁目●番●号●番●	宅地	200	5,000,000	早期処分価額
②建物		木造亜鉛メッキ鋼板葺2階建　居宅	1階 60.25　2階 49.75		㈱●●査定額：5,000,000円　㈱▲▲査定額：4,500,000円

※評価根拠（早期売却価額）
　評価額は、2社からの査定を取得し、高いほうの額を採用した。

《書式例3－2》

不動産（不動産業者の査定を使用する場合――担保設定あり①～余力あり）

種別	所在地／家屋番号	地目／構造・規模	地籍／床面積（㎡）	評価額（円）	備考
①土地	●●市●●町●丁目●番●号●番●	宅地	200	2,000,000	早期処分価額
②建物		木造亜鉛メッキ鋼板葺2階建　居宅	1階 60.25　2階 49.75		㈱●●査定額：5,000,000円　㈱▲▲査定額：4,500,000円　担保権残高　　：3,000,000円

※評価根拠（早期売却価額）
　評価額は、2社からの査定を取得し、高いほうの額を採用した。
※物件①および②に担保設定あり（住宅ローン抵当権残高：3,000,000円）
　早期処分価額5,000,000円－住宅ローン抵当権残高3,000,000円＝2,000,000円

《書式例3－3》

不動産（不動産業者の査定を使用する場合担保設定あり②～オーバーローン）

種別	所在地／家屋番号	地目／構造・規模	地籍／床面積（㎡）	評価額（円）	備考
①土地	●●市●●町●丁目●番●号●番●	宅地	200	0	早期処分価額
②建物		木造亜鉛メッキ鋼板葺2階建　居宅	1階 60.25　2階 49.75		㈱●●査定額：5,000,000円　㈱▲▲査定額：4,500,000円　担保権残高　　：8,000,000円

※評価根拠（早期売却価額）
　評価額は、2社からの査定を取得し、高いほうの額を採用した。
※物件①および②に担保設定あり（住宅ローン抵当権残高：20,000,000円）
　早期処分価額5,000,000円－住宅ローン抵当権残高8,000,000円＝▲3,000,000円⇒評価額＝0円

（出所）　筆者作成

　具体的には、複数（3社以上が望ましいが、最低でも2社）の不動産業者
に実際の早期処分を前提とした査定書の作成を依頼し、最も高い価額を評価
額とする（図表2－16－3の《書式例3－1》参照）。

(c) 不動産（担保権が設定されている場合）

　担保権が設定されている不動産については不動産を特定できる情報、評価根拠、想定される早期処分価額のほか、先順位担保権額（普通抵当の場合は被担保債権残高、根抵当権の場合は極度額、被担保債権残高の小さいほう）を備考欄または脚注にて明記したうえで、評価額の欄には早期処分価額から先順位担保権額を控除した額を記載する。

　早期処分価額の算定方法は担保権が設定されていない場合と同じであるが、資産目録上の評価額は早期処分価額から担保権の被担保債権額（根抵当権極度額が被担保債権額を下回る場合は極度額、以下同じ）を控除した額となる（図表2－16－1～2－16－3の《書式例1－2・3》《書式例2－2・3》《書式例3－2・3》参照）。

　具体的には、早期処分価額が1,000万円の場合、担保権の被担保債権が500万円であれば評価額が500万円となり、担保権の被担保債権が1,500万円であれば評価額は0円となる。

(d) 貸 付 金

　資産目録の必要的記載事項は「相手方（債務者名）」「評価額」である。「基準時現在の額面」「評価額」が同じ場合（回収に懸念ない場合）は「基準時現在の額面」を評価額欄に記載し、「基準時現在の額面」「評価額」が異なる場合（回収に懸念がある場合）は「評価額」を評価額欄に記載し「基準時現在の額面」を備考欄または脚注に記載する。

　評価額0円の貸付金であっても財産評定上は開示が必要な資産であるため、必ず資産目録に計上しなければならない（当該資産は、弁済計画の必要的記載事項である「資産の換価・処分の方針」（GL7項(3)④イd）において処分しない資産とすることが求められる。したがって、GL7項(3)③aにより残存資産に含める理由を対象債権者に説明する必要がある）。

　資産目録における評価額は当該貸付金の合理的に算定される回収見込額となるが、財産評定基準日現在の額面（残高）および評価根拠（回収見込みなど）を備考欄または脚注にて明記することが必要である。一般論としては、当該貸付金が約定弁済されている場合は財産評定基準日現在の残高に弁済期

間に応じた複利現価率を乗じて算出した現在価値が評価額となりうるが、債務者の収益体質が脆弱である等約定弁済が長期にわたって履行されるとは限らない場合は弁済額の３～５年分を評価額とすることも現実的対応として考えられる。また、当該貸付金が固定化（２～３年以上弁済がなされていない）しており債務者が直近３年程度の業績が赤字で債務超過解消の見通しが立たない等の事情がある場合は、評価額を０円または対象債権者と合意した合理的な備忘価額とすることもありうる。

　また、評価額は、上記のとおり当該貸付金の債務者の信用状態によって変動しうるが特に次のようなケースについては適切な減価が必要である。

　　①　債務者が破産または廃業している場合

　　　　この場合は評価額を０円とすることに異論はないと思われる。

　　②　債務者が債務超過（営業は継続中）の場合

　　　　この場合の評価は意見の分かれるところであり、支援専門家とメイン行とで合理的な回収見込額を算定（たとえば額面の50％）し、他の対象債権者との協議を経て最終的な評価額を決定することになる。

　　③　当該貸付金が主たる債務者に対するものである場合

　　　　通常、主たる債務者の債務整理手続において放棄を求められるので、債務者の弁済能力の多寡にかかわらず評価額は０円となる。

(e)　保　　　険

　資産目録の必要的記載事項は「保険会社名」「証券番号」および「評価額」である。

　評価額は財産評定基準日現在で計算した解約返戻金額とする。解約返戻金の額は保険会社から聴取する。

　契約者貸付金がある場合は解約返戻金額および貸付金残高を備考欄に明記する。この場合、契約者貸付金との相殺後の解約返戻金が評価額となる。

　なお、掛捨ての保険については評価額が０円となるが、財産評定上は開示が必要な資産であるため必ず資産目録に計上しなければならない（当該資産は、弁済計画の必要的記載事項である「資産の換価・処分の方針」（GL７項(3)④イｄ）において、処分しない資産とすることが求められる。したがっ

370　第２編　経営者保証ガイドライン

て、GL 7 項(3)③ a により、残存資産に含める理由を対象債権者に説明する必要があることに留意が必要である）。

(f) 有価証券、ゴルフ会員権等

資産目録の必要的記載事項は「種類」「数量」「評価額」である。また、評価根拠について備考欄または脚注にて明記する。

ア 上場株式等、上場有価証券

実務上は財産評定基準時現在の終値を評価額としているケースがほとんどである。しかし、早期処分価額としては相続財産評価のルールに準じて、財産評定基準時現在の終値、財産評定基準時の属する月以前 3 カ月間の毎日の終値の各月平均価額のうち最も低い額とすることも検討すべきである。

イ 非上場株式等、非上場有価証券

事業承継対策や相続対策で使用される純資産価額方式、類似業種比準方式または配当還元方式によることが望ましいが、譲渡制限がある中小・零細企業株式の場合は額面での評価でもやむをえないものと思われる。なお、早期処分価額の考え方から債務超過会社の株式は評価額を 0 円または対象債権者と合意した合理的な備忘価額とすることが認められると考えられる。

ウ 投資信託等

財産評定基準時現在の基準価額を評価額としているケースがほとんどである。しかし、早期処分価額としては相続財産評価のルールに準じて、財産評定基準時現在の基準価額から源泉徴収税額および解約手数料を差し引いた額とすることも認められると考えられる。

エ ゴルフ会員権

会員権販売会社等が公表している相場表により評価額を求める。ただし、早期処分価額の考え方から相場の下限を評価額とすべきであるし、相場の下限から譲渡費用を控除することも認められると考えられる。

(g) 自動車

資産目録の必要的記載事項は「当該自動車を特定する情報」「評価額」である。「当該自動車を特定する情報」の記載方法に特に決まりはないが、一般的には「車名」「登録年（月）」「登録番号」「車台番号」を記載する。ま

第 4 章 保証債務の整理 371

た、評価根拠について備考欄または脚注に明記する。

　評価額はインターネットによる簡易評価を使用するのが一般的である。ただし、破産実務上、新車時の車両本体価格が300万円未満である国産普通自動車については初年度登録から7年（軽自動車・商用の普通自動車は5年）以上経過している場合は、損傷状況等から無価値と判断できる限り査定評価を省略して0円と評価とすることが認められているので、ガイドラインにおいても同様の評価が可能であると考えられる。

c　主たる債務者の事業継続に必要不可欠な資産を主たる債務者に譲渡する場合の譲渡価額の適正性（主たる債務の整理手続が再生型の場合）

(a)　基本的な考え方

　GL7項(3)③は、主たる債務者の債務整理が再生型手続の場合で本社、工場等、主たる債務者が実質的に事業を継続するうえで最低限必要な資産が保証人の所有資産である場合は、原則として保証人が主たる債務者である法人に対して当該資産を譲渡し主たる債務者の資産とすることにより、保証債務の弁済原資から除外することとしている。そして、上記資産譲渡により現実に譲渡対価が主たる債務者から保証人に支払われる場合、当該譲渡対価は原則として保証債務の弁済原資としたうえで保証人の申出をふまえつつ、残存資産の範囲を検討することになる。

　その際、譲渡代金の適正性が問題となるが、本社・工場等には通常、主たる債務者に対する融資金を保全するための担保権（しかも被担保債権額は時価を上回ることが多い）が付着していることが一般的である。このような場合（特にオーバーローンの場合）は、当該担保権が付着したまま主たる債務者に譲渡されるのであれば廉価譲渡（または無償譲渡）であっても債権者を害する行為には当たらないのではないかと思われる。

　譲渡の相手方には主たる債務者のほか、スポンサー（経営者の親族も含む）や第二会社方式での再生の場合の当該第二会社も含まれる。スポンサー等が当該資産を通常の処分価額よりも高額で取得する場合、通常の処分価額との差額は「回収見込額の増加額」に含まれると解される。この場合、Q&A7−16が適用され、当該差額がインセンティブ資産に反映されるべき

372　第2編　経営者保証ガイドライン

である。ただし、当該譲渡が主たる債務者と保証人との間の取引であるという側面を重視すれば機械的にQ&A7－16を適用するのではなく、その際の「回収見込額の増加」に対する保証人の寄与度合に応じてインセンティブ資産の増額を検討すべきこととなる。

なお、「主たる債務者の実質的な事業継続に最低限必要な資産」を主たる債務者に譲渡させ譲渡の対価を保証債務の弁済原資とする場合であって、主たる債務者が当該譲渡代金を一括で支払うことができないときは、分割弁済を認めることが可能であるとともに当該資産への担保設定も認められると考えられる。

(b) **資産目録への反映**

主たる債務者の事業継続に最低限必要な資産の取扱いが問題となるのは、主たる債務者の債務整理が再生型手続の場合、すなわち主たる債務と保証債務の一体型整理手続の場合であることから当該資産の評価等は準則型私的整理手続のなかで適正なデューデリジェンスのもとで行われることになるため、問題となることは少ないと思われる。しかし、主たる債務者の整理手続が民事再生手続である場合は保証債務整理手続が単独型整理手続となるため、資産目録への適正な表示が必要である。

具体的な表示方法として評価額を主たる債務者への譲渡価額（ただし、上記(a)の考え方によりインセンティブを認められる場合は、インセンティブを反映できるような工夫が必要）とすること、GL7項(3)③に基づく主たる債務者への譲渡である旨を当該譲渡価額の根拠等を備考欄または脚注にて明記することが考えられる。

4 保証債務の履行基準

ここからは、経営者保証ガイドラインに基づく保証債務整理手続のスキーム策定に必要な論点のうちガイドラインの書き振りが特にわかりにくい項目について解説する。

第4章 保証債務の整理 373

(1) 残存資産

a 「残存資産」とは何か

ガイドラインにおける「残存資産」とは「財産評定基準時に保証人が保有する資産のうち、対象債権者への保証債務履行の弁済原資とせず、保証人の手元に残すことのできる資産」であると解されている。

ガイドラインやQ&Aに「残存資産」という用語は頻繁に登場するが、明確な定義は示されておらず、しかも、当該用語は必ずしも一義的に使用されているわけではない。特に「残存資産」という用語が残存資産の一類型にすぎない「インセンティブ資産」（下記(4)b参照）の意味で用いられることがあり、解釈の混乱を招いていることに留意が必要である。

b 残存資産にはどのようなものがあるか

ガイドライン上の残存資産には①ガイドラインの手続外で、保証人の手元に残すことが認められる資産、②ガイドラインに基づく保証債務整理を行うことによって無条件で保証人の手元に残すことが認められる資産、③「経済合理性」上限として、保証人の手元に残すことが認められる資産がある。

ガイドラインの手続外で認められるものとして「オーバーローン物件」があり、無条件で認められるものとして「破産法上の自由財産」「財産評定基準時以後の新得財産」「「公正な価額」の弁済と引き換えに換価せず、保証人の手元に残すことが認められた資産」がある。また、「経済合理性」を上限として認められるものとして「インセンティブ資産」がある。残存資産の分類については図表2－17で整理しているので参照されたい。

c 「経済合理性」とは何か

ガイドラインは、対象債権者に一定の経済合理性が認められる場合は当該経済合理性の額を上限として、一定期間の生計費に相当する額や華美でない自宅等を残存資産に含めることを検討する必要がある（GL7項(3)③、Q&A7－14）としている。

ここでいう経済合理性とは、原則として、主たる債務者の早期再生または早期清算による対象債権者の回収見込額と即時破産（再生の場合）時または3年後の破産（清算の場合）時における回収見込額との差額（「回収見込額

374　第2編　経営者保証ガイドライン

図表2-17 残存資産の整理

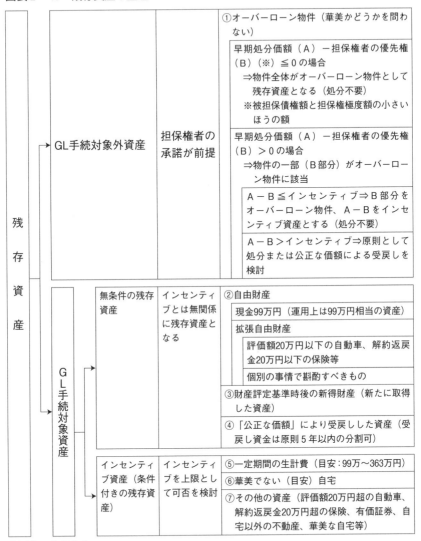

(出所) 筆者作成

の増加額」という）を指す（Q&A7-13）。

(2) ガイドラインの手続外で認められる資産（オーバーローン物件）

いわゆる「オーバーローン物件」がこれに該当する。オーバーローン物件

第4章 保証債務の整理 375

とは、資産価値（ただし早期処分価額）を上回る担保権が設定されており担保権者が処分を望んでいない資産のことである。GL 7 項(3)④ロは、ガイドラインに基づく保証債務整理計画が「担保権者その他の優先権を有する債権者」に劣後する旨明記している。当該物件に設定された担保権の被担保債権額が「公正な価額」を上回る場合、当該資産の処分対価を弁済原資に組み入れることができない以上、担保権者の同意なしで当該資産を換価処分する旨の弁済計画を策定することは当該物件の処分を望まない担保権者の利益を不当に侵害することになるため認められない。このため、対象物件に「公正な価額」を上回る担保権が設定されており当該物件の担保権者が対象物件の換価を望まない場合（たとえば被担保債権が住宅ローン債権で、ローンの約定弁済を担保権者が許容している場合等）、当該物件にはそもそもガイドラインによる資産換価ルールの適用が及ばないと考えられる。

　したがって、オーバーローン物件は、インセンティブがゼロのケースや主債務の整理手続終結後の申出としてガイドラインの手続内では破産法上の自由財産以外の残存資産が認められないケースであっても、当然に残存資産となる。

　これに対し、当該物件に設定された担保権の被担保債権額が「公正な価額」を下回る場合は、その差額がガイドラインに基づく弁済計画の対象となる。このため、当該差額分を財産評定基準時以後の収入（支援者等からの借入金も含む）で弁済する場合、または当該差額分をインセンティブ資産とする場合に当該物件を処分しないことが認められる。これらの対応ができない場合は当該物件を処分し、担保権者への弁済を行った残額についてガイドラインに基づく保証債務履行の原資とすることになる。

　また、実務上、オーバーローンの自宅について「華美か否か」にこだわる金融機関が散見されるが、「華美でない自宅」はガイドラインの手続内で保証人の手元に残すことが認めるインセンティブ資産の「目安」であるから、両者はまったくの「別物」である。それゆえ、オーバーローン物件は「華美」であっても残存資産となる。

376　第 2 編　経営者保証ガイドライン

(3)　ガイドラインにより当然に認められる資産

a　破産法上の自由財産等

　破産法が自由財産として認める財産はガイドラインでも無条件（経済合理性とは別枠）で認められる（Q&A7－23）。なお、Q&A7－20は、「経済合理性が認められない」場合の「残存資産の範囲」は「自由財産の範囲内」であることを明記している。

　実際の破産手続で自由財産となる「現金99万円」は「キャッシュ」そのものを指し、現金と合わせて99万円に収まる預貯金等であっても、破産者が自由財産として手元に残すことはできない（運用上、これらの預貯金は「拡張自由財産」として裁判所の個別の許可により手元に残すことが認められる扱いである）。しかし、キャッシュレス化の進んだ現代では常時数十万円の現金を手元に置いていることはあまりなく、現金とあわせて99万円に収まる預貯金等を無条件で手元に残せないのでは、保証人の再起はおろか生計の維持にも支障をきたすことになる。また、これらの預貯金等を破産実務と同様に「拡張自由財産」とすると対象債権者の承諾を得なければ残せないことになるので、保証人の予測可能性が損なわれかねない。このため、ここでいう「現金99万円」は、破産法34条3項1号やQ&A7－23にかかわらず「99万円相当の資産」と解し、少なくとも預金については自由財産の対象とするのがガイドラインの運用である。また、ガイドラインも拡張自由財産を認めており、具体的には「生命保険等の解約返戻金、敷金、保証金、電話加入権、自家用車等で、処分見込み額が20万円以下のもの（裁判所ウェブサイト等で公表されている基準）」「その他個別の事情で斟酌すべきもの」等が該当する。

　なお、「その他個別の事情で斟酌すべきもの」として破産法34条4項は、破産者の生活の状況（たとえば扶養家族が多い、多額の医療費がかかる、就学中の子供が複数いる）、破産者が今後収入を得る見込みの有無等により自由財産の拡張を認めている。たとえば解約返戻金相当額が20万円を超える医療特約付きの保険契約について、当該保証人に持病があり今後まとまった医療費支出が懸念される一方、いま解約すると再び契約はできないというケースや、当該保証人の生存にどうしても必要な療養費等で「回収見込額の増加

第4章　保証債務の整理　377

額」を超えて認めることが人道的に必要なケース等が考えられる。

　実務上、評価額20万円を超える生命保険で健康上の理由から解約すると再加入できないもの、本人や家族の医療費、親族の介護費用、就学中の子供の学費等について、インセンティブでカバーできない場合や主債務の整理手続終結後に申出があった場合に拡張自由財産の適用の可否が問題となることが多いようである。拡張自由財産については保証人を破産させないことがガイドラインの趣旨であるから、保証人を破産よりも過酷な状況に追い込むことはありえないという大前提で、拡張自由財産については破産手続より柔軟に検討しなければならない。

b　財産評定基準時以後の新得財産（本章第2節1の図表2－12参照）

　財産評定基準時以後の収入や財産評定基準時以後に取得した資産（「新得財産」という）は対象債権者への弁済原資としてはならないのが原則である（GL7項(3)④ロ、Q&A7－23）。したがって、財産評定基準時後の新得財産は下記「「公正な価額」の弁済と引き換えに換価せず、保証人の手元に残すことが認められた資産」の弁済原資に組み入れる場合を除き、経済合理性の有無にかかわらず無条件で残存資産として認められることになる。

c　「公正な価額」の弁済と引き換えに換価せず保証人の手元に残すことが
　　認められた資産

　GL7項(3)④ロはガイドラインに基づく弁済計画において換価・処分すべき資産について、当該資産の「公正な価額」に相当する額を対象債権者への弁済原資に組み入れることにより当該資産を処分・換価せずに残存資産とすることを認めている。「公正な価額」は法的倒産手続における財産評定に従い算出される価額、すなわち競売処分見込額を指す（Q&A7－25）。また、受戻しの方法は、財産評定基準時以後の収入等（借入れも含む）を原資とした一括弁済または原則5年以内の分割弁済である。

　当該「公正な価額」の弁済原資は、経済合理性の有無にかかわらず認められる「財産評定基準時以後の収入（借入れも含む）」によりまかなわれることが想定されているので、当該資産も経済合理性の有無にかかわらず当然に残存資産として認められることになる。

⑷ 経済合理性を上限に認められる資産

a 「経済合理性」という用語の多義性

　ガイドライン上「経済合理性」を検証する局面は2回ある。第一の局面は、一時停止等要請段階での「ガイドライン適用要件」（ガイドライン7項⑴ハ）を検証する時であり、第二の局面は、弁済計画策定段階における残存資産の範囲決定の前提となる「回収見込額の増加額」（ガイドライン7項⑶③）を検証する時である。ところが、前者の解説であるガイドラインQ&A7－4と後者の解説である同Q&A7－13とでは同じ基準が示されていることが「経済合理性」の解釈を困難にしている。

　この点、保証債務整理におけるガイドラインの趣旨が「経営者保証人を経済的に破綻させず、再チャレンジの機会を与えること（趣旨①）」「経営者が早期に事業再生等に着手することにインセンティブを与えること（趣旨②）」という二つの柱から成り立っていることを前提とすれば、「経済合理性」という用語の多義性が理解できる。すなわち、「ガイドライン適用要件」の検証においては趣旨①を重視し、「弁済計画」の検証においては趣旨②を重視して経済合理性の有無を判断することがガイドラインの趣旨に適った運用であるということである。

b インセンティブ算定の基礎となる「経済合理性」

⒜ 弁済計画策定段階における「経済合理性」の解釈

　対象債権者に一定の経済合理性が認められる場合、当該経済合理性の額を上限として一定期間の生計費に相当する額や華美でない自宅等（ガイドラインに明文はないが「インセンティブ資産」という）を残存資産に含めることを検討する必要がある。したがって、第二の局面における「経済合理性の確認」とは「残存資産の上限」を確定する作業のことであり、ここでいう「経済合理性」とは一般的には早期再生・早期清算による対象債権者の「回収見込額の増加額」（ガイドラインに明文はないが「インセンティブ」という）のことをいう。たとえばインセンティブが1,000万円の場合、残存資産の上限は「1,000万円（インセンティブ資産）＋99万円（自由財産相当額は別枠）＝1,099万円」となる。

第4章　保証債務の整理　379

ただし、ガイドラインに基づく保証債務整理の申出が主たる債権者の整理
手続終結後である場合は「インセンティブがゼロ」ということになるので、
原則としてインセンティブ資産は認められないこと（Q&A 7 −20、7 −
21）に注意が必要である。

　(b)　「インセンティブ」とは何か

　大まかにいえば、主たる債務の整理手続が再生型手続の場合は「主たる債
務の再生弁済見込額＋保証人のガイドラインによる弁済額」と「主たる債務
者および保証人が直ちに破産した場合の破産配当見込額」との差額、主たる
債務の整理手続が清算型（破産）の場合は「主たる債務者が直ちに破産申立
した場合の破産配当見込額＋保証人のガイドラインによる弁済額」と「主た
る債務者および保証人が（最大）3 年後に破産申立した場合の破産配当見込
額」との差額になる（具体的な算出方法は図表 2 −18参照）。

　特に主たる債務が破産手続により整理されるような状況では、常識的に考
えて 3 年間放置すると主たる債務者の破産手続は異時廃止（回収見込額ゼ
ロ）事案となる可能性が高く、現状での破産配当見込額をそのままインセン
ティブとして採用できるケースも多いと考えられる。ただし、インセンティ
ブを算定するにあたっては当該保証人から可能な限り詳細に検証のための資
料を提出させ、その合理性を検証すべきである。

　なお、ガイドラインは平成29年 6 月28日付のQ&A改定により次のとおり、
処分対象資産の処分価額極大化が実現した場合に当該増加額をインセンティ
ブに加えることを明記している（ガイドラインQ&A 7 −16）ことに留意が
必要である。

ア　主たる債務の整理が再生型手続の場合

　ガイドラインに基づく弁済計画において、保証人の資産の処分価額が現時
点において破産手続を行った場合に比べて増加すると合理的に考えられる場
合は、当該増加分の価額をインセンティブに加算することができる。具体的
には「実際の処分価額－早期処分価額（競売による想定処分価額）」を加算
することになる。

　Q&A 7 −16を文言に忠実に解釈すると、インセンティブの上限を主たる

図表 2 −18　経営者保証GLにおける「インセンティブ」(原則)

1　主債務者の整理手続が「再生型」の場合

主債務者からの回収見込額の増加額

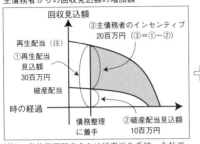

保証人からの回収見込額の増加額

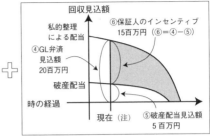

（注）　私的整理配当または民事再生手続・会社更生手続による弁済計画

（注）　財産評定基準時

インセンティブ計算の例
（◎主債務者のインセンティブ）
① 　主債務者の再生配当見込額＝30,000,000円
② 　主債務者が直ちに破産申立てした場合の破産配当見込額＝10,000,000円
③ 　主債務者のインセンティブ＝①－②＝30,000,000円－10,000,000円＝20,000,000円
（◎保証人のインセンティブ）
④ 　①のケースで保証人が経営者保証GLに基づく準則型私的整理を行った場合の配当見込額＝20,000,000円
⑤ 　保証人が直ちに破産申立てした場合の破産配当見込額＝5,000,000円
⑥ 　保証人のインセンティブ＝④－⑤＝20,000,000円－5,000,000円＝15,000,000円

上記事例におけるインセンティブ（インセンティブ資産の上限）
　主債務のインセンティブ＋保証人のインセンティブ＝③＋⑥＝20,000,000円＋15,000,000円＝35,000,000円

2　主債務者の整理手続が「清算型」の場合

主債務者からの回収見込額の増加額

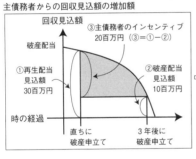

保証人からの回収見込額の増加額

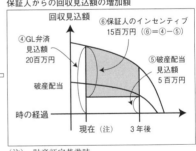

（注）　財産評定基準時

インセンティブ計算の例
（◎主債務者のインセンティブ）
① 　主債務者が直ちに破産申立てした場合の破産配当見込額＝30,000,000円
② 　主債務者が3年後に破産申立てした場合の破産配当見込額＝10,000,000円
③ 　主債務者のインセンティブ＝①－②＝30,000,000円－10,000,000円＝20,000,000円
（◎保証人のインセンティブ）
④ 　①のケースで保証人が経営者保証GLに基づく準則型私的整理を行った場合の弁済見込額＝20,000,000円
⑤ 　保証人が3年後に破産申立てした場合の破産配当見込額＝5,000,000円
⑥ 　保証人のインセンティブ＝④－⑤＝20,000,000円－5,000,000円＝15,000,000円

上記事例におけるインセンティブ（インセンティブ資産の上限）
　主債務のインセンティブ＋保証人のインセンティブ＝③＋⑥＝20,000,000円＋15,000,000円＝35,000,000円

（出所）　筆者作成

債務の回収見込額の増加額のみで判断し、これに保証人資産の売却による回収見込額の増加額を加算した額がインセンティブの上限であるようにみえるが、これは、対象債権者に対し最低でも「主たる債務の回収見込額の増加額と保証人資産の売却による回収見込額の増加額を合算した額」まではインセンティブ資産を認めるようにとの努力義務を課しているのであって、インセンティブの上限はあくまで「主たる債務の再生弁済見込額＋保証人のガイドラインによる弁済額」と「主たる債務者および保証人が直ちに破産した場合の破産配当見込額」との差額を原則とする。もっとも、保証人の保有財産の内容やインセンティブ資産の残し方によっては「保証人のガイドラインによる弁済額と保証人が直ちに破産した場合の破産配当見込額の差額」が保証人資産の売却による回収見込額の増加額を下回ることもありうる。このような場合に原則を当てはめることは、上記 a に掲げる「趣旨②」と明らかに矛盾することとなるので、保証人のインセンティブ（図表 2 −18 の 1 中の⑥）がマイナスとなるようなケースでは原則は適用されず「主たる債務の回収見込額の増加額と保証人資産の売却による回収見込額の増加額を合算した額」がインセンティブの上限となる。

イ　主たる債務の整理が清算型手続の場合

ガイドラインに基づく弁済計画において、保証人の資産の処分価額が 3 年後に保証人が破産手続を行った場合に比べて増加すると合理的に考えられる場合は、当該増加分の価額をインセンティブに加算することができる。具体的には「実際の処分価額− 3 年後の早期処分価額（現在の競売による想定処分価額から 3 年間の経年減価等を控除した額）」を加算することになる。

(c)　経済合理性」の検証方法

ガイドラインでは「回収可能額」ではなく「回収見込額」という用語を使用しており、ガイドライン Q&A 7 −16 も合理的な「見積り」に基づいて算出することを明記している。このガイドラインの趣旨に従えば、保証債務の整理を行った時点でのインセンティブが客観的に説明できる資料に基づいて判定されたのであればよく、保証債務の整理を実施するために正確なインセンティブが確定する（たとえば破産の場合は配当額確定段階、民事再生の場

合は再生計画案議決段階）まで待つ必要はない。この場合、弁済計画合意後、結果的にインセンティブが見積額を大きく下回る額で確定したとしても弁済計画の合意時点での見積りが合理的な額であれば、当該弁済計画の適正性に問題が生じることはない。また、インセンティブがゼロやマイナスとなってもインセンティブ資産が認められなくなるだけであり、保証債務整理を成立させることはまったく問題ない（仮にゼロ配当となってもガイドライン上は問題ない）ことに留意が必要である（基本的考え方5項(2)）。

なお、主たる債務者の債務整理が遅延した場合、通常は経営者が自らの資産を会社に投入することにより経営者個人の資産も減少するのが一般的である。このため、たとえば過去の資金繰り実績やこのまま事業を継続した場合の資金繰り予想表等を分析した結果、経営者保証人が主債務者の資金繰り破綻までにどの程度私財を投じることになるか等も考慮可能である。

(d) **インセンティブ資産として認められる資産**

ガイドラインはインセンティブ資産の「目安」として、雇用保険の給付期間を「参考」とした一定期間の生計費に相当する現預金、華美でない自宅、主たる債務者の実質的な事業継続に最低限必要な資産（主債務の整理が再生型の場合）、その他の資産を「例示」している（Q&A 7－14）。

ア　一定期間の生計費

参考とされる「雇用保険の給付期間」（図表2－19）はあくまで「目安」にすぎず、インセンティブ資産の趣旨が「早期事業再生等の着手の決断に対

図表2－19　雇用保険の給付期間

保証人の年齢	給付期間
30歳未満	90日～180日
30歳以上35歳未満	90日～240日
35歳以上45歳未満	90日～270日
45歳以上60歳未満	90日～330日
60歳以上65歳未満	90日～240日

（出所）　筆者作成

するインセンティブ」であることに鑑みれば、保証人の年齢にかかわらず給付期間の最大値である330日（363万円）を原則とすべきである。そして、最小値である90日（99万円）を下限、インセンティブを上限に、保証人の保証履行能力や保証債務の従前の履行状況、経営者としての帰責性等との総合判断により決するべきである（この幅は当該保証人に係る帰責性や債務整理手続における対応が合理的不同意事由に該当するとまではいえないが、債権者として看過できないという場合の調整弁であるといえる）。

なお、Q&A 7 −15は、7 項(3)③の「安定した事業継続等」の「等」は事業清算後に新たな事業を開始しない場合も含まれる旨を明記していることに留意が必要である。

イ　華美でない自宅

当該住宅が「華美」か否かは外観ではなく、自宅を残すこと自体に対する債権者の納得性の問題と解されており、「その自宅を残すことが正義に反するとまではいえない自宅」は外観を問わず華美でない自宅と判断すべきである。

なお、華美でない自宅の価値がインセンティブを上回る場合、インセンティブを上回る部分について「財産評定基準時以後の収入や新得財産」を原資として弁済することを条件に残存資産に含めることも可能である。たとえば自宅の時価が1,000万円であり「回収見込額の増加額」が500万円である場合は、差額の500万円を財産評定基準時以後の収入（原則 5 年以内の分割弁済可）や新得財産（親族からの借入れ等も含む）での弁済を条件に当該自宅を残存資産に含めることができる。

ウ　その他の資産

Q&A 7 −14は生命保険等の解約返戻金、敷金、保証金、電話加入権、自家用車その他の資産についても、破産手続における自由財産の考え方やその他の個別事情を考慮してインセンティブ資産とすべく検討することを求めている。

したがって、対象債権者は一定期間の生計費や華美でない自宅等以外の資産についてもその資産の種類を問わず、保証人の生活状況、保証人の今後の

収入の見込み等の個別事情を考慮してインセンティブの範囲内で柔軟に認めるべきこととなる。

たとえばいま一定の保険契約を解約すると再び契約はできないというケースで、その解約返戻金相当額が自由財産の拡張に係る裁判所の実務運用として周知されている20万円（裁判所ウェブサイト等でも公表）を超える場合であってもインセンティブの範囲内に収まるのであれば、当該保険をインセンティブ資産として認めるという運用が考えられる。

(e) 「インセンティブ資産」の範囲の決定基準

ガイドラインに基づく保証債務整理手続が開始されると、対象債権者は必要に応じ支援専門家とも連携しつつ残存資産の範囲を決定することになる（GL 7 項(3)③）。ただし、残存資産のうち「破産法上の自由財産」「財産評定基準時以後の収入や新得財産」「公正な価額により受戻しされた財産」「オーバーローン物件」については無条件で残存資産に含めることになるので、実際には、インセンティブ資産の範囲を決定すると自動的に残存資産の範囲も決定される。

残存資産の範囲は、保証人が自らの資力について誠実に開示すること、保証人が開示した情報の内容を表明保証すること、支援専門家が（対象債権者からの求めに応じて）当該表明保証の適正性について確認し対象債権者へ報告することを前提に、回収見込額の増加額に加え次のような点を総合的に勘案して決定する。

① 保証人の保証履行能力や保証債務の従前の履行状況（GL 7 項(3)③イ）

② 主たる債務が不履行に至った経緯に対する経営者たる保証人の帰責性（GL 7 項(3)③ロ）

③ 経営者たる保証人の経営資質、信頼性（GL 7 項(3)③ハ）

④ 経営者たる保証人が主たる債務者の事業再生、事業清算に着手した時期等が事業の再生計画等に与える影響（GL 7 項(3)③ニ）

⑤ 破産手続における自由財産（破産法34条 3 項および 4 項その他の法令により破産財団に属しないとされる財産）の考え方や、民事執行法

に定める標準的な世帯の必要生計費の考え方との整合性（GL 7 項(3)
③ホ）

　ただし、「総合的判断」といっても、ガイドラインが経営者保証人の再ス
タート支援を目的とする金融仲介機能であることを鑑みると、総合的判断に
よって残存資産を減額することは厳に慎むべきである。また、主たる債務者
が結果的に私的整理手続に至った事実のみをもって一律かつ形式的に経営者
の交代を求めないこととされている（7 項(3)②）。

(f)　インセンティブ資産選定時の留意点

　Q&A 7 −14で「例示」されている「一定期間の生計費」「華美でない自
宅」等はあくまでもインセンティブ資産を検討するうえでの「目安」にすぎ
ず、ガイドラインの要件ではない。このような「目安」は、対象債権者がな
るべくインセンティブ資産を認めやすいように設けられているのであってイ
ンセンティブ資産を制限する目的で設けられているものではない。むしろ、
なるべくインセンティブ資産を認めたくないという対象債権者に対して「最
低限この位のインセンティブ資産を認めよ」という規範としての「目安」で
あり、インセンティブ資産を認めたがらない対象債権者への「牽制」を目的
とする「目安」をインセンティブ資産を減らすために使用するのは本末転倒
と考えるべきである。

5　ガイドラインにおける経営責任の考え方

(1)　経営者の経営責任のあり方

a　基本的な考え方

　主たる債務が再生型私的整理手続の場合、経営者に続投させるか否かは保
証債務の整理手続のみならず主たる債務の整理も含めたスキーム全体を左右
することになるので、一番初めに検討する必要があると思われる。再生型の
場合、経営者保証人としても、引き続き経営にたずさわることができるか否
かは最大の関心事であり、ガイドラインが主たる債務者の事業再生の着手の
決断を後押しするツールとして機能するためには、経営者保証人の経営責任
について対象債権者の柔軟な判断が求められる。とはいえ、対象債権者とし

386　第 2 編　経営者保証ガイドライン

ては、債権カットを行ったうえで経営者が続投するとなれば、経営者が退任する場合よりは重い経営責任を求めざるをえないこともある。

　そこで、ガイドラインは、主たる債務の整理手続が再生型私的整理手続かつ主たる債務・保証債務一体整理型（７項(2)イ）であって経営者保証人が引き続き経営にたずさわることを希望する場合について、経営者の経営責任のあり方に関する判断基準の特則を設けている。なお、ガイドライン上、主たる債務の整理手続が再生型私的整理手続かつ主たる債務・保証債務一体整理型であっても経営者が主たる債務者の経営にたずさわらない場合は、経営者の経営責任のあり方を検討する必要はない。また、主たる債務が清算型整理手続（７項(2)ロに該当）である場合はそもそも経営者の経営責任のあり方を検討する余地はない。

b　経営責任の判断基準

　ガイドラインは保証人の経営責任のあり方について、結果的に私的整理に至った事実のみをもって一律かつ形式的に経営者の交代を求めることはしないこととしている。

　具体的には、経営者保証人が引き続き経営にたずさわることの可否について次の要素を総合的に勘案して判断する（GL ７項(3)②）。

① 主たる債務者の窮境原因および窮境原因に対する経営者の帰責性
② 経営者および後継予定者の経営資質、信頼性
③ 経営者の交代が主たる債務者の事業の再生計画等に与える影響
④ 準則型私的整理手続における対象債権者による金融支援の内容

c　経営責任が認められる場合の対応

　上記ｂの要素を総合的に勘案した結果、経営者保証人が引き続き経営にたずさわることを認めることと引き換えになんらかのかたちで経営責任を明確にすべきと判断される場合の対応として、ガイドラインは次のような考え方を示している。

① 保証債務の全部または一部の履行

　　具体的には、インセンティブ資産の一部または全部の減額（自由財産の減額までは認められないと解される）または財産評定基準時以後

第４章　保証債務の整理　387

の収入を原資とする原則5年以内の追加弁済（分割弁済）等が想定される。なお、追加弁済を求める場合、各回の弁済額は財産評定基準時以後の収入から「標準的な世帯の必要生計費」（民事執行法施行令で定める1月当り33万円）を控除した額が原資になるものと考えられる。

② 役員報酬の減額

③ 株主権の全部または一部の放棄

④ 代表者からの退任等

なお、経営責任の程度についても上記bの帰責性等をふまえた総合的判断のなかで決することになる。

(2) 主たる債務者の実質的な事業継続に最低限必要な資産の取扱い

主たる債務者の債務整理が再生型で本社、工場等、主たる債務者が実質的に事業を継続するうえで最低限必要な資産が保証人の所有資産である場合は、原則として保証人が主たる債務者である法人に対して当該資産を譲渡し、当該法人の資産とすることにより、保証債務の返済原資から除外することができる。

この場合、当該資産の譲渡対価については原則として保証債務の返済原資となるが、他の資産と合算して対象債権者のインセンティブの範囲内に収まる部分については、インセンティブ資産の検討対象となる。

6 弁済計画案

(1) 弁済計画策定に向けた支援専門家との協議

a 支援専門家との目線合せ

ガイドラインに基づく弁済計画の策定は、確定した資産目録のうちどの資産を残存資産としどの資産を換価処分して弁済原資とするかという、保証人資産の選別作業が中心となる。筆者の経験上、支援専門家は弁済額や残存資産の額といった「数字の合理性」に、金融機関は個別の残存資産の「内容の妥当性」にこだわる傾向があり、価値観の違いから議論がかみ合わないことがある。このため、メイン行と支援専門家とが目線合せをしたうえで協働し

て具体的な弁済計画策定作業を行うことが必要である。

b　残存資産の選定

　残存資産の選定にあたっては、①経営者の経済的破綻の回避、②主たる債務の早期再生・清算により対象債権者が享受した利得の保証人への一部還元、③経営者の再スタートを後押しすることによる地域経済活性化への貢献というガイドラインの趣旨に準拠することが求められる。したがって、金融機関側が「数字の合理性」という判断基準に大きく歩み寄るとともに、個別の残存資産の「内容」についても、経営責任の追及という観点ではなく、保証人の再スタートを支援するという観点からの妥当性判断を行うべきである。

c　弁済額および残存資産の総額の決定

　(a)　弁済計画案の検証

　弁済計画は支援専門家が保証人の意向をふまえて作成した弁済計画案の検証というかたちで策定する。

　弁済計画案検証のポイントは、①インセンティブは主たる債務者のインセンティブと保証人（保証人が複数の場合は全保証人）のインセンティブとの合計であること、②各保証人に認められるインセンティブ資産は①のインセンティブ合計を保証人間で配分調整したものとすること（下記d参照）、③残存資産を増やすとインセンティブが減り、残存資産を減らすとインセンティブが増えるという関係にあること、④インセンティブの不足分は財産評定基準時以後の収入（外部からの調達も含む）によりカバーできることである。

　支援専門家が作成する弁済計画案は、インセンティブの内容や残存資産についての説明が文章でなされているのが一般的であり、検証に苦労することが多いのが実情である。そこで、筆者は算式を登録したエクセルシートで図表2−20−1の様式の検証表を作成し、支援専門家が作成した弁済計画案を検証している。検証表の「F−G」がプラスの数字であればガイドラインの要件を充足しているものと判定できる。特に保証人が複数の場合はインセンティブの保証人間での配分調整が簡便にできるので、参考とされたい。

第4章　保証債務の整理　389

⒝ **提出された弁済計画がガイドラインの基準に適合しない場合の対応**

　実務上、保証人の残存資産の希望に対してインセンティブが不足するケースがある。その場合、弁済額（図表２−20−１中のＡ）で調整、またはイン

図表２−20−１　経営者保証ガイドライン弁済計画検証表①

1　本件における回収見込額の増加額（GL本文第７項⑶③ニに基づく経済合理性）

	本件における 配当見込額（Ａ）	３年後に破産した場合 の破産配当見込額（Ｂ）	回収見込額の 増加額（Ａ−Ｂ）
主債務者	15,000,000	5,000,000	10,000,000
保証人			
甲野　松男（代表者）	7,450,000	1,500,000	5,950,000
乙山　竹彦（取締役）	0	0	0
丙川　梅治（第三者保証人）	4,550,000	7,200,000	−2,650,000
保証人合計	12,000,000	8,700,000	3,300,000
合　計	27,000,000	13,700,000	13,300,000

2　GLに基づく残存資産希望額（オーバーローン物件および「公正な価額による受戻し」資産を除く）

	自由財産 （Ｃ）	インセンティブ 資産（Ｄ）	オーバーローン物件、「公正な価額 による受戻し」資産等（Ｅ）	残存資産 （Ｃ＋Ｄ＋Ｅ）
甲野　松男	990,000	3,630,000	0	4,620,000
乙山　竹彦	850,000	0	5,000,000	5,850,000
丙川　梅治	990,000	9,630,000	0	10,620,000
合　計	2,830,000	13,260,000	5,000,000	21,090,000

※甲野松男は、自由財産990,000円、インセンティブ資産として一定期間の生計費3,630,000円を希望。

※乙山竹彦は、GL対象資産総額が990,000円以下のため、自由財産のみ希望（弁済額：０円）。オーバーローンの自宅（評価額5,000,000円）あり。

※丙川梅治は、自由財産990,000円、インセンティブ資産として一定期間の生計費3,630,000円、生命保険（評価額2,000,000円）および華美でない自宅（評価額4,000,000円）を希望。

3　本件インセンティブ資産希望額の可否

経済合理性（Ａ−Ｂ）合計（Ｆ） （インセンティブ資産の上限）	インセンティブ資産 希望額（Ｄ）合計（Ｇ）	差引（Ｆ−Ｇ）	判　　定
13,300,000	13,260,000	40,000	適

4　結　　論
　本件弁済計画案は、GLの規律に合致しており、問題ないものと判定される。

（出所）　筆者作成

390　第２編　経営者保証ガイドライン

図表2−20−2 経営者保証ガイドライン弁済計画検証表②
（インセンティブが不足する場合の対応例）

1 本件における回収見込額の増加額（GL本文第7項(3)③ニ）に基づく経済合理性）

	本件における 配当見込額（A）	3年後に破産した場合 の破産配当見込額（B）	回収見込額の 増加額（A−B）
主債務者	15,000,000	5,000,000	10,000,000
保証人			
甲野　松男（代表者）	2,950,000	1,500,000	1,450,000
乙山　竹彦（取締役）	0	0	0
丙川　梅治（第三者保証人）	4,550,000	7,200,000	−2,650,000
保証人合計	7,500,000	8,700,000	−1,200,000
公正な価額による受戻し	4,500,000		4,500,000
合　計	27,000,000	13,700,000	13,300,000

2 GLに基づく残存資産希望額

	自由財産 （C）	インセンティブ 資産（D）	オーバーローン物件、「公正な価額 による受戻し」資産等（E）	残存資産 （C＋D＋E）
甲野　松男	990,000	3,630,000	4,500,000	9,120,000
乙山　竹彦	850,000	0	5,000,000	5,850,000
丙川　梅治	990,000	9,630,000	0	10,620,000
合　計	2,830,000	13,260,000	9,500,000	25,590,000

※甲野松男は、自由財産990,000円、インセンティブ資産として一定期間の生計費3,630,000円および華美でない自宅（評価額4,5000,000円）を希望。⇒自宅は「公正な価額による受戻し」により残存資産とする。

※乙山竹彦は、GL対象資産総額が990,000円以下のため、自由財産のみ希望（弁済額：0円）。オーバーローンの自宅（評価額5,000,000円）あり。

※丙川梅治は、自由財産990,000円、インセンティブ資産として一定期間の生計費3,630,000円、生命保険（評価額2,000,000円）および華美でない自宅（評価額4,000,000円）を希望。

3 本件インセンティブ資産希望額の可否

経済合理性（A−B）合計（F） （インセンティブ資産の上限）	インセンティブ資産 希望額（D）合計（G）	差引（F−G）	判　　定
13,300,000	13,260,000	40,000	適

4 結　　論

甲野松男は、親族からの資金調達4,500,000円により、「公正な価額による受戻し」を実施する。

上記の結果、本件弁済計画案は、GLの規律に合致しており、問題ないものと判定される。

（出所）　筆者作成

センティブ資産（同図表中のＤ）で調整するというシミュレーションを行う必要がある。具体的には、保証人ごとに（Ａ）と（同図表中の「Ｃ＋Ｄ＋Ｅ」）が連動（合計が資産目録の評価額合計と一致）するよう設定しておけば同図表中の「Ｆ－Ｇ」がプラスになるようなシミュレーションが容易である。

　通常は図表２－20－１の検証表で対応可能であるが、インセンティブ不足により保証人の希望する資産を残存資産とすることができない場合もある。その場合でも、安易に保証人の希望を退けるのではなく可能な限り保証人に寄り添った対応を検討すべきである。たとえば、図表２－20－２の検証表を用いて、どの程度の「公正な価額による受戻し」（外部資金導入、財産評定基準時以後の収入による分割弁済等）があれば保証人の希望を叶えられるかをシミュレーションすることも必要である。

　公正な価額による受戻しも困難である場合インセンティブ資産とすることは困難であるから、拡張自由財産とすることができないかを検討すべきである。破産法34条４項は破産者の生活の状況等を勘案して自由財産の範囲を拡張することとしている。「破産者の生活の状況」を判断するにあたっては扶養家族が破産者の収入に比して多いこと、病人を抱え多額の医療費がかかること、就学中の子どもが複数いること、職種または身体的な理由によって職業または日常生活に不可欠な物があること等の事情を勘案すると解されている。保証人の再スタート支援を趣旨とするガイドラインの性質上、これらの要素はできうる限り柔軟に弁済計画に反映させるべきである。

⒞　インセンティブ資産の可否判断

　ガイドラインQ&A７－14に列挙されている「一定期間の生計費」「華美でない自宅」等はあくまでインセンティブ資産を検討するうえでの「目安」にすぎず、ガイドラインの要件ではない。たとえば一定期間の生計費は年齢にかかわらず363万円を目安（上限ではない）とする、華美でない自宅は外観ではなく「その自宅を残すことが正義に反するとまではいえない住宅」か否かで判断する、生計費以外にも生命保険、医療費、介護費用、学費等はインセンティブに収まる限り広く認めるなど、目安やQ&Aの形式的な文言にと

らわれることなく柔軟に認めるべきである。

　なお、生命保険、自動車等で評価額が20万円を超えるものについて、20万円までの部分は拡張自由財産として20万円を超える部分についてはインセンティブ資産とする（インセンティブが不足する場合には、不足部分を公正な価額での受戻しの対象とする）など、柔軟に検討することが求められる。

(d)　「ゼロ円弁済」となる場合

　GL 7 項(1)ハは「主たる債務及び保証債務の破産手続による配当よりも多くの回収を得られる見込みがあるなど、対象債権者にとっても経済的な合理性が期待できること」と記載しているが、「保証人が対象債権者に対し弁済する金額がない弁済計画（いわゆるゼロ円弁済）」であっても経済的な合理性が期待できることを否定していない。そこで「廃業時における「経営者保証に関するガイドライン」の基本的考え方」は対象債権者に対し、保証人に自由財産を超える資産がないなど、保証人の保証履行能力の状況によっては、ガイドライン上ゼロ円弁済も許容されうることに留意するよう求めている（5 項(2)）。

　ところが、実務上、保証人から相談を受けた弁護士が「金融機関がゼロ円弁済を認めないだろう」と決め付けてガイドラインの利用に躊躇したり、金融機関がゼロ円弁済は認められないと誤信して弁済計画に同意しなかったりした結果、保証人を破産させて再スタートの機会を奪うケースがいまだに多いと仄聞する。近時は前者が多く、後者は大幅に減少しているもようであるが、このような誤解が、「インセンティブがいくら多額であっても「一定期間の生計費」と「華美でない自宅」以外のインセンティブ資産は認めない」という一部の対象債権者のインセンティブ資産に関する誤った解釈とともに、ガイドラインに基づく保証債務整理の普及・浸透を阻害する大きな要因となっている。

　このような状況でガイドラインに基づく保証債務整理の普及・浸透を促進するためには、まず支援専門家側が、ガイドラインの知識や金融機関との相互理解を深めるための努力を行うことで「無用な忖度」をしなくてもすむような態勢を構築することが必要である。他方では対象債権者たる金融機関

第 4 章　保証債務の整理　393

が、支援専門家の「無用な忖度」を奇貨として不適切な「回収極大化」に走ることのないよう自制する必要がある。特に金融機関側が、ガイドラインの普及促進により金融仲介機能の質の向上を図り地域経済の活性化に資するため、「ゼロ円弁済」案件に積極的に取り組むべきである。

d インセンティブ資産に係る「保証人間の配分調整」

保証人が複数の場合、各保証人にどれだけインセンティブ資産を認めるか（経済合理性の配分）について「債権者間調整」が紛糾するケースも実際に生じていることから、この点についての考え方も整理しておく。

(a) 「経済合理性」の配分調整

GL 7 項(3)③柱書は第 2 段落で「対象債権者は、保証債務の履行請求額の経済合理性について、主たる債務と保証債務を一体として判断する」としており、Q&A 7 −13において本文の「一体として」の意味を主たる債務の回収見込額と保証債務の回収見込額との「合計金額」と説明している。

上記規範を具体的な事案に当てはめる際、たとえば主たる債務者Aに対する経済合理性が 8 、保証人Bに対する経済合理性が 5 、保証人Cに対する経済合理性が 3 である場合、ここでいう「一体として」「合計金額」がどのような解釈となるかが問題となる。

① 経済合理性の合計額16を、BおよびCのインセンティブ資産の合計額の上限とする考え方：インセンティブ資産の上限額は「B：16、C：0 」～「B： 0 、C：16」の間で弾力的に決めることができる。

② Aの経済合理性 8 をBおよびCにそれぞれ 4 ずつ配分し、B単体およびC単体での経済合理性と合算して各々のインセンティブ資産の上限を算出する考え方：インセンティブ資産の上限額は「B： 9 、C：7 」で固定される。

③ Bのインセンティブ資産の上限額を13（ 8 + 5 ）、Cのインセンティブ資産の上限額を11（ 8 + 3 ）とし、かつ、BおよびCのインセンティブ資産の合計額の上限を16とする考え方：インセンティブ資産の上限額は、「B：13、C： 3 」～「B： 5 、C：11」の間で決めることとなる。

上記の考え方によれば、たとえば総合的判断によりBに対してはインセンティブ資産を2しか認めなかった場合、①の考え方ではインセンティブ資産を「B：2、C：14」（合計16）とすることも可能であるが、②の考え方では「B：2、C：7」（合計9）、③の考え方ではインセンティブ資産は「B：2、C：11」（合計13）となる。

　ガイドラインにおけるインセンティブ資産は第一義的に、経営者たる保証人による早期の事業再生・事業清算等の着手の決断によって対象債権者に一定の経済合理性が認められるに至ることについてのインセンティブ（早期決断に対する報酬に近い考え方）であると考えられている。

　このインセンティブの考え方からは、上記例の②および③の考え方では、対象債権者が16の利益を享受しておきながら、Bにインセンティブ資産が2しか認められないことを奇貨としてBおよびCからの弁済額を①に比べ②では7、③では3増加させることになり、不当である。特にCが早期決断による経済合理性実現への功労者である場合はよりいっそうインセンティブの考え方を没却することになりかねない。また、「一体として」「合計金額」という用語の文理解釈上も①の考え方が最も自然であると考えられる（ガイドライン上の「インセンティブ」は「保証人に対するインセンティブ」であり、その帰属主体はあくまでも保証人であって債権者ではないことから、②および③の考え方では文理上の齟齬が生じる）。

　したがって、「経済合理性の配分調整」は可能であり、各保証人への配分の考え方は上記①（経済合理性の合計額16をBおよびCのインセンティブ資産の合計額の上限とする考え方）が妥当であると解される。

　なお、ガイドラインは、保証人保護と対象債権者の利益とを調整するためのルールであるから、②および③の考え方では保証人保護と対象債権者の利益とが不均衡となるため、②または③の考え方を採用する場合はその旨明文の規定を置くことが必要となる。②または③の考え方の明文規定がない以上、これらの考え方を採用することは著しく不適当であるといわざるをえない。また、保証人と対象債権者との間では圧倒的な「情報の質および量ならびに交渉力の格差」が存在するため「条項使用者不利の原則」が類推される

第4章　保証債務の整理　395

と考えられるので、当該法理の帰結からも上記①～③の三つの考え方のなかでは①の考え方を採用せざるをえないことになる（ガイドラインは対象債権者と保証人との契約ではないため、条項使用者不利の原則が直ちに適用されることはないが、ガイドラインの趣旨に鑑みれば類推されても致し方ないと考える）。

(b) 「Q&A 7 −18」の意義

Q&A 7 −18は、早期の事業清算等着手の決断に寄与していない第三者保証人であっても「個別事情を勘案して経営者保証人と保証人との間でインセンティブ資産の配分調整を行うこと」や「第三者保証人により多くのインセンティブ資産を残すこと」が可能であることを明記している。

なお、Q&A 7 −18は一見するとガイドラインにおける「保証人間の配分調整」の規律にみえるが、Q&A 7 −18の本来の意義は「インセンティブ」概念の修正にあることに留意が必要である。この考え方の背景には、平成22年12月22日に公表された金融庁の「金融資本市場及び金融産業の活性化等のためのアクションプラン」において経営者以外の第三者の個人連帯保証を求めないことが原則とされ、平成23年 7 月14日付金融庁監督指針改正により経営者保証以外の第三者による個人連帯保証が原則禁止とされたことがある。すなわち、ガイドラインは経営者保証以外の第三者による個人連帯保証が原則として存在しないことを前提としており、第三者保証人をガイドラインから排除するどころか、第三者保証人に関する保証債務整理は経営者保証人よりも厚い配慮がなされることを当然としている。

ガイドラインの主要概念である「インセンティブ」を徹底すると、通常は早期決断による経済合理性実現に寄与できる立場ない第三者保証人の保護がおろそかになり、保証制度の根幹にある「第三者保証人保護の要請」（経営者保証人よりも第三者保証人に対して保護を厚くすべきとの要請）に逆行してしまうという不都合が生じかねない。GL 3 項の注記 5 において、第三者保証人に対してもガイドラインが適用されることが明らかであり、ガイドラインが適用される以上、(a)①の考え方が適用されるのは当然の理であるが、ガイドラインは利害対立する債権者・中小事業者等の利害調整による妥

協の産物である生い立ちからきわめてあいまいな表現がなされているため、第三者保証人に対しても(a)①の考え方が適用されることを読み取ることは至難の業である。そこで、第三者保証人に対しても経営者保証人と同じ立場でガイドラインの恩恵の享受が可能であることを明確にするために「Q&A 7−18」を設け、さらに「インセンティブ」概念を修正し、第三者保証人に対しても(a)①の考え方が適用されることを明確にするために平成27年7月31日付で「Q&A 7−18」が改定された。この改定により平成26年10月1日付改定によって整備された「Q&A 7−13」の「合計金額」という概念も明確になり、「保証人間の配分調整」のルールとの整合性が確立されたといえる。

(2) 弁済計画案の必要的記載事項

ガイドラインに明記されている事項については、後日の税務調査で疑義が生じないよう支援専門家に厳格な対応を求める必要がある。保証債務の弁済計画案には原則として次の事項を記載しなければならない。

① 保証債務のみを整理する場合は、主たる債務と保証債務との一体整理が困難な理由および保証債務の整理を法的整理によらず本ガイドラインで整理する理由（GL 7項(3)④イ a）

② 財産の状況（GL 7項(3)④イ b）

　財産評定の基準時はガイドラインに基づく債務整理の申出がなされた時点（一時停止等の効力が発生した時点）とする。財産評定は保証人の自己申告による財産を対象として、残存資産を除いた資産を処分するものとして行う。

③ 保証債務の弁済計画（GL 7項(3)④イ c）

　弁済計画の期間は原則5年以内とされているが、個別事情を考慮して関係者間の合意により5年を超える期間の弁済計画を策定することも可能（Q&A 7−24）。

④ 資産の換価・処分の方針（GL 7項(3)④イ d）

　保証債務の減免を伴う弁済計画の場合、原則として残存資産を除いた資産はすべて処分する計画とする。ただし、処分・換価対象資産の「公正な価額」に相当する額の弁済（原則5年以内の分割も可）と引

第4章　保証債務の整理　397

き換えに当該処分・換価対象資産を手元に残すことも認められる（GL7項(3)④ロ、Q&A7−25・29）。

⑤　対象債権者に対して要請する保証債務の減免、期限の猶予その他の権利変更の内容（7項(3)④イe）

　　保証人が対象債権者に対して保証債務の減免を要請する場合は、財産評定基準時における残存資産を除くすべての資産を処分・換価して得られた金銭をもって、担保権者その他の優先債権者および債権額20万円以下（変更後の全対象債権者の合意により金額変更可）の保証債権者への弁済後の残額を全対象債権者に債権額按分で弁済し、その余の保証債務について免除を受ける内容を記載する（GL7項(3)④ロ）。

なお、ガイドラインに明文の規定はないが、弁済計画書にはインセンティブの額およびその算定根拠、残存資産の必要性、処分せず引き続き保有する資産の内容とその理由を明記することが必要である。

⑶　保証債務の一部免除を伴う弁済計画の要件

以下のすべての要件を充足する場合、対象債権者は保証人からの保証債務の一部履行後に残存する保証債務の免除要請について誠実に対応するものとする（GL7項(3)⑤）。

①　保証人はすべての対象債権者に対して保証人の資力に関する情報を誠実に開示し、開示した情報の内容の正確性について表明保証を行うこととし、支援専門家は対象債権者からの求めに応じて当該表明保証の適正性についての確認を行い、対象債権者に報告すること（GL7項(3)⑤イ）

②　保証人が自らの資力を証明するために必要な資料を提出すること（GL7項(3)⑤ロ）

③　GL7項(2)の手続に基づき決定された主たる債務および保証債務の弁済計画が対象債権者にとっても経済合理性が認められるものであること（GL7項(3)⑤ハ）

④　保証人が開示しその内容の正確性について表明保証を行った資力の状況が事実と異なることが判明した場合（保証人の資産の隠匿を目的

398　第2編　経営者保証ガイドライン

とした贈与等が判明した場合を含む）は、免除した保証債務および免除期間分の延滞利息も付したうえで追加弁済を行うこと（保証債務復活条項）について保証人と対象債権者とが合意し書面での契約を締結すること（GL 7 項(3)⑤ニ）

なお、要件④の「表明保証違反」については保証人の過失による表明保証違反も含まれるが、当該過失の程度をふまえ、当事者の合意により当該資産を追加的に弁済に充当することにより免除の効果が失効しない取扱いとすることも可能である（Q&A 7 －31）。

(4)　別除権協定

a　別除権評価額の合意

(a)　別除権協定の必要性（Q&A 7 －19）

ガイドラインは私的整理手続であることから「不足額責任主義」（破産法108条 1 項・ 2 項、民事再生法182条等）が明記されていない。しかし、保証債務の免除が保証人への寄付行為または利益供与とされないための要件は、債務免除について、「①債権者集会と同様に大部分の債権者が保証債務整理手続に参加し、②負債整理が合理的な基準により定められていること」が必要であり、②の「合理的な基準」とは一般的にすべての債権者についておおむね同一の条件でその切捨額等が定められていることを指す。したがって、上記要件を充足するためには、全対象債権者の弁済条件を同一内容とすることが必要である。対象債権者のなかに「担保権を有するが、当該担保だけでは債権の全額の満足を受けられない債権者」（本来の意味とは異なるが、ここでは便宜上、以下「別除権者」という）がいる場合、不足額を確定することによって別除権者と対象債権者とが、おおむね同一の条件で債権の切捨て等がなされる弁済計画を策定できることになる。

法的整理手続において別除権協定というと、一般的には事業継続に必要不可欠な別除権物件に関する「受戻し協定」（一括または分割による弁済協定）が想定され、同協定による受戻し額の合意の反射的効果として「不足額確定」が実現することとなる。これに対し、別除権物件を売却処分する場合に別除権協定（売却協定）を締結することはまれである（破産手続にあって

第 4 章　保証債務の整理　399

は皆無に近く、民事再生手続においても多くはない）。しかし、ガイドラインに基づく保証債務整理にあっては、破産手続のような不足額未確定の別除権者の配当からの除斥や民事再生手続のような仮払いの制度に類似した対応では上記②（切捨額等をすべての債権者についておおむね同一の条件とする）の要件を充足することは困難である。したがって、別除権物件を売却処分する場合であっても弁済計画の確定までの間に担保物件の売却処分の完了または売却価額の確定が見込まれないときは、「不足額確定」を目的とする別除権協定の締結が必要である。

(b) 別除権評価額

オーバーローン物件の資産目録上の評価（財産評定における評価）には早期処分価額が適用されることとなるが、これは当該物件がオーバーローンであるか否かの判断基準や当該物件を処分した場合にインセンティブを生じさせるための判断基準であって、担保権者の利益を害してまで早期処分することを意味するものではない。

他方、担保権者はガイドラインに基づく保証債務整理手続に対して優先弁済権を有する（GL 7項(3)④ロ）ため、別除権協定における対象物の評価額は非担保物件の「公正な価額による受戻し」と異なり、早期処分価額である必要はないと解される。このため、別除権協定における「受戻し額」や「売却価額」（以下「協定額」という）の決定は保証人と担保権者との間で自由に決定することができる（ただし、協定額が時価ないし実際の処分価額から乖離した場合、後記ｂの問題が生じることに留意が必要である）。

したがって、オーバーローン物件の評価には①ガイドラインに基づく資産目録上の評価額と②別除権協定上の協定額という二つの異なる価額が存在することとなるが、これはガイドラインが当然に予定している事象である。

ｂ 別除権者と対象債権者（無担保債権者）との利害調整

(a) 利害調整が必要となる局面

別除権協定は担保設定者と別除権者との合意により自由に締結でき、担保権者としての立場と無担保債権者たる対象債権者としての立場との両方を有する債権者が他の対象債権者（無担保債権者）の利益を不当に害する場合を

400 第2編 経営者保証ガイドライン

除き、ガイドラインが直接協定内容を規制することはない。また、担保権者が担保権により債権の全額の満足を受けられる場合は下記(b)に該当しない限り他の対象債権者との利害調整は必要ない。

しかし、担保権によりカバーされない債権を有する別除権者が別除権協定を締結する場合は他の対象債権者との利害調整が必要となる。

特に「売却協定」の場合で別除権者が不足額をもってガイドラインに基づく保証債務整理手続に参加するとき、担保設定者と別除権者との合意のみによって協定額を恣意的に決定することはガイドラインに基づく保証債務整理手続における弁済率を当該別除権債権者が恣意的に操作できることに等しく、他の対象債権者の利益を不当に害することになる。他方、別除権者が協定額を自由に決められないとなると当該別除権者の権利が不当に制限されることになり妥当ではない。

(b) 「受戻し協定」の場合の利害調整の内容

受戻し協定はガイドラインに基づく保証債務整理手続とは完全に別個の手続となるので、協定額、弁済条件とも担保設定者が履行可能で、かつ別除権者が納得できるものであれば、どのような内容であってもガイドライン上、特段の問題はない。しかし、保証人の財産評定基準時現在の資産を無条件で受戻しの原資とすると、「債権切捨額等を、すべての債権者についておおむね同一の条件とする」という「保証債務の免除が保証人への寄付行為または利益供与とされないための要件」が充足されないことになりかねない。

したがって、受戻しの原資は財産評定基準時以後の収入・借入金等の「新得財産」またはガイドラインで認められた「残存資産」以外には認められない（他の対象債権者へのガイドライン上の利益を害することはできない）ことを大前提とした利害調整が必要となる。

(c) 「売却協定」において協定額を低く設定した場合の利害調整の内容

売却協定において別除権の協定額を時価または実際の処分価額よりも低く設定した場合、当該別除権者の不足額（対象債権者として、ガイドラインに基づく保証債務整理手続において権利行使できる債権額、以下同じ）は実際の不足額よりも大きくなり、協定額を時価または実際の処分価額と同額とし

た場合に比べてガイドラインに基づく弁済額が高くなる。このため、仮に対象物件を協定額よりも高値で処分できたときは他の対象債権者よりも債務の切捨額が相対的に小さくなる。

このような不都合を回避するためには別除権協定において、仮に対象物件を協定額よりも高値で処分できた場合であっても別除権者が受領することのできる処分配当は協定額を限度とし処分価額が協定額を超過した部分については保証人の新得財産とする旨の清算条項を設けることが考えられる。このことは、平成29年6月28日付のQ&A改定により処分対象資産の処分価額極大化が実現した場合に当該増加額を「回収見込額の増加額」（インセンティブ）に加えることを明記した（Q&A7−16）こととの親和性が高いといえる。他方、協定額設定の際のイニシアティブは別除権者が有しているのが一般的であるため、設定した協定額は別除権者の自己責任（協定額設定の段階で別除権者によるリスク調整が可能）であることから必ずしも別除権者に対する不当な扱いとはならない。仮に対象物件が協定額を下回る価額でしか処分できなかった場合に備え、後述する協定額を高く設定した場合と同様の清算条項を設けておけば別除権者のリスクを回避することができるからである。

(d) 「売却協定」において協定額を高く設定した場合の利害調整の内容

別除権の協定額を時価よりも高く設定した場合や実際の処分価額が協定額を下回った場合は、当該別除権者の不足額（対象債権者として権利行使できる債権額）は他の対象債権者に比べて不利な扱いとなる。

このような不都合を回避するためには別除権協定において、仮に対象物件が協定額を下回る価額でしか処分できなかった場合は協定額と処分価額との差額についてガイドラインに基づく弁済計画で定める弁済率を乗じた金員を保証人の新得財産を原資として追加弁済する旨の清算条項を設けることが考えられる。保証人の新得財産はガイドラインに基づく弁済計画上の弁済原資とすることが禁止されている（GL7項(3)④ロ、Q&A7−23・29）が、そもそも別除権者はガイドラインに基づく保証債務整理手続に対して優先弁済権を有する（GL7項(3)④ロ）ため、このような清算条項はガイドラインの趣

402　第2編　経営者保証ガイドライン

旨には抵触しないからである。ただし、この場合であっても協定額を低く設定した場合と同様、仮に対象物件を協定額よりも高値で処分できたときは処分価額が協定額を超過した部分について保証人の新得財産とする旨の清算条項は必要である。

c　別除権協定の策定方法

(a)　保証人と別除権者との協議による別除権協定案の策定

まず、保証人と別除権者との協議によって協定案を策定する。

協定案策定にあたっては、既述のとおり他の対象債権者との利害調整に留意する。

(b)　別除権協定案に対する対象債権者（無担保債権者）との合意

対象債権者（無担保債権者）との合意がなくても別除権協定の効力にはなんら影響はない。しかし、別除権者が不足額部分についてガイドラインに基づく保証債務整理手続で権利行使する場合は当該不足額がいくらとなるか、他の対象債権者との合意が必須である。

また、当該合意が形成された場合、当該別除権者や他の対象債権者の後日の税務リスクを回避するため、弁済契約書や調停条項案に不足額合意に係る確認条項を盛り込むことが必要となる。

第4章　保証債務の整理　403

第 **4** 節 弁済計画の合意

1 特定調停手続の申立て

弁済計画は原則として準則型私的整理手続により合意・成立させる（GL 7項(2)）。具体的には、主たる債務の整理手続が準則型私的整理手続の場合は主たる債務の整理手続で一体として合意・成立を図り、主たる債務の整理手続が法的整理手続の場合は特定調停、中小企業活性化協議会のいわゆる「のみ型」スキーム（本章第1節1(3)b参照）、またはREVICの特定支援業務等により保証債務単独で合意・成立を図ることになる。

ガイドラインに基づく保証債務整理における弁済計画は準則型私的整理手続によって確定する。主たる債務との一体整理型における保証債務整理の方法は主たる債務の再生手続と同様なので、「事業再生」をテーマとする他の書籍で確認されたい。また、保証債務単独整理型のうち中小企業活性化協議会の「のみ型」スキームやREVIC特定支援業務による保証債務整理手続は、手続主宰者である中小企業活性化協議会やREVICが弁済計画策定時から手続終結まですべての手続を取り仕切るため、基本的な手続のフレームワークは主たる債務の再生手続とほぼ同様である。

これに対し保証債務単独整理型の大多数で利用される特定調停手続を利用する場合は、金融機関自身が手続を取り仕切る必要がある。ところが、ほとんどの金融機関にとって特定調停手続はなじみのない手続であるのが実情である。そこで、本書においては、ガイドラインに基づく弁済計画の合意の手法として特定調停を取り上げることとし、ガイドライン専用の保証債務整理手法である日弁連特定調停スキームについて解説する。

404　第2編　経営者保証ガイドライン

(1) 特定調停の基礎知識

a 「調停」とは何か

　特定調停は調停手続の一類型であるから、まず、調停手続の基本を押さえ
ておく必要がある。一般に民事紛争解決の手段として「訴訟」があるが、訴
訟は法律に従って一刀両断に当事者の勝敗を明らかにすることとなり、それ
では一方の当事者に著しく不利であったり、実情に沿わない解決であったり
する場合がある。そこで、当事者双方の譲歩によって「条理にかない実情に
即した解決」を図るために設けられたのが「調停」の制度である（民事調停
法1条）。

　広義の「調停」は「第三者が紛争当事者の仲介をして、双方の主張を折り
合わせ、紛争解決の合意（和解）を成立させるようにあっせんし協力させる
こと」と定義されている。これに対して狭義の「調停」たる民事調停も中立
的な第三者を交えた紛争解決方法であるが、民事調停手続は当事者双方が調
停条項を受諾することによって成立する。民事調停にはいろいろな種類があ
るが、金融実務に関係する「調停」は「民事一般調停」「商事調停」「特定調
停」である。そのうち融資業務で利用されるのは、債務弁済協定の成立を目
的とする調停（「債務弁済協定調停事件」ともいう）たる「民事一般調停」
またはその特殊型である「特定調停」である。

　なお、ガイドラインで利用する特定調停は「特定債務等の調整の促進のた
めの特定調停に関する法律」（以下「特定調停法」という）の規定に従って
進められる。特定調停法は債務弁済協定調停事件における取扱いを充実強化
するために設けられた民事調停法の特別法であり、手続の大部分には民事調
停法の規定が準用されている（特定調停法22条）。

b 民事一般調停（以下、単に「調停」という）の仕組み

　調停は、紛争当事者が申立ての趣旨および紛争の要点を明らかにして裁判
所に調停を申し立てることによって、手続が開始される（民事調停法4条の
2）。和解同様、調停も当事者間の話合いと互譲により実態に即した解決を
図る制度であるが、和解と異なり調停委員会が紛争解決のあっせんにあた
る。通常、調停は調停主任（裁判官）1名と調停委員（弁護士や有識者等、

第4章　保証債務の整理　405

民間人から任命される）2名の計3名で構成する調停委員会によって行われる（同法5条〜8条）。調停委員会は申立内容の事実関係を調査したうえ、法律的な評価を基に紛争の実情に即した「調停案」を作成して当事者に提示する。

調停は、「調停の成立（当事者が当該調停案に合意）」「調停の不成立（「調停不調」ともいう）」「調停をなさず（調停委員会が、事件を調停で取り扱うのに不向き、または不当な目的での申立てと判断した場合に手続を打切ること）」「調停に代わる決定の確定」によって終結する（同法13条〜17条）。

なお、成立した調停の「調停調書」や確定した「調停に代わる決定」は債務名義となり、不履行の場合には直ちに強制執行が可能である。

c　調停に代わる決定（17条決定）

特定調停以外の準則型私的整理手続では対象債権者全員の「積極的合意」がない限り弁済計画（ガイドラインの場合は保証債務免除も含む）は成立しないが、特定調停の場合、下記の手法による対象債権者の「消極的合意」でも弁済計画を成立させることができる（ただし、特定調停であっても「積極的合意」で弁済計画を成立させることが大原則であるから安易に「消極的合意」を利用すべきでないことは当然である）。

民事調停法17条は、裁判所が「調停が成立する見込みがない場合」（当事者の合意が不可能な場合）において「相当であると認めるとき」は、当該民事調停委員会を組織する民事調停委員の意見を聴き「当事者双方のために衡平に考慮し、一切の事情を見て、職権で、当事者双方の申立ての趣旨に反しない限度」で「事件の解決のために必要な決定」をすることができると規定している。この決定が「調停に代わる決定」である（民事調停法17条が定める決定であるため、一般的には「17条決定」という）。この制度は、裁判所が事案解決のために妥当と考える方法（裁判官および調停委員が協議した結果、事案の解決に最も妥当な方法であるとの結論に達した方法のこと）を積極的に提示することにより当事者に再考を促し、早期解決を図ることを目的としている。当事者の合意に基づく調停調書には調停委員会の判断（当該調停案がなぜ公正かつ妥当で経済合理性を有すると判断したか）が記載されな

406　第2編　経営者保証ガイドライン

いが、17条決定の場合は決定書に第三者である調停委員会の妥当性判断が明記されるので、金融機関にとっては17条決定を求めることによって保証債務整理の透明性を高めるという効用もある。

　また、当事者が17条決定の告知を受けた日から2週間が経過した場合、当該決定が確定し「裁判上の和解」と同一の効力（確定判決と同一の効力）が認められる（同法18条5項）。他方、17条決定に異議のある当事者が当該決定の告知を受けた日から2週間以内に異議申立てをした場合、当該決定は失効する（同条1項・4項）。異議申立てするか否か迷うケースでは「17条決定が確定した場合の効果」と「異議申立てにより17条決定を失効させ、訴訟等による決着を図った場合の効果」とを比較検討し、異議申立てするか否かを判断することになる（ここでの判断基準は積極的合意で必要とされる「弁済計画の適正性・合理性」ではなく「弁済計画の経済合理性」のみである）。もっとも、ガイドラインに基づく保証債務整理事案で「消極的合意」ですら困難である場合は「調停不調」となり、17条決定は発せられないので、通常は17条決定に異議申立てすることは想定できない。

　このように、17条決定は「弁済計画に積極的合意はできないが、弁済計画の成立を積極的に否定する意思まではない」と判断する場合に、「調停において合意もせず、17条決定に対しては何もしないで確定させる」というかたちで事実上弁済計画を成立させるために利用することから、金融実務では「消極的合意」ともいわれる。

d　特定調停手続の基礎知識

(a)　「特定調停」とは何か

　「特定調停」とは、「特定債務者」の経済的再生を図る、すなわち当該特定債務者が負っている金銭債務について債権者や利害関係人（保証人等も含む）に対しその債務内容、担保関係の変更等、利害関係の調整を図るために、民事調停法の特例として定められた調停のことである（特定調停法1条、2条3項）。ここでいう「特定債務者」とは「金銭債務を負っている者」のうち次のいずれかに該当する者である（同法2条1項）。

　　①　支払不能に陥るおそれのある個人または法人

第4章　保証債務の整理　407

② 事業の継続に支障をきたすことなく、弁済期にある債務を弁済する
ことが困難である事業者（個人または法人）

③ 債務超過に陥るおそれのある法人

典型例としては、自己の返済能力を超えて、いくつもの金融機関や
貸金業者等からの借入れを重ねた結果、資金繰りが維持できなくなっ
た多重債務者があげられる。

(b) 「民事一般調停」との主な相違点

特定調停法22条は手続に関する規定の大部分で民事調停法の規定を準用し
ているので、粗い表現になるが、次に掲げる相違点以外は民事調停と同じで
ある。

① 調停の対象は、「特定債務者の金銭債務にかかる利害関係の調整」
に限定される（民事一般調停は「民事に関する紛争」であればすべて
対象になる）。

② 調停の目的は「特定債務者の経済的再生を図ること」、調停内容は
「公正かつ妥当で経済的合理性を有するもの」でなければならない
（民事一般調停の目的および調停内容は「互譲により、条理にかない
実情に即した紛争解決」である）。

③ 申立権者は特定債務者に限られる（民事一般調停と異なり、債権者
からの申立ては認められない）。

④ 調停委員会が「事件に関係する文書等の提出」を求めた場合、正当
な理由なくこれに応じない当事者（申立人・相手方）や参加人に対し
ては、過料（10万円以下）の制裁が課される。

⑤ 担保（保証金）なしで「民事執行手続停止命令」の申立てができ
（民事一般調停では担保が必要）、「確定判決や支払督促等に基づく民
事執行」を停止命令の対象（民事一般調停では対象外）とすることも
できる。

⑥ 「調停委員会が定める調停条項」という、民事調停にはない解決方
法がある。

「調停委員会が定める調停条項」は特定調停法17条に置かれているが、こ

408 第2編 経営者保証ガイドライン

の規定は裁判所の「決定」ではないので「17条決定」とはいわない。

特定調停法22条は民事調停法17条を準用しているため、特定調停においても「調停に代わる決定（17条決定）」の制度はあり、特定調停において「17条決定」というのは特定調停法22条で準用する民事調停法17条の決定（「調停に代わる決定」）のことを指す。紛らわしいため注意が必要である。

なお、ガイドラインに基づく特定調停において特定調停法17条の「調停委員会が定める調停条項」が利用されるケースは想定されない。

e 保証債務整理手続の手法としての日弁連特定調停スキーム

(a) 「日弁連特定調停スキーム」とは何か

「日弁連特定調停スキーム」は、ガイドラインによる保証債務整理を円滑に進めるために日本弁護士連合会および経済産業省中小企業庁と最高裁判所民事局との協議により定めた、特定調停手続の特例的運用方法である。

日弁連特定調停スキームも特定調停手続の一種であるから調停調書等は債務名義となるので、弁済計画履行についての信頼性が他の準則型私的整理に比べて高いといえる。

(b) 一般的な特定調停手続との相違点

一般的な特定調停手続と日弁連特定調停スキームとの違いは次のとおり（手続の流れの相違点は図表2−21のとおり）。

① 申立て前に調停条項の大枠について申立人（保証人）と相手方（対象債権者）との間で事前合意がなされていること（一般の特定調停では、債権者は申立てがなされてはじめて調停条項案を目にすることとなる）

② 管轄裁判所が地方裁判所の本庁に併置されている簡易裁判所であること（一般の特定調停では、原則として相手方の住所地等を管轄する簡易裁判所が管轄裁判所となる）

　　ただし、相手方の住所地等を管轄する地裁本庁での係属を認めている裁判所もある。なお、本節1⑷参照。

③ 原則として「調停の不成立」や「調停をなさず」といったネガティブな終結方法が予定されていないこと

図表2−21 一般的な特定調停手続と日弁連特定調停スキーム

(1) 一般的な特定調停手続

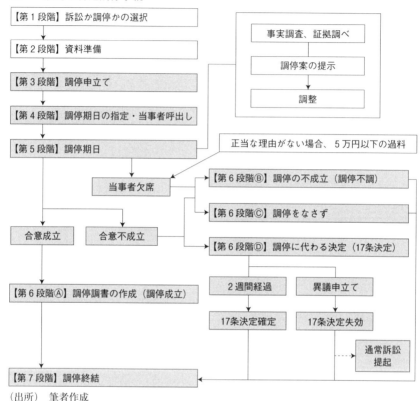

(出所) 筆者作成

④ 原則として調停委員会による事実調査や証拠調べが行われないこと
⑤ 原則として1回ないし2回の期日で手続が終結すること(一般の特定調停では、通常3〜6回、多いときは10回以上となることも珍しくない)

なお、期日が設けられるのは一般的に1カ月に1回程度である。

(2) 事前合意書の取りまとめ

a 調停条項の事前合意

日弁連特定調停スキームでは、通常の特定調停のように調停の場で弁済計

(2) 日弁連特定調停スキーム

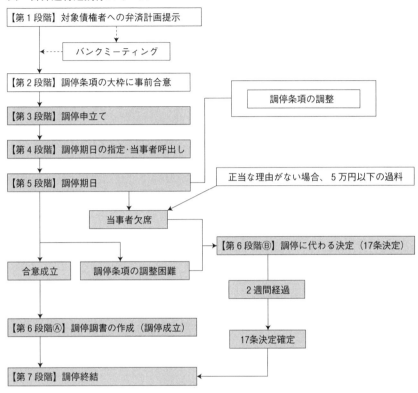

画の合意を一から形成するのではなく、まず保証債務の弁済計画案について保証人と対象債権者の間で十分に議論を尽くし大筋について事前合意を形成した後に、特定調停の申立てを行うことになる。したがって、特定調停を申し立てる段階で弁済計画案について（できれば弁済計画案に基づく調停条項案についても）少なくとも大筋の合意を形成しておく必要がある。

このため、通常は、支援専門家が策定した弁済計画案を特定調停の申立て前に各対象債権者に個別に説明する。その際に難色を示す債権者がいる場合は、説明の際にメイン行が同行する、後日にメイン行が（支援専門家抜き

で）難色を示す債権者を個別に説得する、バンクミーティングを開催しメイン行が支援専門家の援護射撃をする等の対応を行う。その結果、弁済計画案について全債権者から「大筋の」合意を得られると、保証人（実際は支援門家）が特定調停の申立てをすることになる。

b 「合意書」の提出

支援専門家は特定調停申立てに先立って各対象債権者に「合意書」の提出を求めるのが一般的である。ガイドラインは「合意書」の作成を義務づけていないが、日弁連特定調停スキームを利用する場合に「合意書」の提出を義務づけている裁判所もある。

弁済計画（調停条項）は、特定調停において当事者間に合意が成立し調書に記載されたときに成立することになっている（特定調停法22条で準用する民事調停法16条）ので、合意書には（特定調停のテーブルに着くこと以外）法的拘束力はない。「合意書」における合意のレベルはあくまで「大筋合意」（「明確な反対意思はない」という程度の暫定的合意にほぼ等しい）であり、合意書を提出しても細部については特定調停の場で修正が可能であるし、特定調停の場では形式上調停条項案に不同意としたうえで17条決定を求めること（消極的合意）も可能である。

(3) 弁済計画（調停条項）案の組織決定

a 保証債務の免除は「債権放棄」に当たるか

金融実務においては「債権放棄」（主債務の免除）をきわめて高度な経営判断と定義し、常務会や取締役会または理事会や総代会等の議決を要するとしている金融機関が多数を占めている。このような金融機関では債権放棄について組織決定を得ること自体がきわめて重い手続である。しかし、債務保証は「人的保全」ともいわれるように、不動産担保（物的保全）と同様に単なる「保全」にすぎないため、ガイドラインに基づく保証債務の免除は「債権放棄」には該当せず不動産担保の任意売却による担保解除と同様に「通常案件」に該当するはずであるから、その旨を強調することで組織決定のハードルはかなり低くなると思われる。なお、そもそも、保証債務の免除を通常の担保処分と同様の決済区分としている金融機関も多い。

b　行内稟議による決定事項

対象債権者の最終的な意思決定（行内稟議による最終決定事項）は「合意書」によって大筋合意した内容ではなく、特定調停手続において調停委員会が検証し当事者の意見をあらためて聴取したうえで必要に応じて修正がなされた、最終的な調停条項案に対して行われる。ただし、実務上は、特定調停の期日前に特定調停申立書に添付された調停条項案を精査したうえで、調停条項案について「その骨子に変更がない場合は、期日に合意する」「○○の部分を△△と修正することを条件として、期日に合意する」「その骨子に従った17条決定を求め、当該決定に異議を申し立てない」というような稟議を行い、第1回期日での手続終了を目指すのが一般的である。

(4)　管轄合意

特定調停の管轄裁判所について、特定調停法22条で準用する民事調停法3条1項は「特別の定めがある場合を除いて、相手方（対象債権者）の住所、居所、営業所若しくは事務所の所在地を管轄する簡易裁判所又は当事者が合意で定める地方裁判所若しくは簡易裁判所」としている。これに日弁連特定調停スキームのルールを当てはめると対象債権者の本支店所在地を管轄する地方裁判所の本庁に併設された簡易裁判所が管轄裁判所となる。

もっとも、特定調停の運用上裁判所は広く自庁処理を認めているため、実務上は、保証人の負担軽減の見地から、申立人（保証人）が自己の住所地等を管轄する地方裁判所の本庁に併置されている簡易裁判所に特定調停の申立てを行う扱いになっている。このため、申立代理人（支援専門家）が当事者全員から管轄合意書を取受けする必要があるケースも多いので、管轄合意が必要なケースか否かにかかわらず全対象債権者が管轄合意書を提出するのが一般的である。

なお、管轄合意は上記(2)bの「合意書」と同一書面で作成されるのが実務上の扱いである（(2)bの「合意書」は管轄合意とセットにしたほうが金融機関の稟議が通りやすいという事情もある）。

(5)　調停期日に係るスケジュール調整

裁判所は対象債権者の都合を無視して調停期日を設定するだけでなく、調

停期日がいったん定められると期日の変更には応じないことが多いのが実情である。このため、対象債権者の都合が悪い日に期日が指定されると合意が次回期日（通常は1カ月後）に持ち越しとなるなど、解決まで長期化することが懸念されることになる。そのようなことにならないよう支援専門家兼申立代理人には、特定調停を申し立てる前に対象債権者とのスケジュール調整を綿密に行ったうえで、申立ての段階で対象債権者の不都合を回避できる期日設定を裁判所と調整してもらうことが必要である。

また、「日弁連特定調停スキーム」では第1回ないし第2回調停期日での合意成立を目指すことになるので、出席者のスケジュールのみならず調停条項に関する組織決定に要する期間まで含めた日程調整も必要である。

2 特定調停手続における弁済計画（調停条項）案の合意

⑴ 調停条項作成時の留意点

ガイドラインによる保証債務の減免・免除が後日の無税直接償却で税務否認を受けないためにはガイドラインが定めるルールを充足した調停条項が必須であり、調停条項の作成は支援専門家任せにせず金融機関自身が積極的に関与することが重要である。ところが、調停委員会は調停条項について債務名義性を重視し、極力簡潔な調停条項への変更を求める傾向がある。ガイドラインには7項(3)④に「保証債務の弁済計画」に係る書面合意（特定調停の場合、調停条項）と合意事項が明記されているため、対象債権者の後日の無税償却で問題とならないよう合意事項を網羅した調停条項の作成を粘り強く交渉する必要がある。

a 調停条項の必要的記載事項

調停条項の必要的記載事項は次のとおり。

① 当該保証債務整理手続がガイドラインの適用要件を充足していることに関する保証人・対象債権者間の確認条項

② 保証債務をガイドラインで整理することについての保証人・対象債権者間の確認条項（GL7項(3)④イa）

具体的には「主たる債務と保証債務の一体整理が困難な理由」と

414 第2編 経営者保証ガイドライン

「保証債務の整理を法的整理によらず本ガイドラインで整理する理由」。

③　財産評定基準時の合意（ガイドラインの規定と異なる財産評定基準時を設定する場合のみ）

④　財産の状況（GL7項(3)④イb）についての保証人・対象債権者間の確認条項

⑤　保証債務の現在額の確認および保証債務の弁済方法（GL7項(3)④イc）に関する条項

⑥　資産の換価・処分方法（GL7項(3)④イd）に関する条項（残存資産の内容も明記する）

⑦　対象債権者に対して要請する保証債務の減免、期限の猶予その他の権利変更の内容（GL7項(3)④イe）に関する条項

⑧　債務復活条項（GL7項(3)⑤ニ）

b　裁判所との交渉

　保証債務整理手続として特定調停手続を選択した場合、弁済契約の合意書面にかえ調停条項を作成するが、ガイドラインが求める調停条項の必要的記載事項は一般の特定調停とは大きく異なる。ガイドラインに慣れていない裁判所は一般の特定調停で使用されない条項を調停調書に記載することに否定的であることが多いが、金融機関としては以下に掲げる条項が網羅されていないと安心して保証債務を免除することができないので、裁判所（調停委員会）に対し金融機関の立場に最大限の配慮を引き出せるよう交渉する必要がある。

c　必要的調停条項の文例

　ガイドラインに基づく保証債務整理手続として必要な調停条項は次のとおり。

①　主たる債務と保証債務の一体整理が困難な理由

②　保証債務の整理を経営者保証に関するガイドラインにより行う理由

③　申立人の財産の状況

④　保証債務の弁済計画および資産の換価処分の方針

⑤　保証債務の現在額の確認、保証債務の減免、期限の猶予その他の権

第4章　保証債務の整理　415

利変更の内容

⑥ 保証債務の追加弁済

⑦ 清算条項

⑧ 調停費用

以下、書式例を示しつつ適宜補足的に説明する。

【①主たる債務と保証債務との一体整理が困難な理由】

　申立人と相手方株式会社●●銀行、株式会社▲▲銀行、■■信用金庫（以下「相手方ら」という。）は、別紙当事者等目録記載の申立外株式会社×××（以下「×××」という。）が令和○○年○月○日、◎◎地方裁判所において破産手続開始決定を受け（令和○○年（フ）第○○号）、同手続は現在も係属中であること、及び主たる債務者である×××の債務整理手続が法的整理手続であることから、主たる債務の整理手続と保証債務の整理手続との一体整理ができないため、本保証債務整理手続は保証債務単独での整理とし、準則型私的整理手続として本特定調停手続の申立を選択したことを確認する。

【②保証債務の整理を経営者保証に関するガイドラインにより行う理由】

　申立人と相手方らは、申立人が、主たる債務者である×××の代表取締役であり、同社の保証債務（以下「本件保証債務」という。）を負担していること、及び申立人が経済的再起を強く望んでおり、そのためには、ガイドライン上認められる一定の残存資産を確保しつつ、保証債務の整理を行った事実その他の債務整理に関する情報を信用情報登録機関に報告、登録されないようにする必要があるため、保証債務の整理を法的債務整理手続によらず、経営者保証に関するガイドラインによる整理を選択したことを確認するとともに、申立人と相手方らとの間において、本手続が別紙1の要件を充足していることを相互に確認する。

別紙1

1　保証契約の主たる債務者が中小企業であること。

416　第2編　経営者保証ガイドライン

2　保証人が個人であり、主たる債務者である中小企業の経営者であること。

3　主たる債務者及び保証人の双方が弁済について誠実であり、対象債権者の請求に応じ、それぞれの財産状況等（負債の状況を含む）について適時適切に開示していること。

4　主たる債務者及び保証人が反社会的勢力ではなく、そのおそれもないこと。

5　主たる債務者の破産手続が係属していること。

6　主たる債務者の資産及び債務並びに保証人の資産及び保証債務の状況を総合的に考慮して、主たる債務及び保証債務の破産手続による配当よりも多くの回収を得られる見込みがあることなど、対象債権者にとって経済的な合理性が期待できること。

7　保証人に破産法第252条第1項（第10号を除く）に規定される免責不許可事由が生じておらず、そのおそれもないこと。

8　保証人は、全ての対象債権者に対して、保証人の資力に関する情報を誠実に開示し、開示した情報の内容の正確性について表明保証を行ったこと。

9　支援専門家は、対象債権者からの求めに応じて、表明保証の適正性についての確認を行い、対象債権者に報告したこと。

10　保証人が自らの資力を証明するために必要な資料を提出したこと。

11　弁済計画が対象債権者にとっても経済的合理性の認められるものであること。

　保証債務単独整理型の場合、主債務と保証債務との一体整理が困難な理由および保証債務の整理を法的整理によらずガイドラインで整理する理由が必要的記載事項とされている（GL 7 (3)④イ a）。したがって、上記①および②のとおり、単独整理型では「主債務と保証債務の一体整理が困難な理由」「保証債務の整理を法的整理によらず、本ガイドラインで整理する理由」は必須である。

第4章　保証債務の整理　417

また、ガイドラインに明文の規定はないが、対象債権者の後日の貸倒処理（無税直接償却）において国税当局との間の無用な争いを回避するため、実務上は当該保証債務整理手続がガイドラインの掲げる適用要件を充足していることを当事者間で確認する条項が必要である。なお、筆者がこれまで取り扱った事案では、当該条項については調停条項の本文に直接記載するのではなく②のとおり「本手続が別紙１の要件を充足していることを相互に確認する」としたうえで「別紙１」としてガイドラインの要件を列挙する運用としている。

【③申立人の財産の状況】

　申立人と相手方らは、令和○○年○月○日（一時停止の要請の効力発生時、以下「財産評定基準時」という。）現在の申立人の保有する資産が別紙資産目録（以下「資産目録」という。）のとおりであることを確認する。

　ⓐ財産評定の基準時現在の財産の状況が、保証人による表明保証の内容と一致すること、ⓑ本調停では一時停止等要請の効力発生時に保証人が保有していた資産のみを保証人資産とすることについての保証人・対象債権者間での確認条項が必要である（GL７項(3)④イ b）。具体的には、調停調書に「資産目録」と当該資産内容の正確性に関する保証人の「表明保証書」および支援専門家がその表明保証の適正性を確認した旨の対象債権者に対する「報告書」を添付したうえで、調停条項を上記③のように記載する。

【④保証債務の弁済計画及び資産の換価処分の方針】

【ⓐ配当ありの場合（基本形～資産処分型)】

　申立人と相手方らは、保証債務の弁済計画及び資産の換価処分について次の通り確認する。

(1)　申立人は、現在保有する現預金および(2)による資産の換価処分代金から金●●●万●●●●円を出捐し、令和○○年○月○日限り、相手

418　第２編　経営者保証ガイドライン

方らに対し、それぞれ保有する債権額に応じて按分して返済する。

　但し、相手方らの申立人に対する債権については、担保によって回収することのできない部分のみを按分の対象とすることとし、本弁済計画の按分対象債権は別紙2の○ないし○のとおりとする。

(2)　申立人は、資産目録記載の資産のうち、符号1の不動産については令和○○年○月○日までに任意売却、符号2の生命保険については令和○○年○月○日までに解約して上記弁済原資に組入れるものとし、その余の資産については処分せず引き続き保有するものとする。

【ⓑ配当ありの場合（公正な価額による受戻し型）】

(2)　申立人は、資産目録記載の資産のうち、符号1の不動産については、当該不動産の公正な価額である金○○円を令和○○年○月○日までに親族から調達して上記弁済原資に組入れることと引き換えに、処分せず引き続き保有するものとする。

【ⓒ無配当（ゼロ円弁済）の場合】

　申立人と相手方らは、保証債務の弁済計画及び資産の換価処分について次の通り確認する。

(1)　本弁済計画は、無配当とする。

(2)　申立人は、資産目録記載の資産を処分せず引き続き保有するものとする。

　ガイドライン上、保証人が対象債権者に対して保証債務の減免を要請する場合は、財産評定基準時におけるすべての資産（残存資産を除く）を処分・換価して得られた金銭をもって、担保権者その他の優先債権者および債権額20万円以下（変更後の全対象債権者の合意により金額変更可）の保証債権者への弁済後の残額を全対象債権者に債権額按分で弁済し、その余の保証債務について免除を受けることを明記することが求められている（GL7項(3)④ロ）。具体的には上記④のとおり、原則として残存資産を除いた資産をすべて処分することを前提として資産を「いつまでに」「どのようにして」処分するかを合意内容とする（GL7項(3)④イd）。ただし、処分・換価対象資産

の「公正な価額」に相当する額の弁済（原則 5 年以内の分割も可）と引き換えに当該処分・換価対象資産を手元に残すことも認められる（GL 7 項(3)④ロ、Q&A 7 −25・29）。また、ゼロ円弁済の事案については本件が無配当であること、資産は換価せず引き続き保有することを明記する。

　金融機関が求める本条項のポイントは資産目録に記載されたすべての資産について「処分する物」と「処分せずに引き続き保有する物」とに明確に色分けすること、「処分する物」についての具体的な処分方法を明記することである。

【⑤保証債務の現在額の確認、保証債務の減免、期限の猶予その他の権利変更の内容】

【ⓐ配当あり、一括弁済条件の場合】

(1)　債務額の確認

　　申立人は、相手方らに対し、別紙 2 の○ないし○の各債権目録記載の契約に基づく、同目録記載の各保証債務金（以下「本件各保証債務金」という。）の各支払義務があることを認める。

(2)　弁済方法、期限の利益及び債務免除

　　ア　申立人は、本件各保証債務金について、令和○○年○月○日限り、相手方らに対し、別紙 3 の弁済額一覧表に基づき総額金●●●万●●●●円を支払うこととする。

　　イ　申立人がアの支払を怠ったときは、申立人は相手方らに対し、アの残元本に対して支払済みに至るまで年 3 パーセントの割合（年 365日の日割り計算）による遅延損害金を支払うこととする。

　　ウ　相手方らは、アの支払がなされたときには、申立人らに対し、前記(1)の本件各保証債務金のその余の債務を免除することとする。

　弁済契約書としての必要事項および弁済遅延の場合の処理（長期分割弁済の場合は、デフォルト条項を含む）についての定めを記載する。具体的には上記⑤のとおり、保証債務の現在額の確認、保証債務の弁済方法（GL 7 項

420　第 2 編　経営者保証ガイドライン

(3)④イc）に関する条項および対象債権者に対して要請する保証債務の減免、期限の猶予その他の権利変更の内容（GL7項(3)④イe）に関する条項を記載する。

上記⑤(2)イについて「支払済みに至るまで年14パーセントの割合（年365日の日割り計算）による遅延損害金」とすべきと主張する金融機関もあるが、ガイドラインは対象債権者に弁済計画で定めた額を上回る額の債務名義を当然に与えることは予定していない。したがって、本条項は書式例のとおり遅延損害金は法定利率とし、アの履行がなされない場合、対象債権者は債務名義によりアおよびイの金額を強制執行するか、（ウの条項により、アの履行まで(1)の残元本および付帯する遅延損害金の支払義務は残存しているので）本調停により成立した弁済契約を相当の期間を定めて「催告解除」し、（債務名義性は失われるが）(1)の残元本および付帯する遅延損害金（「年14％の割合」等、各金融機関の定めによる利率による）を保証人に請求するかを選択すべきである。

なお、弁済計画の期間は原則5年以内とされているが、個別事情を考慮して関係者間の合意により5年を超える期間とすることも可能である（Q&A7-24）。もっとも、実際にはほとんどの事案は一括弁済であり、事実上、長期分割弁済の計画となるのは「財産評定基準時以後の収入」による「公正な価額による受戻し」が行われる場合に限られる。

【⑥無配当（ゼロ円弁済）の場合】

(1) 債務額の確認

　　申立人は、相手方らに対し、別紙2の○ないし○の各債権目録記載の契約に基づく、同目録記載の各保証債務金（以下「本件各保証債務金」という。）の各支払義務があることを認める。

(2) 弁済方法、期限の利益及び債務免除

　ア　本弁済計画は、無配当とする。

　イ　相手方らは、本調停条項の合意が確定したときまたは特定債務等の調整の促進のための特定調停に関する法律第22条で準用する民事

第4章　保証債務の整理　421

調停法第17条の決定が確定したときは、申立人に対し、前記(1)の本件各保証債務金を免除することとする。

　保証債務の現在額の確認、保証債務の弁済方法（無配当）に関する条項（GL7項(3)④イ c ）および対象債権者に対して要請する保証債務の減免、期限の猶予その他の権利変更の内容（GL7項(3)④イ e ）に関する条項を記載する。債務額については、調停条項に直接書き込むと条項が煩頂となるので、別紙にて「債権目録」「弁済額一覧表」を添付することが望ましい。

【⑥保証債務の追加弁済】
(1)　申立人及び相手方らは、申立人が相手方らに対し、本調停条項に添付した表明保証書（以下「表明保証書」という。）写しのとおりの表明保証を行った事実を確認する。
(2)　申立人が表明保証書により表明保証を行った資力の状況が事実と異なることが判明した場合、または申立人が資産の隠匿を目的とした贈与若しくはこれに類する行為を行っていたことが判明した場合には、申立人は相手方らに対し、前項(2)ウにより免除を受けた本件各保証債務金の残額及び同債務額中の残元本に対する免除を受けた日の翌日から支払済みに至るまで、年14パーセント（年365日の日割り計算）の割合による遅延損害金を直ちに支払うこととする。

　保証債務の（一部）免除を伴う弁済計画の場合、当該免除は解除条件付保証債務免除契約であると解されているので、解除条件が成就（表明保証違反、資産隠匿の発覚）した場合に免除の効力が失われる（免除した保証債務が復活する）ことを明記する必要がある（GL7項(3)⑤ニ）。

【⑦清算条項】
　申立人と相手方らは、本件に関し、本調停条項に定めるほか、他に何らの債権債務のないことを相互に確認する。

422　第2編　経営者保証ガイドライン

【⑧調停費用】

　調停費用は、各自の負担とする。

　一般的な特定調停手続同様、清算条項および調停費用の負担条項を記載する。

d　ガイドラインの規定と異なる財産評定基準時を設定する場合の書式例

【財産評定基準時の合意】

(1)　申立人及び相手方らは、経営者保証に関するガイドライン7(3)④イ
　　b の規定にかかわらず、本件財産評定基準時を令和○○年○月○日と
　　することに合意する。

(2)　申立人及び相手方らは、令和○○年○月○日現在の申立人の保有す
　　る資産が別紙資産目録（以下「資産目録」という。）のとおりである
　　ことを確認する。

※　(2)「③　申立人の財産の状況」を修正。

　ガイドラインで定める「財産評定基準時」は保証人がガイドラインに基づく保証債務整理を対象債権者に申し出た時点（通常は一時停止等の効力が発生した時点）とされている（GL7項(3)④イ b、Q&A7−11）。しかし、弁済計画上の財産評定基準時（資産目録の基準時）がこれと異なる場合が散見される。一時停止等の効力は次のとおりきわめて重要であるため、このような場合は弁済計画書において保証人と全対象債権者との間で財産評定基準時の合意が必要となる。

　　①　一時停止等の効力発生時点をガイドラインの基準（または対象債権
　　　者全員による合意）によって画定することで後日の無税償却時の税務
　　　否認リスクが抑制できる（少なくとも金融機関が安心して無税償却の
　　　手続を進めることができる）。

　　②　「一時停止等の要請の効力発生前」に入金となっている預金につい
　　　ては保証債務との相殺が認められ、「一時停止等の要請の効力発生

後」に入金となった預金については新得財産として相殺対象とならないと解されることから、一時停止等の効力がいつ発生したかは対象債権者間の公平性を保つうえできわめて重要である。

③　ガイドラインに基づく弁済スキームは特定の債権者（一般的には金融機関）のみが保証人の資産を分配するものであるから「偏頗性」を内在していることは否定できず、「財産評定基準時以後の新得財産には手をつけないこと」（端的にいえば対象債権者が新得財産による弁済請求権を放棄すること）および「担保権者等の利益を害さないこと」がガイドラインに基づく弁済スキームを正当化するための必要条件である。この意味においても、どの時点を財産評定基準日とするか画定することはきわめて重要である。

e　特定調停期日における留意点

　サラ金の債務整理のような一般の債務弁済協定調停は債権者と債務者との「個別和解」という構造であるが、ガイドラインに基づく保証債務整理は「集団的和解」という倒産処理に近い概念に支配されているので、ガイドラインの取扱実績が乏しい調停委員会はガイドラインの考え方にかなりの違和感を覚えるようである。このため、調停期日において、ガイドラインに慣れていない調停委員会は調停条項について債務名義性を重視し極力簡潔な調停条項への変更を求める傾向がある。

　しかし、GL 7 項(3)④は「保証債務の弁済計画」に係る書面合意が必要であることと具体的な合意事項（特定調停の場合、調停条項）を明記しているので、金融機関としては、後日の無税償却で問題とならないよう、あくまで合意事項を網羅した調停条項の作成を求めざるをえない。実務上、ガイドラインに基づく特定調停ではほとんどのケースが「調停成立後短期間での一括弁済⇒残債務免除」であるから金融機関は債務名義性を重視しておらず、支援専門家が調停委員会の顔色をうかがって金融機関の意向を蔑ろにすると金融機関の信頼を失い（または反発を買い）、それまでの努力が台無しになる危険性がある。このようなケースでは、裁判所に対し当該保証債務整理手続において主導的な役割を担っている対象債権者（通常はメイン行）を審尋に

424　第 2 編　経営者保証ガイドライン

同席させることへの許可を求め、当該対象債権者と協調して調停委員会の理解を得るといった対応を検討すべきである。

なお、「集団的和解」の要素が強く倒産手続にきわめて近いような複雑な事案は地裁本庁の倒産担当部に特定調停を申し立てることを検討することも有用である。裁判所により対応が異なると思われるがガイドラインに基づく特定調停スキームを積極的に受理している地方裁判所本庁もある。なお、銀行が保証人に対して本訴を提起した後、裁判所から付調停決定を得、他の金融機関に訴訟参加させたうえでガイドラインに基づく特定調停スキームを実現した事例もある。

(2) 合意形成が困難な場合の対応

a 「17条決定」の活用

(a) 合意成立が大原則

ガイドライン施行前の特定調停における17条決定は、後日の無税直接償却で当事者の合意内容に債権者の恣意性が含まれているという疑いを生じさせないよう第三者である調停委員会の妥当性判断が明記される17条決定を求めることによって保証債務処理の透明性を高めることを目的として利用されてきた。これに対しガイドライン施行後はガイドラインによって保証債務免除の基準が明確化されたため、日弁連特定調停スキームを利用する場合は対象債権者と保証人との間での調停条項について事前合意を経て特定調停の申立てが行われることから、「17条決定」（本節1(1)c参照）が必要な場面はあまり多くはない。むしろ、ガイドラインは対象債権者に対し「合理的な不同意事由がない限り、当該債務整理手続の成立に向けて誠実に対応する」ことを求めている（GL7項(3)柱書）ことから、全員合意による調停成立が大原則である。

(b) 17条決定を活用すべきケース

筆者の経験では、次のようなケースにおいて「異議申立てを行わないことを前提とした17条決定」が活用されている。

  ① 過大なコスト負担を伴わなければ調停期日に出頭できない遠隔地の少額債権者に対する配慮が必要なケース

② オーバーローン物件の評価額が過大であり当該物件を残存資産とすることに金融機関の抵抗が大きいが、被担保債権はさらに過大であり当該物件を処分させると保証人に破産しか選択肢がなくなるようなケース

③ 金融機関の一部において、弁済計画自体には異論がない（または保証人が破産することまでは望んでいない）ものの主たる債務者の倒産時の経緯により積極的な合意について組織決定が得られないケース

④ 対象債権者が1行のみであるケース

この場合、自行と申立人（保証人）とが1対1で合意することを避けるため調停条項の妥当性について調停委員会の判断を得ておくことで、後日の税務調査において恣意性を指摘されることを回避できる。

(c) 17条決定に盛り込んでもらうべき事項

調停成立の場合と異なり17条決定は決定正本が送達されてから異議なく2週間経過しなければ確定しないので、決定正本のみでは金融機関が後日無税償却を実施する際の疎明資料として不十分であり、当該決定の確定証明が必要である。また、17条決定は対象債権者ごとに確定するので、無税償却の要件たる「保証人と対象債権者全員との間での保証債務整理成立」の疎明資料として対象債権者全員についての「確定証明書」が必要となる。しかし、対象債権者が多数の場合は手続が煩瑣となり対象債権者の一部について確定証明書の取得漏れがあると後日の無税償却に支障をきたすことになりかねない。そこで、決定の主文に次の事項を明記してもらうことが有用である。

前項までの内容は、申立人及び相手方らのうち一部の者から適法な異議の申立てがあったときは、当該当事者と他方当事者との間のみならず、本件当事者全ての関係で効力を生じないものとする。

この場合、自行に対する確定証明のみを取得することで他の対象債権者に対する17条決定も確定したことも証明できる。

b　同意しない債権者の除外

　弁済計画の成立のためにはすべての対象債権者の弁済計画への同意が必要である。ただし、ほとんどすべての対象債権者が同意したにもかかわらずごく一部の対象債権者の同意が得られない場合において、これらの債権者を対象債権者から除外することによっても弁済計画に与える影響が軽微なときは、同意しない債権者を除外することによって債務整理を成立させることも可能とされている（Q&A7－8）。このため、同意しない債権者の主張があまりにも不合理で歩み寄りの余地がなく、当該債権者の債権が少額であるなど弁済計画の履行や保証人の再スタートに与える影響が軽微なときは、当該債権者を除外して弁済計画を成立させることもやむないケースがあると思われる。

　ただし、ごく一部であっても対象債権者の一部を除外して成立した調停条項は、後日の税務調査ではきわめてリスクが大きい状態であるので、手続に残存する対象債権者全員に対する17条決定の確定は絶対条件である。そのほかにも、除外した元対象債権者の主張がいかに不合理であるかや、交渉決裂に至る経緯がどのようであったか等について詳細な記録を残しておくべきであろう。

3　主債務との一体整理スキームの留意点

　特定調停以外の準則型私的整理手続において弁済契約書に記載すべき条項は、特定調停における調停条項とほぼ同じである。ここでは、特定調停以外の準則型私的整理手続に特有の留意点について取り上げる。

(1)　書面合意の意義

　弁済計画における資産隠匿等判明時の「債務復活条項」は保証人と対象債権者との書面による合意がなければ効力が担保されないため、必ず書面合意が必要（GL7項(3)⑤ニ）である。

　特に主債務との一体型整理スキームの場合は、スキーム外で債権者が支援専門家との間で合意書面を締結する必要がある。スキームの主宰者（中小企業活性化協議会・RCC等）や支援専門家任せにし書面合意を失念すると、

第4章　保証債務の整理　427

後日の無税償却段階でガイドラインの要件を充足していないとの問題が生ずる危険性があることに留意が必要である（主宰者の責任は合意形成までであり、書面締結は当事者の自己責任とされている）。

このような事態を回避するためには、スキーム外で債権者が支援専門家との間で合意書面を締結するというルールを確立する必要がある。ガイドラインは全国銀行協会の自主ルールであり、手続を遺漏なく完結することは金融機関の自己責任であるという心構えが肝要である。

(2) 契約の当事者

弁済契約の当事者は、いうまでもなく保証人と当該保証人に対して保証債権を有する対象債権者であり、弁済契約は個別の当事者間で締結するのが建前である。たとえば主たる債務者Aの保証人がB、Cの2名で、Bに対する保証債権者が甲銀行、乙銀行の2行、Cに対する保証債権者が甲銀行のみという場合、建前どおりに考えれば弁済契約は、次の3パターンが考えられる。

《パターン1》「甲—B間の弁済契約」「甲—C間の弁済契約」
「乙—B間の弁済契約」
《パターン2》「甲—B・C間の弁済契約」「乙—B間の弁済契約」
《パターン3》「甲・乙—B間の弁済契約」「甲—C間の弁済契約」

しかし、GL7項(3)③柱書は、第2段落で「対象債権者は、保証債務の履行請求額の経済合理性について、主たる債務と保証債務を一体として判断する」としており、Q&A7-13において本文の「一体として」の意味を主たる債務の回収見込額と保証債務の回収見込額の「合計金額」と説明している。

上記規範を具体的事案に当てはめる際、たとえば主たる債務者Aに対する経済合理性が8、保証人Bに対する経済合理性が5、保証人Cに対する経済合理性が3である場合、ここでいう「一体として」「合計金額」がどのような解釈となるかが問題となる。

具体的には、ガイドラインにおける「インセンティブ」の配分調整が必要な場合の考え方は以下のようになると解される（本章第3節6(1)d参照）。

428　第2編　経営者保証ガイドライン

経済合理性の合計額16を、BおよびCのインセンティブ資産の合計額の上限とする考え方⇒インセンティブ資産の上限額は「B：16、C：0」～「B：0、C：16」の間で弾力的に決めることができる。

　このため、ガイドラインに基づく弁済契約の当事者は「対象債権者全員と保証人全員」とすることが望ましいといえる。

　この考え方によれば、上記の主たる債務者Aの保証人がB、Cの2名で、Bに対する保証債権者が甲銀行、乙銀行の2行、Cに対する保証債権者が甲銀行のみというケースでは、「甲・乙―B・C間の弁済契約」という一つの弁済契約を締結すべきことになる（上記パターン1～3の形態で弁済契約を締結した場合は、全当事者の了承のもと、全対象債権者が自らが調印していない弁済契約書の写しを取得できるようにすべきであろう）。

(3)　弁済契約書の必要的記載事項

一体型の場合に作成する弁済契約書の必要的記載事項は次のとおり。

①　当該保証債務整理手続がガイドラインの適用要件を充足していることに関する保証人・対象債権者間の確認条項

②　保証債務をガイドラインで整理することについての保証人・対象債権者間の確認条項（7項(3)④イa）

　　具体的には「主債務と保証債務の一体整理が困難な理由」「保証債務の整理を法的整理によらず、本ガイドラインで整理する理由」が該当する。

　　なお、ガイドラインは一体整理型手続の場合は当該条項を必要的記載事項とはしていないが、対象債権者の後日の貸倒処理（無税直接償却）において国税当局との無用な争いを回避するため、実務上は一体型であっても「保証債務の整理を法的整理によらず本ガイドラインで整理する理由」は必要的記載事項とすべきである。

③　財産評定基準時の合意（ガイドラインの規定と異なる財産評定基準時を設定する場合のみ）

④ 財産の状況（GL 7 項(3)④イ b ）についての保証人・対象債権者間の確認条項

⑤ 保証債務の現在額の確認および保証債務の弁済方法（GL 7 項(3)④イ c ）に関する条項

⑥ 資産の換価・処分方法（GL 7 項(3)④イ d ）に関する条項（残存資産の内容も明記する）

⑦ 対象債権者に対して要請する保証債務の減免、期限の猶予その他の権利変更の内容（GL 7 項(3)④イ e ）に関する条項

⑧ 債務復活条項（GL 7 項(3)⑤ニ）

⑷ 一体型整理に特有の留意点

ガイドラインに基づく保証債務整理手続においては保証債務に係る一時停止等の効力発生時が財産評定基準時となる旨が明記されているが、主たる債務との一体型整理スキームにおいては保証人から提出される財産目録の作成基準日がガイドライン上の財産評定基準時と異なる場合が多い。このような場合、そのまま手続を進めるとガイドラインの要件を充足しないこととなってしまうため、弁済計画の合意書面や調停条項等において「財産評定基準時に関する合意」を盛り込む必要がある。

4 手続終結後の留意点

⑴ 弁済計画に基づく保証債務の履行

対象債権者は、ガイドラインに基づく弁済計画が成立した後は計画の履行状況をモニタリングする必要がある。通常は「一括弁済⇒残額免除」（弁済ありの場合）または「合意の確定＝保証免除」（ゼロ円弁済の場合）という取扱いが圧倒的に多いが、長期分割弁済の場合のモニタリングも含めて解説する。

a 弁済計画実施状況の確認

対象債権者が主たる債務者や保証人に対して弁済計画の実施状況の報告を請求することは可能であり、主たる債務者等は当該請求に対して誠実に協力することが求められる（GL 2 項(2)、3 項(3)）。ただし、主たる債務者等が当

該請求に協力しなかったことをもって直ちに弁済計画に関する当事者間の合意が否定されるものではなく、その場合の合意の効力については、当該合意に関する当事者間の取決めにより決定されることに留意が必要である（Q&A 8 − 4 ）。

b　弁済計画履行完了

ガイドラインに基づく保証債務整理を行った保証人については、当該保証人が債務整理を行った事実その他の債務整理に関連する情報（代位弁済に関する情報を含む）を信用情報登録機関に報告、登録することが禁じられている（GL 8 項(5)）。対象債権者の具体的な対応としては、保証債務の履行が一括弁済による場合（または「ゼロ円弁済」の場合）は弁済計画について対象債権者と合意に至った時点、分割弁済の場合は債務が完済された時点で「債務履行完了」として登録することになる。これにより信用情報機関への事故情報の登録が行われないことになる（Q&A 8 − 5 ）。

なお、「債務履行完了」により残存する保証債務の免除の効果が生じるが、ガイドラインに沿って対象債権者としても一定の経済合理性が認められる範囲で保証債務の減免・免除が行われた場合、保証人および対象債権者ともに課税関係は生じない（Q&A 7 −32）。

(2)　弁済計画に基づく保証債務の履行が滞った場合等の対応

a　弁済計画の見直し

主たる債務者および保証人がガイドラインに即して策定した弁済計画を履行できない場合であっても、免除した保証債務が当然に復活するわけではない。このため、対象債権者は次のいずれかの方策を講ずることとなる。

① 調停条項で定めた弁済額につき債務名義に基づき保証人の資産に対して強制執行する。

② 本調停により成立した弁済契約を相当の期間を定めて「催告解除」して、免除すべきであった残元本も含む弁済契約成立時点の残元本および支払ずみに至るまでの当初約定損害金利率に基づく遅延損害金を請求する（ただし、債務名義性は失われる）。

通常の調停条項では合意した弁済額について弁済を履行したときに残債務

第 4 章　保証債務の整理　431

免除の効力が生じることとするので、この段階では免除の効力は生じていない。したがって、対象債権者は上記①または②の方策を講じることができる（資産の隠匿や財産の状況に関する表明保証の虚偽が発覚した場合と異なり、保証債務が復活するわけではない）。

ただし、ガイドラインは「主たる債務者、保証人および対象債権者は、弁済計画の変更等につき誠実に協議を行い、適切な措置を講ずる」ものとしている（GL 8 項(4)）ので、主たる債務者および保証人は対象債権者に対し真摯な態度で弁済計画の見直しを要請することが必要であり、対象債権者も当該要請に対し誠実かつ柔軟に対応すべきである。

b　資産の隠匿や財産の状況に関する表明保証の虚偽が発覚した場合

資産の隠匿や財産の状況に関する表明保証の虚偽が発覚した場合、解除条件付保証債務免除契約の解除条件が成就するので、弁済計画に基づく保証債務の履行が滞った場合と異なり直ちに当初の保証債務が復活し、弁済履行後であっても免除した保証債務が利息付きで当然に復活する。この場合、一般的な融資慣行に基づきその状況に応じた適切な債務整理手続（ガイドライン施行前と同様の保証人追及）を実施する、すなわち、残存資産はもとより基準時以後の収入や取得財産で当初の保証額全額の返済を求めることになる（GL 7 項(3)⑤ニ、Q&A 5 − 9 ）。

ただし、当該資産の隠匿や財産の状況に関する表明保証の虚偽についての悪質性により対応を検討すべきであり、たとえば資産の隠匿や財産の状況に関する表明保証の虚偽が保証人の過失によるものでかつ悪質性が著しく低い場合は、当該処分資産の処分価額について残存資産を換価して、または財産評定基準時後の収入をもって追加弁済する等の柔軟な対応を検討すべきである。また、たとえば当該処分資産の評価額を財産評定基準時現在の資産として取り扱ったうえで評価額の70％を残存資産として取り扱い、その30％の金額について弁済組入額として取り扱うという和解的な解決を図ることも検討すべきである。

第5節 経営者保証ガイドラインに関するその他の論点

1 事業承継支援・事業再生支援における経営者保証ガイドラインの活用

金融機関に求められる「金融仲介機能の発揮」とは、図表2−22に示したように、金融機関が取引先企業の「創業・起業→新興→成長→成熟→成長鈍化→衰退」という各ライフステージに応じて「事業化・創業支援」「生産性向上・成長支援」「事業承継支援」「経営改善支援」「事業再生支援」「転業支援」「廃業支援」等のさまざまなソリューションを適切に提供することにより地域経済の活性化へ寄与することである。なお、図表2−22に記載した「必要とされる支援」の判定や「支援の内容」の策定を行う作業が「事業性評価」である。

(1) ガイドラインの活用法

ガイドラインの出口部分は、経営が窮境に陥った企業の経営者保証人の再チャレンジを支援することによって経営者保証の弊害を解消することを第一義的な目的とし、ガイドライン単体での活用が「金融仲介機能の質の向上」の重点項目の一つとして掲げられている。しかし、ガイドライン単体での活用だけでは地域経済の活性化には不十分であり、ガイドラインを活用したソリューションの進化・発展による課題解決も必要である。

たとえば現在、喫緊の課題となっているものとして「経営者の高齢化が進むなか、後継者を確保できずに事業の継続が危ぶまれる中小企業」や「金融円滑化法施行以後、経営の抜本的な改善策が見出せず、リスケジュールの繰り返しまたは長期延滞の状態にありながら、営業は継続している中小企業」への対応がある。この課題への対応として金融機関に求められているのが

第4章 保証債務の整理 433

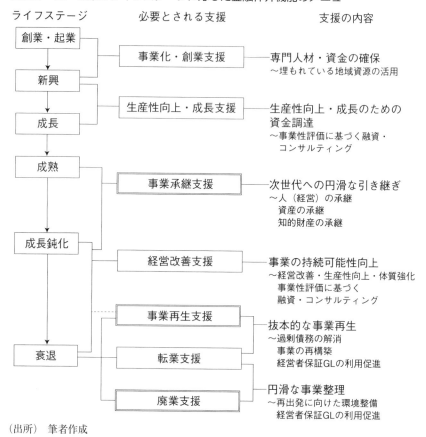

図表2-22 企業のライフステージに応じた金融仲介機能のメニュー

(出所) 筆者作成

「金融仲介機能の発揮」、すなわち、中小企業への支援策としての「事業継続に向けた環境整備としての事業承継支援、事業再生支援」や「円滑な事業整理または事業清算に向けた環境整備としての転・廃業支援」である。これらのソリューションのなかでも、特に「事業再生支援」および「廃業支援」については経営者保証人の処遇がネックとなることが多く、ガイドラインをいかに有効に機能させるかがカギとなっているといっても過言ではない。このため、ガイドラインの出口部分には、経営者保証問題の解決策にとどまらず主たる債務者への支援を通じた地域経済活性化実現への方策としての「金融

仲介機能の発揮」に際して重要な補助ツールとしての活用が期待されている。

(2) 事業承継支援における活用

a 事業承継とガイドラインのかかわり

　事業承継問題とは、平成の末期において平均的な引退年齢である70歳を超える経営者がその後10年間で約245万人に達し、その半数の約127万人について後継者が不在であることによって景気の回復等により企業の倒産件数が減少しているにもかかわらず、後継者不在を理由とする（と思われる）休廃業や解散の件数が高止まりしていた問題である。この問題は現在においても解消の兆しがみえず、深刻化の度合いは深まっている。

　この状況に対処するため、ガイドラインにも「事業承継時の対応」の規律が定められている。当該規律はいわゆる「入口部分」に分類される「6項（既存の保証契約の適切な見直し）」に置かれ、成熟期ないし成長鈍化期にある企業について事業の次世代への引き継ぎを念頭に規定されている。また、これを補完するものとして、事業承継時の経営者保証の取扱いについての具体的な着眼点や対応方法などを記載した準則「事業承継時に焦点を当てた「経営者保証に関するガイドライン」の特則」（事業承継特則）が令和元年12月24日に公表され、令和2年4月1日に適用開始されている。

　この規律はもっぱら「旧経営者と新経営者からの二重保証徴求問題の解消」や「新経営者から保証を徴求しない（または軽減する）ことによる後継者の確保」に重点を置いている。さらに、令和2年4月1日の改正民法（465条の6、465条の8、465条の9）施行により従来のような行政指導ではなく法的に第三者保証の利用が制限されたことをふまえて、事業承継特則において金融機関に対し旧経営者から徴求している保証の適切な見直し（方向性としては旧経営者の保証解除）を求めている。これらの対応により「資産超過」でありながら後継者不在である中小企業の多くは存続が可能となると思われ、経済合理性の観点からもこのようなパターンにおける事業承継対策に優先して取り組むべきことが期待されている。

　なお、ここで用いている「休廃業」という用語は、「資産超過状態での事

第4章　保証債務の整理　435

業停止」（東京商工リサーチ）、または「企業活動停止が確認できた企業のなかで、倒産に分類されない事案」（帝国データバンク）などと定義され、「倒産」とは異なる概念として使用されていることに留意が必要である。

b　ガイドライン「出口部分」の事業承継支援への活用

　ガイドライン「入口部分」を活用した上記対策の対象は、あくまでも「資産超過の中小企業、または現在債務超過であっても十分な競争力や収益力を有しており将来的に債務超過解消が見込まれる中小企業」（以下「資産超過先等」という）であり「債務超過の中小企業、または現在資産超過であっても競争力や収益力に問題があり先行きが見通せない中小企業」（以下「債務超過先等」という）を対象とすることは困難である（前者、後者がそれぞれどのくらいの割合であるかは不明であるが、後者が圧倒的に多いのではないかというのが筆者の経験上の印象である）。また、「債務超過先等」が後継者不在で事業継続を断念した場合は「休廃業」ではなく「倒産」となるので、地域経済に与える悪影響は「資産超過先等」の休廃業よりも深刻である。

　「資産超過先等」については、阻害要因である二重保証徴求や新経営者に係る保証の問題をクリアすることが後継者候補の確保につながると考えられるが、「債務超過先等」の場合、「保証をしたくない」という以前に「たとえ保証しなくても当該企業を引き受けたくない」というのが後継者候補が現れない最大の要因であると考えられる。このことから、「債務超過先等」の事業承継支援はガイドラインの想定と異なり、過剰債務の圧縮を軸とした「事業再生支援」の手法の併用が必要となり、主たる債務にカットが生じた場合には旧経営者の保証債務が顕在化する。したがって、「債務超過先」に対する事業承継支援は、ガイドラインの出口部分による旧経営者の保証債務整理と後継者に対する入口部分の対応とを組み合わせた処理を検討すべきことになる。

(3)　事業再生支援における活用

a　事業再生とガイドライン

　事業再生は、業績不振や過剰債務等によって窮境に陥った企業が事業や財務の再構築によって競争力や収益力を高めることで持続的に事業運営が可能

な状態を取り戻すことをいい、営業利益やキャッシュフローを生み出す力を
いかに高めるかがポイントとなる。このうち「事業の再構築」は事業の選択
と集中や新たなビジネスモデルの構築、具体的には新規事業の立上げ、不採
算事業からの撤退、人員削減による規模の適正化などによる損益状況の改善
を指し、「財務の再構築」は不要資産の売却、DDS、DES、債権放棄などに
よりバランスシート上の資産・負債・資本の各項目を見直し当該企業の財務
状態の改善を図ることを指す。

　事業再生が「事業の再構築」のみで可能な場合は保証債務は顕在化しない
が、「財務の再構築」を伴う場合（特に債権放棄が必要な場合）は保証債務
が顕在化するので、金融機関が実効性のある事業再生支援を実施するために
はガイドラインに基づく保証債務整理手続が必要不可欠であるといえる。

b　事業再生支援に伴うガイドラインの規律

　基本的には主たる債務の整理が再生型か清算型かによってガイドラインの
考え方が異なるわけではないが、事業再生支援に伴うガイドラインの規律は
次の点が主たる債務の清算手続に伴う保証債務整理の規律と異なる。

　(a)　原則として主債務の再生手続と保証債務整理手続とが一体で行われる
　　　こと

　主たる債務の再生手続として準則型私的整理手続（中小企業活性化協議会
やREVICによる再生支援スキーム、事業再生ADR、私的整理ガイドライ
ン、特定調停等）を利用する場合、保証債務の整理手続も主債務の手続と同
一手続内で実施される（GL 7 項(2)イ）。ただし、主債務が準則型私的整理手
続を利用する場合であっても保証債務の整理をめぐり債権者の調整が難航
し、主債務者の事業継続に支障が生じ保証債務の整理を切り離さざるをえな
いケースでは、単独型の保証債務整理手続に切り替えることも認められる。

　(b)　インセンティブの考え方が異なること

　主債務の整理が再生型の場合、保証人の残存資産の算定の基礎となるイン
センティブ（回収見込額の増加額）は「主債務の再生弁済見込額＋保証人の
ガイドラインによる弁済額」と「主債務者および保証人が直ちに破産した場
合の破産配当見込額」との差額である。具体的な算出方法は本章第 3 節 4 (4)

第 4 章　保証債務の整理　437

ｂ(ｂ)および図表２－18を参照されたい。

(c) **経営者が引き続き経営にたずさわる場合の特則が定められていること**

経営者が引き続き経営にたずさわる場合、GL７項(3)②イ～ニに掲げる経営者の帰責性等をふまえた総合的な判断のなかでガイドラインが定める保証債務の履行範囲を拡張すること（具体的には残存資産の縮減や財産評定基準時以後の収入を原資とする保証債務の弁済計画を策定すること）ができる（本章第３節５(1)参照）。また、役員報酬の減額や株主権の全部または一部の放棄などの経営責任を明確化する条項を定めることもできる。なお、当然ながら、第三者（スポンサー）への事業譲渡等、経営者が当該企業の経営から離れる形態の再生スキームの場合、本特則は適用されない。

2　経営者保証ガイドラインを活用した廃業支援

ガイドラインの出口部分を活用した究極の「金融仲介機能」は「廃業支援」である。

(1)　廃業支援とは何か

ａ　廃業支援の定義と必要性

「廃業支援」は「業績不振や過剰債務によって、経営危機に陥った状態にある事業者において、事業や債務を整理してもなお赤字体質からの脱却が困難であると判断される場合に、取引金融機関が当該事業者の円滑な事業清算を支援することを通じて、経営者の再出発に向けた環境を整備するとともに、限られた経営資源を有効活用（再活用）することによって、地域経済の活性化に寄与すること」と定義できる。

金融円滑化法施行以後、事業再生支援の対象とならないほどに事業の劣化が進行していながら無理に事業を守ろうとして経営者の私財まで事業に投入し、最後には企業・経営者とも力尽き、企業は倒産、経営者は再起の途を断たれるという悲惨な結果が懸念される中小企業が増加している。営業が継続されている限り当該企業の雇用は守れるという見方もあるが、企業の資金繰りの悪化が進めば従業員にとっても給料が遅配となり貯蓄等の取崩しで生活をしのいだ挙句ある日突然職を失うという悲劇的な出来事に遭遇しかねな

438　第２編　経営者保証ガイドライン

い。金融機関としても、このような状況が長期間継続されることで主たる債務者・保証人のストック資産やキャッシュフローが赤字補填に費消されていくのを手を拱いて眺めなければならないだけでなく、多額の管理コストや税務コストの負担を余儀なくされている。

このような状況を脱却するためには抜本的な対策としての「廃業支援」という金融仲介機能の発揮が求められることになる。

b　廃業支援の対象先

廃業支援の対象となるのは次のような融資先である。

①　企業の業況が相当程度悪化しており当該企業を取り巻く経営環境が好転する兆しもなく赤字体質からの脱却が困難で、近い将来に債務の履行に支障をきたすおそれがある先（通常、債務者区分は要注意先または破綻懸念先）

②　過大な債務超過に陥っていながら、金融債務の条件変更や仕入債務の延払い、あるいは経営者の私財投入等によって資金繰りが維持されることで当面の事業継続が可能であっても、近い将来に債務の履行に支障をきたすおそれがある先（通常、債務者区分は要注意先、破綻懸念先または実質破綻先）

③　業況が危機的状況にあり、近々の「破綻事象」発生が不可避である先（通常、債務者区分は破綻懸念先または実質破綻先）

ここでいう「破綻事象」とは、資金繰り破綻による「支払の停止」、銀行取引停止処分、債務不履行による期限の利益喪失、主要取引先からの取引打ち切り宣告、資産（仮）差押え等である。

c　廃業支援の手法

一体整理型の廃業支援の手法としては、日本弁護士連合会の「金融円滑化法終了への対応策としての特定調停スキーム利用の手引き」に基づく「廃業支援型特定調停スキーム」や、令和4年3月4日に公表され同年4月15日に適用が開始された「中小企業の事業再生等に関するガイドライン」（以下「事業再生等ガイドライン」という）の「廃業型」がある。しかし、本書執筆時点（令和7年1月）では、残念ながらこれらのスキームは、「主たる債

第4章　保証債務の整理　439

務にかかる債権放棄に関し公正な第三者が関与する前の段階で金融機関の意思決定が求められる」という、金融機関が債務整理計画を組織決定するうえでの大きな課題（債権放棄案件が取締役会等の決議事項である金融機関にとってはきわめて高いハードル）があり、実例が乏しく、制度普及のためにはさらなる改良が望まれる状況である。

このため、現段階での廃業支援において、主たる債務者に係る債務整理手続は原則として破産手続や特別清算手続といった法的整理手続を利用せざるをえないのが実情である。主たる債務者に係る債務整理手続として法的整理手続を選択した場合、保証人に係る債務整理手続は準則型私的整理手続を利用するため、主債務の整理手続と保証債務の整理手続とが別々に行われることが事業再生支援との最大の相違点である。

(2) 廃業支援による金融機関のメリット

廃業支援では、ガイドラインによる一般的なメリット（本章第1節1(5)参照）に加え、次のようなメリットがある。

① 主たる債務者の法的整理手続申立てによって無税間接償却が可能となるため、金融機関の税務コストの削減につながる。

② 主たる債務者の法的整理手続申立ての時期を金融機関がコントロールできるので、破産等により担保価値が毀損する前に高値で担保処分を行うことが可能である。

③ 経営者保証人を破産させず再起の機会を与えられることで「金融機関主導で債務者を破産させること」への風評リスクを回避することができる。

(3) 廃業支援の課題への対応策

廃業支援は主たる債務者について法的整理手続を実施するため、取引先への影響、経営者の処遇、雇用問題および廃業コストといった課題への対応策が必要である（図表2−23）。

a 取引先への影響への対応策

あらかじめ当該企業の「Xデー」（破産等申立日）を定め、廃業に向けた準備を行う。具体的には廃業を前提とした資産処分により運転資金を調達す

440　第2編　経営者保証ガイドライン

図表2-23 廃業支援により生ずる課題と課題への対応策

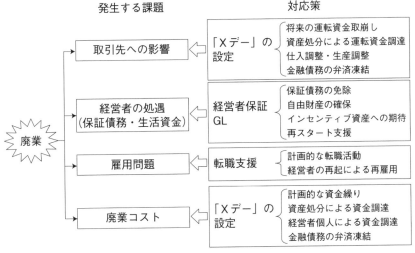

(出所) 筆者作成

ること、「Xデー」以降の運転資金に振り向けるはずであった資金を「Xデー」までの運転資金として活用すること、「Xデー」を仕入れが最少となる時期に設定して廃業時点での仕入債務を圧縮することなどが考えられる。また、金融機関主導の廃業支援では、全金融機関の合意により金融債務の元利金の弁済凍結（または延滞の黙認）により「Xデー」までの運転資金支援を行うことも可能である。

b　経営者の処遇への対応策

ガイドラインにより、経営者保証の問題や廃業後の生活資金の確保については相応の配慮が可能である。また、「Xデー」までの間に経営者の転職活動を行う、支援者を確保して再スタートを図るなどの対応が考えられる。

c　雇用問題への対応策

支援対象企業が早晩倒産に至る危険性が高いのであれば、従業員にとっても事前に計画的な転職活動を行ったほうが切れ目なく就業できる可能性があり、転職活動はできるだけ若いうちのほうが有利である。そこで、一般的には、支援対象企業の「Xデー」までに経営者が従業員の転職先を探す、また

は従業員に転職活動を促すことが考えられる。また、経営者自身がガイドラインによる再スタートを実現し、自ら従業員の再雇用を図ることも検討させる。また、金融機関が担保（典型例は工場・ホテル等）を任意売却する際、買受人に対する売却条件として当該施設に従事している従業員の雇用を提示するという例もある。

d　廃業コストへの対応策

費用の調達方法としては、支援対象企業の手持ち資金または担保に提供していない資産の売却による自賄い、経営者の私財による負担、経営者の親族やスポンサーからの支援という方法が考えられる。このような調達方法が困難な場合、「Ｘデー」までの間は金融機関への元利金返済を凍結して申立費用を貯めさせることも検討する。

(4)　経営者の説得

廃業支援の基本的な流れは図表２−24のとおりである。ここでは、「初期対応」のうち金融機関と支援対象先との共通理解の形成過程として重要な「経営者の説得」について、ポイントのみ概説する。

「経営者の説得」にあたっては、メイン行が経営者と目線を統一したうえで正面から向き合うという姿勢が必要である。具体的には「いま「廃業」という思い切った手を打たなければ「倒産」という悲惨な結末を避けることができず、経営者個人の再起の途も断たれかねない」または「経営者個人が再起を図るためには現在の事業の継続を諦める以外にはない」というレベルの「気づき」を与える。同時に経営者の不安を取り除くことが不可欠であり、廃業に伴う経営者や従業員の処遇等についての不安に対し真摯に耳を傾けることが肝要である。経営者の最大の不安要素となる保証債務の顕在化等についての不安は、ガイドラインによる経営者保証人のメリットを説明することでかなりの程度取り除けるのではないかと思われる。

3　税の取扱い

(1)　保証債務免除と金銭債権の貸倒処理の可否

ガイドラインは、保証債務整理における対象債権者を「主たる債務の整理

442　第2編　経営者保証ガイドライン

図表2−24 廃業支援の基本フロー図

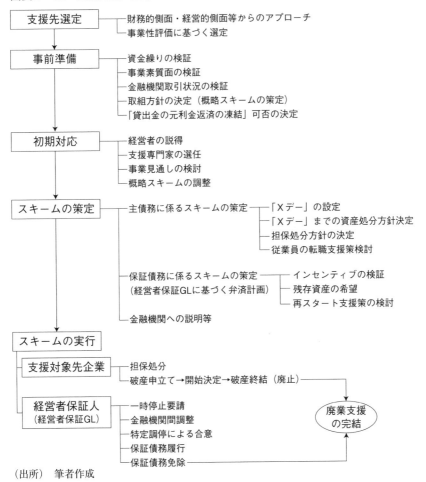

(出所) 筆者作成

局面で、保証債務の整理(保証債務の全部又は一部の免除等)を行う場合において、成立した弁済計画により権利を変更されることが予定される保証債権者」(GL1項)と定義しており、ガイドラインに基づく保証債務整理手続は、保証債務の減免・免除が当然に予定されている。

これに対し、法人税基本通達9−6−2通達の(注)は「保証債務は、現実にこれを履行した後でなければ貸倒れの対象にすることはできないことに

留意する」としていることから、ガイドラインに沿って残存保証債務を免除する場合の課税関係が問題となる。以下、保証を免除することによって保証人に対する利益供与ないし寄付行為が生じることを回避するための方策を検討する。

(2) 準則型私的整理手続における課税関係

保証は、あくまでも貸付金債権に対する保全（人的保全）にすぎず、保証免除は債権放棄（主たる債務の免除）とは異なる。このため、保証を免除するためのハードルは主たる債務を免除するためのハードルよりも当然低いはずである。そこで、まず、人的保全にすぎない保証債務の免除より厳格さが要求される「主たる債務の免除」に必要な要件をみていく。

主たる債務の免除に関する課税関係は、たとえば準則型私的整理手続として特定調停手続を選択した場合、特定調停手続における債務免除について「④債権者集会と同様に大部分の債権者が特定調停手続に参加し、回負債整理が合理的な基準により定められている場合」は貸倒れとして損金に算入できるとされている（「法人税基本通達 9 − 6 − 1(3)ロに該当する貸倒損失（特定調停）」国税庁ウェブサイト（https://www.nta.go.jp/law/shitsugi/hojin/14/03.htm）、山本幸三監修『一問一答　特定調停法』23頁（商事法務研究会））。そして、上記回の「合理的な基準」とは一般的に、すべての債権者についておおむね同一の条件でその切捨額等が定められているような場合をいう（同上質疑応答事例）。このことから、準則型私的整理手続として特定調停手続を選択した場合において上記④回の要件を充足した合意をなすことは債務者に対して利益供与することにはならないと解される。

ガイドラインは、7 項(3)柱書において「なお、以下に記載のない内容（債務整理の開始要件、手続等）については、各準則型私的整理手続に即して対応する」としているが、この解釈は「利害関係のない中立かつ公正な第三者が関与する私的整理手続及びこれに準ずる手続」一般に適用されると解されるので、他の準則型私的整理手続においても適用されると考えられる。

(3) ガイドラインにおける課税関係の手当

ガイドラインに従って保証債務を免除した場合、法人税基本通達 9 − 6 −

444　第 2 編　経営者保証ガイドライン

２通達の（注）と準則型私的整理手続に関する課税関係との整合性が問題となる。このため、中小企業庁および金融庁はガイドライン施行に先立ち国税庁にガイドラインによる保証債務免除の課税関係について確認している。これに対する国税庁の回答を受け、Ｑ＆Ａ７－32は「対象債権者が、ガイドラインに沿って準則型私的整理手続等を利用し対象債権者としても一定の経済合理性が認められる範囲で残存保証債務を減免・免除する場合、保証人に対する利益供与はないことから、保証人及び対象債権者ともに課税関係は生じないことになります」としている。

　ここでいう「一定の経済合理性」とは特定調停手続における債務免除の要件（上記(2)㋑㋺）を充足していることをいうものと解される。つまり、大部分の対象債権者が準則型私的整理手続に参加し、すべての対象債権者についておおむね同一の条件でその切捨額等が定められているような場合は、保証人に認めるインセンティブ資産の多寡にかかわらず対象債権者として一定の経済合理性が認められることとなる。

(4)　「「経営者保証に関するガイドライン」」に基づく保証債務の整理に係る課税関係の整理」

　また、経営者保証に関するガイドライン研究会が平成26年１月16日付で制定した「「経営者保証に関するガイドライン」に基づく保証債務の整理に係る課税関係の整理」のＱ２およびＱ４の事例において、「回収見込額の増加額」とは無関係に「現実に履行される前の保証債務を免除したとしても、保証人に対する経済的利益の供与はない」「保証人に対する経済的利益の供与はないことから、全金融債権者において保証債権の放棄に係る寄附金課税（法人税法37条）は生じない」という国税庁の回答が示されている（ただし、前記(2)㋑㋺の要件が充足されていることが「保証人に対する経済的利益の供与がない」という判断の大前提であるとも考えられる）。したがって、前述した解釈を適用するまでもなく、ガイドラインに基づく弁済計画の合意成立をもって当該保証債務免除が税務否認されることはないと思われる。

　なお、事例では「インセンティブ資産」が「回収見込額の増加額」の範囲内であるか否かは問題とされていないので、「インセンティブ資産≦回収見

込額の増加額」というルールが税法上のルールではないことが明らかである。このことからも、対象債権者としては、残存保証債務を免除する場合の課税関係に神経質になりすぎて「経済合理性」を保守的に解釈しすぎたり残存資産の「目安」に拘泥したりすることは、「経営者保証の課題・弊害を解消し、中小企業の活力を引き出すことにより、日本経済の活性化に資する」というガイドラインの趣旨に反すると心得るべきである。

〈新金融実務手引選書〉

保証の手引

2025年3月12日　第1刷発行

著　者　古　澤　陽　介
　　　　佐々木　宏　之
発行者　加　藤　一　浩

〒160-8519　東京都新宿区南元町19
発　行　所　一般社団法人 金融財政事情研究会
出　版　部　TEL 03(3355)2251　FAX 03(3357)7416
販売受付　TEL 03(3358)2891　FAX 03(3358)0037
URL https://www.kinzai.jp/

校正：株式会社友人社／印刷：三松堂株式会社

・本書の内容の一部あるいは全部を無断で複写・複製・転訳載すること、および
磁気または光記録媒体、コンピュータネットワーク上等へ入力することは、法
律で認められた場合を除き、著作者および出版社の権利の侵害となります。
・落丁・乱丁本はお取替えいたします。定価はカバーに表示してあります。

ISBN978-4-322-14478-9